U0633679

国家社科基金重大委托项目
中国社会科学院创新工程学术出版资助项目

中国民族地区
经济社会调查报告

总顾问　陈奎元
总主编　王伟光

金秀瑶族自治县卷

本卷主编　徐　平

中国社会科学出版社

图书在版编目(CIP)数据

中国民族地区经济社会调查报告·金秀瑶族自治县卷 / 王延中主编；
徐平分册主编 . —北京：中国社会科学出版社，2015.7
ISBN 978 - 7 - 5161 - 6517 - 1

Ⅰ.①中… Ⅱ.①王…②徐… Ⅲ.①民族地区经济 - 经济发展 - 调查
报告 - 金秀瑶族自治县②民族地区 - 社会发展 - 调查报告 - 金秀瑶族
自治县 Ⅳ.①F127.8

中国版本图书馆 CIP 数据核字(2015)第 159966 号

出 版 人　赵剑英
责任编辑　宫京蕾
特约编辑　芮　信
责任校对　李　莉
责任印制　李寡寡

出　　版　中国社会科学出版社
社　　址　北京鼓楼西大街甲 158 号
邮　　编　100720
网　　址　http：//www.csspw.cn
发 行 部　010 - 84083685
门 市 部　010 - 84029450
经　　销　新华书店及其他书店

印刷装订　北京市兴怀印刷厂
版　　次　2015 年 7 月第 1 版
印　　次　2015 年 7 月第 1 次印刷

开　　本　710×1000　1/16
印　　张　20
插　　页　2
字　　数　339 千字
定　　价　76.00 元

《21世纪中国少数民族地区经济
社会发展综合调查》
项目委员会

顾问委员会
总 顾 问　陈奎元

学术指导委员会
主　　任　王伟光

委　　员（按姓氏笔画为序）

丹珠昂奔　李　扬　李培林　李　捷　陈改户　武　寅

赵胜轩　　郝时远　高　翔　黄浩涛　斯　塔

专家委员会
首席专家　王延中

委　　员（按姓氏笔画为序）

丁卫东	丁　宏	丁　赛	马　援	王　平	王希恩
王　锋	开　哇	车明怀	扎　洛	方　勇	方素梅
尹虎彬	石玉钢	龙远蔚	卢献匾	田卫疆	包智明
吐尔干·皮达	朱　伦	色　音	刘正寅	刘世哲	
刘　泓	江　荻	赤列多吉	李云兵	李红杰	李克强
吴大华	吴　军	何星亮	张若璞	张昌东	张继焦
陈建樾	青　党	郑　堆	赵立雄	赵明鸣	赵宗福
赵剑英	段小燕	姜培茂	聂鸿音	晋保平	特古斯
俸代瑜	徐　平	徐畅江	高建龙	黄　行	曹宏举
曾少聪	管彦波	毅　松			

项目工作组
组　　长　扎洛　孙懿

成　　员（按姓氏笔画为序）

丁　赛　孔　敬　刘文远　刘　真　李凤荣　李益志

宋　军　陈　杰　周学文　程阿美　管彦波

总　序

　　实践的观点是马克思主义哲学最基本的观点，实事求是是马克思主义活的灵魂。坚持一切从实际出发、理论联系实际、实事求是的思想路线，是中国共产党人把马克思主义基本原理与中国实际相结合，领导中国人民进行社会主义革命和社会主义建设不断取得胜利的基本经验。改革开放以来，在实事求是、与时俱进思想路线指导下，中国特色社会主义伟大事业取得了举世瞩目的伟大成就，中国道路、中国经验在世界上赢得了广泛赞誉。丰富多彩的成功实践推进了中国化马克思主义的理论创新，也为哲学社会科学各学科的繁荣发展提供了坚实的沃土。时代呼唤理论创新，实践需要哲学社会科学为中国特色社会主义理论体系的创新发展做出更大的贡献。在中国这样一个统一的多民族的社会主义国家，中国特色的民族理论、民族政策、民族工作，构成了中国特色社会主义的重要组成部分。经济快速发展和剧烈社会转型，民族地区全面建成小康社会，进而实现中华民族的伟大复兴，迫切需要中国特色民族理论和民族工作的创新，而扎扎实实地开展调查研究则是推进民族研究事业、适应时代要求、实现理论创新、服务发展需要的基本途径。

　　早在 20 世纪 50 年代，应民族地区的民主改革和民族识别之需，我国进行了全国规模的少数民族社会历史与语言调查，今称"民族大调查"。这次大调查搜集获取了大量的有关民族地区社会历史的丰富资料，形成300 多个调查报告。在此次调查的基础上，整理出版了 400 余种 6000 多万字的民族社会历史建设的巨大系统工程——《民族问题五种丛书》，为党和政府制定民族政策和民族工作方针，在民族地区开展民主改革和推动少数民族经济社会的全面发展提供了重要的依据，也为新中国民族研究事业的发展奠定了坚实的基础。

　　半个多世纪过去了，如今我国边疆民族地区发生了巨大而深刻的变化，各民族逐渐摆脱了贫困落后的生产生活状态，正在向文明富裕的现代化社会迈进。但同时我们也要看到，由于历史和现实的原因，各民族之间以及不同民族地区之间经济社会的发展依然存在着很大的差距，民族地区经济发展不平衡性问题以及各种社会问题、民族问题、宗教问题、生态问题，日益成为推动民族地区经济社会发展必须着力解决的紧迫问题。深入民族地区开展长期、广泛而深入的调查研究，全面了解各民族地区经济社会发展面临的新情况、新问题，科学把握各民族地区经济社会发展趋势，是时代赋予民族学工作者的使命。

　　半个多世纪以来，中国社会科学院民族学与人类学研究所一直把调查研究作为立所之本。从某种意义上讲，1956 年成立的少数民族语言研究所和 1958 年成立的民族研究所（1962 年两所合并），就是第一次民族大调查催生的结果。作为我国多学科、综合性、国家级的民族问题专业研究机构，民族所非常重视田野调查，几代学人已在中国各民族地区近 1000 个点进行过田野调研。20 世纪 90 年代，民族所进行了第二次民族地区典型调查，积数年之功完成了 20 余部调研专著。进入新的历史时期，为了更好地贯彻党中央对中国社会科学院"三个定位"的要求，进一步明确今后一个时期的发展目标和主攻方向，民族所集思广益，经过反复酝酿、周密论证，组织实施了"21 世纪初中国少数民族地区经济社会发展综合调查"。这是我国民族学研究事业发展的迫切需要，也是做好新时期民族工作的前提和基础。

　　在充分利用自 20 世纪 50 年代以来开展的少数民族社会历史与语言调查相关研究成果的基础上，本次民族大调查将选择 60—70 个民族区域自治地方（包括城市、县旗或民族乡）作为调查点，围绕民族地区政治、经济、社会、文化、生态五大文明建设而展开，计划用 4—5 年的时间，形成 60—70 个田野调查报告，出版 50 部左右的田野民族志专著。民族调查是一种专业性、学科性的调查，但在学科分化与整合均非常明显的当代学术背景下，要通过调查研究获得开拓性的成果，除了运用民族学、人类学的田野调查方法外，还需结合社会学问卷调查方式和国情调研、社会调查方式，把静态与动态、微观与宏观、定量分析与定性分析、典型与一般有机结合起来，突出调查研究的时代性、民族性和区域性。这是新时期开展民族大调查的新要求。

　　立足当代、立足中国的"民族国情"，妥善处理民族问题，促进各民族平等团结，促进各民族地区繁荣发展，是中国特色社会主义的重要任务。《21世纪初少数民族地区经济社会发展综合调查》作为国家社科基金特别委托项目和中国社会科学院创新工程重大项目，希望立足改革开放以来少数民族地区的发展变化，围绕少数民族地区经济社会发展，有针对性地开展如下调查研究：（1）民族地区经济发展现状与存在问题调查研究；（2）民族地区社会转型、进步与发展调查研究；（3）西部大开发战略与民族问题调查研究；　（4）坚持和完善民族区域自治制度调查研究；（5）民族地区宗教问题调查研究；　（6）民族地区教育与科技调查研究；（7）少数民族传统文化与现代化调查研究。

　　调查研究是加强学科建设、队伍建设和切实发挥智库作用的重要保障。基础研究与应用对策研究是现代社会科学不可分割的有机统一的整体。通过全面深入系统的调查研究，我们冀望努力达成以下几个目标：一是全面考察中国特色民族理论、民族政策的探索和实践过程，凝练和总结中国解决民族地区发展问题、确立和谐民族关系、促进各民族共同繁荣发展的经验，把握民族工作的一般规律，为未来的民族工作提供坚实的理论支撑，为丰富和发展中国特色社会主义理论体系做出贡献。二是全面展示改革开放特别是进入21世纪以来民族地区经济社会发展的辉煌成就，展示以"平等、团结、互助、和谐"为核心内容的新型民族关系的当代发展状况，反映各族人民社会生活的深刻变化，增强各民族的自豪感、自信心，建设中华民族共同体，增强中华民族凝聚力。三是深入调查探寻边疆民族地区经济社会发展中存在的问题，准确把握未来发展面临的困难与挑战，为党和国家全面了解各民族发展现状、把握发展趋势、制定未来发展规划提供可靠依据。四是通过深入民族地区进行扎实系统的调研，搜集丰富翔实的第一手资料，构筑我国民族地区社会发展的基础信息平台，夯实民族研究的基础，训练培养一支新时代的民族问题研究骨干队伍，为民族学研究和民族地区未来发展奠定坚实的人才基础。

　　我们深信，参与调查研究的每一个专家和项目组成员，秉承民族学人类学界前辈学人脚踏实地、不怕吃苦、勤于田野、精于思考的学风，真正深入民族地区、深入田野，广泛汇集干部群众的意见、倾听干部群众的呼声，通过多种方式方法取得丰富的数据资料，通过科学严谨的数据分析和系统深入的理论研究，一定会取得丰硕的成果。这不仅会成为21世纪我国民族学与人类学学科建设的一个重要里程碑，也一定会为党和政府提供重要决策参考，为促进我国民族理论和民族工作的新发展，为在民族地区全面建成小康社会，为实现中华民族的伟大复兴做出应有的贡献。

王伟光

目　录

第一章　神奇美丽的金秀大瑶山 …………………………………… （1）

　　一　自然界的"四库全书" …………………………………… （1）

　　二　"世界瑶都" ……………………………………………… （2）

　　三　跨越式发展 ……………………………………………… （5）

第二章　农业稳县 ………………………………………………… （7）

　第一节　传统山地农耕的历史变迁 ……………………………… （7）

　　一　刀耕火种的生产方式 …………………………………… （7）

　　二　新中国成立后农林家庭副业的发展 …………………………（8）

　　三　从无到有的交通通信 …………………………………… （9）

　　四　动荡时代的停滞不前 …………………………………… （9）

　第二节　改革开放以后的多业并举 ……………………………… （10）

　　一　多种经济并举 …………………………………………… （10）

　　二　快速发展的农林业 ……………………………………… （11）

　　三　经济实力的增长 ………………………………………… （14）

　　四　打工经济的凸显 ………………………………………… （15）

　第三节　多元发展的当代新型农业 ……………………………… （16）

　　一　新型农业类型 …………………………………………… （17）

　　二　新型农业发展成就 ……………………………………… （20）

　第四节　农业现代化与可持续发展 ……………………………… （25）

　　一　生态保护和林农结构的矛盾 …………………………… （25）

　　二　现代农业经济的可持续发展取向 ……………………… （27）

第三章　工业富县 ……………………………………………………（30）

　第一节　从靠山吃山到养山护山 …………………………………（30）

　　一　单一的"木头财政" …………………………………………（30）

　　二　退耕还林，保护林业 ………………………………………（31）

　　三　发展地方民族工业 …………………………………………（32）

　　四　从"资源开发型"向"生态型经济"转变 …………………（32）

　第二节　工业园招商引资，山地平原配合 ………………………（33）

　　一　工业园建设 …………………………………………………（33）

　　二　招商引资 ……………………………………………………（34）

　　三　自主品牌建设 ………………………………………………（35）

　　四　山地平原配合 ………………………………………………（36）

　第三节　金秀县与周边地区的比较 ………………………………（38）

　　一　经济发展水平的比较 ………………………………………（38）

　　二　县域经济发展特点 …………………………………………（40）

　第四节　工业经济发展态势 ………………………………………（41）

　　一　经济发展成效显著 …………………………………………（41）

　　二　产业结构调整优化 …………………………………………（45）

　　三　区域经济合作发展 …………………………………………（46）

　　四　发展特色生态工业 …………………………………………（47）

第四章　生态立县与突破围城 ……………………………………（49）

　第一节　山地文化中的林业权威 …………………………………（50）

　　一　林地作为大瑶山瑶族的生计基础："无山不成瑶" ………（50）

　　二　林业作为大瑶山瑶族的生存资源：瑶民自主型的复合

　　　　经济 …………………………………………………………（51）

　第二节　以粮为纲与林业立县 ……………………………………（53）

　　一　林业作为大瑶山瑶族的经济要素：政府主导型的单一

　　　　经济 …………………………………………………………（54）

　　二　林业作为大瑶山瑶族的财富资本：林业立县及其经济

　　　　效益 …………………………………………………………（56）

　第三节　生态权威下的瑶族与国家 ………………………………（58）

　　一　生态权威下的国家意志："生态文明至上" ………………（59）

　　二　生态权威下的金秀县政府："守住生态底线" ……………（61）

　　三　生态权威下的大瑶山瑶族："分享生态红利" ·············（63）

第四节　生态保护与生态围城 ····························（66）

　　一　国家生态补偿难以满足山区瑶族的要求 ·········（66）

　　二　生活需求与生态保护的矛盾突出 ···············（67）

　　三　"生态围城"的困境 ··························（68）

第五节　金秀大瑶山三级生态经济空间发展模式 ·········（70）

　　一　大瑶山腹地生态经济圈："守住青山不放松" ·······（70）

　　二　大瑶山泛空间生态经济圈："绿色作为强制权威" ·······（72）

　　三　岭南区域生态经济圈："生态利益去外部化" ·········（73）

　　四　大瑶山三级生态经济空间模式存续基础："中央再

　　　集权" ····································（75）

第五章　生态文化旅游的转型与发展 ····················（79）

第一节　金山秀水　独树一帜 ····························（79）

　　一　圣山圣水 ·································（79）

　　二　中国长寿之乡 ······························（81）

第二节　从"卖木头"、"卖看头"到"有说头" ·············（83）

　　一　"卖木头"——准备发展阶段（自治县成立至90年

　　　代初） ····································（83）

　　二　"卖看头"——初步发展阶段（1993—2001年） ·········（84）

　　三　"有说头"——转型发展阶段（2002年至今） ·········（87）

第三节　金秀大瑶山旅游发展现状及特点 ·············（89）

　　一　影响力和知名度逐步扩大 ···················（90）

　　二　大力发展生态文化旅游 ·····················（91）

　　三　精品旅游线路基本形成 ·····················（93）

　　四　特色旅游产品具备一定规模 ·················（95）

第四节　旅游开发与新型城乡一体化 ·················（98）

　　一　突出特色，推进综合整治，建设"美丽县城、美丽

　　　城镇" ····································（99）

　　二　打造名村，实行风貌改造，建设"美丽村屯、美丽

　　　通道" ····································（100）

第六章　社会制度和社会治理体系的变迁 ……………………（103）

第一节　瑶朝分立下的石牌制度 ………………………………（103）

一　石牌制度与石牌头人 ……………………………………（103）

二　石牌会议与石牌律 ………………………………………（105）

三　石牌制度的精神实质 ……………………………………（107）

第二节　民族区域自治制度的确立 ……………………………（108）

一　新石牌制度的确立 ………………………………………（109）

二　新中国首个瑶族自治县的诞生 …………………………（111）

三　民族区域自治制度的发展与完善 ………………………（113）

第三节　社会主义制度的曲折完善 ……………………………（115）

一　慎重温和的民主改革 ……………………………………（115）

二　互助合作化运动 …………………………………………（118）

三　人民公社与"以粮为纲" …………………………………（119）

四　改革开放与因地制宜 ……………………………………（121）

第四节　民主协商下的社会治理体系 …………………………（122）

一　传统与现代的社会制度交融 ……………………………（122）

二　社会治理体系的嫁接 ……………………………………（124）

三　社会治理方式的改进与创新 ……………………………（126）

第七章　金秀县教育事业的发展 …………………………………（129）

第一节　金秀县小学教育的发展 ………………………………（129）

一　金秀瑶族自治县小学 ……………………………………（130）

二　小学教育布局调整 ………………………………………（130）

三　小学教育师资配备及水平 ………………………………（131）

四　金秀县小学办学条件 ……………………………………（132）

第二节　金秀县中学教育的发展 ………………………………（137）

一　初级中学教育 ……………………………………………（137）

二　金秀县初级中学选介 ……………………………………（141）

三　金秀县高中教育的发展 …………………………………（142）

四　金秀瑶族自治县民族高中简介 …………………………（145）

第三节　金秀县专业教育发展 …………………………………（146）

一　金秀县师范教育 …………………………………………（147）

二　金秀县职业教育 …………………………………………（147）

三　金秀县成人教育 ……………………………………… （149）

第四节　金秀县民族教育发展 ……………………………… （153）

一　实施学前教育惠民工程，推动学前教育飞速发展 …… （153）

二　开办民族班，走民族教育特色之路 ………………… （153）

三　抢抓机遇，努力推动高中教育稳步发展 …………… （154）

四　创新机制，大力发展职业教育 ……………………… （154）

五　教育经费保障措施、资助政策全面落实，民族教育稳步
　　发展 …………………………………………………… （155）

六　创新举措，推动民族教育事业迅速发展 …………… （155）

第五节　金秀教育发展存在的困难及建议 ………………… （156）

一　金秀县教育发展面临的问题和困难 ………………… （156）

二　推动民族教育发展的意见和建议 …………………… （157）

第八章　医疗卫生及社会事业进步 ………………………… （160）

第一节　医疗卫生事业的大发展 …………………………… （160）

一　医疗卫生水平的提高 ………………………………… （160）

二　新型农村合作医疗的全覆盖 ………………………… （161）

三　金秀县卫生事业发展的困境与抉择 ………………… （164）

第二节　瑶医瑶药事业的崛起 ……………………………… （167）

一　传统的瑶医瑶药理论 ………………………………… （167）

二　瑶医瑶药的发展 ……………………………………… （168）

三　瑶医瑶药发展面临的困境 …………………………… （170）

第三节　金秀县社会保障制度的稳步完善 ………………… （172）

一　金秀大瑶山传统的社会保障 ………………………… （172）

二　现代社会保险制度成果显著 ………………………… （172）

三　当前社会保障制度存在的问题 ……………………… （174）

四　完善社会保障制度的建议 …………………………… （175）

第四节　金秀县扶贫开发工作 ……………………………… （176）

一　金秀县的贫困状况 …………………………………… （177）

二　金秀县扶贫开发取得的成效 ………………………… （177）

三　金秀县扶贫开发存在的问题 ………………………… （179）

四　金秀县扶贫开发的新出路——电商扶贫 …………… （179）

第九章　民族关系与民族文化 ……………………………………（181）

第一节　和而不同的民族关系 ……………………………………（181）

　　一　大分散、小聚居的分布格局 ……………………………（181）

　　二　《大瑶山团结公约》开启民族关系新篇章 ……………（183）

　　三　共生共荣，和而不同 ……………………………………（184）

第二节　丰富多彩的瑶族文化 ……………………………………（186）

　　一　社会生活 …………………………………………………（186）

　　二　文学艺术 …………………………………………………（187）

　　三　节庆婚恋 …………………………………………………（189）

　　四　宗教信仰 …………………………………………………（190）

　　五　瑶族文化的开拓创新 ……………………………………（190）

第三节　民族传统文化的保护和展示 ……………………………（192）

　　一　搭建"1+6"立体式博物馆群落 ………………………（193）

　　二　推进民族文物抢救保护工作 ……………………………（195）

　　三　积极普查申报非物质文化遗产 …………………………（196）

　　四　多途径宣传传承民族文化精品 …………………………（197）

第十章　费孝通与大瑶山 …………………………………………（202）

第一节　有关金秀大瑶山瑶族的研究 ……………………………（202）

　　一　中山大学考察队的调查研究 ……………………………（203）

　　二　唐兆民的《瑶山散记》 …………………………………（203）

　　三　1935 年费孝通王同惠大瑶山调查 ……………………（204）

第二节　费孝通五上大瑶山 ………………………………………（206）

　　一　1978 年二上瑶山 …………………………………………（206）

　　二　1981 年三上瑶山 …………………………………………（207）

　　三　1982 年四上瑶山 …………………………………………（209）

　　四　1988 年五上瑶山 …………………………………………（210）

第三节　大瑶山与费孝通学术思想 ………………………………（211）

　　一　中华民族多元一体格局思想的产生 ……………………（212）

　　二　大瑶山调查埋下文化自觉的根 …………………………（213）

第四节　心系瑶山，薪火相承 ……………………………………（216）

　　一　大瑶山七十年变迁调查 …………………………………（216）

　　二　大瑶山八十年变迁调查 …………………………………（217）

第十一章　瑶族五个支系典型村庄的追踪调查 ………………（220）

第一节　重访六段茶山瑶寨 …………………………………（220）

一　金秀茶山瑶概况 …………………………………（221）

二　茶山瑶六段瑶寨的发展现状及思考 ……………（224）

第二节　回到六巷花篮瑶村寨 ………………………………（227）

一　"瑶中瑶" …………………………………………（227）

二　徘徊中的花篮瑶六巷村 …………………………（228）

三　发展生态文化旅游 ………………………………（230）

第三节　坳瑶下古陈村寨回访 ………………………………（232）

一　外流的农业劳动力 ………………………………（233）

二　滞后的坳瑶山地经济 ……………………………（234）

第四节　再访山子瑶寨帮家屯 ………………………………（237）

一　地理位置与居住环境 ……………………………（237）

二　农业生产与经济发展 ……………………………（239）

三　社会生活与村民组织 ……………………………（242）

第五节　走访盘瑶郎傍屯 ……………………………………（244）

一　郎傍屯概况 ………………………………………（245）

二　盘瑶的人口变迁 …………………………………（246）

三　生计方式：从游耕到定居 ………………………（248）

第十二章　金秀"瑶变"：中华民族多元一体格局的新篇章 ………（251）

第一节　金秀"瑶变"的三层含义 …………………………（252）

第二节　金秀巨变的历史文化背景 …………………………（253）

一　分布广泛，支系众多的瑶族 ……………………（253）

二　无山不成瑶 ………………………………………（254）

三　分而治之的统治 …………………………………（255）

四　大瑶山剿匪 ………………………………………（256）

第三节　从朝瑶对立到民族区域自治 ………………………（257）

一　"瑶还瑶，朝还朝" ………………………………（257）

二　国民政府武力"开化" ……………………………（258）

三　新政权的建立 ……………………………………（259）

四　历次政治运动 ……………………………………（261）

第四节　从族群矛盾到和谐共荣 ……………………………（263）

　　一　石牌制度的维系 ………………………………………（263）

　　二　《大瑶山团结公约》的推动 …………………………（266）

　　三　新型社会治理模式 ……………………………………（267）

第五节　从自然经济到市场经济 ……………………………（268）

　　一　传统的山地经济 ………………………………………（269）

　　二　从"画地为牢"到改革开放 …………………………（271）

　　三　生态立县绿色发展 ……………………………………（272）

第六节　从封闭落后走向文明开放 …………………………（274）

　　一　从"十步九折"到交通便捷 …………………………（274）

　　二　从民族对立到共生共荣 ………………………………（276）

　　三　从口口相传到教育攻坚 ………………………………（277）

　　四　从缺医少药到振兴瑶医瑶药 …………………………（280）

第七节　金山秀水话"瑶变" ………………………………（281）

　　一　"生态立县"战略，保护绿水青山 …………………（282）

　　二　"旅游强县"战略，促进第三产业全面发展 ………（282）

　　三　"农业稳县"战略，大力发展特色农业 ……………（283）

　　四　"工业富县"战略，发展壮大特色工业 ……………（284）

　　五　"世界瑶都"建设，推动新型城镇化发展 …………（284）

　　六　深入扶贫开发，打好新一轮攻坚战 …………………（285）

　　七　以人为本，促进社会和谐 …………………………（286）

结语 ……………………………………………………………（288）

参考文献 ………………………………………………………（290）

关键词索引 ……………………………………………………（293）

后记 ……………………………………………………………（297）

第一章

神奇美丽的金秀大瑶山

大瑶山，又称金秀瑶山、金秀大瑶山，史称大藤瑶山、大藤山。金秀瑶族自治县就处于广西中部偏东的大瑶山山脉，成立于1952年5月28日，是全国最早成立的瑶族自治县，以大瑶山而著称于世。因其自然资源丰富，山水风光奇特秀丽而得名"金秀"，意为"金山秀水"。金秀县东与蒙山县相连，南与平南县、桂平市、武宣县毗邻，西与象州县接壤，北与鹿寨县、荔浦县交界。截至2014年，全县辖3镇7乡77个村民委4个社区，总面积2518平方公里，总人口15.46万人，其中瑶族人口占34.8%。金秀县内瑶族、壮族和汉族大约各占1/3，是一个以瑶族为主体，汉族及壮族占相对多数的多民族聚居地。瑶族中有盘瑶、茶山瑶、花篮瑶、山子瑶和坳瑶5个支系，是世界瑶族支系分布最多的县份和瑶族主要聚居县之一。金秀大瑶山因瑶族文化和民俗风情保持得十分完整，孕育出了独特的瑶族文化，被誉为"世界瑶都"。

金秀瑶族自治县所在的大瑶山，山川秀美，物产丰富，民俗独特，又被誉为"岭南桂冠"。新中国成立后，金秀大瑶山在全国瑶族地区率先实行民族区域自治，第一个成立瑶族自治县。1952年成立大瑶山瑶族自治区（县级），后改为金秀瑶族自治县。历史上长期的自然和人文的双重隔阂，使金秀大瑶山显得神秘莫测，外界对大瑶山深处的瑶族知之甚少。

一 自然界的"四库全书"

金秀瑶族自治县处于南亚热带与中亚热带交会处，地质构造古老，气候多样，物种丰富，土地肥沃。自然环境相对人为破坏较少，保存有以森林资源为主体的，包括林业、水能、动植物、气候、旅游等方面得天独厚的自然资源。

金秀境内冬无严寒，夏无酷暑，年平均气温在 17℃—21℃ 之间，舒适宜人，是旅游、避暑、休闲、度假、养生的理想圣地。据环保部门监测，金秀境内空气中负氧离子含量最高达 66000 个/平方厘米，平均含量达到 9194 个/平方厘米，是平原、城市地区的 20 多倍，大气空气质量优于国家《环境空气质量标准》二级标准。境内林木苍莽，郁郁葱葱，动植物资源种类丰富，目前已知的植物资源有 2335 种，动物资源有 1226 种，其中有国家重点保护的"动物活化石"瑶山鳄蜥、国家一级重点保护动物金斑喙凤蝶等珍稀动物 12 种，有国家重点保护的"植物活化石"银杉、桫椤等珍稀植物 24 种，是我国仅次于云南西双版纳的第二大"生物基因库"。此外，金秀拥有的药用类植物达 1351 种，占亚热带区系组成植物种类的 86%，是广西中草药品种最齐全的县份，也是广西最大的药物基因库。

金秀县有耕地面积 21.57 万亩，森林面积 329.35 万亩，森林覆盖率达到了 84%。作为珠江流域重要的水源地，金秀境内共有集雨面积 10 平方公里以上的河流 25 条，呈放射状分别流向周边 5 市 8 县（市、区），担负着近 500 万人口的生产生活用水，以及 130 多公顷良田的灌溉。水质大多能满足或优于国家地表水 III 类标准，有"天然绿色水库"称号，其中水源林面积 158.59 万亩，年产水量达 25.7 亿立方米，是广西最大、最重要的水源林区。金秀县城因处于大瑶山腹地，在发展过程中始终贯彻"环保先行"，坚持"在保护中开发，在开发中保护"，不断加强和巩固生态环境保护与建设在全县经济社会的基础地位，天然水源林和国家公益林得到有效保护。

自 1988 年以来，金秀大瑶山先后被评定为省级风景名胜区、国家级森林公园、国家级自然保护区、国家级珠江流域防护林源头示范县、中国八角之乡、中国长寿之乡、广西优秀旅游县等，被专家誉为"万宝山"。近几年来，金秀县的经济发展不以 GDP 为主，而是采取"差别考核"的办法，重点考核生态环境下的经济发展，生态建设和保护成为重中之重。金秀县"水库"、"碳库"、"氧库"、"物种基因库"的"四库"生态价值内涵逐渐获得认同，生态资源逐渐向生态资本、生态效益转化，生态地位更加稳固，"圣堂仙境，生态瑶都"成为世人今天对金秀的赞誉。

二　"世界瑶都"

根据第六次全国人口普查统计数字显示，我国境内的瑶族约 280 万，分布在广西、广东、湖南、云南、贵州和江西等省（区）的 130 多个县市。长期以来，广西一直是中国瑶族居住最多的省区，广西瑶族占全国瑶族总人口的 60% 以上，主要分布在金秀、巴马、都安、大化、富川、恭城等六个瑶族自治县。金秀大瑶山瑶族人口 5.38 万，约占全国瑶族总人口的 2%，虽然所占的比重并不大，但是作为世界瑶族支系分布最多的县，可以说在中国瑶学研究中占着十分重要的地位。金秀瑶族自治县也被誉为"世界瑶都"，学界有"世界瑶族文化的中心在中国，中国瑶族文化的中心在广西，广西瑶族文化的中心在金秀"之说。[①]

（一）金秀大瑶山是中国瑶族比较典型的聚居地

历史上，瑶族一直与汉、壮、苗、侗等民族杂居，形成了"大分散，小聚居"的分布特点。在瑶族所居住的 130 多个县市中，瑶族人口在当地所占的比例一般很小，占总人口 1/3 的并不多见。瑶族作为主体民族的县市更为少见，仅在金秀瑶族自治县曾经存在过。从 20 世纪 50 年代至 80 年代初，金秀瑶族自治县的瑶族人口比例一直高居全国各瑶族自治县之首。中国瑶族的瑶语支、苗语支和侗水语支三大支系，在金秀大瑶山都有分布。民族语言学家毛宗武曾指出："就全国来说，只有金秀瑶族自治县五个不同自称的瑶族，使用了三种瑶族语言。"[②] 在金秀瑶族自治县，瑶族民族语言使用面最广，而且大部分人都会讲瑶语。

（二）金秀瑶族保存了比较丰富和完整的瑶族文化

明清以来，历代封建统治者都对大瑶山采取了"分而治之"的政策，但由于山岭的阻隔和瑶族的反抗，实际上并没能形成有效的统治管理，形成了"统而不治，管而不辖"的局面。大瑶山直至 1940 年时，既没有官府衙门，也没有官府代理人，瑶族用传统的石牌制度维护和治理大瑶山。在石牌制度的保护下，瑶族传统文化得以有效保存和流传。

（三）金秀瑶族符合中国瑶族体质特征

金秀大瑶山瑶族的体质特征一直受到体质人类学家们的关注，并陆续有学者进行体质调查研究。在历史上，金秀大瑶山以瑶族为主体，汉族和

---

① 莫金山主编：《金秀大瑶山——瑶族文化的中心》，广西民族出版社 2006 年版，第 12—17 页。

② 中国社会科学院民族研究所、国家民委文化宣传司等主编：《中国少数民族语言使用情况》，中国藏学出版社 1994 年版，第 109 页。

壮族人口不多。此外,金秀瑶族实行支系内婚,瑶族和其他民族通婚的比例很低,外婚的比例也不大。因此,金秀大瑶山瑶族更典型地保留了瑶族的体质特征。

(四)金秀瑶族在一定程度上成为中国瑶族的缩影

历史上,瑶族力量弱小,为了摆脱统治者的压迫剥削和驱赶,只好躲进深山老林耕山为业,被称为"山民"。但瑶族也是一个勇敢的民族,自东汉始,瑶族人民为反抗封建压迫剥削,举行了一次又一次起义。特别是明代大藤峡瑶民起义,坚持斗争近百年,是瑶族历史上规模最大、时间最长的一次起义,动摇了朱明王朝在岭南的统治秩序,在中国农民战争史上有着重要地位。1943 年 3 月,为反抗国民党金秀设治局的反动统治,金秀瑶民在全金标的领导下,举行武装起义,攻打设治局,形成了震动整个广西的"金秀瑶变"事件,充分彰显了瑶族勇猛刚毅、不畏强暴,勇于追求美好生活的精神品质。

瑶族又是一个勤劳的民族。金秀瑶族中,特别是占人口众多的"过山瑶"(盘瑶和山子瑶)历史上基本无水田可种,以开耕山地为业,游耕火种,种植红薯、玉米、芋头等杂粮,因而铸就了不同于汉、壮族稻耕文明的另一种文明形式——杂粮文明。因为游耕,迁徙不断,金秀"过山瑶"的住房都是竹瓦篱笆,草盖板档,很少有砖瓦房。刀耕火种,广种薄收,单位面积山地可养活的人口有限,历史上金秀"过山瑶"的村寨都很小,超过 20 户的并不多,很难形成大村寨,仅有"瑶老"和"头人"之类的自然领袖。世居山岭的金秀瑶族大都保留着讲信用、重言诺、热情好客、待人诚挚的纯朴古风。由于与世隔绝,还产生了另一种文化现象,即封闭保守、不事工商、缺乏商品意识,这是金秀瑶族传统社会的特点,也是中国瑶族传统社会的特点。金秀瑶族的社会生活和经济生活浓缩了中国瑶族的一般特征,对此,费孝通先生曾指出:"中国瑶族分布在 130 多个县里,要解剖一个瑶族聚居地,广西大瑶山是个比较好的对象。"①

金秀大瑶山的 5 万多名瑶族,从明朝初期开始不断从各地迁徙至此,至今已有 600 多年的历史。大瑶山瑶族创造了丰富多彩的"山地文化",

① 费孝通:《盘村瑶族·序》,胡起望、范宏贵:《盘村瑶族》,民族出版社 1983 年版,第 10 页。

是大瑶山的开拓者和建设者。金秀瑶族自治县的五个支系瑶族，在共同的自然环境和社会环境中，形成了相互依存、相互影响、相互促进的密切关系。大瑶山的茶山瑶、花篮瑶、坳瑶在过去被称为"长毛瑶"，因为他们占有广阔的山场、森林、水田，成为山主集团；盘瑶和山子瑶在过去被称为"过山瑶"，他们租赁"长毛瑶"的山地耕作，形成山丁集团。而今，茶山瑶、花篮瑶、坳瑶与盘瑶、山子瑶已经从过去的"山主"与"山丁"的关系，变成都是人民共和国主人的民族团结关系。而且关系愈加亲密，各瑶族支系之间可以互相通婚，甚至有的家庭由多个支系瑶族组成。五个瑶族支系之间相互结为"老同"，认作"义父母"、"义子女"的现象相当普遍。

金秀良好的生态环境、神秘壮美的山水风光与浓郁的瑶族风情完美结合，形成了以圣山、圣水、圣都为格局的发展资源，被誉为"岭南避暑胜地"和"人世间之桃源仙国"。

三　跨越式发展

金秀是新中国成立后建制最早的瑶族自治县。经过 60 多年的建设，特别是改革开放以来的跨越式发展，如今的金秀已发展成闻名于世的生态旅游县。根据 2011 年金秀自治县成立六十周年大庆时统计数据，全县完成地区生产总值 22.06 亿元，是 1978 年的 91 倍；工业总产值 13.35 亿元，是 1952 年的 12132 倍。金秀瑶山日新月异，发生了翻天覆地的变化。金秀综合经济实力突飞猛进、基础设施建设成绩斐然，各项社会事业全面发展，人民生活水平不断提高，生态环境保护成效显著，民族团结自强，努力推进各项事业的全面发展。

按照金秀经济社会发展"十二五"规划的主要目标，金秀继续保持经济稳定较快增长，经济结构不断优化，经济发展方式得以转变，主要经济指标基本接近广西壮族自治区平均水平。到 2015 年全县生产总值预期达到 34 亿元，年均增长 13%，达到西部地区中等水平；三次产业结构调整为 23.5：31.8：44.7；财政总收入突破 2.77 亿元，年均增长 15%；社会消费品零售总额年均增长 15%；全社会固定资产投资年均增长 20%，五年累计突破 125 亿元；计划到 2015 年接待游客人数累计达到 500 万人次，其中入境游客 4 万人次，旅游总收入达到 18 亿元，其中国际旅游收入达到 350 万美元，增长 22% 左右，旅游收入达到全县 GDP 的 12%

左右。

社会事业更加繁荣，基本公共服务更加均等化，城乡面貌明显改观，城镇化水平逐步提高，农村劳动力转移和农民工市民化加快。到 2015 年城镇化水平达到 38%，中心城镇服务功能进一步提升；科技进步对经济增长的贡献率明显上升；教育水平明显提升，初中入学率达到 96% 以上，高中教育毛入学率 75%；医疗卫生服务体系进一步健全，人民健康水平得到提高。城乡居民收入稳步增长，人民生活更加殷实体面。到 2015 年城镇居民人均可支配收入达 27745 元、农民人均纯收入达 5313 元，年均分别增长 10%；累计新增城镇就业 0.5 万人，城镇登记失业率控制在4.2% 以内，贫困人口减少 65% 以上。人口、资源和环境与经济发展日趋协调，可持续发展能力进一步增强。总人口控制在 16.1 万人以内，人口自然增长率控制在 9‰以内。城镇污水集中处理率和生活垃圾无害化处理率分别达到 75%。森林覆盖率达到 83.61%。节能减排力度进一步加大，县城区环境空气质量状况达一级标准，城乡饮用水源有效保护，农村面源污染有效控制，生态文明示范区建设取得新进展，金秀的跨越式发展不断取得新的成就①。

---

① 相关数据来源于县政府提供的《金秀瑶族自治县十二五规划》。

第二章

农业稳县

在漫长的历史岁月里，金秀瑶族五个支系世世代代居住在大山里，依托大瑶山从事山地农耕。由于自然地理环境和生产力低下的制约，"刀耕火种"的生产方式成为金秀大瑶山瑶族山地生存之本。

第一节　传统山地农耕的历史变迁

金秀的五大瑶族支系从明朝初期开始不断从各地迁徙至大瑶山，过着依山而居的生活，至今已有600多年的历史。砍山、烧山、耕山、种山、吃山、过山是其生产生活的重要内容。

一　刀耕火种的生产方式

五大瑶族支系进山时间并不相同，茶山瑶、花篮瑶和坳瑶率先进山，绝大多数聚居在山势比较开阔和溪流比较丰沛的山谷中。他们在河流两岸较平的盆地里，依山傍水开垦出较多的水田，占有田地、山林、河流等主要生产资料，成为大瑶山"山主"。"山主"们开垦梯田，种植水稻，采集山珍，进行着自给自足的锄耕、犁耕农业，并以捕鱼、狩猎、采集作为生活资料的补充。茶山瑶、花篮瑶和坳瑶在过去也被称为"长毛瑶"，因为占有广阔的山场、森林、水田，便成为"山主"集团。

盘瑶和山子瑶在过去被称为"过山瑶"，他们因为租赁"长毛瑶"的山地耕作，成为"山丁"集团。盘瑶和山子瑶进入大瑶山的时间比较迟，进山时靠近河流的平地和山坡已被"长毛瑶"占据，所以他们只能在租来的山地上谋生，极少有水田和山林，多是荒山荒坡，采取粗放的刀耕火种耕作方式，靠天吃饭，生活极不稳定。手工业也是为满足其生产生活之需，没有商品性的手工业存在。如木器的制作、竹器的编织、纺织、缝纫、靛染等，都是自己生产，自己消费。在漫长的历史岁月里，瑶族五个支系世世代代居住在大山里，砍山、烧山、耕山、种山、吃山、过山是其生产生活的重要内容，依托大瑶山从事山地农耕构成他们传统文化的背景。由于自然地理环境和生产力低下的制约，"刀耕火种"的生产方式成为大瑶山瑶族山地生存之本。①

二　新中国成立后农林家庭副业的发展

新中国成立后，金秀县全面开展土地制度改革运动，继续引导农民的互助合作化运动，使瑶族地区的社会生产力得到大解放，瑶族地区的农、林、家庭副业均有显著发展。② 农业生产发展方面的成就主要表现为农业产出量、农业耕地面积和亩产量都发生历史性的变化。通过改良土壤、开垦荒地、兴修水利、选用优良作物品种等措施，金秀县的耕地面积1954年是89471亩，水田面积27380亩，粮食生产获得空前丰收，粮食总产量712万公斤，亩产89.5公斤。在土改中，对于与土地几乎具有同样经济意义的山林，也进行所有制的改革，没收和征收地主、富农过多的山林，分配给没有山林或山林极少的农民。在以后几年的农业合作化运动中，山林和土地一样作为重要的生产资料，由农民作股入社，集体经营，再由合作社按收益状况进行分配。1957年，根据国家《宪法》规定，将县内的原始森林收归国有。1958年8月，金秀县实行人民公社化，农民除屋边零星果木外，其余山林全部无偿划归人民公社所有，林业收益实行平均主义的分配方式。从历年造林面积可以看出，1956—1960年，是金秀县有史以来人工造林最多的时期，林业产值占农业产值的40%以上。广泛种植的用材林是杉木，经济林以油茶、油桐为主。

农业集体化的推行和社会主义制度的确立，使瑶族政治地位提高，对外联系扩大，特别是一些先进生产要素的引入、现代教育的发展等，使大瑶山瑶族经济取得较快发展。盘瑶、山子瑶从艰难的游耕生活走向定居生活，五支瑶族与外界联系扩大，促进其经济社会的全面发育和进步。这都

---

① 广西壮族自治区编辑组：《广西瑶族社会历史调查》第一册，广西民族出版社1984年版，第423—436页。

② 国家民委《民族问题五种丛书》之二、《中国少数民族简史丛书》修订本、《瑶族简史》编写组：《瑶族简史》，民族出版社2008年版，第198页。

表现出社会主义制度对大瑶山瑶族经济社会进步所释放出的能量，其间经济领域虽然受到"左"的错误影响，但在生产生活水平、基础设施建设和工农业生产发展方面仍然取得一系列成就，为改革开放后大瑶山经济社会的发展奠定了基础。

三　从无到有的交通通信

新中国成立前，瑶族居住区域通往外地仅有羊肠小道，自古无车马船可行。自治县成立初期，从县城金秀到周围各县市全靠步行，更别说乡村交通状况。1956 年 10 月，开通从金秀至桐木的公路，结束了金秀县城不通公路的历史，也揭开了金秀公路建设的序幕。经过几十年的建设，公路和通车桥梁从无到有，从单一公路到联结周边地县公路干线以及乡村公路的路网初步形成。水利和水电从起步到全方位发展。新中国成立前，金秀大瑶山没有水利工程设施，金秀县政府成立后，调拨款项和物资，发动群众大力兴修水利。1956—1958 年间掀起第一次兴修水利的高潮，修建二排河饮水工程，有效灌溉面积 1.55 万亩；1964—1967 年，掀起第二次兴修水利的高潮，兴建凉亭坝、落沙坝、古西引水工程。为适应山区特点，还大力兴建水轮泵、机械抽水机及电动抽水机等提水工程，解决和改善村屯人畜饮水困难。新中国成立前，大瑶山各族群众晚上照明多用松明、植物油，县政府充分利用雨量充沛、水利资源丰富的环境条件，因地制宜地发展水力发电，1957 年建成县内第一座水力发电站，1965 年后，各公社、大队、生产队，掀起自筹资金、国家扶助、大办小水电的热潮。与此同时，现代化邮政、电信设施也实现从无到有的变化。过去仅有金秀、桐木、七建、头排、三江等乡镇通邮，与外界的邮件往来依靠人工步行投递。1952 年成立县邮电局，1953—1954 年各区邮电所成立，各区、乡均通邮路。修通金秀至修仁、平乐等地的直达电话线路，各区公所均安装电话机。至 1956 年底，43 个乡通有线电话线路，结束了金秀瑶族人没有现代邮政、电信事业的历史。[①]

四　动荡时代的停滞不前

人民公社时代的"大集体，大锅饭"，严重影响大瑶山瑶族的生产积

---

① 金秀瑶族自治县县志编委会：《金秀瑶族自治县县志》，中央民族学院出版社 1992 年版，第 226—256 页。

极性，一系列的政治和经济计划脱离山区的实际和民族生产习惯。农业生产上，在极"左"路线干扰下，只盲目注重粮食生产，忽视多种经营；只注重粮食产量，忽视农民的现金收入。1966—1976 年"文化大革命"期间，金秀县和全国大部分地区一样，也陷入这场灾难性的动乱之中。经济发展偏离正常的轨道而停滞不前，生产力遭到极大的破坏。农业和林业发展失去平衡，粮食生产成为当时主要的任务。全面实施"以粮为纲"的农业生产方针，过分强调水稻生产的重要性，全然不顾山区的经济条件和瑶族的生产习惯。在贫瘠的山坡上种粮食，几年连种子都收不回，不得不丢荒另辟，把郁郁葱葱的山岭砍成一片片的秃顶，老百姓劳动终日不得一饱。此外，违背作物的生长规律，水稻生产由一造改为二造，反而导致广种薄收—薄收广种—水土流失—地力减退的恶性循环。同时，森林资源遭到严重破坏，生态环境失调，人与自然的和谐受到威胁，为后来水资源的缺乏和自然灾害的频繁发生埋下隐患。1981 年费孝通三上大瑶山时，通过调查研究发现 20 世纪 50 年代的"大跃进"和六七十年代的"以粮为纲"，对大瑶山的生态和经济都产生极大的破坏。而且"由于自治县划界时没有充分考虑新情况的需要，没有强调山区和平地的经济交流，把原来山区贸易所依靠的集散点划在界外，加上山区公路建设困难，自治地方得不到发展经济的具体条件，反而受到县界的束缚，有点像'画地为牢'"①，阻碍了山区和平原、瑶族和汉族的经济联系，影响了经济发展和民族关系。

第二节　改革开放以后的多业并举

改革开放以来，金秀县开始打破单一的农业经济结构，随着产业结构的调整和新的生产组织形式的进入，逐渐向复合型的经济结构转变。

一　多种经济并举

改革开放以来，金秀的社会经济结构由单一的农业经济，迅速向农、林、商等多种经济并举发展。在稳步发展粮食生产的同时，大力发展林业、畜牧业、副业等多种经营，农产品商品化程度大大提高。产业结构的

---

①　费孝通：《关于编写〈中国少数民族自治地方概况〉的一些意见》，《费孝通民族研究文集》，民族出版社 1988 年版，第 248 页。

调整和新的生产组织形式的进入，使金秀的经济类型呈现为一种复合型的结构。畜牧或农林种植也不再是传统意义上的经营，农林种植逐渐向以市场为导向的经济林和经济作物的种植多样化发展。大瑶山交通条件的改善，也一定程度上改变了大瑶山瑶族的生活、生产和文化形态。市场经济的发展，使金秀大瑶山的资源优势得到充分体现，经过市场机制的配置，转化为产品优势、商品优势和经济优势，当地经济逐渐向市场化、社会化、效益化发展。随着经济发展水平的提高，富余的劳动力向外转移成为必然的趋势。

1978 年 10 月，经过拨乱反正，中共金秀瑶族自治县第五次代表大会认真总结自治县成立以来经济建设的经验教训，开始全面推行以家庭联产承包为主的责任制。1982 年初，根据中央有关政策，金秀县对原有集体化林业体制实行改革，放宽政策，凡有条件的地方，允许划分部分山林给农民作"自留山"。农民"自留山"的林木永远归农民所有，子女享有继承权。当年 9 月，继续放宽林业政策，在林区实行林业"三定"（即确定各地山权和林权、划定"自留山"、确定林业生产责任制）。除国有原始森林外，将各地山界林权全部落实到生产队，同时建立生产责任制。除原已集体林场的地方以外，其余山林全部由农民承包经营。

1986 年初，中共金秀自治县委又制定出"以林为主，林粮结合，多种经营，综合利用，分类指导，全面发展"的生产方针。同时指出，在林业生产中坚持"用材林、经济林、水源林、防护林、风景林营造相结合，造林与封山育林相结合，营林与发展林下土特产品相结合，发展地方工业与利用森林资源相结合"的原则。1996 年初，中共金秀自治县委又提出了建设八角、茶叶、毛竹、水果等四条林带的决策。

二　快速发展的农林业

改革开放以来生产关系的变革解放了生产力，进一步激发了金秀大瑶山的发展活力。民族区域自治制度和各项民族政策的全面恢复和落实，使金秀县社会经济发展取得巨大成就。一是农林业生产快速发展。农民有生产的自主权、产品的经营权，极大地激发起广大农民群众大力发展农林业的积极性，使金秀县农业和林业得到史无前例的蓬勃发展。根据柳州地区统计年鉴有关金秀县数据对比，1980 年的农业生产总值为 0.25 亿元，到 1999 年农业生产总值达到 1.72 亿元，增长 5.88 倍。在农业生产总值大

幅度增加的同时，农业产品产量得到显著增加。其中粮食作物总产量由
1980 年的 1.34 万吨增加到 1999 年的 6.14 万吨，增加 3.58 倍；人均粮食
由 1980 年的 236 公斤增加到 1999 年的 370 公斤，增加 0.57 倍。而且，
由于农业机械化程度、用电量和化肥施用量的显著变化，农业生产的现代
化水平也稳步提高。（见表 2 - 1 和表 2 - 2）

表 2 - 1　　　　1980—2000 年农业总产值、粮食总产量和人均粮食产量

年份 指标名称	1980	1985	1990	1995	2000
农业总产值（亿元）	0.25	0.44	0.96	2.52	1.72
粮食总产量（万吨）	1.34	4.43	5.30	5.72	6.14
人均粮食（公斤）	236	347	384	398	370

资料来源：《金秀瑶族自治县县志》（1992）、《柳州地区统计历史资料（1950—1990）》，以及《柳州地区统计年鉴 2000》和《柳州地区统计年鉴 2001》。

表 2 - 2　　　1978 年、1999 年金秀瑶族自治县农村机械与用电量的变化

指标名称	1978 年	1999 年	增长倍数
农村机械总动力（千瓦）	5149	60777	11.8
农村用电量（万千瓦时）	112	980.5	8.75

资料来源：《金秀瑶族自治县县志》（1992）、《柳州地区统计年鉴 2000》。

　　种植业在各支系经济结构中都占有重要地位。种植业是指以耕地为主
要经营对象，以粮食、经济作物为主要收入的产业方式。在种植业内部，
粮食生产占据主要地位。20 世纪 80 年代以来，金秀县通过引导和实验，
大力推进粮食品种改革，稻谷品种逐步实现产量高、米质优的优良品种
化。至 1984 年，大面积种植汕优桂 33、汕优桂 34、汕优 64 等优良杂交
水稻品种，面积达 4000 公顷（6 万亩），占水稻种植面积的 70% 以上。
1987 年粮食作物种植面积比 1984 年减少 299.73 公顷（4496 亩），但由于
大面积种植优良品种，粮食产量却比 1984 年增加 735 万公斤，增产
17.97%。在人民群众生活水平逐年提高、粮食需求量逐年减少的条件下，
大力发展多种经营，使甘蔗、木薯、蔬菜、油茶、灵香草等经济作物种
植，猪、牛、羊、鸡鸭等畜牧养殖和水产养殖业得到极大发展。①

————————

①　金秀瑶族自治县县志编委会：《金秀瑶族自治县县志》，中央民族学院出版社 1992 年版，
第 204 页。

20 世纪 80 年代以后，金秀县政府充分认识到绿化造林、发展林业的重要意义，决定加强森林资源的保护和管理工作，1982 年县政府发文禁止乱砍滥伐杂木林。同时，鼓励当地瑶族积极配合开展植树造林，森林的覆盖率有所回升。1984 年为更好地发动群众，县政府以营造用材林和经济林为条件发放林业开发性贷款，杉木每亩贷款 40 元，经济林每亩贷款 10 元。1987 年大瑶山被划为广西主要的水源林保护区，为维护下游农区的水资源保障，使农业主产区稳产高产，1988 年提出造林绿化的战略目标：从 1988 年至 1995 年基本消灭荒山，宜林荒山荒地基本种上林木，到 1997 年基本绿化金秀。1994 年秋，实现造林灭荒达标后，县政府结合山区发展林业的政策，将工作重点转移到调整林种结构，大力发展经济林，把林业办成富民的大产业。在实行林业承包责任制后，根据市场经济的需要，为扩大林业产品的规模，不少地方农民进行优化组合，以户办、联户办等多种形式大办林场。到 1987 年底，共办有集体林场 46 个，有林面积 4319.5 公顷（其中用材林蓄积 133173 立方米）；户办和联户办林场 2577 个，有林面积 6156 公顷。① 1988—1993 年，造林灭荒共投入资金 2227.57 万元，完成植树造林 55.5 万亩，其中用材林 50.47 万亩，经济林 4.92 万亩，防护林 0.06 万亩，竹林 0.05 万亩。人工造林面积大大增加，其中 1993 年达到 8909 公顷、1994 年 8695 公顷。1988—1994 年造林绿化宜林荒山共计 44137 公顷，荒山全部实现绿化。②

林业产业结构调整使金秀县林业产业结构不断改善，防护林、用材林、经济林成分逐年合理。广大农民不断提高保护自然生态环境意识，在保护和稳定水源林等公益防护林基础上，控制发展用材林，大力发展八角、油茶、水果、竹类、药材等高效经济林，林业生产实现从主要依靠砍伐用材林，到主要依靠经济林的转轨。1994 年，金秀县实现造林灭荒达标后，全面开展以"增资源，增活力，增效益"的林种结构调整工作，实施"四条林带"建设工程，即"九五"期间发展金秀至长垌、罗香八角林带，金秀至忠良毛竹林带，金秀至桐木、头排、三江、水果林带及金秀至长二和六段、大樟至东温和花炉、屯叶茶林带。四条林带共投入资金

---

① 金秀瑶族自治县县志编委会：《金秀瑶族自治县县志》，中央民族学院出版社 1992 年版，第 184—186 页。

② 中共金秀瑶族自治县委员会党史办公室：《中国共产党金秀历史（1926—2005）》，中共党史出版社 2009 年版，第 224—228 页。

600 多万元，完成造林 1510 公顷。四条林带的建设，开创了金秀县经济林发展的新局面，为全县经济林建设奠定了良好的基础。1998 年金秀县获得"全国造林绿化百佳县"、2001 年获"中国八角之乡"和"全国经济林建设先进县"荣誉称号。

农业独大的产业格局发生明显变化，第二产业得到较快的发展，国民经济各产业门类的构成比例是衡量地方经济发展水平与质量的重要标志。改革开放之前，金秀瑶族自治县的产业结构表现为农牧业经济的"一家独大"，商品经济极不发达，工业、服务业发展水平极为有限。反映在产业结构中，就表现为第一产业比重畸高，而第二、三产业比重很低。随着改革开放的深入和商品经济的发展，尤其是随着社会主义市场经济体制的确立，金秀县的第二、三产业得到快速发展。到 20 世纪末，原来农牧业一家独大的产业格局已发生明显变化。

三　经济实力的增长

地方财政收支同步增长，固定资产投资规模逐年扩大。地方财政收支状况与全社会固定资产投资情况是反映地方经济发展水平的两项重要指标。改革开放初期至 20 世纪末，金秀瑶族自治区的财政收支情况总体上呈现出逐年增加的态势，固定资产投资规模也不断增加。如图 2 - 1 所示，1978 年，地方财政收入和支出分别为 808 万元、344 万元，全社会固定资产投资总额为 152 万元，1999 年地方财政收入和支出分别达到 1935 万元、6252 万元，社会固定资产投资总额达到 8424 万元。财政收支总额和社会固定资产投资总额的大幅度增加，尤其是用于生产生活基础设施建设的固定资产投资总额的大幅度提高，极大地改善了人民群众的生产生活条件，促进经济社会的持续快速发展。

人均年收入水平逐步提高。农民人均纯收入和城镇职工人均可支配性收入情况是衡量生活水平变化的重要依据。从改革开放初期至 20 世纪末，随着金秀大瑶山社会经济的快速发展，农民人均收入水平总体上逐年提高，贫困人口大幅度减少，农民群众的温饱问题得到有效解决，有相当一部分群众的生活甚至达到小康水平。据统计，1980 年，农民人均纯收入为 78 元，城镇职工人均货币工资为 643 元，城乡居民储蓄存款余额为 123 万元。1999 年，农民人均纯收入达到 1750 元，增长 21.44 倍；城镇职工人均货币工资达到 5954 元，增长 8.26 倍；城乡居民储蓄存款余额达

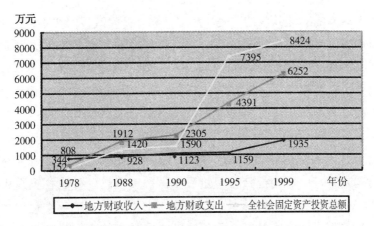

图 2-1　金秀县 1978—1999 年地方财政收支与社会固定
资产投资总额变化图

资料来源：《柳州地区统计历史资料 1950—1990 年》，《柳州地区统计年鉴 2000》、《柳州地区统计年鉴 2001》。

到 20364 万元，增长 164.56 倍，幅度显著。（详见表 2-3）

表 2-3　　　　1980 年至 1999 年金秀县农民人均纯收入和城镇
职工人均可支配性收入变化

指标名称	1980 年	1985 年	1990 年	1995 年	1999 年
农民人均纯收入（元）	78	149	419	1016	1750
职工平均工资（元）	643	1058	2015	4690	5954
居民储蓄存款余额（万元）	123	1237	3996	14658	20364

资料来源：《柳州地区统计历史资料 1950—1990 年》，《柳州地区统计年鉴 2000》、《柳州地区统计年鉴 2001》。

　　金秀县虽然是典型的山区农耕县，但是农村家庭的经济来源已不再是单一的田地耕作。农业生产的水稻、木薯、红薯、芋头、蔬菜及其他基本是维持家庭的口粮，杉木、八角、茶叶、生姜等经济林和经济作物经营收入成为家庭总收入的主要来源。

四　打工经济的凸显

　　农村劳动力转移就业是经济发展到一定程度的必然产物，成为增加农民收入的重要途径。它加快了民族之间、地域之间的经济文化交流，同时外出打工和经商者见识到城市的现代化、社会化大生产和快节奏的生活方式，增强了市场意识、竞争意识和风险意识，促进了价值观念的转变，也加大了大瑶山的对外开放的程度。随着西部大开发政策的实施，国家和地方政府加强基础设施建设的投入，出资重修道路和房屋都需要一定的人力；在县、乡内外商品贸易的集散地，每年收购木材、八角的外地老板需要雇用当地人装卸货物，也为当地瑶族提供了很多就地打散工的机会。打工收入在家庭经济结构中的比例在不断上升。

在市场经济现代化浪潮冲击下，年轻人的思想观念发生很大的变化，面对"外面的世界很精彩"的吸引，农村居民利用农闲时间外出打工的越来越多，成为经济发展过程中的一大亮点。外出打工多去广东的深圳、东莞、惠州、四惠、中山等地。由于外出务工者文化素质普遍较低，基本都是小学和初中文化程度，大多从事技术含量低、劳动强度大的体力劳动或是对智能要求低、劳动报酬不高的第三产业，主要在电器厂、玩具厂、模具厂、纺织厂、手机外壳厂、空调厂做工人。这些外出打工的年轻人，把金秀大瑶山作为自己后方安全保障，不断地循环流动，出去—回来—再出去的反复，起点和终点都是原来的农村社区。由金秀县提供的统计数据可以看出，2000 年外出从业人员达到 0.58 万人；2012 年、2013 年外出从业人员分别是 20805 人、19551 人。2012 年自治县农民人均总收入 5858 元，其中在本乡地域内劳动得到收入是 1036 元，外出从业得到的人均收入是 207 元，两者占总收入的 21.22%。根据 2006 年 1 月课题组在大瑶山五个瑶族支系村落的调研情况，在多数农村家庭，就地或外出打工经济收入已超过家庭纯收入的 40%，成为农民收入的重要来源。

第三节　多元发展的当代新型农业

作为我国成立最早的瑶族自治县，多年来民族团结进步与社会和谐发展，让素有"世界瑶都"之称的金秀县发生翻天覆地的变化。在经济层面上，金秀实现多元化和多样性的发展；在运行机制上，赋予整个经济体系更多的活性因素。进入 21 世纪以来，金秀县依托生态资源优势，按照"打基础、兴产业，发展特色经济"的农业发展思路，以发展生态环保效益型经济为目标，围绕农业增效、农民增收、财政增长，切实加强粮食生产，大力发展特色农业和生态农业，调优农业结构，加快农业产业化、市场化进程。同时，加强农业基础设施建设，提高农业质量效益，促进农村经济可持续发展。

一　新型农业类型

近年来，金秀县充分发挥山区土壤的生产潜力，围绕"农业稳县"的战略目标，科学实施"打基础，兴产业，大力发展特色经济"的产业发展思路，重点培育和发展具有市场潜力和地方优势的特色生态产业，着力打造一批特色产业基地，走出一条特色农、林、牧、副、渔业的生态农业发展之路。

（一）种植业平稳发展

种植业发展中严格落实粮食直补、良种补贴、农资补贴等强农惠农政策，稳定粮食种植面积，种植结构不断优化。加大科技的投入力度，大力发展优质谷，推广优良品种，保证粮食品质。大力提高单位种植面积的产量。金秀大瑶山米业有限公司 2006 年成立后，大大提高了广大农民发展优质谷的积极性，打响了大瑶山优质米品牌。近年来，金秀县每年的粮食种植面积保持在 15 万亩左右，粮食总产量稳定在 45500 吨以上。2013 年完成粮食种植面积 10831 公顷、粮食总产量 47100 吨，分别比 2010 年粮食种植面积 10438 公顷、产量 42260 吨，增长 3.77%、11.45%，比 2005 年的粮食种植面积 12032 公顷减少 9.98%，比 2005 年的粮食总产量 45745 吨增长 2.96%，比 2000 年的粮食总产量 54376 吨减少 13.38%。（详见表 2-4）

表 2-4　　　　　　2000—2013 年金秀县粮食生产情况

粮食生产	2000 年	2005 年	2010 年	2013 年
粮食种植面积（公顷）	12787	12032	10438	10831
粮食平均单产（公斤）	4252	3802	4049	4315
粮食总产量（吨）	54376	45745	42260	47100

资料来源：《柳州地区统计年鉴 2001》，《广西来宾市统计年鉴 2006》，《广西来宾市统计年鉴 2011》，金秀县统计局资料 2013 年。

（二）林业经济快速发展

进入 21 世纪以来，金秀县林业发展抓住西部大开发的机遇，以建设绿色工程、珠江流域防护林等生态工程为重点，大力调整林种结构、发展高效林业。围绕林业发展的"十五"规划、"十一五"规划、"十二五"

规划，加快传统林业向现代林业转变。2002 年金秀县提出"林业立县"的口号，坚持一手抓生态林业，一手抓商品林业，林业的社会效益和经济效益明显提高。"十五"期间全县共完成人工造林80583 亩，其中速丰林10206 亩、经济林31771 亩、一般造林38606 亩。在发展造林营林和木竹采运业的同时，大力发展竹木加工业，重点发展木浆造纸、木片生产和人造板工业，提高林产品的整体水平，增强市场竞争能力。2008 年，金秀县的发展战略定位从"林业立县"提升到"生态立县"的高度，更加凸显生态价值，从根本上将木材经济转变到生态建设和保护的工作重心上来。立足于金秀大瑶山作为"全国第二大生物基因库"的特有环境，大力发展林下经济，进一步巩固灵香草、绞股蓝、食用菌等特色种植产业。同时，充分利用生态优势资源，进行立体复合种养，实现农、林、牧资源共享，打造无公害、绿色品牌，发展以资源开发创新产业为主体的绿色生态农业。由表 2 - 5 可以看出，2010 年金秀县林业产值 17146 万元，比2000 年增加 12542 万元，年均增长 14%。林产品在林业产值中所占比重很大（见表 2 - 5）。

表 2 - 5　　　　　　　　2000—2010 年金秀县林业生产情况

指标名称	2000 年	2005 年	2010 年
林业产值（万元）	4604	6622	17146
营林（万元）	218	182	929
林产品（万元）	3607	2710	10198
全社会竹木采伐（万元）	779	3730	6019

资料来源：《柳州地区统计年鉴2001》，《广西来宾市统计年鉴2006》，《广西来宾市统计年鉴2011》。

（三）特色养殖渐成规模

近几年来，金秀县依托特色资源优势，大力发展特色养殖业。在山外突出抓好优质生猪、草食动物、名特优水产养殖等优势产业生产；山内突出抓好大鲵（娃娃鱼）、瑶香鸡、林下养蜂等特色养殖，努力打造大瑶山特色生态养殖品牌，形成特色养殖的"金秀品牌"。养殖规模不断扩大，大鲵养殖技术和规模在广西壮族自治区处于领先水平。2012 年金秀县肉类总产量 0.84 万吨，水产品总产量 0.14 万吨，生猪出栏 8.66 万头，家禽出栏94.28 万羽，牧业总产值达 24900 万元，比 2000 年增加 15981 万元，年均增长 8.9%；渔业产值 1400 万元，比 2000 年增加 1072 万元，年均增长 12.8%。（见表 2 - 6）

表 2 - 6　　　　　2000—2012 年金秀县牧业和渔业生产情况

指标名称	2000 年	2005 年	2010 年	2012 年
牧业产值（万元）	8919	16554	17305	24900
渔业产值（万元）	328	509	1059	1400

资料来源：《柳州地区统计年鉴 2001》，《广西来宾市统计年鉴 2006》，《广西来宾市统计年鉴 2011》。

林下养蜂业作为一项农业特色产业，不断地组织和引导农民加快产业发展。按照"因地制宜，统筹规划，合理布局，突出特色，发挥优势，讲求实效"的原则，培育特色产业带，以典型引路，抓点、连线、成片的方式，形成金秀镇、忠良乡、长峒乡、罗香乡、六巷乡蜜蜂林下生态养殖特色产业带。目前，林下土蜂蜜平均售价为 40 元/公斤，全县养蜂 5000 余箱（群），年产蜂蜜 50 余吨，产值达 150 万元以上，林下养蜂已成为增加农民收入的有效途径。以忠良乡养蜂户冯春贵为例，林下养殖中蜂 70 箱（群），2013 年饲养量达 110 箱（群），年产蜂蜜 1100 公斤，销售蜂蜜收入将达 4 万元以上。罗香乡养蜂户潘发三，林下养殖中蜂 220 箱（群），年产蜂蜜 2200 公斤，销售蜂蜜收入 8.8 万元以上。2011 年至 2015 年，自治县计划建立示范点 8 个，带动和发展新增养蜂户 610 户以上，真正把林下养蜂业打造成为农民增收的有效途径。

禽类林下养殖业。金秀县属于林业大县，自然资源丰富，林地面积广。林下养殖模式既节约农户在锄草、施肥上的劳动成本，改善土壤结构，节约饲料成本，也提高了畜禽的肉质。近几年，发展林下养殖成为一项重要的产业，据统计，目前林下优质肉鸭、优质肉鸡规模养殖户达 47 户以上，占养殖规模量的 37% 以上。如桐木镇养殖户邓连荣在县畜牧局的指导下，在自家的果园里修搭养鸡棚，占地面积 20 多亩，2013 年一季度共出栏肉鸭 2 万只。加大瑶香鸡养殖的宣传力度和养殖技术投入，与广西金秀县金色大瑶山生态农业发展有限公司达成协议，以"公司＋基地＋农户"模式，大力发展瑶香鸡，扩大饲养量和销售量。目前，瑶香鸡已基本打出品牌效应，产品供不应求，现瑶香鸡存栏量 2 万多羽，出栏约 6 万羽。

大鲵养殖。大瑶山大鲵（娃娃鱼）人工驯养繁殖于 1998 年，柳州市个体老板曾建华经广西壮族自治区渔业行政主管部门许可，获得《特种水生动物驯养繁殖许可证》后投资建设人工驯养繁殖场。通过辐射带动作用，金秀大瑶山的大鲵人工驯养繁殖发展已初具规模。目前，已经拥有规模化大鲵养殖场6个，存池大鲵12万余尾。小规模养殖户352户，养殖大鲵约3万尾，农民致富渠道进一步拓宽。

二　新型农业发展成就

从金秀瑶族自治县成立以来，金秀的农村经济体制经历个体经济到互助合作再到家庭承包生产责任制的改革过程，生产力得到极大的解放。

（一）经济实力显著增强

随着自治县的成立，金秀农业的耕作方式也从落后的刀耕火种过渡到运用简单的农机具生产，直至今日推行现代化的机械化生产。农业的发展经历了一个从无到有、从小到大、从弱到强、从量到质的转变。种植业形成了粮食、甘蔗、水果、茶叶、蔬菜五大主导产业。2012年农业总产值6.4亿元，比2002年总产值3.38亿元增长201.8%；2011年农民人均纯收入也从2002年的1421元跃升到3708元，增长160.9%，是改革开放以来增长最快的时期。

随着农业产业化发展，农民人均纯收入也从2000年的1191元跃升到2013年的5019元。农民收入得到提高的同时，大瑶山的村容村貌也发生翻天覆地的变化。水泥路修到家门口，土泥房换上小洋楼，彩电、冰箱进瑶家，山里的瑶胞过上"楼上楼下，电灯电话"的生活。截至2011年年末，已经完成金秀镇新村屯、桐木镇那么屯、头排镇平地屯、三江乡下思屯、三角乡三角屯、长垌乡古占屯、罗香乡水湾屯、忠良乡十八家屯、六巷乡胶厂屯、大樟乡六岭屯10个新农村示范村的建设和改造。其中三江乡下思屯以"生态农业和农家旅游"为定位，抓村容村貌整治、提升农民素质，已经成为金秀县所属的来宾市新农村建设示范典型。

（二）产业结构优化

农业经过多年的发展，一是种植结构明显优化。糖料蔗、桑蚕、水果、蔬菜、茶叶等非粮食作物的种植比例不断扩大，产业布局不断优化；二是产品结构明显优化，高产、优质农产品生产快速发展。特别是近年来，通过大力调整农业结构，发展特色产业，农业经济效益得到显著提升。2012年，完成农林牧渔业总产值119800万元，比2000年增长3.92倍。如表

2−7和图2−2、图2−3所示，从2000年到2012年，农业总产值呈不断增长的趋势。2000年、2005年、2010年和2012年农业总产值分别完成36720万元、24364万元、34716万元和64000万元，2005年比2000年减少33.6%，2010年比2005年增长42.48%，2012年比2010年增长84.35%。虽然耕地面积逐年下降，农业产值却在大幅度上升。2011年优质稻种植比例占83.9%，优质果品率达85%，甘蔗全面推广高糖抗病品种。截至2012年，无公害农产品产地认定面积累计达15805亩，有机产品生产基地面积1800亩，农业生态旅游等农业服务业逐步成为农民增收的新增长点。

表2−7　2000—2012年金秀县农林牧渔总产值、农业总产值、耕地面积

指标名称	2000年	2005年	2010年	2012年
农林牧渔业总产值（万元）	30571	48119	72668	119800
农业产值（万元）	36720	24364	34716	64000
耕地面积（公顷）	14571	13029	13702	11880

资料来源：《柳州地区统计年鉴2001》，《广西来宾市统计年鉴2006、2011、2013》

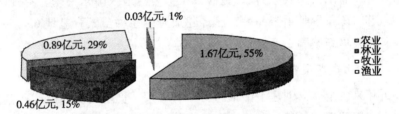

图2−2　2000年金秀县农林牧渔总产值的构成

资料来源：《柳州地区统计年鉴2001》。

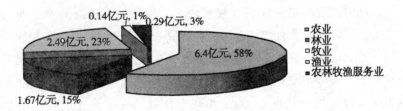

图2−3　2012年金秀县农林牧渔总产值的构成

资料来源：《广西来宾市统计年鉴2013》。

（三）特色产业规模发展

金秀是一个山区县，山内乡镇和山外乡镇地域、气候等条件差别很

大。农业部门结合县情，因地制宜，积极引导山内金秀镇、长垌乡、罗香乡、忠良乡、三角乡、大樟乡、六巷乡 7 个乡镇重点发展茶叶、生姜、八角、食用菌、中草药产业；引导山外桐木镇、头排镇、三江乡 3 个乡镇重点发展优质谷、水果、瑶山香芋和农产品加工业。金秀有得天独厚的地理条件，有保护良好的生态环境，农业正是依托这样的优势大力发展生态农业，逐步打造大瑶山原生态野生茶、食用菌、水果、优质谷、香芋、瑶药等特色产业品牌。

近年来，金秀县尤其注重发展茶叶产业，早在 2005 年金秀县一万亩茶园就已通过自治区无公害基地认证，2009 年又荣列为国家茶叶产业技术体系桂林综合试验站示范县。至 2011 年底，锦绣园茶园面积 26568 亩，可采摘茶园面积 19689 亩，茶叶产量 431 吨，茶园面积与茶叶产量分别是 1987 年的 88.56 倍和 86.2 倍。有茶叶加工厂 24 家，已建成标准化茶叶加工厂 5 家，其中有 4 家标准化茶厂已经获得 QS 认证（广西金秀县早春茶业有限公司、瑶山王茶叶有限公司、天云茶业有限公司、金秀县大瑶山天然植物开发有限公司）。当前，金秀县正努力打造大樟东温茶、罗香白牛茶、六巷古陈茶等野生茶品牌，已经建成野生茶种苗繁育基地 65 亩，计划三年内发展新茶园 2 万亩。

（四）形成新型农业经营体系

近年来，金秀县创建了中草药材、有机茶、食用菌等种植产业基地，逐步形成以罗香、长垌、六巷为中心的八角产业基地；以金秀、大樟、忠良为中心的茶叶产业基地；以三江乡为中心的优质水果产业基地和优质油茶产业基地；以三角、六巷为中心的中草药产业基地等。

与此同时，逐步培育和发展规模较大、带动能力较强的农业龙头企业，大力发展农民专业合作经济组织，提高农业生产的社会化、组织化程度。目前，金秀县已培育 4 家市级农业产业化重点龙头企业、有农民专业合作社 49 个，有茶叶加工厂 12 家，其中 7 家顺利通过"QS"认证（其中有 2 家通过有机茶认证）。通过组建合作社，有效促进农村经济的发展，涌现出一批水果村、茶叶村、生姜村、香芋村、甘蔗村、优质谷村等特色村屯。2008 年，三江乡水果专业合作社被评为来宾市农产品流通大户和"优果工程"先进单位。2011 年，六巷青山合作社成功注册生姜"瑶中瑶"商标，生姜产品获得有机产品认证。

（五）农业技术水平提高

农业的发展得益于农业科技的大力推广，县农业部门每年都开展集中授课、现场讲解、实地参观等多种形式的实用技术培训。推广的良种涵盖整个农业种植业，推广的实用技术有间套种、三避三免技术、测土配方施肥技术、旱育抛秧技术、甘蔗深耕深松技术、秸秆还田技术、水肥一体化技术、节本增效技术、农作物病虫害综合防治技术、病虫无害化防治技术等多达三十几种。

近年来，金秀县每年开展的培训班都在60期以上，培训人次7000多人。这些新技术、新方法的推广，有效提高了农民的生产技能和经营水平。与此同时，金秀县不断加大对农村基层设施的投入力度，农业机械化水平逐年提高。农田水利等基础设施建设逐步加强，各项惠农政策得到落实。2012年农业机械总动力10.78万千瓦，农田有效灌溉面积达到6.69千公顷。通过加强科技创新，提高农业机械化水平，有力促进了农业现代化的发展。"十一五"规划至"十二五"规划初期，全县累计发放各种惠农补贴5000多万元。[①]

（六）产业布局优化

推进农业产业化，既是解决"三农"问题的根本出路，也是推进县域工业化、城镇化，促进经济协调健康发展的基础。随着金秀县不断调整农业结构，优化产业布局，种植业形成了粮食、甘蔗、水果、茶叶、蔬菜五大主导产业。

茶叶和水果两大产业作为特色农业产业发展势头强劲，种植规模迅速扩大，目前逐步形成7个山内乡镇发展茶叶产业，3个山外乡镇发展水果产业的合理布局。茶叶种植品种主要有福云六号、福鼎大毫、名山白毫131、本地野生茶、石崖茶等优良品种，主要生产的茶产品有红茶、绿茶、野生红茶及石崖茶。水果则重点打造以砂糖橘、马水橘等柑橘类水果为主，橙子、李子、龙眼、桃子、梨子、柿子、罗汉果等品种为辅的特色产业带。

（七）农业区域化发展

金秀县是一个山区县，山内乡镇和山外乡镇地域、气候等条件差别很

① 相关数据由金秀瑶族自治县农业局提供。

大。充分考虑区域经济发展的因素，因地制宜，将农业划分为两大块，即山内农业经济和山外农业经济。山内共 7 个乡镇，重点发展茶叶、生姜、八角、瑶药种植、特色养蜂、冷水性鱼类养殖、食用菌等。山外有 3 个乡镇，重点发展优质谷、水果、瑶山香芋和农产品加工业。这就是农业的区域化，农民增产增收也是在山内农业经济和山外农业经济上做文章。

农民从中得到的不仅仅是收入的增加，还有迈向新农村的变迁。长垌乡屯西屯即是生动的例子。在绵延起伏的大瑶山深处，32 栋别墅依山而建，屯前建有一个宽阔的篮球场，这就是长垌乡道江村屯西屯，距离县城大约 25 公里。全屯光种植生姜一项人均年收入 1 万多元，村民依托土地资源优势，把握市场导向，走出一条具有特色的种姜脱贫"马拉松"之路。在生姜种植过程中，屯西人无不为道路不通影响销售而烦恼。从 2003 年开始，村民就奋战在村门口至金罗公路（金秀—罗香乡）蜿蜒不平的山路上。2010 年，屯西屯被列为金秀县社会主义新农村试点，在县政府的支持下，开始将沙石公路改为水泥公路的铺设，组织群众共备毛石 1400 立方米、投工 1880 个。随着泥路到沙石路再到水泥路的变迁，屯西人的致富门路也越来越通畅。2011 年，生姜种植 2000 公斤/人，该项人均收入突破 1 万元，八角、甜茶等项目人均收入近 2000 元。

（八）农业品牌效应明显

品牌化和原产地化是相辅相成的。金秀县依托得天独厚的地理条件，良好的生态环境优势，大力发展生态、有机、长寿品牌农业，重点打造大瑶山原生态野生茶、食用菌、水果、优质谷、香芋、瑶药等特色产业品牌。大力发展农村经济瑶香鸡、食用菌、娃娃鱼、原生态野生茶、优质谷、香芋等，这些已成为金秀农业发展的闪亮牌子。金秀野生茶品牌受到广泛赞誉，在 2013 年第十届"中茶杯"全国名优茶评比中，企业产品获红茶特等奖 1 个、一等奖 1 个、乌龙茶一等奖 2 个，获第九届"桂茶杯"创新奖 1 个。金秀福和菌业公司香菇、黑木耳、毛木耳获得欧盟有机食品认证，667 公顷的茶叶种植基地获得无公害产品产地认证，三江乡 387 公顷水果获得无公害产地认证，"瑶老同"牌脐橙、柚子、柑橘获得无公害产品认证。

第四节　农业现代化与可持续发展

　　金秀大瑶山林农的生活需求给森林资源的保护带来很大压力，使生态建设面临更多的问题。长期以来，为了保护大瑶山的水源林和生态环境，金秀县广大林农付出巨大牺牲。金秀县作为重要的生态功能区，要建立健全少数民族地区水源林保护区生态补偿长效机制，发展特色生态农业，实现农业现代化的可持续发展。

一　生态保护和林农结构的矛盾

　　在大瑶山区，林农的主要经济收入来源于林地。在禁止采伐天然林和实行重点生态公益林管护后，55.9%的林地补划为重点公益林区，虽然属于林农自我管理，但是可开发的林地大量减少，采伐天然林、种植林下作物、采药以及打猎等主要经济来源活动被禁止。林农过着"有林不能伐、有地不能耕"、守着"绿色银行"无钱用的贫苦日子。

（一）生态保护与林农矛盾

　　在划定保护区之后，山区农民原种植在保护区范围的人工用材林禁止采伐，而保护区又无经费把林木购买过来进行管护，既使林农的利益受损，又引发保护区与林农的矛盾。如果不能解决山区农民的吃饭问题，任何保护生态的措施都不会有持久的动力。据林业部门统计，在禁伐天然林后，山内乡镇6.8万多林农因此每年减少直接收入6000多万元，人均减收880多元。林农返贫现象突出，2011年金秀县农村居民人均纯收入仅3707.6元，比广西全区平均水平的5231元少1523.4元。林农的生活需求给森林资源的保护带来很大压力，使生态建设面临更多的问题。

（二）生态效益补偿资金问题

　　金秀县是广西最大的天然林区，最大的"天然绿色水库"，是仅次于西双版纳的全国第二大物种基因库。经国家林业局昆明勘察设计院测算，以森林生态系统为主体的金秀县生态系统服务功能年价值量高达25.8亿元。金秀县对社会对国家的贡献如此巨大，但很多农民却仍生活在贫困线上。重要原因之一就是金秀县不但要按照国家的规定禁采、禁伐林木和禁种林下作物，还要支付巨额的森林管护经费。国家现行的森林生态效益补偿已无法满足生态建设与发展的需要，补偿基金来源渠道单一，补偿标准偏低。

目前，中央和地方财政对重点公益林的补偿标准是每年每亩仅 10 元（2009 年以前 5 元/亩），其中 0.25 元用于检查验收、森林防火、资源监测等支出，公益林经营者实际得到的补偿仅 9.75 元/亩。经营公益林与经营商品林之间存在巨大的收益差距，特别是近年来广西壮族自治区发展速丰林的态势很好，农民经营商品林获得的收入比以前大幅度增加，极大地挫伤了公益林经营者的积极性。在利益面前，许多林农提出调整公益林请求，给林业生态体系建设和公益林可持续经营造成不良影响。由于经济基础薄弱，主要产业结构不合理，缺乏工业拉动，金秀县的财政收入主要依靠林业。1998 年全面停止采伐"三林"后，大部分森林工业企业关闭，每年地方财政减收 700 多万元，增支 100 多万元，林业政策性收费每年减少近 200 万元。在税费改革减免农业特产税、农业税收政策后，地方财政每年又减收近 800 万元，给本来就缺乏经费来源的县财政造成更大的困难。微薄的财政收入已无力支付日趋增长的保护费用，势必影响生态建设。

（三）区域生态系统不稳定

金秀大瑶山经过多年的保护和发展，生态建设取得了一定成绩，但由于保护经费紧缺，林农的生产生活问题无法得到有效解决等因素的影响，盗伐滥伐林木、乱捕滥猎野生动物和盗挖珍稀植物的现象时有发生。前几年，由于石崖茶价格高，一些林农受经济利益的驱动，在水源林区不惜采取"杀鸡取卵"的方式，将高大的石崖茶树一株株伐倒采茶，使金秀的生态保护面临着极大的考验。2011 年，金秀县共发生林业案件 438 起，其中林业行政案件 408 起，一般林业刑事案件 23 起，重特大林业刑事案件 7 起，批捕 23 人，移诉 7 起。这些事件不但在社会上造成极大的负面影响，而且在一定程度上破坏区域生态系统内的完整性，导致系统的各因子不稳定，系统的调节能力降低，从而对区域生态平衡造成不良影响。

（四）经济结构不平衡

因金秀大瑶山地理位置和历史客观条件的限制，如：交通落后，商贸流通补偿、与外界经济往来和沟通的渠道均受制约，致使县域第三产业发展极其缓慢，经济发展也落后于其他的地区。第三产业发展缓慢，在一定程度上通过金秀县农村富余劳动力多、普遍存在整体素质低、掌握实用致富技能少、劳动力输出困难等方面体现出来，这些现象最终使得第三产业创收少，生活水平低，经济综合实力弱。

二　现代农业经济的可持续发展取向

（一）建立健全生态补偿长效机制

根据金秀大瑶山生态环境的重要性和脆弱性特点，从生态服务功能的重要性出发，建立健全少数民族地区水源林保护区生态补偿长效机制。

一是加强生态补偿机制的研究。应根据功能区对生态环境保护需求，采取生态环保财力转移支付的生态补偿政策，探索多种形式的生态补偿方式、模式，建立生态补偿的长效机制。

二是完善生态补偿政策体系。明确少数民族地区的水源保护禁止、限制性开发的核心区域，完善生态补偿政策体系，进一步全方位对生态补偿对象进行补偿的政策。采取发达地区对欠发达的少数民族地区、流域上游对下游和行业间提供生态保护和生态恢复的资金及技术支持机制。

三是完善生态补偿资金的使用效益。从"输血式"转向"造血式"的资金补偿模式，通过生态补偿资金来积极发展地方经济及扶持生态产业发展。

（二）定位生态，发展特色生态农业

继续走发展特色生态农业之路，把金秀农业做强、做优、做特，为发展现代化农业奠定坚实的基础。经济发展方式转型，必须把生态建设和环境保护放在首位，加强生态管理，完善保障体系。为确保生态环境和完整的生态系统，金秀大瑶山保护区直属广西壮族自治区林业厅管辖，成立金秀大瑶山国家级自然保护区管理局。大瑶山保护区具有统一的行政管理部门，这对于建立健全和实施有效的生态管理机制大有裨益。加强生态管理就是要求保护区管理局在科学的生态旅游规划指导下，以可持续发展思想为指导，充分运用各种管理手段（行政、经济、法律、科学和市场等），对生态系统进行保护，促进经济社会与资源环境协调发展。

大部分欠发达的生态型县，其产业结构是不合理的"一、二、三"或者"二、一、三"结构，正常合理的结构应该是"二、三、一"或者是"三、二、一"。因此，优化产业结构，不断强化农业的基础地位，大力加强基础产业，加快发展支柱产业，继续大力发展第三产业，走生态农业、渔牧业、工业、旅游业、城镇化、生态环境保护、生物多样性保护的新型特色发展道路，促进生态型县经济发展方式的转变。牢固树立大农业

的观念,全面发展农、林、牧、副、渔业,形成合理的产业结构;需要多渠道增加投入,加强农业基础设施建设,不断改善生产条件;需要大力推进科技兴农,发展高产、优质、高效农业;需要积极发展农业产业化经营,形成生产、加工、销售有机结合和促进的机制。推进农业向商业化、专业化、现代化转变。

大力发展以沼气为中心的多层多级高效生态农业体系。即以沼气为纽带,带动畜牧业、林果业等相关农业产业共同发展的生态循环农业新模式。如:"畜—沼—茶(药、果、菜、菌、瓜、田)"生态农业模式、"基地+农户+沼气池"生态农业模式等。这种"零排放"+"种养结合"+"沼气池"的循环生态农业模式,综合利用生物秸秆,构建种植、养殖、能源三位一体生态农业链,有利于传统农业向现代农业转化、推动生态环境改善和农民收入增长加速。

积极发展"生态农业示范区"和"无公害农产品标准化生产基地"模式。根据资源、生态优势和产业布局,因地制宜建设形式多样、内容丰富的生态农业示范工程,扩大市、县、乡、村、户五级生态农业示范点建设规模,促进农业向高产、优质、高效发展。不断改善和提高农产品质量,包括茶叶、竹笋、水果、蔬菜、食用菌、水稻、生猪、家禽、肉牛、肉羊等,严格按照无公害农产品生产技术规范生产,控制化肥、农药等农用化学物质的使用,改善农业生态环境,降低农产品中有害物质的含量,提高市场占有率。

发展"农田合理间套"、"农林间作或混林化"和"立体农业"模式。农田合理间套是两种或两种以上农作物间套种植相互促进彼此生长;农林间作或混林化是依据水、温、土、地貌等条件确定适宜树种及其密度;立体农业模式是在空间的立体结构上进行合理布局。三者的共同点是几种作物之间相居而安,互不矛盾,协调发展,从而使生态效益、经济效益和社会效益得到有机的统一。目前,金秀县常见模式有果粮、林草、林药、枣粮、桐粮间作,山顶种树种草,山腰种茶种药,山下放牧,水中养鱼。

促进贸工农一体化模式。根据农村工农业生产布局和生态农业建设,形成贸工农一体化模式。延伸产业链条,形成"种养+加工+销售"一条龙格局,使生态产品得到进一步增值的模式。如:"公司+协会+农户"与购销商相互联动的模式、龙头企业带动型、骨干基地带动型、优势产业带动型、专业市场带动型和技术协会带动型等。

加强环保基础设施建设。加快地区污水、垃圾处理、环境监测等环保基础设施建设，从源头上对污染进行治理和监控，确保水源林不受污染。建立和完善财力性、管护性、民生性、多渠道资金筹措机制等生态补偿公共财政转移支付。

财力性生态补偿转移支付，是采取动态考核机制和奖惩办法，把生物多样性保护、水资源涵养和生态产业发展等进行整体考量。为消除地区之间不平衡，达到纵向和横向平衡的区域间财政能力或公共服务水平均等化，对这些少数民族地区为保护生态环境放弃发展权给予补偿，并逐年加大补助力度。

管护性生态补偿转移支付，是采取增加管护经费补助标准对少数民族重点生态公益林进行重点保护。

民生性生态补偿转移支付，尽管没有专门改善少数民族地区的水源林保护区的生态补偿，但通过农业入口直补制度、教育扶贫（移民）工程、生态文明村建设、劳动力转移培训、农村社保制度、禁止和限制开发区的补助力度、政策倾斜等方法，既保护自然环境又解决好群众的实际问题。

多渠道生态补偿资金筹措机制，采取政府主导、市场筹集、社会参与和受益者补偿的投入机制，构建多渠道、多形式的补偿资金筹集机制。如下游政府通过征收的水、电费中抽取一定的资金对上游进行补偿，甚至是建立企业和个人收费制度来保护少数民族地区的生态环境建设。

因此，像金秀瑶族自治县这类少数民族地区区划大面积的重要生态功能区，只有根据开发者付费、受益者补偿、破坏者赔偿的原则，从国家、区域、产业三个层面，依法逐步建立生态补偿长效机制，才能从根本上补偿其因保护环境而丧失的发展机会的损失，解决生态受益者和提供者在成本和收益的分担与享受上公平合理的问题，满足自身发展的需求。

第三章

工业富县

金秀县地处广西中部偏东的大瑶山主体山脉上，矿产和林业资源都极为丰富，传统的县域经济为单一的"木头经济"发展模式。在新的发展阶段，金秀县围绕"生态立县"，突出抓生态建设，正逐步从"资源开发型"向"生态经济型"转变。

第一节　从靠山吃山到养山护山

金秀县地处广西中部偏东的大瑶山主体山脉上，是珠江流域重要的水源地，林区内还有大量的珍稀动植物，矿产和林业资源都极为丰富。山里瑶族历来是住山、靠山、吃山，依靠近七万公顷原始森林的恩赐赖以生存和发展，是典型的山区林业县。

一　单一的"木头财政"

建县初期，县域经济为单一依靠森林资源的产业结构，林业主要以造林、木材生产为主，直至20世纪七八十年代，财政收入大部分来自林业的木材生产，是典型的"木头"财政。县政府确定"以林为主"的生产方针，坚持植树造林，加强森林保护，合理砍伐利用木材，经济发展主要以林木采伐为依托，靠砍木头来增加财政收入。至1987年，国有林场老山采育场，共间伐杉木3444立方米，主伐1424立方米，每年为财政上缴税利20多万元，金秀林场以种植杉、松等用材为主，共砍伐和销售50020立方米，每年为财政上缴税利105万元。集体和户办林场实有46个，有林面积共4319.5公顷，木材蓄积133173立方米，种植的杉、松、八角等林木，陆续有收入①。费孝通先生在 1978 年二上大瑶山后的《四十三年后重访大瑶山》一文中就提及，金秀县地处的大瑶山得天独厚的不止发电潜力，还有山区丰富的森林资源，正是靠着砍伐山里的这些木材，运出山外，一方面为国家提供大量木材，另一方面带来经济效益，增加县财政收入。

但由于自然环境差、交通不便、教育水平落后，经济发展水平相对较低。作为国家扶贫工作重点县，金秀县主要依靠上级补助收入。1952 年县内收入仅有 0.1 万元，1952 年到 1955 年，县内收入合计 3.2 万元，平均每年 0.8 万元。这期间的财政收入中，上级补贴占 98.7%。新中国成立前，工业几乎为空白，手工业主要是竹器、木器、铁器、银器加工和纺纱织布、缝纫、靛染等，仅供家庭生产、生活需要。虽然瑶族迫切要求办工业，1956 年到 1980 年，得到国家投资共 661 万元，先后办起农机修造、印刷、纺织器材、造纸、化工、采矿等厂矿 37 个，但企业几乎年年亏损。县内收入主要依靠工商税，时高时低。② 木材税收占到县内财政收入的 70% 以上。

二　退耕还林，保护林业

为保护好大瑶山这座面积 8 万多公顷的"天然绿色水库"，金秀地方政府在其自身经济、财政极其困难的情况下，顾全大局，采取一系列措施保护和发展大瑶山森林资源，改革林业政策。

在水源林区坡度大于 30 度的坡地，一律实行退耕还林，禁止毁林为地。关停包括县纺织器材厂在内的 20 多家以木材为原料的加工企业，将老山伐木场改为老山林场，林业由采伐为主逐步向保护为主转变。祖祖辈辈生活在深山林区的村民，有树不能砍，有地不能种，只能以外出打工或打猎为生，生活极为困苦。因用材林、经济作物林减少和停止采伐杂木，林业税利随之下降，县财政因此收入大幅度减少。1998 年，国家实施天然林禁伐、人工林限伐的政策后，一向靠吃"木头财政"的金秀县财政和林农收入锐减。如何做到不折不扣实施国家政策又切实调整产业结构、解决林农生计，成为金秀县政府的头等大事。

---

① 金秀瑶族自治县县志编委会：《金秀瑶族自治县县志》，中央民族学院出版社 1992 年版，第 186 页。

② 同上书，第 307 页。

三 发展地方民族工业

做好农村经济体制改革的同时，金秀县政府开始进行以工业企业改革为中心的城镇经济体制改革，大力发展地方民族工业，使新中国成立前几近空白的县内工业，从无到有，从小到大。

特别是改革开放以来，随着经济秩序的整顿和调整，社会主义市场经济体系的逐步建立，为发展金秀瑶族自治县的经济和增强经济活力，金秀县政府多次制定和实施各种经济优惠政策，广泛吸纳县内外资金、技术、人才，鼓励各方人士到金秀县办厂办企；认真落实"调整、改革、整顿、提高"八字方针，认真总结因地制宜，充分利用当地资源办企业的经验，吸取之前不顾客观条件和盲目办厂的教训，全面整顿工业生产布局；工业建设对内搞活，对外招商，实施产业结构调整，培育和发展优势产业，工业经济得到快速发展。形成了以矿产、林下土特产加工、化工、造纸、水电等行业为主导的工业体系，主要产品有电石、松香、炸药、灵香浸膏、中成药、保健品、重晶石矿等。

四 从"资源开发型"向"生态经济型"转变

在保护最完整原始林区，打造生态安全屏障的同时，积极寻找替代"造血"产业，收起砍树的斧，打出生态牌，紧紧围绕生态效益做结构调整文章。经济发展从过去依靠木材加工为主的产业向以生态经济为主的特色、绿色、优势产业转变。依赖于"木头财政"的经济发展模式发生脱胎换骨般的变化，正从"资源开发型"向"生态经济型"转变，走上了今天"生态立县、工业富县"的生态旅游经济，既增加了当地农民收入，又为构建生态安全屏障奠定了坚实的基础。

2000年是中央实施西部大开发战略的开局之年，在这样的时代背景下，金秀县面临着全方位和空前的经济社会发展机遇。"十五"期间，金秀县围绕"一县两策，八块文章"具体工作措施，把握住西部大开发的机遇，以加入WTO为契机，建设好"十个一万"的基地。2002年，立足本地资源优势和未来发展潜力，确定了"林业立县，农业稳县，工业富县，旅游强县，科教兴县，依法治县"的总体工作思路，重点加快农业产业化和优化经济结构，并提出一定要走科技富县的道路。

为加强金秀的生态环境保护工作，2008年，来宾市将金秀县列为差别考核县，不再考核地区生产总值、财政收入和工业化建设三大传统指标，重点考核生态环境保护、旅游产业发展、城镇化建设指标完成情况，以此鼓励金秀县在做好环境保护工作的基础上走特色发展道路。实行差别化考核后，金秀县改变了经济发展战略，提出"生态立县"，围绕"生态立县、旅游强县、农业稳县、工业富县、科教兴县、依法治县"的总体工作思路，突出抓生态建设，从根本上将发展木材经济转变到生态建设和保护的工作重心上。

"工业富县"是重点推进水能、矿产等资源的利用开发；"旅游强县"是重点推进生态林业资源的利用开发，通过旅游产业的强劲发展促进第三产业的发展。在进一步调整优化经济结构的基础上，通过加快转变经济增长方式，使金秀县的"一、二、三"产业更加协调发展。"十二五"时期，中央把深入实施西部大开发战略放在全国区域发展总体战略规划中的优先位置，进一步完善民族地区、欠发达地区、生态地区加快发展的扶持政策。依此政策机遇和已有的基础，金秀县进一步明确功能定位，坚持围绕"生态立县、旅游强县、农业稳县、工业富县、科教兴县、依法治县"总体工作思路，以及"打基础、兴产业，发展特色经济"工作方针，充分挖掘和利用"生态、民族、长寿"三大品牌优势，加快金秀县经济、社会、文化的全面发展。

第二节　工业园招商引资，山地平原配合

工业化水平相对较低，是金秀县在县域经济发展过程中与其他县市的主要差距。因此，加快工业园区建设是金秀"工业富县"战略的突破口，成为推进农村工业化和城镇化的结合点。通过山地平原配合，推进经济协作发展。

一　工业园建设

从 2008 年开始，金秀县以桐木、头排两镇集中园区的模式吸引项目，全力推进园区招商。当年，共有 33 家区外、境外企业落户园区，注册资金 8300 万元。近几年来，金秀县进一步加强园区规划与建设，搞好项目土地储备。坚持"一区多园"，整合桐木、头排等各乡镇工业资源，提升桐木工业园区功能。按照广西壮族自治区级 B 类工业园区标准，扎实推

进桐木工业园区基础设施建设。大力发展与工业园区配套的生产性服务业，推进工业园区信息化建设。积极争取自治区工业园区建设专项资金支持，加快以标准厂房、水、电、路为主的园区基础设施建设，增强工业园区产业转移吸引力。

2011年，桐木工业集中区总体规划通过评审，广西松源林产有限公司年产2万吨歧化松香项目投产。在桐木工业集中区投入3000多万元建成2.4万平方米的标准厂房及配套用房，并依托标准厂房引进华泰工贸有限公司投资汽车、摩托车轮毂和防盗门生产项目，实现标准厂房整体出让，入驻率达100%。同时，落户桐木工业集区的年产2万吨歧化松香产业化开发项目建设进展顺利，金秀华瑶混凝土公司和金秀华泰工贸有限公司等企业相继入驻投产。2012年，金秀县规模以上企业达14家，其中上缴税金千万元以上的企业3家。

同时，金秀县积极研究制定鼓励"飞地工业"发展的相关政策，做好项目招商工作，争取国家投资一起抓，在金秀县形成上大项目、上好项目的良好局面。围绕资源和产业优势，集中力量加强项目设计论证和评估，搞好项目库建设，加大项目争取力度；强化对已签约项目、意向项目的攻关，提高签约项目的履约率、资金到位率；积极推进招商引资项目兑现工作，促使项目尽早发挥效益；鼓励各级各部门抓好中小项目建设，实施群体工程，真正形成全民办工业的态势，迅速扩大工业经济规模；发挥项目示范带动作用，充分利用桐木工业园区的优势，打造"桂中优质大米加工长廊"；进一步推进开发水电项目、中草药成品或半成品加工项目、石岩茶加工基地和八角深加工等，确保项目尽快建成投产。

二　招商引资

金秀县以丰富的资源、优惠的政策，吸引客商到金秀投资兴办企业。随着招商引资在经济工作中日益显现的重要作用，2004年，金秀县设置招商促进局，负责金秀县招商引资工作，招商引资工作进入快速发展轨道，旅游项目、小水电站开发如火如荼。截至2013年底，金秀县累计完成招商投资项目347个，引进市外资金64.9574亿元。到位资金从成立之初的0.7026亿元，到2013年的19.164亿元，增长了26倍多，年均增长184.6%。

随着招商引资的发展，金秀县从"生态立县"发展战略高度出发，实行"招商引资"向"选商引资"的转变。适当提高进入"门槛",将那些高污染、低层次的项目拒于县门之外,坚持选择附加值高、高新技术含量高、带动性强、有利于形成产业集聚的制造业和现代服务业。从发展战略高度出发,做出"产业招商"的战略决策,紧紧围绕六大特色产业(矿产、民族旅游工艺品、山泉饮用水、茶叶、瑶医瑶药、竹木加工)开展招商引资活动,成效显著。其中2010—2011年签约项目42个,开工建设36个,总投资上亿元的7个,开工建设3个(盘王谷13亿元,印象金秀10亿元,汽车、摩托车轮毂、防盗门系列加工1.5亿元)。期间,以加快城镇基础设施建设作为招商引资工作的重要部分。以旧城改造为重点,建设县城文化广场、农贸市场、开发夏园小区、金园小区、馨园小区以及城北新区等商住房,特别是瑶都大酒店、金园小区、馨园小区、城北新区、瑶山春天、金山秀水、盘王谷、印象金秀、世界瑶都、香湖家园、圣堂湖等一批重点项目的落地实施,极大地改善了县城面貌,提高了县城的服务功能。

三 自主品牌建设

自2011年开始,金秀县加强企业名牌的培育,增强产品市场占有率和竞争力。一是化工公司的铵锑炸药和"瑶山牌"大红八角在获得广西优质产品的基础上,努力争创广西名牌产品;二是圣堂药业公司生产的经血宁胶囊、复方三叶香茶菜片,和大瑶山米业公司生产的"瑶山牌"大米,获得广西优质产品和广西名牌产品;三是完成茶叶、保健酒等产品的QS认证,有机食品的认证,为打造养生长寿健康产业品牌打下坚实的基础。

积极鼓励企业做大做强,重点培育新上规模的企业。引导符合国家产业政策、有潜力和市场前景好的企业挖掘自身潜力,加快技术改造和调整产品结构,开发新产品。实施激励政策,对企业创知名品牌、纳税大户、技改投入、产值超亿元的企业进行奖励,鼓励企业做大做强。圣堂药业公司以开发研制名优中成药、重点发展具有资源优势的中草药、提取型药品、半成型药品、保健药品和具有民族特色的药品,年产值近1亿元;圣堂山保健品公司重点以绞股蓝为原料,开发绞股蓝保健品、食品等系列产品,年产值近2000万元;香料香精公司以灵香草为原料,重点开发附加值高的"超临界灵香净油"等系列,产值达到1500万元以上;化工公司炸药产量达到 8000 吨，产值 3500 万元；充分利用小水电的优势，金秀鑫泰锰铁合金厂、利兴强矿产冶炼厂年产金属硅、矿产品等达到了 10000 吨以上，产值 8000 万元；头排糖厂加强技术改造，提高日榨原料蔗达 1500 吨，年产值达 3500 万元；纸厂、纸浆厂加大技改力度，充分利用甘蔗渣为原料，年产纸袋纸、漂白浆板纸达 30000 吨以上，产值 1 亿元以上。

同时，积极扶持、规范个私经济的发展，个体、私营经济从无到有，从少到多，逐渐发展，已具备一定的规模，并日益壮大。1981 年，仅有个体工商户 192 户，从业人员 193 人。1988 年，私营企业才开始出现，仅有两户，注册资本 46 万元，雇工人数 50 人。到 2008 年 3 月 31 日，工商局登记在册的个体工商户 3829 户，从业人数 6642 人，私营企业指标比 1988 年分别增长 90 倍、300 倍、70 倍。到 2012 年，金秀县个体户达到 5223 户，从业人员 9677 人次，资金达到 15869.51 万元，其中旅游、小水电、制茶、制药、矿产品开发等行业已初步成熟，成为金秀县国民经济的重要组成部分。

四　山地平原配合

金秀是一个山区县，山内乡镇和山外乡镇地域、气候等条件差别很大。金秀县现辖三个镇和七个乡：金秀镇、桐木镇、头排镇；三角乡、罗香乡、长垌乡、忠良乡、六巷乡、大樟乡和三江乡。

1981 年费孝通先生三上大瑶山，了解到当时金秀县所辖区域问题，存在"只划山头、不划山脚"的"画地为牢、划山为牢"的状况。由此，造成山林纠纷不断。大瑶山内耕地太少，造成连年粮食匮乏，没有平原地区，也使得金秀县缺乏发展工业的基础。在费孝通先生的帮助和呼吁下，平原地区的桐木镇、头排镇于 1984 年 7 月经国务院批准划入金秀县。如此，金秀县行政区划趋于合理，县域面积增加了 25%，人口增加一倍，增加约 6 万亩水田，支撑了山区农林建设。

因此，发展过程总要充分考虑区域经济因素，因地制宜，抓好山内和山外两个板块的"二元经济"。金秀镇是山内的中心镇，作为政治、文化的中心，是发展旅游的重点，具有丰富的旅游资源和得天独厚的气候条件。在山内围绕保护、扩大水源林立法、水资源开发、旅游资源开发及林下经济开发四块做文章。桐木是山外的中心镇，作为经济中心，是农副产品、商品交易的集散地，经济活动相当活跃，具有明显的区位优势和产业优势。在山外立足桐木工业小区和头排商业小区开发，积极抓好以林果经济、农业产业化、工业结构调整、小城镇建设开发一体化经济长廊建设，使之逐步成为经济高度膨胀、快速发展的经济区域。弥补山内发展缓慢的不足，以山外拉动山内，整体推进，实现区域经济的协调发展。

"十二五"规划期间，金秀县充分利用现有资源优势和产业基础，加大工业结构调整力度，做大做强五大主导产业，加快发展三大新兴产业，稳定发展两大制约产业，形成布局合理的"5+3+2"工业体系。通过山地平原配合，推进经济协作发展。

水电工业：山外重点开发滴水河的大进电站，装机容量 6000 千瓦；二排河的龙头电站，装机容量 10000 千瓦；盘王河的朝阳电站，装机容量 1600 千瓦；山内主要推进胶厂电站、枫木坳电站、金圣电站和大垌一、二级电站建设，加快投资兴建大进电站和长垌二级电站。

矿产：山外主要以桐木莲花坪矿场为中心，开采仁里甘堂、七建三友、头排等重晶矿，开采那马及公朗铜矿、大蚕古凤铅锌矿，继续发展银山寨、蝴蝶山石灰石建材等非金属矿，计划开发太山马寨的大理石矿藏资源；山内以金龙河铜矿中心，开采各种金属矿，重点开发长垌乡花岗岩。

化工：山外从政策、技术、资金上大力扶持头排松源林产业有限公司和威奇化工有限责任公司等大中型化工企业，主要产品是松脂和乳化炸药。

冶炼：山外培育江盟铁合金、利兴强、头排及桐木村碳化硅厂等重点企业，加强冶炼产业的节能减排力度，在生产过程中，边生产边改造，力争排放达到国家规定的排放标准。

米业：山外主要把以大瑶山米业公司为龙头的 13 家大米厂组建成完整的股份制企业，从行政手续、优惠政策、扶持资金等方面给予大力支持，在原有基础上做大做强。

同时，新兴产业也获得有效发展。

制药：山内主要以圣堂制药为中心，开发瑶医药，加大投资建设生产中草药成品或半成品和瑶医药新产品开发。

食品加工业：山内主要以绞股蓝厂、高山茶厂为中心，继续发展茶叶生产加工的同时，计划投资开发石崖茶生产基地、巴勒红薯干加工项目和八角深加工工业。

新型环保建材：在原有木材加工厂的基础上，大力鼓励建材行业发展新型环保建材，加大政府对环保型建材业的支持力度，努力打造知名品牌；木材加工业。山外在原有的基础上稳定发展优贝斯、宝晨、三江、三和、福鑫、鸿润、合力鸿兴等木材加工厂，保护生态资源；山内在合理利用林业资源下，稳定发展各乡镇木具厂。

制糖业：制糖业在原有的基础上，稳步经营，不宜扩大再发展，以保障节能和防止环境污染。

第三节　金秀县与周边地区的比较

金秀瑶族自治县经济发展的成就是显著的，但从横向比较来看，金秀县与自治区内各民族自治县、来宾市各县（区）以及自治区和全国的发展水平相比，既有相对优势，也有较大差距。

一　经济发展水平的比较

从 2012 年的经济数据来看，金秀县的经济发展水平与自治区内其他民族自治地方相比，经济增长速度总体上较快。在 6 个民族自治地方中位居第二，第一、三产业同比增长率在 6 个瑶族自治地方中居第 1 位，第二产业居第 3 位。但经济总产值及各产业门类的增长差距很大，国内生产总值在 6 个瑶族自治地方中位居第 6 名。（详见表 3 - 1）

表 3 - 1　2012 年金秀县与自治区内其他瑶族自治地方 GDP 总值及各产业门类指标的对比　　单位：亿元，%

	GDP	同比增长率	第一产业	同比增长率	第二产业	同比增长率	第三产业	同比增长率
金秀瑶族自治县	23.31	8.6	7.03	8.7	6.98	7.0	9.30	9.7
巴马瑶族自治县	25.52	-0.1	8.53	4.0	8.21	-7.8	8.78	7.2
都安瑶族自治县	31.45	4.7	11.61	4.0	6.77	2.9	13.07	6.4
富川瑶族自治县	46.69	12.7	15.63	6.9	19.27	19	11.82	9.4
大化瑶族自治县	35.55	5.3	7.51	5.1	17.26	5.4	10.78	5.3
恭城瑶族自治县	66.45	8.6	19.83	2.7	31.8	18.6	14.81	-2.8

资料来源：《广西统计年鉴 2013》。

金秀县城镇居民可支配性收入在全省 6 个瑶族自治地方中均居前列，农民人均纯收入水平居于中间位置。地方财政一般预算收入位居第 5 位，完成全社会固定资产投资情况和社会消费品零售总额同比增长速度较慢，

在全省 6 个民族自治地方中均排最后一位。（详见表 3 - 2）

表 3 - 2　　　2012 年金秀县与省内其他瑶族自治地方投资与消费经济

指标的对比　　　　　　　　单位：亿元，%

	地方财政 一般预算 收入 （亿元）	农民人均 纯收入 （元）	城镇居民可 支配性收入 （元）	全社会固定 资产投资 （亿元）	社会消费 品零售 额（亿元）
金秀瑶族自治县	1. 26	4399	21336	22. 15	5. 88
巴马瑶族自治县	1. 2	3788	14929	18. 78	8. 51
都安瑶族自治县	1. 69	3938	14854	29. 32	14. 43
富川瑶族自治县	2. 25	5379	18490	91. 72	10. 28
大化瑶族自治县	1. 57	4298	14752	14. 07	11. 25
恭城瑶族自治县	3. 01	6473	20158	65. 39	18. 56

资料来源：《广西统计年鉴 2013》。

　　金秀瑶族自治县的经济发展水平与周边各县（区），以及全省和全国的平均水平相比，优势与差距表现为：

　　在来宾市各县区中国内生产总值总量最低，同比增长速度也不高，但高于全国的平均水平。第一、二、三产业发展水平与来宾市各县区差距很大，GDP 排在最后一位，但第一产业同比增长率居于中间水平，高于来宾市、广西全区及全国的平均水平。第二产业同比增长率在来宾市各县区中排最后一位，第三产业同比增长率低于广西全区、来宾市的平均水平，略高于全国的平均水平。地方财政一般预算收入、农民人均纯收入和城镇居民可支配性收入，在来宾市各县区中均排最后，绝对值远远低于来宾市、广西全区和全国的平均水平。固定资产投资和社会消费品零售总额在来宾市各县区中居末位，也是远低于来宾市和广西全区的平均水平。（详见表 3 - 3、表 3 - 4）

表 3 - 3　　　2012 年来宾市及各县区、广西全区、全国 GDP 及各产业

指标的比较　　　　　　　　单位：亿元，%

	GDP	同比 增长率	第一产业	同比 增长率	第二产业	同比 增长率	第三产业	同比 增长率
全国	519322	7. 8	52377	4. 5	235319	8. 1	231626	8. 1
广西全区	13035. 10	11. 1	2172. 37	5. 6	6247. 43	14. 2	4615. 30	9. 8
来宾市	514. 29	11. 7	127. 01	7. 7	236. 07	14. 6	151. 22	9. 8
金秀瑶族自治县	23. 31	8. 6	7. 03	8. 7	6. 98	7. 0	9. 30	9. 7
兴宾区	252. 79	9. 8	51. 71	5. 7	115. 5	12	85. 58	8. 6
合山市	33. 35	11. 9	3. 42	12. 2	17. 83	15. 5	12. 10	7. 5

续表

	GDP	同比增长率	第一产业	同比增长率	第二产业	同比增长率	第三产业	同比增长率
象州县	83.73	13.3	25.57	10.3	42.80	17.5	15.35	7.7
武宣县	84.33	18.1	22.9	9.2	40.95	28.5	20.48	11.8
沂城县	47.96	7.5	16.37	6.4	17.07	12.2	14.52	3.4

资料来源:《广西统计年鉴2013》。

表3-4　　2011年来宾市及各县区、广西全区及全国地方财政与居民收入情况的比较

	地方财政一般预算收入（亿元）	农民人均纯收入（元）	城镇居民可支配性收入（元）	全社会固定资产投资（亿元）	社会消费品零售额（亿元）
全国	61077	7917	24565	364835.07	207167
广西全区	1165.98	6008	21243	12635.18	4474.59
来宾市	32.2	6231	21499	561.8	109.53
金秀瑶族自治县	1.26	4399	21336	22.15	5.88
兴宾区	6.01	6977	22235	31.63	48.55
合山市	2.19	5970	19709	35.79	7.44
象州县	3.43	6733	22065	70.19	16.70
武宣县	3.84	6175	20911	62.55	14.91
沂城县	2.21	5360	20659	54.78	16.01

资料来源:《广西统计年鉴2013》。

二　县域经济发展特点

总体上看，金秀县工业发展水平在来宾市所辖的县市中，仍处于低水平的发展阶段，还存在诸多困难和制约因素。

一是综合实力弱，经济发展不平衡，经济结构不合理。金秀县农村人口占总人口的86.3%，贫困人口基数大，城镇化水平低。同时经济结构不合理，第二产业发展较为杂乱，布局还不够合理，特色产业小而弱，工业大项目和高附加值项目少。

二是承接产业转移能力不足。项目用地指标紧缺，影响项目推进。上级每年下达用地指标约500亩，除去公益性和建设性的政府投资建设项目外，余下很少部分实施招商引资项目，往往是项目落地后再开展土地的相关工作，严重阻碍项目推进。此外，由于县财力有限，引进重大项目的地方配套资金不能落实，无法安排经费对项目进行策划和包装，推介的项目缺乏特色优势和吸引力。

三是基础设施薄弱，发展环境不宽松。公共基础设施及其他生产服务设施薄弱，交通、水利和供水设施无法保证农业现代化和工业化进程的需要，影响县域经济的健康发展。

通过上述比较，还可以发现金秀瑶族自治县的经济发展有以下几个特点。

一是经济总量太小，但增长速度相对较快。虽然其 GDP 低于来宾市其他县区的水平，排在最后一位。但经济呈现增长的势头，增长速度在来宾市其他各县区位于中间，也高于全国的平均水平。

二是各产业发展水平不平衡。第二、三产业所占比例和增长速度远低于来宾市其他县区和来宾市、广西全区和全国的平均水平。

三是居民收入水平差距明显。农民人均纯收入在广西全区各民族自治地方中居中间水平，却远远低于来宾市其他县区、来宾市、广西全区和全国的平均水平；城镇居民人均可支配性收入在广西各民族自治地方中居于首位，在来宾市县区位居中间，与来宾市、广西全区的平均水平相当，低于全国的平均水平。

第四节　工业经济发展态势

广西来宾市从 2008 年起，不再考核金秀县财政收入和工业化建设，但金秀县并没有放松工业发展。工业化作为统筹城乡经济及社会发展的重要载体，将创造更多的就业岗位，为解决农村剩余劳动力就业创造条件，为城镇化奠定基础，带动第三产业的发展。

一　经济发展成效显著

进入 21 世纪以来，金秀县国民经济持续、稳定、健康增长，特别是近几年来，金秀县经济社会发展的成效尤为显著。

——地区生产总值（GDP）由 2001 年的 4.48 亿元增加到 2013 年的 23.24 亿元，增加 18.76 亿元，年均增长 14.7%。（见图 3-4）

——人均地区生产总值（人均 GDP）由 2001 年的 3066 万元增加到 2012 年的 18697 万元，增加 15631 万元，年均增长 17.67%。（见图3-5）

——财政收入由 2001 年的 0.27 亿元增加到 2013 年的 2.16 亿元，增

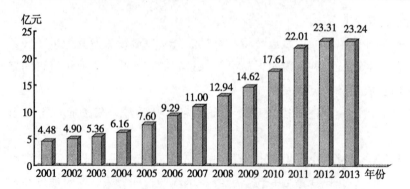

图 3 - 4　2001—2013 年金秀县地区生产总值

资料来源:《柳州地区统计年鉴 2002》,《广西来宾市统计年鉴》(2003—2013),
《金秀瑶族自治县经济社会发展情况汇报 2014》。

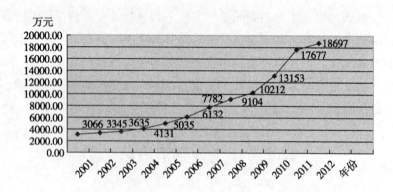

图 3 - 5　2001—2012 年金秀县人均地区生产总值

资料来源:《柳州地区统计年鉴 2002》,《广西来宾市统计年鉴》(2003—2013),《金秀瑶族
自治县经济社会发展情况汇报 2014》。

加 1.89 亿元,年均增长 18.84%。(见图 3 - 6)

——社会消费品零售总额由 2001 年的 1.45 亿元增加到 2013 年的
6.50 亿元,增加 5.05 亿元,年均增长 13.26%。(见图 3 - 7)

——城镇居民人均可支配收入由 2005 年的 8347 元增加到 2013 年的
23320 元,增加 14973 元,年均增长 13.7%;农村居民人均纯收入由 2005
年的 1779 元增加到 2013 年的 5019 元,增加 3240 元,年均增长 13.84%。
由此可以看出,金秀县城镇居民人均可支配收入和农村居民人均纯收入都
呈现不断上升的趋势,但是增长速度缓慢,低于人均 GDP 的增长速度,
同时二者的差距越来越大。(见图 3 - 8)

金秀县全社会固定资产投资总额,由 2001 年的 0.82 亿元增加到 2013

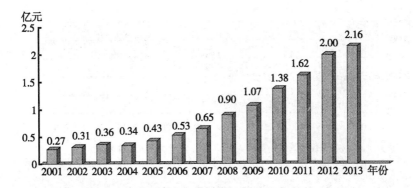

图3-6　2001—2013年金秀县地方财政收入

资料来源：《柳州地区统计年鉴2002》，《广西来宾市统计年鉴》（2003—2013），《金秀瑶族自治县经济社会发展情况汇报2014》。

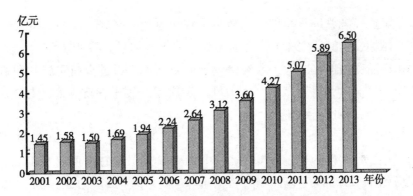

图3-7　2001—2013年金秀县社会消费品零售总额

资料来源：《柳州地区统计年鉴2002》，《广西来宾市统计年鉴》（2003—2013），《金秀瑶族自治县经济社会发展情况汇报2014》。

年的18.04亿元，增加17.22亿元，年均增长29.25%。近三年累计完成投资额超过58.08亿元，投资结构不断优化，基础设施和公共服务投入大幅度增加，投资效益显著提高，基础设施能力进一步增强。截至2013年年底，全县公路总里程达到838.7659公里。二级公路里程达到119.6962公里，占公路总里程的14.27%。[1]公路交通事业实现新跨越，极大地促进经济社会的发展。水利、通信、供排水、城乡电网等基础设施进一步改善。

---

[1]　相关数据由金秀瑶族自治县交通局提供。

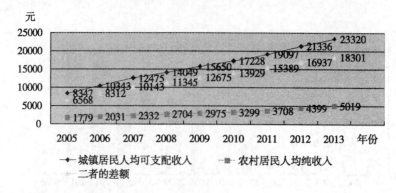

图 3－8　2005—2013 年金秀县城镇居民人均可支配收入、农村居民人均纯
收入及二者的差距

资料来源:《广西来宾市统计年鉴》(2006—2013),《金秀瑶族自治县经济社会发展情况汇报 2014》。

工业经济总量不断扩大,初步形成以水电、矿产、冶炼、化工、制药、制糖、建材、农林土特产加工为主的工业体系。特别是水电、矿产、林木产品深加工等成为工业经济发展的新亮点。通过全面实施"科教兴县"和"人才强县"战略,大力推广和应用新技术、新成果,有效地推动了社会和科技全面进步。

2012 年,金秀县完成全部工业总产值 14.06 亿元,比 2005 年增加 10.54 亿元,年均增长 21.9%。其中规模以上工业总产值达 9.49 亿元,年均增长 29.22%;规模以下工业总产值达 4.57 亿元,同比增长 13.03%;完成全部工业增加值 4.73 亿元,比 2005 年增加 3.42 亿元,年均增长 20.12%。(见表 3－5)金秀县工业总产值和增加值呈现不断上升的趋势,工业经济稳步增长,水电、冶炼、化工、矿产、制糖五大行业构成县域工业经济的主要支柱。

表 3－8　　　　2005—2012 年金秀县工业总产值、增加值情况　　　单位:亿元

年份	2005	2006	2007	2008	2009	2010	2011	2012
全部								
工业总产值	3.52	4.63	5.83	6.84	7.74	10.14	13.73	14.06
工业增加值	1.31	1.65	2.28	2.51	2.87	4.13	4.91	4.73
规模以上工业企业								
工业总产值	1.58	2.30	3.13	3.6	4.06	6.07	8.59	9.49
工业增加值	0.63	0.84	1.34	1.38	1.48	2.6	3.03	3.06

续表

年份	2005	2006	2007	2008	2009	2010	2011	2012
规模以下工业企业								
工业总产值	1.94	2.33	2.7	3.24	3.68	4.07	5.14	4.57
工业增加值	0.67	0.81	0.94	1.13	1.39	1.53	1.88	1.67

资料来源：《柳州地区统计年鉴2002》，《广西来宾市统计年鉴》（2003—2013）。

至 2012 年，金秀县各项经济指标完成情况较好，其中，制造业投资完成 3.168 亿元，同比增长 40%。主导产业增长较快。广西金秀松源林产有限公司是专业从事松香、松节油等林化产品生产、销售的林化企业，先后被评为纳税大户（2008 年度）、来宾市纳税信用 A 级企业（2009 年度）、来宾市农业产品化重点龙头企业（2012 年度）。2012 年完成工业总产值 5989 万元，自筹资金 5046 万元新建 25000 吨脂松香生产线 1 条，20000 吨歧化松香生产线 1 条，4000 吨松节油生产线 1 条，于 2012 年 10 月份正式投产。柳州威奇有限责任公司金秀分公司完成生产销售 5596 吨，总产值 6274 万元。江盟铁合金、利兴强矿业冶炼公司、鑫泰铁合金有限公司分别完成总产值 5507 万元、2703 万元和 2741 万元。企业经济效益总体看好。在生产保持平稳增长的同时，经济效益实现稳中有升。14 家规模以上工业企业，累计实现主营业务收入 7.95 亿元，同比增长 26.3%，10 家企业实现利润正增长。①

二　产业结构调整优化

三次产业比例不断优化。从 2001 年的 47.32：18.08：34.6 调整为 2013 年的 32.75：26.29：40.96，其中一产比重下降，二、三产比重提高，特别是以旅游业为龙头，全面带动第三产业的发展，"旅游强县"的战略目标进一步推进（见图 3-9）。

第一产业增加值由 2001 年的 2.12 亿元增加到 2013 年的 7.61 亿元，增加 5.49 亿元，年均增长 11.19%。粮食种植面积保持 15 万亩以上，粮食产量稳定在 4.5 万吨以上，农业产业化经营水平不断提高。

第二产业增加值由 2001 年的 0.81 亿元增加到 2013 年的 6.11 亿元，

① 金秀瑶族自治县史志办公室编：《金秀年鉴》（2008—2012），广西人民出版社 2014 年版，第184 页。

增加 5.3 亿元，年均增长 18.26%。

第三产业增加值由 2001 年的 1.55 亿元增加到 2013 年的 9.52 亿元，增加 7.97 亿元，年均增长 16.26%。2013 年金秀县接待游客 180.19 万人次，旅游总收入 8.2 亿元。莲花山风景区通过国家 4A 级景区评定，圣堂山风景区正向创建国家 4A 级景区的目标稳步推进。交通、商贸、餐饮等传统服务行业不断壮大，物流、金融、信息等现代服务行业加快发展。通过县城新城区开发和旧城区改造工作与民族化改造相结合，县城"民族化、山城化、公园化"建设步伐加快，城镇化建设取得新突破，城镇化水平从 2011 年的 24.37% 提升到现在的 27.2%。

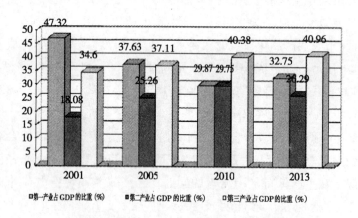

图 3-9　金秀县三大产业占 GDP 的比重

资料来源：《柳州地区统计年鉴 2002》，《广西来宾市统计年鉴》（2006、2011），《金秀瑶族自治县经济社会发展情况汇报 2014》。

三　区域经济合作发展

山内经济区域包括金秀镇、忠良乡、罗香乡、长垌乡、三角乡、大樟乡、六巷乡七个乡镇。以县城为重点发展生态旅游、生态林业、特色养殖、林下经济、制药、食品加工、水电、采矿、木业。重点发展生态旅游、特色民族风情游、茶叶、生姜、八角、瑶药种植、特色养蜂、冷水性鱼类养殖、食用菌等产业。

山外经济区域包括桐木镇、头排镇、三江乡。优先发展农产品加工、商贸、物流，重点在桐木工业集中区发展优质米加工，限制发展木业、采矿、冶炼、化工，积极发展生态农业和农产品加工业、高新技术产业、高新工业制造产业。通道经济区域包括罗香乡、长垌乡、金秀镇，发展定位于文化娱乐、商务会展中心、休闲旅游度假，重点发展县城、金平二级公路沿线的旅游业、休闲娱乐业、现代服务业产业。

在明确重要生态功能区后，将金秀县主体功能区划分为优化开发区、重点开发区、限制开发区和禁止开发区四类。

优化开发区主要包括桐木镇、头排镇、三江乡 3 个乡镇，是农业、经济林果、蔬菜等的生产基地，交通条件便利。该区域自然条件较好，是发展农林业生态经济最适宜区域，重点开发农、林业，积极打造生态农业、生态经济林果、蔬菜产区。

重点开发区地域范围包括桐木镇、头排镇，是人口最密集和工、农业经济最发达的地区，城镇规模和基础设施比较好，交通条件便利，贸易较其他区域发达。该区自然条件较好，是发展工、农业生态经济最适宜的区域，重点开发城乡工、农业产业，着力打造城乡工、农业生态经济建设区。

限制开发区面积最大，包括金秀镇、三角乡、忠良乡、罗香乡、长垌乡、大樟乡、六巷乡等 7 个乡镇，是瑶族的主要聚居地。在保护的前提下，适度开发，以山地生态旅游和丘陵生态综合种植为主。

禁止开发区包括大瑶山国家级自然保护区，和及金秀老山自治区级自然保护区中的核心区域缓冲区，主要保护银杉、瑶山鳄蜥、凤蝶等珍贵物种及其生存环境水源涵养林，禁止开发并进行严格保护。

四　发展特色生态工业

改革开放以来，尤其是 21 世纪以来发展的经验和教训表明，金秀瑶族自治县的发展绝不能照搬他地的模式，也不能因循守旧等待观望，更不能以牺牲生态环境的代价来获取经济发展。必须换一种思维方式，创新一种发展模式来谋工业发展的出路。结合金秀大瑶山实际，发展特色生态工业才是富民兴县的必由之路。

生态工业是依据生态经济学原理，以节约资源、清洁生产和废弃物多层次循环利用等为特征，以现代科学技术为依托，运用生态规律、经济规律和系统工程的方法经营和管理的一种综合工业发展模式。[①] 工业生产由传统工业的单纯追求经济效益目标，向追求经济效益与生态效益相统一的

---

① 刘喜凤、罗宏、张征：《21 世纪的工业理念：生态工业》，《北京林业大学学报》（社会科学版）2003 年第 1 期。

生态经济目标转变，工业生产经营由外部不经济的生产经营方式向内部经济性与外部经济性相统一的生产经营方式转变。通过开发"再生资源"，即开发废弃物资源化产业体系，改传统的"原料—产品—废料"的生产模式为"原料—产品—废料—原料"的模式。通过生态工艺关系，尽量延伸资源的加工链，最大限度地开发和利用资源。在食品工业、养殖业、种植业推进废弃物再生资源开发利用项目建设。把食品加工的废料、养殖业的粪便、种植业的秸秆和果皮（壳）为原料，用现代大生产的方式进行产业化开发，如沼气池、太阳能等。提高矿产资源综合开发和回收利用率。对矿产资源开发加强共生、伴生矿产资源的综合开发和利用；改进资源开发利用方式，实现资源的保护性开发；积极推进矿产资源深加工技术的研发，提高产品附加值，实现矿业的优化与升级；大力推进尾矿、废石的综合利用。

生态文明的话语模式下，金秀瑶族自治县要大力发展生态工业，一方面要加快桐木工业集中区基础设施的建设，并引进更多科技含量高、附加值大的项目和环保型项目；另一方面大力发展特色工业产业，依托资源优势，重点发展矿产、民族旅游工艺品、山泉饮用水、茶叶、瑶医瑶药、竹木加工六大产业为主的工业体系。只有彻底改造过去的传统工业，以全新的生态工业为主导，才能把生态特色经济发展起来，实现真正的跨越式发展。

第四章

生态立县与突破围城

　　国家与社会向来是中西方学者在关注地域空间经济社会发展时的重要研究取向。国家如何掌握社会，美国当代著名人类学和政治学家詹姆斯·C.斯科特重点关注掩藏在国家自上而下重新设计乡民社会经济社会发展的逻辑。他将这个人们惯称的文明化过程看作"驯化的尝试"和"社会园艺"。他认为，那些被发明用来使农村、农村产品和居民更容易被辨别和被中央掌握的制度体系，即使不是放之四海皆准的，但驯化努力中的许多因素至少看起来是普遍的，它们使农民的定居和耕作更加固定化、集中化和简单化。① 在他看来，现代国家的许多设计使本身具有复合文化结构的乡村社会制造了很多灾难。事实上，他在关注这个问题的时候，从更加宽泛的空间视角，把我国广西、贵州、四川、云南以及缅甸、印度东部及东南亚北部国家的许多山地民族都同时纳入研究。因此，广西金秀大瑶山瑶族也是他的研究对象。

　　金秀大瑶山，由于地域空间生态资源的不同，以金秀为中心地，向外圈层延伸，大致可以类分出大瑶山腹地生态经济圈、泛大瑶山生态经济圈及岭南生态经济圈三个层级的生态经济空间。三重经济圈之间，如何才能建构起一种合理化的利益平衡机制，从而强化三级生态经济空间群体的责任意识，这是金秀大瑶山生态经济发展必须面对的时代命题。

---

　　① ［美］詹姆斯·C. 斯科特：《国家的视角》，王晓毅译，社会科学文献出版社 2012 年版，第 244 页。

第一节　山地文化中的林业权威

在金秀大瑶山，森林资源一直以来都是当地经济社会发展的重要构成要素：金秀大瑶山传统经济以复合结构形式为主要形式，而新中国建立后则以政府主导型的单一经济结构为主要形式。

一　林地作为大瑶山瑶族的生计基础："无山不成瑶"

"无山不成瑶"是金秀大瑶山瑶族的生活空间表述。瑶族的群体生命历程始终与汉族封建统治阶级有着紧密联系。最初，由于瑶族普遍拥有根深蒂固的"瑶归瑶、朝归朝"族群意识，与历代封建统治者"王天下"的"大一统"观相悖，从而使瑶族被王朝帝国统治者视为强制改造的对象。帝国时期，更因为瑶族缺失向帝国中央交租纳税的主动意识而外在性地背负"莫徭"这个族名，更加强了封建统治者用武力统治和改造瑶族的决心。在与帝国统治者进行长期的战争冲突中，由于群体力量的悬殊以及多种客观因素的制约，瑶族在战争过程中没有优势，自明朝规模巨大的广西大藤峡瑶族起义失败后①，瑶族便再无正面抵抗王朝帝国的族群力量。他们迁徙走进南岭山脉的深山地带，依靠山区独有的地势和生态资源环境才得以维持族体生命，成为地道的山民。

大瑶山是南岭深山地区一片重要的地域空间，位于广西中部偏东的金秀县是大瑶山的核心腹地，其范围从东北至西南延伸，大致包括广西来宾市鹿寨、荔浦、平南、桂平、武宣、象州和蒙山七个县市，西边与大明山合成广西弧形山脉，是桂江和柳江的分水岭。大瑶山主峰圣堂山，位于平南县西北部，特殊的地势环境和丰富多样的林地资源为四处迁徙流动的瑶民提供了不可多得的避难场所。大瑶山以险峻山峰为主要特征，没有这片广袤土地，瑶族群体定会面临更加艰难的生存艰险。借助这个近乎隔绝于

---

① 大藤峡又称断藤峡、永通峡。位于黔江中下游的武宣县至桂平县这段地理空间，长百余里，两岸崇山峻岭，江水迅疾。大藤峡起义从洪武年间开始到天启年间为止，以瑶民为主，历时250多年。其中，规模较大的起义有10余次，是广西历史上规模最大的以瑶族为主的少数民族起义，也是明朝中后期全国爆发的较大的农民起义之一。

世的地域空间，瑶族似乎又找回了曾经自由生活的"千家峒"①。

"无山不成瑶"是金秀大瑶山瑶族的文化模式表述，大瑶山瑶族依靠山区环境创造出极具特征的民族文化。遭遇封建统治阶级长期镇压的瑶族，拥有一个共同身份，即都是统治者武力排挤而缺乏生计空间的受害者。瑶族进入广西大瑶山之后，由于生计资源占有量的差别，他们重新转型成有差别身份地位的两种人群，山区生计资源占有量成为瑶族身份标志的符号象征。其实，如果拉长和放大社会历史，那么瑶族仍有一个影响其生存发展的关键因素，即瑶族群体都共同面对封建统治阶级。由于存在关系瑶族群体生死存亡的客观因素，瑶族只能以躲避的方式，借助山区生态环境寄生在大瑶山里，远离地方大民族尤其是汉族封建统治者，渐而养成一种自我边界非常清晰的封闭发展空间。可以说，正是由于瑶族的共同遭遇，进入大瑶山的瑶族再度丰富出极具群体文化属性的瑶族文化中心。山区瑶族借助这片具有多样性生物特征的林地，生产生活资源基本上都从山区获取，因而"不交往"逐渐成为大瑶山瑶族的普遍生活特征。当然，在久远的历史过程中，瑶族也曾有不主动结交外来民族的生活习惯。但最初的"不主动"结交其他民族的心态很大程度上是经由封建统治者的强权镇压制造出来的恐惧心理。而瑶族在后期发展中的"不结交"心态，则是大瑶山山区环境培养的生活意识，是地缘关系作用下的文化特征。

二　林业作为大瑶山瑶族的生存资源：瑶民自主型的复合经济

经济形态是社会主体基于地域生活实践总结出来的生产劳作方式。在广西金秀大瑶山，山区瑶族基于生计资源占有情况而产生的经济结构有着

---

① 很多文献资料中都有关于"千家峒"的记载，但都没有最为权威的让人们都普遍认可的"千家峒"的准确位置。实际情况是，瑶族居住比较集中的地方，人们通常都会根据历史文本记载中说的"千家峒"境况，结合生活地域的客观情况，寻找具有相似物理特征的地方并人为地将其命为所谓的"千家峒"，伴随着生活中祖辈相传在这个地方举行各种特殊的祭祀行为，因而使这个物理空间就逐渐成为当地瑶族信仰和共识的并具有神谕性质的"千家峒"。其实，在笔者看来，"千家峒"是遭遇帝国统治者长期镇压排挤而四处逃避的瑶族群体所期望的一种理想生活场景，并不可能准确具体对应客观现实社会中的哪一片领土空间。若从地理空间上去指定出这个地域位置，"千家峒"最多也只能指瑶族还没有受到帝国统治阶级镇压之前所生活的地域空间。有的学者称在某某地方找到了真正的"千家峒"，并试图以所谓的史料来证验自己的立论，但由于其描述的类似的相同地方比较多，并且大家都能找出例证的资料，因而就不免引起学者们在所谓的"真实地点"上据理力争，最终也不可能有共识性的结果。

非常显明的复合性特征。

明清时期，被迫迁移进大瑶山避难的瑶族，由于山中生计资源占有量的差别而出现"长毛瑶"和"过山瑶"的族群身份差异。"长毛瑶"中的花篮瑶、坳瑶和茶山瑶，多占有土地和林地，依靠家庭劳动力开荒种地便能维持正常生活，所以自主自耕的小农经济成为"长毛瑶"的主要经济形态。尽管这种依山而耕的生产方式未能给瑶族创造出足够富足的生活资料，但至少可以避免家庭成员生活的"不安全"风险。在大瑶山方圆几百公里的土地范围内，山区自然资源复合多样，有的地方平地多一些，瑶族可以将其开垦出来种植水稻；一些地方是陡坡地，人们只有在上面种植玉米等旱地农作物；大多数地方则生长着密密的森林，为山区瑶族提供了采集或狩猎的最好条件。从这个层面上看，大瑶山瑶族的经济发展呈现出空间性的地域特征，山区存在复合多样的经济结构形态。

瑶族的大部分时间都在山里度过，他们喜欢在山地边用木头搭建一个供劳作休息的简易茅草房，里面备放着铺盖、餐具、油、盐、柴、米等。有的还在里面设置一个烘烤竹笋、竹鼠等野味的小烤炉。山区自然生态环境特殊，常有各种各样的珍稀植物生长在大山里，诸如油桐、罗汉果、茶树、香草、桂皮、木耳、天花粉、薯良、千金草、竹笋、清明茶、石崖茶、甜茶等，都是经常能够见到的食用植物。尤其是每年秋季，大山里长出山菠萝、山枇杷、木竹果、野橘子、野柑子、山葡萄、山荔枝等，都是新鲜美味的食物。平时到山里下地劳作时，人们也常在草棚里休息。在农忙收种季节，家庭主要劳动力多数都在地边的草棚里吃住，一连多日不回家。瑶族还喜欢在空闲的时间狩猎。大瑶山里有竹鼠、山鸡、白鹇、野鸟、白狐等，村民在山中捕获的各种动物很多时候都自己食用，很少拿到集市上卖。通常只有木耳、香草等野生的植物，如果采集数量多时，才拿到山下集市交换油、盐。因此，大瑶山复合经济结构形态完全遵从山区地理自然特征，并没有打破山区自然生态资源本有的组合逻辑，大山塑造了金秀瑶族极富森林情结的生计方式。

大瑶山瑶族群体之间的租种经济内含多种经济类型。明代以来延续百年的大藤峡瑶民起义失败后，一部分瑶族仍试图在山外寻求生活避所，并没有及时往大瑶山移动，直到四处流离无法立足的时候，他们才最终选择了进山。但这个时候，山中本就不丰富的生计资源已被先入山的"长毛瑶"占据，很难再有机会获得林地资源。这部分"过山瑶"最终只能在山中更为艰苦甚至仅适宜兽行的地方落脚安家，这些地方，野兽常威胁生产生活。此外，由于缺少维持生计的土地，"过山瑶"不得不向"长毛瑶"租种，渐而延伸出一种完全基于贫瘠荒坡地上的刀耕火种经济形态。

由于土地贫瘠，"过山瑶"不得不采取轮耕的方式种植农作物，同一块土地上套种或轮流种植多种经济作物。如果第一年种植早谷，第二年就要种植玉米、红薯、木薯、芋头及其他豆类作物，连续种植三年，地力耗尽，就丢荒另辟新地。农作物种植上也多是广种薄收，瑶族一般在每年十二月前后砍倒杂木，经曝晒，第二年开春时，再放火将树木杂草烧光，借着地上的草木灰做肥料。种植时，男人在前面用"打洞棍"打出三寸左右的小洞，妇女紧跟其后点种。四、五月份，种苗从地里冒出，家人再去山地里除草。七、八月份，再除一次草，就等收获了。这种粗放种植方式，往往由于缺少肥力，粮食产量比较低。几年时间下来，地里长满杂木，再烧荒种地。后来，为提高粮食产量，瑶族转变思想观念，开始圈养牲口蓄积肥料。

对于荒坡林地的租种，"过山瑶"常采用种地还山的方式进行。即"长毛瑶"划出双方意愿的一片林地给"过山瑶"开荒种地，三四年后再归还"长毛瑶"，地租被转移到开荒林地的劳动力付出补偿上。从这个层面看，大瑶山瑶族传统的经济生活中交织着一种二元经济形态，潜存着很大程度的剥削与被剥削关系。这种经济形态有时甚至会左右"过山瑶"的整个生命历程。一些地方，"过山瑶"的墓地都得向"长毛瑶"购买。"过山瑶"如果不能按时缴纳地租，就需支付更多的劳动力帮"长毛瑶"做工。每碰到这种情况，"长毛瑶"还常到"过山瑶"家里"打火油"，即随意到"过山瑶"家里吃喝或取走值钱的东西，加剧和恶化"过山瑶"的艰难生活。然而，从总体上看，复合经济形态下的传统瑶族经济，不管是"长毛瑶"的自主农耕经济，还是"过山瑶"的非自主租赁经济，都较大程度地尊重和结合了金秀大瑶山多样性的地理环境条件，经济生活主体身份的多元性与经济形态的复合性有着直接关系。在这种经济生活中，国家力量对他们的经济生活干扰较小，金秀大瑶山瑶族在这种"划外"的空间里，普遍依赖尊重山区自然生态条件来维持生产生活。

第二节　以粮为纲与林业立县

在国家相关政策允许的前提下，金秀县政府曾直接把"林业立县"

作为山区经济发展的主导思想，试图以森林资源来换取资金财富，推动大瑶山经济发展。20 世纪 80 年代，因遭遇生态危机，金秀县政府便积极动员和组织瑶族种植成长周期短而经济效益明显的林木。这种以林为纲的发展模式，短期内确实给山区瑶族带来了经济财富，但完全由政府主导的经济模式多以政府领导人的意志为发展取向，常会程度不同地忽视山区生物多样性特征甚至违背山区自然生态环境，弱化地域生活主体的自觉行动。更严重的是，这种以牺牲自然生态资源为代价的取富于林的发展模式并不是实质意义上的财富生产，它是一种严重脱离地域生态环境的"过度"林业消费，影响了大瑶山本有的绿色资源优势。山区不仅难以获得持续发展的生命力，而且也不可能真正创造绿色经济财富。

一　林业作为大瑶山瑶族的经济要素：政府主导型的单一经济

新中国成立后，中央派访问团到广西大瑶山慰问瑶族，广泛宣传新中国的民族政策。1952 年 8 月，金秀大瑶山瑶族自治县成立。为了尽快结束大瑶山瑶族食粮不能自给和经济贫困的问题，在国家相关政策的支持帮助下，大瑶山瑶族开始了"向山要粮"的群体行动。然而，在"地无三尺平"的大山里搞以粮为纲，人们只有砍树种地，导致山区大面积森林被毁。20 世纪 60 年代，瑶族经济贫困问题变得更为严重，大瑶山中的瑶族唯一可以动用的资源就是漫山的自然森林资源。在当地政府的组织动员下，吸收其他地方的经济发展模式，砍伐林木以造福山民便成为地方政府积极支持的富民道路，林地被大量砍伐以便种植粮食作物。

据相关部门统计，1957 年时，在"大跃进"思想影响下，大瑶山组建成立老山伐木场，大量砍伐原始森林。在五六年时间里，共计砍伐各种杂木 10 万立方米、毛楠竹 73 万多条、杂竹 122.5 万公斤。1958 年，为响应国家大炼钢铁，大瑶山又掀起了砍伐原始森林的浪潮，毁坏无数古老林木。更为严重的是，1967—1969 年，周边县市的人也开始进入大瑶山乱砍滥伐，哄抢木材，使金秀大瑶山县损失林木 3 万多立方米。短期看，这种林业利用方式解决了瑶族的粮食问题，但它以破坏森林资源为代价的发展行为很快就表现出极其严重的弊端。山下的种植文明上山，帮助瑶族毁林种植农作物，加上国家提倡大炼钢铁、水土流失和伴随而来的自然灾害，并没有给瑶族带来真正的经济实惠。20 世纪 70 年代，由于木材价格上涨，大瑶山再度兴起采伐林木的热潮。1979 年，金秀县内农民趁农业体制变动，大肆抢伐林木，私卖木材，每年损失木材都在 1.5 万立方米左右。地方政府也主要依靠木材来增加税收，不仅对山区瑶族的林木采伐不加以严格管制，而且还补充成立了形式多样的国营林场，靠大量采伐树木累积经济财富，极大地破坏了山区资源。此时的大瑶山并没有基于山区以及瑶族主体内生性的自在社会条件发展经济，资源没有持续性利用，偏离了大瑶山实际，从而造成严重的生态危机。

到了 20 世纪 80 年代，这种状况有所改观。1982 年，金秀县县委、县政府禁止乱砍滥伐，采取措施鼓励瑶族发展经济林。由于大瑶山自然灾害频发，严重影响到正常的生产生活时，保护森林资源才成为地方地政府的主要意志，进而在政府的积极倡导和宣传下逐渐内化成为山区瑶族的观念意识。县委、县政府每年抽调大批领导组成处理"木材三乱"工作组，深入区、乡、社队制止乱砍滥伐林木，乱砍滥伐之风有所收敛。然而，在当时特殊的社会历史背景下，大瑶山仍是一个经济十分落后的贫困山区，发展经济是大瑶山最为重要的工作任务。政府主导的经济模式，也必须遵守这个最为基础的利益规则。所以，地方政府在停止对原始森林木材的大批量采伐之后，尽管不再依照过去的传统模式砍伐森林，但依靠林木来促进地方经济社会发展的观念并没有改变。

1987 年 2 月，金秀大瑶山建立水源林保护区管理委员会和水源林保护区公安分局，采取封、管、造、育等多种措施保护杉林。与此同时，金秀县政府还积极推进村民改灶节柴、以电代柴、以煤代柴的节能环保工作，减少村民对森林资源的消耗。这些措施取得了良好的效果。1973 年，大瑶山经济林面积只有 2.7 万亩，但 1987 年增加到 13.6 万亩。事实上，从 1988 年开始，金秀县就开始大面积植树造林，消灭宜林荒山。1988—1993 年，大瑶山共造林 53.48 万亩，年均造林 8.91 万亩，基本消灭了县内荒山。1997 年，为了维护大瑶山下游农区的水利环境，确保农业稳产高产，金秀县制定新政策，决定把林业办成富民的大产业。到 2001 年时，金秀县经济林产值占到全县经济总产值的 27.5%，经济林收入占农村人口年收入的 38.6%。[①]

---

① 以上数据由金秀县林业局提供。

二 林业作为大瑶山瑶族的财富资本：林业立县及其经济效益

为了继续走木材致富的道路，金秀县政府积极动员山区瑶族发展经济林，大面积种植经济价值高的经济林木。在大瑶山经济林业迅速发展推进过程中，出于恢复生态环境和发展地区经济双重目的，只有短期内产生经济效益的树种才有机会在山中得到推广种植。单一性的经济林业开始作为山区主要的经济增长方式被发展起来，以杉木、八角树为重点林木的经济林在大瑶山里得到广泛种植，为林业产业化发展打下了坚实基础。相对来讲，杉木种植的生长周期较长，一株杉木从育苗到成林采伐，前后需要十五年左右时间，是一项长期的投资项目。金秀县政府加大经济林扶持力度，鼓励村民种植杉木。在育林过程中，金秀大瑶山政府加强了护林防护工作。

八角主要用来做食用调料，药用价值也非常高。2001 年，金秀县八角林面积 20.6 万亩，成为金秀县域经济林的主体。当年金秀县财政收入 2533 万元，其中，八角一项收入为 445 万元，占到全县财政收入的 17.56%。2003 年，我国暴发"非典"疫情，由于八角具有抗"非典"的功效，从而使其生果的市价格在短期内就暴涨到 25 元/公斤。翻番的价格吸引了国内外客商，给大瑶山瑶族带来了丰厚的经济财富。此外，为了推进金秀经济林的经济效益，地方政府还对低产经济林进行全面改造。在不到两年时间里，就累计完成 15 万亩低产林改造，使金秀县财政困难有所缓解，增加了林农收入。2002 年，金秀县经济林地总共发展到 33.6 万亩。

森林资源由砍伐、禁伐到再造，利用方式的改变使大瑶山林业所具有的功能得到了积极主动的发挥。进而使大瑶山森林资源环境的保护和改造利用成为瑶族群体的共识心理，金秀森林覆盖率得到显著提高。2002 年，大瑶山瑶族响应全国退耕还林号召，金秀县委、县政府对产量低而不稳、水土流失严重的坡耕地统一进行规划治理。加大退耕还林补偿力度，林地普遍给予每亩 230 元的经济补偿。退耕发展公益林和水源林，每亩再分别追加 96—130 元的经济补贴。由于补偿力度高，相关宣传到位，加上交通环境改善，杉木价格积极攀升，大瑶山瑶族逐步树立起种树持家的观念。

但是，这个过程并非一帆风顺。当作为经济林木的八角林木丧失财富增长力时，人们对发展经济林逐渐丧失信心。更严重的是，也就是在同一时期，由于各种自然生态环境的破坏，国家拉响了保护森林资源、恢复生态和退耕还林的警钟，禁止乱砍滥伐成为国家法律规则。因特殊自然环境和国家政策、制度因素，抬高了林木的价格，单位木材的价值和经济利润的刺激动摇了当地村民保护林地的信心，于是砍伐又再次不同程度地成为山区发展的行为选择。尽管这次风波没有大范围和深度的掀开，但也在很大程度上毁坏了林地面积。好在这次风波较小，禁止采伐树木后再度恢复提高了大瑶山森林面积。这个时期，森林资源的利用和其本有的功能发挥，经历了沉重的代价探索，为后期林业资源的转型发展奠定了基础。

政府主导的单一型经济发展模式，交合着地方政府、山区瑶族以及民间有经济实力的商人等多个参与主体，经济林完全由经济利益这个规则黏合。地方政府鼓励发展经济林，坚持林业立县的瑶山致富路，是希望依靠山区经济种植来增加经济收入。瑶族积极种植政府推广的林木也是怀抱未来有丰富的经济实惠，才积极付诸实际行动的。这两个主体结合起来的经济林业，需要资本拥有者的积极参与才能有效把握市场。

受经济利益的驱使，很多参与经济林业的商人在具体行动过程中漠视保护自然生态环境这个最为根本的基础，因而出现许多违法毁林或是超标采伐山区原始林木的违法事件。这些拥有一定资本的民营企业的行为，由于各种复杂的利益关系，再度打击了山区瑶族种植林木的积极性。发展经济林业，不但没有使大瑶山瑶族富裕起来，而且还加剧了山区水土流失和多样性林种的破坏。此外，金秀大瑶山普遍种植的桉树、八角经济林，不具备涵养水分和维持其他地表植物的正常生长，曾经和谐有序的生态规则被打破，复合经济形态遭到严重破坏。近年来，由于自然生态环境的破坏，八角树大面积出现病虫害，树木干枯落叶致死，产果数量都大大降低，新一轮的生态环境灾难又开始慢慢向大瑶山瑶族靠近。

总之，林业经济在相当长的一段时期内成为金秀大瑶山经济增长的重要方式。这种经济模式的存在和长时间持续的原因大致可以归结为四个方面：大瑶山这个地域空间本身拥有丰富的森林资源；山区瑶族经济生活极为贫困；地方政府缺乏经济发展所必需的替代要素；生态环保并未引起地方政府足够重视。在这四重因素塑造的社会背景下，由于山区瑶族长期受贫穷生计困扰和地方经济滞后发展，利用山区森林资源快速致富，便成为金秀大瑶山瑶族和地方政府共同的理想，因此砍树敛财顺理成章成为大瑶

山的主体经济模式。林业经济掀开了大量采伐山区林木的热潮后，伐木成
为金秀大瑶山政府和瑶族共同的行动，形式多样的国营林场开始在大瑶山
出现，大型机器设备进入林场。随着一批批倒下的木材外运出山，大瑶山
瑶族的经济收入确实得到了增长，但毁坏的森林随后开始了更多更具灾难
性的报复。山区森林资源受破坏，水土严重流失，光秃秃的贫瘠山头又不
能种庄稼，一系列影响经济发展和瑶族生计的问题迎面而来。

面对困境，金秀县政府并没有放弃林业经济的发展路子，而是组织山
区瑶族大量推广种植经济效益明显的经济林木，回应并试图告别生态危
机。然而，由于后期种植的经济林木单一，打破了山区本有的和谐生态系
统，频发的自然生态灾难从此便紧紧相伴大瑶山瑶族。拉长时间来看，森
林资源本是大瑶山瑶族躲避灾难和定居生存发展的重要生存条件，定居下
来的瑶族利用林区自然生态环境创造出满足自身需求和复合自然生态逻辑
的复合经济模式。但地方政府在瑶族发展山区经济中，其主导的经济模式
却葬送了山区复合生态系统本有的绿色潜能，并没有从山区林地资源上深
层发掘绿色经济财富，而是粗放式地砍树卖钱，破坏了大瑶山自然林业生
态，动摇了山区瑶族的生计根基。金秀大瑶山经济发展必须回归到复合生
态体系的保护上来，地方政府必须制定和实施切实有效的生态保护措施，
还大瑶山本有的生态绿色，山区瑶族才有持续分享生态福利的机会。

第三节　生态权威下的瑶族与国家

生态是当今人类社会共同面临的问题，频发的自然灾难更是直接影响
着全人类命运。任何单位国家或国际组织都应该有自觉担负生态环境保护
的义务。随着发展阶段的变化，我国政府把"生态文明"提升为一条重
要的治国理政意志，并结合环境实际制定和实施了许多有效的政策措施。
配合国家生态环保意志和相关政策措施，金秀县政府自 2008 年起正式放
弃传统做法，将一直以来的"林业立县"发展思路调整为"生态立县"，
直接把工作重心转移到生态环保上来。这是金秀大瑶山经济社会发展的实
质性跨越。地方政府把森林资源功能转型到绿色财富上来考虑，放弃传统
粗放的资源利用方式，动员山区瑶族养护森林资源，并嵌合生态旅游和生
态农业来寻找科学的富民路子，从根本上奠定了收获生态福利的基础。

一　生态权威下的国家意志："生态文明至上"

1. 当代社会，绿色成为人类社会的普遍需求，充分发挥林业在可持续发展中的重要作用是全面建设小康社会的必然要求。2003 年，国家颁布实施《中共中央国务院关于加快林业发展的决定》，明确提出"林业由以木材生产为主向以生态建设为主转变"的重大决策。《决定》指出：加强生态建设，维护生态安全，是 21 世纪人类面临的共同主题，也是我国经济社会可持续发展的重要基础。全面建设小康社会，加快推进社会主义现代化，必须走生产发展、生活富裕、生态良好的文明发展道路，实现经济发展与人口、资源、环境的协调，实现人与自然的和谐相处。《决定》指出：要通过管好现有林，扩大新造林，抓好退耕还林，优化林业结构，增加森林资源，增强森林生态系统的整体功能，增加林产品有效供给，增加林业职工和农民收入。力争到 2010 年使我国森林覆盖率达到 19% 以上，大江大河流域的水土流失和主要风沙区的沙漠化有所缓解，全国生态状况整体恶化的趋势得到初步遏制，林业产业结构趋于合理；到 2020 年使森林覆盖率达到 23% 以上，重点地区的生态问题基本解决，全国的生态状况明显改善，林业产业实力显著增强；到 2050 年使森林覆盖率达到并稳定在 26% 以上，基本实现山川秀美，生态状况步入良性循环，林产品供需矛盾得到缓解，建成比较完备的森林生态体系和比较发达的林业产业体系。《决定》还特别强调：必须抓好重点工程，推动生态建设；必须优化林业结构，促进产业发展；必须深化林业体制改革，增强林业发展活力；必须加强政策扶持，保障林业长期稳定发展；必须强化科教兴林，坚持依法治林。

2007 年，中共十七大报告提出：建设生态文明，基本形成节约能源资源和保护生态环境的产业结构、增长方式、消费模式。国家将生态文明建设与经济建设、政治建设、文化建设、社会建设并列，将生态文明建设上升到国家意志的战略高度，把生态环境保护融入经济社会发展的全局，充分显示了中国特色社会主义事业总体布局的重大变化。2012 年，中共十八大报告更明确指出：要大力推进生态文明建设，认为建设生态文明，是关系人民福祉、关乎民族未来的长远大计。面对资源约束趋紧、环境污染严重、生态系统退化的严峻形势，必须树立尊重自然、顺应自然、保护自然的生态文明理念，把生态文明建设放在突出地位，融入经济建设、政治建设、文化建设、社会建设各方面和全过程，努力建设美丽中国，实现中华民族永续发展。

2013 年 4 月 27 日，国家林业局《国家级公益林管理办法》也作出相应规定：国家级公益林林权权利人应当与林业主管部门签订协议，明确双方的权利、义务，约定管护责任。各级林业主管部门应当切实履行管护协议约定的义务，加强对国家级公益林林权权利人和管护人员的指导、服务和检查，不断完善国家级公益林森林生态效益补偿的办法。禁止在国家级公益林地开垦、采石、采沙、取土，严格控制勘查、开采矿藏和工程建设征收、征用、占用国家级公益林地。除国务院有关部门和省级人民政府批准的基础设施建设项目外，不得征收、征用、占用一级国家级公益林地。经批准征收、征用、占用的国家级公益林地，由国家林业局进行审核汇总并相应核减国家级公益林总量，财政部根据国家林业局审核结果相应核减下一年度中央财政森林生态效益补偿基金。对于国家级公益林地中的宜林地、疏林地，经营者应当结合实际，严格保护并积极采取封山育林、人工促进天然更新或者人工造林等措施增加森林植被，提升生态功能。严禁采用炼山、全面整地等作业方式。一级国家级公益林原则上不得开展生产经营活动，严禁林木采伐行为。

2. 生态文明建设需要充分的制度保障。生态文明是人类社会文明的高级状态，生态文明要求转变生产方式，全面促进资源节约，推动资源利用方式根本转变，提高利用效率和效益，严格控制开发强度。加大自然生态系统和环境保护力度，必须以解决损害人类健康最突出的环境问题为重点，强化污染防治力度，实施重大生态修复工程，增强生态产品生产能力。当然，绿色 GDP 实施起来很难，制度建设是推进生态文明建设的重要保障，必须改变唯 GDP 至上观念，把资源消耗、环境损害、生态效益等指标纳入经济社会发展评价体系，建立体现生态文明要求的考核办法、奖惩制度，形成生态文明建设的长效机制。

从广西壮族自治区以及金秀县的客观实情来看，自国家把生态文明作为重要的工作任务来抓紧落实之后，广西壮族自治区政府就配合国家需要和生态文明建设的核心要义，制定并实施了多种有效政策措施。2001 年，广西被国家列为首批国家森林生态效益补助基金试点省区，试点林区面积 3500 万亩。国家每年给予广西壮族自治区林业补助 1.75 亿元，广西成为全国首批试点面积最广和补助金最高的省区。广西还组织实施了公益林保护、退耕还林、重点区域防护林、野生动植物和自然保护区建设、石漠化治理、农村生态能源六大林业生态建设工程，自然生态保护取得明显效果。2003 年 3 月 31 日，广西壮族自治区审议并通过《金秀瑶族自治县森林资源管理条例》。2003 年 12 月 1 日，又批准实施《金秀瑶族自治县野生植物保护条例》。这些政策法规为金秀大瑶山生态环境保护提供了极为有效的法律保障。

二　生态权威下的金秀县政府："守住生态底线"

生态文明成为国家重要意志后，作为林地资源较为丰富的金秀县政府积极做出回应，先后推广实施了珠防林、世行贷款造林、绿色工程、森工基地造林等形式多样的造林绿化项目，成效显著。2001 年，金秀县对县境内的森林进行分类划界，把森林区划为公益林和商品林两大类，实行分类经营管理。划分后的生态公益林主要分布在大瑶山源头汇水区和珠江水系一级支流桂江、柳江上游的镇中、长垌、金秀、三角、忠良、罗香、六巷、大樟等区域。划分重点公益林后，金秀县森林资源消耗逐年减少，濒危野生动植物得到保护，水源得到涵养。

2001—2003 年，金秀县向世界银行贷款造林 1.07 万亩。2001 年，金秀县森林 320.99 万亩，林业用地 336.24 万亩，水源林 158.95 万亩，活立木蓄积量 841.56 万立方米，森林覆盖率 87.2%。2003 年，造林 25536.48 亩。2003 年，培育珠江流域防护林 11.10 万亩，育苗 294.32 亩，退耕还林 11868.71 亩。2004 年，造林 12013 亩，植树 15.8 万株，育苗 42 亩，查处林业行政案件 869 起，收缴木材 2658.8 立方米。2005 年，造林 6676.5 亩，查处林业案件 670 起。2006 年，造林 10966.5 亩，处理林业案件 657 起。2007 年，造林 28881 亩，受理各类林业案件 782 起。[1]

2008 年，金秀将林业立县改为生态立县，生态立县作为县域经济发展的根本准则。即把保护多样性自然生态环境资源作为关键要求严格落实。与此同时，广西壮族自治区来宾市政府也做出对金秀县政府工作绩效差别考核的办法，不再考核金秀政府 GDP 增长、工业增加值、财政税收三项经济指标，每年对金秀政府的生态保护指标进行重点考核。为此，金秀县先后制定《广西金秀瑶族自治县生态县建设规划》、《广西金秀瑶族

---

① 以上数据由金秀县林业局提供。

自治县生态保护、建设与发展总体规划》和《大瑶山国家级自然保护区总体规划》，突出抓生态建设，将保护生态环境作为促进经济发展动力，推动林业经济向生态经济转变。把生态林业作为金秀经济社会发展的重要产业，依托丰富森林资源，促进金秀县经济社会建设健康持续快速发展。

同时，金秀县政府严格执行森林采伐限额管理制度，严厉打击盗伐和滥伐林木等破坏森林资源的违法犯罪行为，每年开展荒山造林任务，停止天然林商品性采伐。2008 年，金秀县共造林 19521.7 亩。对农民自用材林地、坚持限额采伐和林木采伐指标审批制度，退耕还林 15000 亩，办理山林纠纷案件 10 件。随后几年，金秀县的林业立县取得了显著成就：2009 年，金秀县共造林 20683 亩，调解山林纠纷 8 件，纠纷面积 15959.1 亩，查处林业案件 720 起。2010 年，造林 30633 亩，森林覆盖率 83.34%。2011 年，造林 9006 亩，育苗 14.3 亩，全民义务植树 14.9 万株，城镇绿化 13335 平方米，县乡通道绿化 7.8 公里，6 个绿化示范村种植桂花大树 50 株、红苞木种苗 30 株。2011 年，查处各类林业案件 1207 起，有力地打击了破坏森林资源的违法犯罪行为。尤其是非法猎捕受保护的野生动物和破坏罗汉松、红豆杉等珍稀植物的违法犯罪活动，严格控制林木采伐量，依法调解林权纠纷案 52 起。2012 年，金秀县森林蓄积量达到 1260.28 万立方米，林地334.9 万亩，森林覆盖率 83.40%。2012 年，金秀县实施"幸福家园·西部绿化"生态扶贫项目。2012—2014 年植树 60 万株，造林 2400 亩，种植石崖茶 1 万亩，惠及 4 个乡镇 1478 人。2013 年造林 2.5 万亩，活立木蓄积量1327.99 万立方米，森林覆盖率 84.21%。①

此外，为发展生态经济，2012 年，金秀县委、县政府还明文规定：禁止捕食山区动物。凡当地公务员违背该原则，若发现有捕食鸟类的行为，就地免职。几年来，所取得的效果非常明显。"拒绝食用野生动物、保护珍稀动物"的意识现已深入人心，自然生态环保逐渐从政府行为转化成广大民众的自觉行动。生态公益林为野生动物提供了丰富的食物资源和良好栖息地，繁殖区域不断扩大，数量逐年增多。大瑶山特有的世界珍稀动物（瑶山鳄蜥）过去极为少见，主要分布地集中在罗香乡的龙军山一带，而现在不但数量增多，且分布地也扩大到许多地方，罗丹德梅山、平竹老山、罗运老山等地，均有瑶山鳄蜥出没。曾一度销声匿迹的国家二

---

① 以上数据由金秀县林业局提供。

级保护动物猴面鹰，近年在金秀县忠良乡也多次被发现。属于国家二级保护动物种类的猕猴，则成群结队游走在深山里。从数量上讲，金秀县境内现已有鼋、蟒蛇、云豹、林麝、金斑喙凤蝶和鳄蜥6种国家一级保护动物以及其他46种国家二级保护动物，动物多样性特征非常显著。

三　生态权威下的大瑶山瑶族："分享生态红利"

1. 在"生态立县"的保障下，金秀大瑶山应对和保护自然灾害的能力明显提升。2008年，金秀大瑶山遭遇罕见的雨雪冰冻灾害袭击，森林资源和林业设施遭到严重损害，总共造成金秀县131万亩的森林受损，林业经济损失达5.85亿元。灾害发生后，地方政府采取有力措施，全力以赴抓好森林灾后恢复工作，尽最大努力把灾害造成的损失降到最低程度。具体做好以下几个方面工作：及时调剂和保障受灾林木的种苗，指导林农对林地进行清理、抚育、施肥、补植补种；积极争取雪灾林木采伐指标，以最快捷方式下达，确保受灾林木得到及时采伐；多渠道争取救灾资金，投入抢修和重建林业基础设施，被毁坏的忠良林业站、忠良木材检查站、三角林业站在短期内得到恢复使用，罗香、长垌、六巷、桐木、三江、大樟等地的林业基础设施在后续过程中也得到全部维修。

金秀县生态旅游业发展所产生的经济效应非常明显。近几年来，广西柳州人现到金秀县城买房避暑的人越来越多。他们不仅人来，还把外面的文化也带到金秀。金秀县委某领导在访谈中谈道："金秀县城里，每晚都有各种类型的小群体艺术团表演，那些自娱自乐的人，相当一部分是柳州人，很多都在金秀县城里买房子。夏季天气热，外面的人特别喜欢金秀这个地方。周末如果你想到金秀，要是不提前预订旅馆，连住宿都是个问题。自驾车到金秀旅游避暑的人也越来越多。"对外面人来讲，金秀最大的吸引力是生态环境，避暑是外来旅游者最大的消费愿望。从这个层面看，自然生态创造的空间成为金秀GDP增长的最大促动力，林业保护渐成为当地经济社会发展的主要动力。金秀县保护生态环境和发展生态经济的实践已成为当地政府充满信心的发展路子。

近年来，金秀县生态经济的良好发展还吸引了很多外来投资商。在访谈时县某领导告诉我们：过去，我们政府里工作的人都要求到外面找商家来县里投资，给外面商家多种土地、税收方面的优惠，主动求外面老板来投资，可人家的积极性还不高。而现在，外面商人都积极主动地进山，相互竞争，以求通过各自的商业优势来获得进山投资的机会。与此同时，金秀大瑶山传统的瑶医技术也得到有效发展利用。1979 年，金秀县成立民族医药研究所，组织科技人员在大山里采集瑶药标本 1000 多份，收集整理出 10000 多条瑶医偏方。后在此基础上整编出版了一本 20 多万字的瑶族医术著作，成为传统瑶医发展极其珍贵的资料。但遗憾的是，瑶族的这些传统医术由于各种原因，长期以来都没有得到有效利用。为弥补该缺陷，充分利用瑶医瑶药治病救人，2010 年，金秀县瑶族医院在桐木镇建成，开始正式营业。随着医疗技术的提高和瑶医治疗效果声名外传，很多人愿意选择选择到桐木瑶医院看病治疗。

2. 经济补偿。金秀大瑶山被国家指定为重点生态保护区后，国家每年给予了相应的经济补偿。国家生态补偿林分为生态功能区、公益林区和水源林区三种类型。重点生态功能区补助资金主要用于加强生态保护建设，提高政府基本公共保障能力。2010 年，广西壮族自治区将金秀县纳入自治区级的重点生态功能区财政补助范围，金秀县被纳入自治区级以上森林生态效益补偿的公益林区共涉及 7 乡 3 镇、2 个国有林场和 1 个大瑶山自然保护区，总面积达 181.48 万亩。其中，集体和个人 113.31 万亩，国有林场 29.94 万亩，保护区 38.23 万亩，共涉及 12666 户农户，林农 6.8 万人。2010—2012 年，金秀县共获得国家重点生态功能区经济补偿 8051 万元。具体补偿过程中，国家采取了比较灵活的方式。2010 年，国家给予每亩 10 元的林业补偿费。具体的做法是：林地属林农个人的，财政补偿基金中每亩 9.75 元的管护补助支付给林农个人，由林农个人按管护合同规定承担管护等责任。林农个人同意统一管护的，发放给林农个人部分不得低于每亩 9 元，用于管护员劳务费，每亩不高于 0.75 元。属于村集体的，财政补偿基金中每亩 9.75 元的管护补助金，需经村民代表大会通过，再分给所有者补偿费、村级集体组织监管费和直接管护费。所有者补偿费分配给纳入公益林范围内的林权所有者，标准每亩不低于 8 元。村集体组织监管费拨给村集体用于从事公益林管护宣传、监管护林员、管护质量检查等支出。直接管护费用于直接从事公益林管护工作的护林员工资。村级集体组织监管费和直接管护费不高于 1.75 元。村集体同意委托县、乡林业部门承担统一管护的补偿费，发放给村集体的部分不得低于每亩 9 元，用于管护员劳务费每亩不得高于 0.75 元。国有林场、苗圃、自然保护区、森工企业等国有林业单位，财政补偿基金中每亩 4.75 元的管护补助金用于管护公益林的劳务补助等支出。自然保护区内村集体和林农个人所有的公益林，由自然保护区管理单位与村集体和林农签订管护合同，将财政补偿基金中每亩 9.75 元的管护补助全部支付给村集体和林农，并依据管护合同监督指导村集体和林农承担管护责任。公益林所有者为村集体的林地，财政补偿基金中每亩 9.75 元的管护补助，需按照有关政策规定执行。[①]

3. 替代种植。2011 年 4 月 19 日，中国绿化基金会和中国人口福利基金会在广西金秀县联合开展实施"幸福家园·西部绿化行动"项目。按照 5 元一棵树、400 元一亩林、2000 元一户贫困家庭的小额资助方式，援助贫困家庭推广种植完全复合地区生态发展要求的经济作物。其中，野生茶叶种植是主要推广种植的项目。金秀县将茶叶产业列为重要产业来抓紧落实，科学制定《金秀瑶族自治县发展原生野生茶石崖茶种植规划（2013—2015 年）》。2012—2014 年，金秀、忠良、罗香、三角、三江、长垌、大樟和六巷共计 8 个乡镇集中连片推广种植野生石崖茶。2013 年 5 月，长垌乡滴水村滴水一、二队及新安村采用标准化茶园的模式种植野生茶 60 亩，每亩种植茶苗 25.8 万株，覆盖农户 72 户 315 人。2013 年，长垌乡青山村和滴水村建立 60 亩的标准化示范茶园，负责供苗种植 850 亩石崖茶；建野生茶育苗基地 60 亩；提供苗木在金秀、三江、大樟、忠良等 4 乡镇 850 亩石崖茶种植；在罗香乡罗运村鸡冲村建野生茶育苗示范基地 60 亩。在忠良乡双合村六京村、三合村岭祖一、三队及永和村下卜泉村种植石崖茶 512 亩，采用林下种植的模式，每亩种植 250 株至 300 株；在大樟乡双化村黄茅村利用荒山、荒地种植石崖茶 158 亩；三江乡长乐村东升、永红、革新、长乐、永新 5 村利用荒山、荒地种植石崖茶 212 亩；金秀镇六茶村利用荒山、荒地种植石崖茶 58 亩。茶叶种植经济效益十分明显。2011 年、2012 年、2013 年，金秀以茶叶种植为主体的各种林下经济作物年产值分别为 9093.94 万元、1.026 亿元和 1.3 亿元。[②]

在积极培育发展林下经济作物的同时，金秀县还采取各种措施保护山区珍稀茶叶物种。2013 年 10 月 10 日，由于金秀五指山一带的林区生长有古茶树，政府正式把六巷乡六巷村和上古陈村定为野生茶自然保护小区。并按照《广西森林和野生动物类型自然保护小区建设管理办法》，将

① 以上数据由金秀县政府办公室提供。
② 以上数据由金秀县扶贫办提供。

该特殊物种生态保护小区的相关材料报送上级林业主管部门备案管理，从而使山区古老茶林得到有效保护。除了茶叶之外，金秀县还积极争取和创造多种条件，鼓励瑶民培植石斛。2013 年，金秀县建成林下铁皮石斛种植示范点 2 个，共 30 亩左右。目前，金秀县人工种植铁皮石斛 17 亩，其中，老山林场种植 5 亩，金秀林场种植 5 亩，罗香乡龙坪村平潭村农民胡涵种植 5 亩，大瑶山自然保护区管理局银杉保护站种植 2 亩。罗香、长垌、三角、金秀、忠良、大樟、六巷等乡镇，也有一些农户种植。

第四节　生态保护与生态围城

生态保护需要山区瑶族牺牲眼前利益。尽管从长远经济发展来看，生态经济是山区瑶族最为理想的发展路径，但由于这项工作常会牺牲山区民众的眼前利益，因此实际工作中又会面临各种阻力。

一　国家生态补偿难以满足山区瑶族的要求

金秀县在禁止采伐天然林和实行重点生态公益林管护后，县内大部分林区被划为禁止开发的地区，林地可开发利用的面积大量减少。大部分林农被迫停止砍伐林木这种一直以来的生活资源，有树不能砍、有地不能垦、有山不能狩猎，处在守着资源而不能有效利用的尴尬境地。这样一来，山区瑶族返贫现象变得更为突出。尤其是 1998 年以来，金秀大瑶山实施了禁伐"三林"政策，许多林农因此失去了世代赖以生存的经济来源。金秀县 6.8 万林农因禁伐每年减少直接收入 2000 多万元，人均减少 300 多元，许多林农出现返贫。按照 2011 年国家最低贫困线人均纯收入低于 2300 元的标准，金秀县共有贫困人口 74694 人，占全县总人口的 48%。森林禁伐后，林农每年人均产粮食 232 斤，按年人均 365 斤粮食计算，每人每年缺粮 133 斤，山区瑶族的经济社会生活都受到很大影响。[①]

国家采取动态标准进行生态补偿。2001 年，国家生态补偿标准是每亩 3.5 元。金秀县当年被界定为国家公益林地的面积为 121557.7 公顷，占全县森林总面积的 93.6%；界定为省级公益林地的面积为 7379.8 公顷，占 5.7%；界定为地区级公益林的面积为 984.2 公顷，占 0.7%；用

---

① 以上数据由金秀县林业局提供。

于发展商品林的林地面积 69708.6 公顷，占区划界定总面积的 34.9%。2002 年 6 月，金秀县签订了 2293 份国家级重点生态公益林管护合同。2003 年，金秀被列入生态公益林的面积为 117006.7 公顷，补助资金 614.2 万元，涉及 2 个林场，7 个分场和 9 个乡镇 63 个村民委 488 个村民小组，10163 户农户，15 个承包大户，7 个村级林场及 10 个单位。2004—2006 年，国家每亩补偿费调整为 4.5 元，金秀县被列入国家森林生态效益补偿的面积为 95538.8 公顷，补助金额 1288.99 万元。2007—2009 年，国家都按照每年每亩 4.75 元的标准进行生态补偿。2010—2013 年，国家重点公益林补偿标准提高到每年每亩 10 元标准，其中，0.25 元用于检查验收、森林防火、资源监测等支出后，公益林经营者实际得到的补偿是 9.75 元/亩。2010 年，国家对金秀县生态效益补偿费为 1249.85 万元，检查验收费 24.3 万元。同年，广西壮族自治区也按调整计划下拨给金秀县 48.14 万元补偿金，检查验收费 1 万元。2014 年，国家生态公益林补偿费提高到每亩 15 元，但具体发放仍参照以前做法。①

国家生态补偿难以满足山区瑶族的要求，山区自然生态环境难以有效维持。在金秀大瑶山，经营公益林和商品林之间存在巨大的收益差距。特别是近年山区发展速丰林的态势很好，农民经营商品林获得的收入比以前有大幅度增加，从而极大地挫伤了公益林经营管理者的积极性。在经济利益的刺激下，许多林农提出调整公益林的请求，这给国家生态区保护带来了不少麻烦。一些村民还认为，国家森林生态补偿，不论什么属性的林区，都实行统一补偿标准，根本没有考虑不同类型的林木生产之间的差异成本。若补偿标准不考虑这些因素，肯定会极大地损害部分重点公益林经营者的利益，影响林区的治安保护。

二　生活需求与生态保护的矛盾突出

林农的生活需求与生态保护之间的矛盾仍然突出。近年来，由于国家在原林区划界定公益林时，为了能保证整体效果，在相对集中连片的林区，把很多零星分布于阔叶林中的杉树、松树等用材林也纳入公益林保护范围。这种做法损害的林农利益，并没有得到很好解决。特别是那些面积只在 3—5 亩范围内的，由于面积小，在分类区划里未将其单独区划出来。

①　以上数据由金秀县林业局提供。

《广西壮族自治区公益林管理办法》第 21 条对公益林中用材林采伐有过相关政策，允许进行抚育采伐，但采伐林木的数量不得超过 20% 的比例。受采伐强度的限制，当地村民对已纳入公益林中的杉、松的采伐无法接受。尤其是 1980—1985 年，其间贷款种植的林木，现已达到采伐年龄，当地民众强烈要求进行采伐，但得不到政府的政策回应，群众的造林贷款无法偿还，公益林管护的积极性受挫。地方政府曾下文落实过这个事情，并做出规定：人工种植的用材林，谁种谁有，每轮采伐期采伐林木后，土地由保护区进行管理，也可以采取等价交换的原则，由保护区付款买回林木。而现实的情况是，当地群众以前种植的人工林（杉木、马尾松）到了成熟期，但由于处在国家公益林保护区内，因而得不到政府的采伐许可。保护区又没有经费购买林木，既不买，又不允许群众采伐，群众的意见非常大。

根据县林业部门统计，金秀县停止砍伐天然林后，林农依靠天然阔叶林生产的直接收入减少总计达 2181.5 万元。其中，每年减少原竹木销售收入 426.8 万元，每年减少培植香菇、木耳等收入 70 万元，每年减少种植绞股蓝、灵香草收入 1575.1 万元，减少轮耕种植粮食作物及其他经济作物收入 9.6 万元，减少伐区柴木、木炭销售收入 100 万元，林农收入平均每年每人减少 321 元。1998 年，金秀以木材加工为主的 3 家国营企业和 35 家乡镇企业关闭停产，企业利润年减少 125 万。被迫分流和下岗的职工，又增加了县财政负担。其中，仅森工企业就分流下岗职工 600 多人，县财政每年需负担 100 多万元的下岗职工生活补贴费，为造林灭荒和管理生态公益林而背上沉重的债务包袱。长此下去，势必会影响到大瑶山生态公益林管护。维护山区自然生态环境，尤其需要动员生活在山里的农民群体，不但要让农民不砍树，还要让他们从看守这片森林中得到真正的经济实惠。当地领导访谈时谈及："林业补偿低，农民从国家领到的补偿金，还不如从山中砍一根木头做成扁担得到的钱多。"这个问题不从根本上解决，山区瑶族即便有一定的生态保护意识，也仍难长期坚持。这是大瑶山生态保护的关键，必须从制度上予以解决。

三 "生态围城"的困境

虽然守住生态底线和收获生态红利，是金秀大瑶山生态经济发展中相辅相成的基本准则，但在现实生活中却必然会面临"生态围城"的困境。

自然生态是大瑶山最具价值的资源要素，但随着现代化的推进和人们多种需求的影响，大瑶山本有的和谐生态环境被破坏，生态面临危机，保护生态面临更多挑战。如果保护大瑶山生态的底线因短期物质利益驱使而被突破，那么山区瑶族将根本丧失生存发展空间，因此动员瑶族自觉自愿地守候、保护生态尤其重要。事实上，也只有守住生态底线，生态红利才有产生的可能。但在实际工作中，要从根本上完成从生态资源到生态福利的转型，还需具备多种基础性条件。其中，交通是金秀大瑶山经济社会发展的关键因素。1952 年，金秀瑶族自治县正式建立时，县域行政区划严格遵守自然山区原则，凡是多山的高海拔林区统统划归金秀县域范围。后来发现，这种"划山为县"的做法给金秀经济发展带来严重的障碍，大山阻隔直到现在仍是金秀经济社会发展的主要制约因素。

不充分具备交通环境和区位优势，县域经济发展就难以取得实质性进展。金秀县曾参照山外传统的要素经济模式，积极推行林业经济。但偏离山区实际，不但经济没有发展起来，而且还使山区自然生态环境遭到严重破坏，生态灾难年复一年光顾大瑶山。所以，金秀县必须发展优势经济，走符合自身特点的创新路径。即从绿色生态环境上来寻找财富增长点，保护生态资源，分享生态福利。当然，这个过程需要瑶族、地方政府以及国家三重主体共同参与，只有在这三者之间真正建构起一个能有效作为的生态保护和利益分配机制，大瑶山才能根本上实现分享生态福利的理想。但客观的现实情况是，自国家划分出大瑶山自然生态保护区之后，由于失去一直以来的伐木增收机会，国家给予的经济补偿与瑶族的经济期望之间存在很大差距。因此生态经济难以得到山区瑶族的理解和支持，瑶族自觉维护生态环境的积极性较低。

此外，金秀县因丧失林业 GDP，护林工作也缺乏积极性。直至国家后来对金秀县政府工作绩效实施差别考核，当地政府的护林工作才有了实质性推进。金秀一改多年来林业立县的做法，把生态立县直接上升为政府工作的核心意志，才使大瑶山自然生态资源有了基础保障。按国家区划的不同属性的林区，在国家及地方政府充分动员并给予一定经济补偿的前提下，山区瑶族的守林护林意识确实得到了提高，抑制了曾经随意砍伐林木的行为。然而，随着林木市场价格上涨，山区瑶族的生活消费成本随之增加，尤其是近年人口的大量流动，大瑶山瑶族对国家的林业补偿期望更高。在没有得到所期望的资金补偿情况下，瑶族思想意识中的被剥夺感又再度增强，自觉自愿守护森林的意识弱化，铤而走险盗伐山区林木的事件频发，这给金秀大瑶山经济社会的发展再度增加了新的难题。

第五节　金秀大瑶山三级生态经济空间发展模式

从本质意义上讲，物理空间常是影响地域经济社会结构的重要因素。作为瑶族最为集中居住的金秀大瑶山，由于地域空间生态资源的不同，以金秀为中心地，向外圈层延伸，大致可以类分出大瑶山腹地生态经济圈、泛大瑶山生态经济圈及岭南生态经济圈三个层级的生态经济空间。这三个层级的生态经济空间，各自所拥有的生态要素差别有异，经济圈内生活主体的民族构成及其文化模式各具特点：

腹地生态经济圈的经济要素和生活主体构成较具同质性特征，人们普遍以山区自然森林资源为生存立命的基础。泛大瑶山生态经济圈，尽管森林资源仍是其经济社会发展的要素，但它并不占据核心位置。在这个区域空间，生活群体嵌合了与林地资源并非有直接关系的多种生计方式。岭南生态经济圈生活主体的经济发展更具多样性特征，很多时候，其经济社会发展与林地资源的利用并没有直接关联。正是因为由于没有直接关系，这个经济带的生活群体，往往比较容易缺乏大瑶山意义上的生态环保意识。

三重经济圈之间，如何才能建构起一种合理化的利益平衡机制，从而强化三级生态经济空间群体的责任意识，这是金秀大瑶山生态经济发展必须面对的时代命题。

一　大瑶山腹地生态经济圈："守住青山不放松"

腹地生态经济圈主要指大瑶山主体山区，即以圣堂山为主体山系的金秀县域空间带。这个经济带是表述瑶族最具权威性的空间。一直以来，举凡学者们进行相关于瑶族方面的学术研究，大家都喜欢以这个片区的瑶族为主要观察对象。时下，金秀县委、县政府两套领导班子也基于这个独有的文化优势，充分发掘瑶族文化要素，试图把金秀打造成闻名世界的瑶族中心地。尽管这个空间有相当部分的壮族，瑶族人口在数量上只占34%的比例，但长期以来人们都会自觉遵从瑶族文化这条主线来表述金秀大瑶山。即使在久远的帝国统治时期，瑶族作为一个退隐深山的少数民族，依然是人们乐于实地调查研究的对象。告别封建帝国时代，瑶族重获自主生活，更是人们积极调查研究的主要群体。

　　大瑶山腹地生态经济圈有极为丰富的生态资源。金秀县是广西最大的天然林和水源林区，其呈放射状外流的多条河流灌溉了 200 多万亩水田和 1500 万亩耕地，为周边地区 200 多万人口提供生产和生活用水。对促进桂中、桂东地区社会经济的发展和维护区域生态平衡起着举足轻重的作用。金秀县水源林区内集雨面积 10 平方公里以上的河流有 26 条，河流总长度 1683.8 公里，年蓄水量 25.7 亿立方米，占珠江流域年径流量的 7.65‰，是国家重要的生态资源保护区和广西最大的水源林区。水能蕴藏量达 26.46 万千瓦，为流域内 570 多处引水工程，1620 多座水库山塘和 590 多处山区水电站提供第一水源，灌溉着桂林、柳州、梧州、贵港和来宾 5 市 8 县 130 多万公顷土地，为近 500 万人提供丰富的生产和生活用水。为珠三角地区社会经济发展提供强有力的支撑，是广西最大的天然绿色水库。经国家林业局昆明勘察设计院测算，以森林生态系统为主体的金秀生态系统服务功能年价值量高达 25.8 亿元，其中，森林涵养水源价值为 4.9 亿元，土壤保育价值 3.5 亿元，固碳释氧价值 5.7 亿元，净化大气环境价值 5 亿元，生物多样性保护价值 5.3 亿元，森林游憩价值 1.4 亿元。全国生态价值首席评价专家王兵等专家评估，金秀大瑶山森林每年产生的社会生态效益 49.8 亿元，评价金秀大瑶山是集碳库、水库、氧库、物种基因库为一体的特色县。金秀县迅速成立有国家自然保护区管理局、水源林管理办公室、森林公安局等专门机构，负责金秀县总面积 159 万亩水源林的管护工作。

　　在大瑶山腹地生态经济圈里，山区瑶族根据自然生态环境创造了丰富多样的优秀农耕文明。过去，山区瑶族的轮耕农作，不仅借助山区生物资源创造了满足生存所需食物，而且还十分有效地保护了山区本有的自然生态环境。瑶族除了在仅有空间开荒种植之外，还合理利用山区林业资源来进行狩猎、采集和发展其他相关副业。这些都是一种较为合理的山地文化生产模式，有效保护了山区多样性生物资源。可以说，大瑶山核心经济圈的瑶族，其文化模式完全是基于山区地缘空间造就出来的人文类型。

　　在金秀积极推进生态立县这条发展道路上，地方政府面临诸多困难。这个经由国家和地方政府配合的山区文明模式嵌合了很多矛盾，尤其是国家生态补偿与瑶族理想价值之间还未取得合理标准，瑶族伐木取财的经济意识没有得到根本改变，政府很难坚守生态立县这条原则。但"守住青山"不可动摇，生态核心区必须在国家、地方政府及山区瑶族之间积极建构合理的"同意机制"，让瑶族拥有充分享有生态福利的机会，才能培养瑶族的生态自觉意识。

二　大瑶山泛空间生态经济圈："绿色作为强制权威"

大瑶山泛空间生态经济圈。这个地域生态空间是指构成大瑶山整个主体山系的涵盖周边七八个县市的广泛地域空间。大瑶山是南岭山脉的重要构成部分，主体包括广西象州、武宣、鹿寨、蒙山、荔浦、平南和桂平七个县市。这个空间地域内，已经不存在完全具有同质性的经济结构类型和完全基于山区地缘关系作用下的封闭经济模型。在这个层级的生态空间里，瑶族已不是生活主体中的绝大多数，地域交通环境和人们的生产生活具有复合性。对于其他地方来讲，这是一种多元多族整合区。但在这个空间范围里，地缘关系或者说整体性的地缘特征对生活主体的生计方式仍具有较大程度的影响，地方经济并没有完全脱离山区地缘。甚至可以说，如果脱离山区特征来发展，这个空间里的任何一个生活主体都将不具有根本的发展优势。在这个地缘空间中，累积了经济财富的群体往往都有效利用了地区物理资源。泛大瑶山生态经济空间里的瑶族，虽然作为标志文化的符号，但它的象征意义并不具有权威性。由于地区内交合其他民族，瑶族文化缺失了自在发展的闭合空间，它嵌合在其他文明实体的文化类型中，多元复合是其主要文化表征。

泛空间生态经济圈的发展得益于核心区提供的资源条件。大瑶山核心区如果能积极发挥"降雨能蓄、干旱能吐"的调节功能，相邻地区便不容易受到洪涝灾害的影响。1991—1992 年，广西遭遇有史以来罕见的大旱，多数河流断流，而唯独大瑶山生态区域没有出现因大旱断流的情况，金秀大瑶山周边县市的农作物没有受到严重危害。1994—1996 年，广西又出现百年不遇的洪涝灾害，大瑶山水源林灌溉区以外的洪灾遭遇了严重灾害，而大瑶山水源林区充分发挥洪涝灾害调节功能，使周边地区的粮食生产有了保障。

据相关部门统计，1998 年平南县受益区粮食年均增产 92.2 万公斤，人均收入从 1994 年的 1020.9 元增加到 1998 年的 2432.3 元；象州县受益区年均增产粮食 372.75 万公斤，人均纯收入从 1994 年的 950 元增至 1998年的 2118 元；武宣县受益区年均增产粮食 376.25 万公斤，人均纯收入从

1994 年的 1020.5 元增至 1998 年的 2079 元；桂平市受益区年均增产粮食
47.9 万公斤，人均收入从 1994 年的 892.5 元增至 1997 年的 2030.7 元，
平均每年增加 379 元；鹿寨县受益区的粮食年年丰收，人均收入从 1990
年的 600 元增长到 1998 年的 3227 元；蒙山县的粮食总产量以每年 2% 左
右的速度递增，人均纯收入年均增加 200 元左右。大瑶山水源林得到保护
以后，由于大瑶山森林资源充分发挥自然生态调节功能，每年从水源林区
流出的大量水流，为周边县市水电工业发展提供了保障。

象州县利用大瑶山水源林的水利资源开发电力，建成容量 1353 万立
方米的脉河大坝水库，灌溉农田 4.8 万亩，电站总装机 1890 千瓦；荔浦
县利用大瑶山水源林产生的水新建装机容量 4600 千瓦的电站，年发电量
是 600 万千瓦/小时。桂平市利用大瑶山水源林流出的水建成全市最大的
金田水库，总库容水量 7250 万立方米，常年产水量 1 亿立方米，有效灌
溉农田 6300 公顷，电站装机 4 台，总容量 5800 千瓦，年发电量超过 1000
万千瓦/小时。鹿寨县利用大瑶山水源林流出的水建设忠东电站，装机容
量 250 千瓦。

20 世纪 70 年代，大瑶山泛空间生态经济圈基于各自的资源优势获得
了显著发展。一些地方的瑶族脱贫致富，过上了相对富裕的生活，而有的
地方仍然挣扎在满足基本生产生活需求的贫困阶段。在平衡生态环境与物
质利益的过程中，这个片区很大程度地疏远了生态至上原则，有的地方甚
至以转移生态资源为代价来获取财富，这是一种物质导向意义上的资源开
发型发展模式。由于空间范围内各利益主体的不协调，地域空间还存在相
互牺牲和污染，浪费异地资源的不科学发掘行为非常普遍。这样，同是作
为一个曾经的族群共同体便又会程度不同地培养地域认同意识，而这种差
异明显的地异意识发展，又会产生不认同地方政府和不支持政府的行为，
再度整合保护山区生态环境的力量就需要支付更大的社会成本。因此，在
这个经济空间，国家必须制定实施科学有效的政策措施，把"绿色作为
强制权威"，具体化到地方政府生态经济建设中的每一个环节来抓紧
落实。

三　岭南区域生态经济圈："生态利益去外部化"

岭南区域生态经济圈。南岭是我国长江、珠江两大水系的分界线，是
华中和华南的自然与农业生产差异的重要界线。狭义的南岭包括大庾岭、

骑田岭、都庞岭、萌渚岭、越城岭五岭，附近还有九连山、青云山、滑石山、瑶山、海洋山、大桂山、大瑶山、驾桥岭等，由一系列北东向平行的破碎山地组成。岭间有低谷，多构造盆地，历来为南北交通要道。长江流域的潇水、湘水、资江上游夫夷水，湘水支流春陵水、耒水，赣江上游的章水，珠江流域的桂江、贺江、连江、武水、滇水等，都分别发源于南岭的北坡和南坡。狭义的南岭山地包括广东韶关、清远、河源，广西桂林、贺州、梧州，湖南郴州、永州、怀化、邵阳，江西赣州等。而广义的南岭还可向西延伸，即长江流域与珠江流域的分界线，一直向西至红水河与乌江的分界线苗岭，即两广丘陵与云贵高原的分界，包括黔西南、黔南、黔东南、桂北、桂西北、滇东等地。这一带雪峰山、大南山、天平山、九万大山、凤凰岭、东凤岭、都阳山、青龙山南北分列，融江、龙江、刁江、红水河等南北贯穿。

在这里，所谓的岭南经济圈，它综合性地复合了更加多元的异文化要素，更多的生活主体参与到地域社会结构的建设，群体间的心理区隔和社会整合都会面临更大阻力。这一层级的瑶族群体，最容易接近现代文明。在现代化快速发展的当地社会背景下，他们极易把工具理性上升为群体的主导意识。当国家主导的发展取得合理化理想势态，多重主体便具有共识性的认同心理。而如果政府动员型的项目难以满足利益主体多重需求，那么群体性的抵触情绪也容易受到刺激，不认同、不和谐便渐而成为这个生态经济空间的内容，更不利于动员和整合生态环保力量。

大瑶山生态资源间接惠及的空间非常广阔。金秀县是广西最大的天然林区、最大的"天然绿色水库"，是仅次于云南西双版纳的全国第二大物种基因库。经国家林业局昆明勘察设计院测算，以森林生态系统为主体的金秀生态系统服务功能年价值量高达25.8亿元。中央和广西壮族自治区非常重视金秀经济社会协调发展，通过多种途径支持金秀县开展生态环境保护和建设。金秀县是广西水源林重点保护区之一，其境内的河流分属珠江流域一级、二级支流，被誉为珠江流域广西境内最大的"天然绿色水库"，为下游的经济发展提供丰富的水资源。多年来，金秀县作为珠江流域的上游，在承担水源林保护的同时，还要支付巨额的森林管护费用。然而，就连直接享受生态福利的大瑶山周边县市都没有积极的生态财政转移支付意识，更不用说也充分享受到生态利益的珠江三角洲地区。

从1993年起，除了仅有的每年收到来自周边七县拨付给金秀县的一部分水源林管护经费之外，其他地区从未给过金秀县任何形式的经济补偿，一直都是免费消费大瑶山的生态福利。金秀县某领导谈道："金秀县作为珠江三角洲上游源头，每年供给的水占珠江水拥有量的较大比重。我们并不需要他们下游的广东人知道我们大瑶山人究竟做了多大的贡献。说得简单一点，只要他们广东人常到我们金秀来，就足够了。只有外面人来消费，我们这里才会有发展机会。"

岭南区域生态经济圈必须具有生态环保的主动担当意识。南岭不仅是汉族南下百越的通道，也是诸多少数民族南下的通道。20 世纪 80 年代，费孝通先生曾从民族学意义上把这个地域空间归结为"南岭民族走廊"。这个地方空间，普遍生活着壮、布依、侗、水、仫佬、毛南、瑶、苗、畲、汉、回、彝、仡佬、满等少数民族。瑶族虽然有集中居住的地方，但多分散到其他民族群体，区域性的民族文化特征显著，但是，这些各具地域特色的文化类型又都共同具有南岭山脉地缘关系所塑造的文化印记，经济文化表现出一定程度的相似性。因此，费孝通先生后来创造性地提出了"南岭经济协作区"的发展构想，建议在南岭瑶族聚居地试行经济协作区。

2004 年 11 月，广西、湖南、广东三省区代表聚集到湖南江华县召开南岭瑶族地区经济协作与社会发展研讨会，一致通过《协作发展：南岭地区经济与社会发展趋势》政策，从而使南岭瑶区的资源得到有效互补，区域经济协作发展。2013 年，以时任广西壮族自治区副主席奉恒高先生为牵头人，邀请厦门大学彭兆荣等一大批专家学者积极商讨筹备申报南岭瑶族自然文化生态保护区，试图更好更快地发展区域经济。在这个广泛的地域空间里，金秀大瑶山的生态环境资源保护问题，似乎更加外部于这些地区的生活群体。绝大多数人缺乏整体性的空间生态系统意识，但这个广泛空间地域的生活群体又不同程度地享受着大瑶山核心生态功能区释放的生态利益。因此，要根本培养该区域范围内生活主体的生态意识，首先必须剔除人们一直以来所具有的外部化的生态经济意识。

四 大瑶山三级生态经济空间模式存续基础："中央再集权"

大瑶山三个层级的生态功能区只有成为一个系统有机的结构整体，各自发挥片区经济功能优势，搭配成一个有机的逻辑系统，理想的泛区域生态经济空间走廊才可能出现，并长期发挥其积极的生态环保功能。实现这个理想，各经济功能区首先需要有效发挥好各自的角色。作为水源林保护区核心瑶区，长期以来只是担当服务角色，守住青山以供给边区源源不断的绿水。但山区农民在生态保护上升为国家和地方政府的权威之后，根本丧失了分享和获取林业物质环境的机会。核心生态区每年向广东、新珠江三角洲输送水源，因而群体性受益地区的县市甚至珠三角地区的城市对经济护林补偿，曾经有一段时间有过回应，并通过财政给予瑶民报酬，但并没有持续很久。

尤其是国家把核心生态功能区相当部分的林地作为国家自然保护区后，地方周边县市便完全退出责任主体。但国家意义上的经济补偿，根本不可能阻止山区农民伐木。尽管多个政府部门都在这个工作上努力，但在利益和基本生存面临危机的情况下，也不可能阻止农民的偷伐林木的个体行动。生态核心区之外的生活主体，由于没有进入国家保护区这个平台，虽然护林意识和保护生态环境意识也由国家的动员和宣传有所增强，但随着传统生计方式的改变，人们更加信任物质利益。即便是传统民族文化保护性利用，也取向于产业化发展。只有在外围生活地域生活空间环境遭到破坏和严重影响经济财富储备之后，他们才会想到生态核心区。于是上山避暑和风光养身成为他们的生活行动。原则上讲，这种自觉行动也是对核心生态功能区的经济转移补偿，但这种发展取向是双重性质的。大量的外地人进山，如果山区没有科学的生态设计，那么或许生态破坏的遭遇很可能还会更严重。

大瑶山泛区域生态经济空间发展必须坚持复合逻辑。一般来讲，国家的政策制度如果偏离地方实际，那就有可能丧失发挥积极作用的根基。地方社会的多样性是国家政策制度以及社会建设所不能忽视的要素，正是多样性的存在才为国家政策制度的存在和充分发挥作用提供了条件。自然生态保护区虽然在空间地理上集中于大瑶山，但其创造的经济财富却分散到周边相邻县市甚至更加遥远的地方。金秀县委、县政府领导们常说的一句话是："我们金秀每年向珠江三角洲县市输送数不清的水资源，他们应该补偿我们金秀"。但下游周边县市的人又说："这是大自然本有的生态，如果你们不愿意把水给我们，那么你们就把水都堵到山里吧。"因此，根本上讲，对于大瑶山自然生态环境保护区创造的经济财富利益分配问题，需要国家层面设计才能解决。国家应通过相应的政策制度进行二次利益分配，合理调节大瑶山及周边县市不同利益群体之间的利益。

为了担当这个责任，确保大瑶山区域生态经济获得良性发展，国家就必须充分集中生态保护的核心权力。通过划定国家自然生态保护区的方式，将地方自然生态环境保护的权力直接集中到中央，然后再依靠相应的地方政府工作部门"代理"国家履行相应职权，确保国家生态保护权力能在三级生态经济空间有效发挥作用，从而积极动员各层级的生态空间主体参与自然生态保护。只有这样，三级生态经济空间带才能成为一个系统有机体，大瑶山生态保护也才能有所作为。

总之，生态问题是当代社会关乎人类共同命运的核心问题之一，个人及任何性质的组织都应拥有自觉承担该项责任的意识。生态系统的泛地理空间性决定了广西金秀大瑶山生态环境保护并不能单独全责为大瑶山人的义务，而应该是泛大瑶山地域空间生活群体的共同职责。大瑶山把保护生态作为立县之根本，其实更多意义上是希望周边县市享受到大瑶山绿色生态福利的生活群体，都积极踊跃地参与到这个关乎大家生计健康的行动，而不应把这个任务完全单向地推卸给大瑶山生活群体。事实上，大瑶山人本身也没有担当这份责任的能力。试想，当山居瑶族的生计没有任何选择的情况下，毁林开荒、采伐林木等各种不利于环境保护的行为，依然是绝大多数人都愿意铤而走险的选择行动。其实，大瑶山森林资源的破坏，直接受影响的是山区瑶族，但深层次遭遇生态灾难的却是大瑶山周边县市的人群。所以，从这个层面看，大瑶山周边地区的人群更应该拥有强烈的生态守护意识。

如果这种意识能够真正透彻到大瑶山及周边地区的生活人群，那么金秀县政府现在正积极推行的生态经济发展理念，就应该坚持走三级生态经济空间发展模式：即大瑶山核心地域空间把"守住青山"作为最高的权威意志来践行；大瑶山周边县市通过切实的权威行动来支持大瑶山生态保护；间接享受了大瑶山生态福利的岭南地域空间人群，则需要通过财政转移支付的方式积极支持大瑶山生态保护。从理论上讲，这是一个非常理想的生态经济空间发展模型，但在实际运作过程中，由于存在多种复杂因素，生态保护往往很难成为泛区域空间人群的共同意志，更难以使人们付诸真实的个体或群体环保行动。因此，克服这个生态经济发展的瓶颈，必须由中央政府设计政策制度，坚持以人为本原则，把直接或间接享受了大瑶山生态福利的广泛地域空间内的生活群体有效整合起来，建立起一个合理有效的利益贡献、利益平衡和利益分享机制，才能最终实现泛空间地域群体可持续享用大瑶山生态福利的至上理想。

第五章

生态文化旅游的转型与发展

金秀大瑶山以其独特丰富的山水景观，绚丽多姿的瑶族文化，成为广西壮族自治区的旅游开发重地。经过多年的探索和尝试，尤其是自 2005 年以来，金秀县政府逐步成熟开发思路，科学规划开发项目，初步完成了从单一观光旅游模式到复合生态文化旅游模式的转型。随着将"旅游强县"定位为发展的核心思路之一，经过多年的努力初步取得了一系列丰硕成果，为民族地区旅游开发建设树立了典范。

金秀县政府为适应不同层次旅游市场的需求，致力于打造高端的、可持续的精品旅游产业，全面提升旅游产业地位，优化旅游产业结构，统筹旅游发展的生态效益、经济效益、社会效益。结合金秀县特有的人文生态资源，精心设计旅游路线、旅游产品、旅游形象，在生态文化保护的同时，实现旅游发展富民。

第一节 金山秀水 独树一帜

1952 年成立的金秀瑶族自治县，位于广西壮族自治区中部偏东，地处柳江、桂江两大河流之间。由于境内大部分为大瑶山所盘踞，地理环境优越，冬暖夏凉，气候宜人，土壤肥沃，人口稀少，保持了较为完好的自然生态环境，被人们亲切地称为金秀瑶山或金秀大瑶山。其"金秀"二字原名上秀，美丽富饶之意。现也意为"金山秀水"，意指金秀丰富多彩的自然资源和奇特秀丽的山水风光。

一 圣山圣水

金秀县境内山地居多，除西北部的桐木镇、头排镇和三江乡一带多为丘陵外，其余乡镇基本处于崇山峻岭之中。这些山岭起伏连绵，崎岖险峻，与深坳河谷形成鲜明反差，相对高度和绝对高度都比较高。一般海拔高为700—1500米之间，主要山峰有圣堂山、五指山、天堂山、莲花山等，这些山地形复杂，山势高险，各具特色，资源丰富。其中大瑶山主峰——圣堂山，海拔为1979米，是广西的第五大高峰，山内云雾缭绕，风景旖旎多姿。莲花山，因其整体外观酷似一朵含苞欲放的莲花而得名，此山群峰耸立，古树参天，同样是一处似幻似真的观光胜处。它们共同形成了原生态石英砂岩风景带，不仅具有良好的观赏价值，同时具有较高的科研价值。

金秀是"广西最大水源林保护区"和"广西最重要的原生态县"，还是"国家级珠江流域防护林建设源头示范县"，并获"大瑶山国家森林公园"、"大瑶山国家自然保护区"等荣誉称号。县内森林面积有约22万公顷，其中公益林10.6万公顷，连片的原始森林4万多公顷，森林覆盖率达83.89%，森林蓄积1090.9万立方米，年产水量25.7亿立方米。[1] 同时，由于金秀县处于南亚热带和中亚热带过渡地带上，野生动植物种类繁多，资源相当丰富。

据相关专家组考察，金秀有维管束植物213科870属2335种，[2] 植物种类占广西植物种类的36%，居广西各县之首。其中，国家一级重点保护野生植物有银杉、南方红豆杉、伯乐树、瑶山巨苔、合柱金莲木、异形玉叶金花6种；二级保护植物有猪血木、任豆、福建柏、白豆杉、桫椤、闽楠等16种，珍稀濒危植物有109种。金秀境内有陆栖脊椎动物4纲27目97科285属481种，昆虫3纲23目232科1215种，包括蝴蝶119种。[3] 其中，国家一级重点保护野生动物有瑶山鳄蜥、蟒、云豹、金斑喙凤蝶等6种，国家二级重点保护野生动物有大鲵（娃娃鱼）、穿山甲、猕猴、红腹锦鸡、虎纹蛙等46种，广西重点保护野生动物97种。金秀县因此被誉为我国仅次于西双版纳的第二大"物种基因库"，成为观赏、研究野生动植物物种的最佳基地。金秀境内还盛产灵香草、八角、茶叶、绞股蓝、灵芝、甜茶、香菇、木耳等土特产品，这些土特产品声名远播，为金

---

① 金秀瑶族自治县人民政府：《瑶族文化生态（金秀）保护区规划纲要》，2013年，第2页。

② 同上。

③ 同上。

秀获得了"中国八角之乡"、"绞股蓝之王"、"南方人参"等美誉，为金秀格外增加了一份魅力。

自古山水不分，水因山而秀，山因水而活。金秀大瑶山绵延不绝，林地面积广阔，雨水充沛，河流密集。它们或是曲折蜿蜒的溪流，或是湍急飞溅的瀑布，或是宽阔平静的湖泊。金秀大瑶山还是一座"天然绿色水库"，水质均优于国家《地表水环境质量标准》的Ⅰ级标准，有集雨面积10平方公里以上的河流25条，分别属于珠江流域一级和二级支流以及柳江、浔江、桂江的重要源头，呈辐射状为周边桂林、柳州、梧州、贵港和来宾等9个县（市）的130多万公顷耕地及近500万人提供着生产灌溉和生活用水。这些河流水能蕴藏量达26.46万千瓦，为流域内570多处引水工程、1620多座水库、山塘和590多处山区水电站提供第一水源，直接为"珠三角"地区社会经济发展提供了强有力的支撑。金秀县生态系统完整，素有"万宝山"、"立体资源宝库"等美称，境内森林生态系统、河流生态系统、水库生态系统、农田生态系统等稳定地维持着各种生态功能。可以说，金秀的圣山、圣水在共同守护、维系着这片原始、自然的生态环境，造就了金秀今天的"人世间之桃源仙境"。

二　中国长寿之乡

金秀的空气清新，质量极佳，十分有利于人体健康。经测定，空气中负氧离子含量最高达65960个/立方厘米以上，平均含量为9194个/立方厘米，是柳州市平均含量233个/立方厘米的39倍。大气污染物浓度低于《大气环境质量》一级标准的5—10倍，昼间等效声级和夜间等效声级均达到GB3096—2008《声环境质量标准》Ⅱ类标准，噪声质量环境处于较好水平。金秀县还严格控制项目环保标准，杜绝超环境容量项目的引进，重点工业企业废水、废气排放达标率为100%。按国家林业局昆明勘察设计院专家组测算，金秀的生态系统服务功能年价值量高达20.8亿元，其中森林涵养水源价值为4.9亿元，土壤保育价值为3.5亿元，固碳释氧价值为5.7亿元，净化大气环境价值为5亿元，生物多样性保护价值为5.3亿元，森林游憩价值为1.4亿元。由于金秀水源林面积的不断增长，森林碳量释氧功能明显增强，森林资源消耗量逐年减少，生物多样性得到有效保护。空气环境质量保持优良，逐渐成为集"水库"、"碳库"、"氧库"、"物种基因库"为一身的"四库"全县。

神奇秀美的自然景观只是金山秀水精美的嫁衣，五彩斑斓的瑶族文化才是其内在的灵魂。在金秀境内居住着瑶族的五个支系，即茶山瑶、盘瑶、坳瑶、山子瑶、花篮瑶，他们尽管在族源、语言、服饰等众多生活风俗上各有特点，但是在漫长悠久的历史岁月里，和谐共处，团结共进，保存了最为完整多样、璀璨夺目的瑶族文化。如今，国内首个瑶族博物馆的大量历史文物，古老的瑶族村寨中的歌舞绝技、美食佳酿……都成为瑶族文化的代表，向世人展示着浓郁的瑶族风情。厚重的民族文化使金秀不断迸发出强大的生命力和民族魅力，独树一帜，成为名副其实的"世界瑶都"。

"圣山"、"圣水"、"圣都"，优良的自然生态环境，淳朴的民族文化气息，"天人"和谐共生共处，悠然自得的生活状态，将金秀变成了真正的养生福地。据统计，2011 年底，全县 80 岁以上高龄老人 3069 人，占年末人口 1.98%；存活实足百岁及以上老人有 15 人，占年末人口 9.66/10 万，存活实足百岁及以上老人占总人口的比例连续 3 年超过 7/10 万，人口平均预期寿命达到 74.6 岁，这些指标都达到了"中国长寿之乡"的要求。[①] 2012 年 11 月，金秀瑶族自治县被命名为"中国长寿之乡"。金秀政府将这一现象总结为五个原因，包括境内丰富的森林资源；境内空气中高含量的负氧离子；境内舒适的气候环境；境内纯天然的生活饮用山泉水；境内民族团结和谐的社会环境。相关专家指出，正是金秀良好的生态环境、健康的生活方式、当地党委政府"以人为本"的发展理念，成为金秀人长寿的重要原因，金秀成为一片山清、水秀、人杰、地灵的净土。今天人们备感压迫的紧张与忙碌，时刻向往的理想生活在金秀都能一一体验，"中国长寿之乡"无疑为金秀格外增添了一张更具吸引力的宣传名片。

金山秀水，独树一帜。其中所包含的丰富的内涵在金秀政府和人民的努力下被不断地开拓和挖掘，成为金秀越来越宝贵的财富，使金秀旅游开发取得一系列显著成果成为可能，它们是金秀旅游开发的最基本、最重要基础。

---

① 《金秀荣获"中华长寿之乡"称号》，新华网，2012 年 11 月 29 日，http://www.gx.xinhuanet.com/2012－11/28/c_ 113835118.htm。

第二节　从"卖木头"、"卖看头"到"有说头"

金秀大瑶山的发展，经历了"卖木头"、"卖看头"到"有说头"三个阶段。自治县成立以来的林业立县战略，使"卖木头"成为地方财政的支撑。随着 21 世纪以来生态立县发展战略的确立，旅游业迅速崛起，金秀县政府抓住市场机遇，将"生态立县、旅游强县"作为整体发展原则，立足于高端旅游开发的基本思路，着力实现金秀单一风景观光游转向复合生态文化游，注重民族风俗、文化资源的利用与开发，将山水生态风景观光同民族文化村寨体验相结合，赋予金山秀水以更多独具魅力的文化元素。经过多年的摸索，生态文化旅游方式已经初步为金秀县旅游开发带来一定收益。

金秀县生态文化旅游分别经历了准备发展阶段、初步发展阶段及至今的转型发展阶段。在这一历程中，金秀县政府相关部门设置逐步专门、正规，科学指导规划日益实际、具体，通过多种途径逐年加大旅游项目投入，各项相关设施建设日趋完善，旅游收益从无到有，增加数目极为显著。

一　"卖木头"——准备发展阶段（自治县成立至 90 年代初）

1952 年，金秀瑶族自治县成立。由于金秀县的自然地理环境优越，森林覆盖面积广阔，成立初期以山林经济为主，大力发展林业，以造林和林业生产为主要手段。尤其在 20 世纪 70—80 年代，金秀县财政收入主体来自林业的木材生产。这种情况直接导致了金秀县大量林木被砍伐，森林资源乃至自然生态系统都遭到了破坏。从政府到基层民众，都希望以"卖木头"实现经济收入的提高，对于生态环境的保护意识较为淡薄。

直到改革开放以后，金秀政府才开始逐步意识到大瑶山的旅游开发价值。1983 年，广西壮族自治区科委组织的相关科技人员来到金秀大瑶山进行综合考察，对大瑶山丰富的生态资源进行了初步的了解。不久后的 1985 年，金秀县政府成立了旅游开发筹备领导小组，迈出了金秀县旅游开发的第一步。1987 年，金秀县设立旅游开发办公室和旅游开发公司合署办公，负责具体旅游开发工作。1991 年 5 月，金秀瑶族自治县的第一家旅行社——三圣旅行社成立。到 1993 年 2 月，金秀县政府将旅游开发办公室改称金秀瑶族自治县旅游管理局。旅游管理局的成立，标志着金秀旅游开发准备阶段的结束，旅游开发正式进入了金秀县社会经济发展历史的重要舞台。

　　1993 年金秀旅游管理局成立以前属于金秀旅游开发的基本准备阶段。1988 年，广西壮族自治区计划委员会在广西大学召开了大瑶山旅游规划评估会，会议通过了《大瑶山旅游总体规划》。① 这份规划是金秀县政府科学规划旅游开发的开始。1992 年，金秀政府建立广西大瑶山省级自然保护区，保护区主要划自 10.59 万公顷大瑶山水源林区中植物保存最好、珍稀动植物相对集中，能够充分代表大瑶山植被类型的林地。同时，在这期间，金秀县旅游业主要以政府接待的方式进行，没有具体收费标准，没有相关统计数据，只是尝试小范围、小规模地开发一些旅游区和旅游项目，如莲花山、罗汉山的观光步道、观景亭等，孟村、古占等设施简陋的度假村。这些较为粗放式的开发及管理为日后金秀旅游开发的飞跃发展提供了较为开阔的空间。

二　"卖看头"——初步发展阶段（1993—2001 年）

　　1993 年是金秀大瑶山旅游初步发展的重要一年。这一年，为了加强对旅游工作的管理，金秀县人民政府发布了《关于加强金秀瑶族自治县旅游业管理若干问题的意见》。为了实现对大瑶山初步开发，金秀县政府邀请北京林业大学和广西大学编制了《大瑶山风景名胜区总体规划》。为了保护大瑶山的自然生态资源，金秀县政府明确大瑶山自然保护区的土地林木权属。自此以后，金秀县政府对生态资源的保护和相关的旅游开发项目步入正常轨道，为金秀由"林业立县"到"生态立县"的转变铺平了道路。

　　1994 年，金秀县成立大瑶山自然保护区管理处，与广西壮族自治区设在金秀的广西大瑶山水源林自然保护区管理委员会办公室合署办公，实行一套人马两块牌子，共同管理金秀县大瑶山水源林。此后，金秀县政府于 1995 年聘请相关专家编制了《金秀大瑶山森林公园总体规划》和《金秀大瑶山生态旅游区旅游资源开发与自然生态环境保护规划》，对大瑶山

---

　　① 韦佑江、赵贵坤：《广西民族区域自治集成·金秀瑶族自治县卷》，广西民族出版社 2013 年版，第 172 页。

生态旅游进行了初步开发。1996 年，金秀县全面禁止砍伐天然林，积极提倡保护全县的生态环境。一年之后，金秀政府出台了《金秀瑶族自治县自治条例》，对在水源林区从事各种活动进行明确规定。1998 年，金秀政府将老山伐木场改为老山林场，并关停了包括县纺织器材厂在内的 20 多家以木材为原料的加工企业，金秀的林业由采伐为主逐步转变为以保护为主。经过多年的努力，2000 年 4 月，大瑶山自然保护区获国务院批准为国家级自然保护区。同年，金秀县颁布《金秀瑶族自治县森林资源管理条例》，加强对水源林保护和管理的法制化、规范化，为金秀大瑶山旅游开发提供了宝贵的基础资源条件。

1997 年，金秀县政府明确提出"旅游活县"的方针。主要措施包括："抓好旅游发展总体规划建设；多渠道、多形式筹集资金，积极申请旅游国债资金，加大旅游业投入；制定优惠政策，鼓励发展旅游业；加快国有旅游企业改革；加大宣传力度"① 等内容。1998 年，金秀县政府结合大瑶山发展趋势及实际开发情况，再次编制了《金秀大瑶山森林公园总体规划》，并于 1999 年 8 月，作出《关于加快金秀瑶族自治县旅游业发展的决定》。为了切实完善大瑶山生态资源的保护，稳步推进生态旅游资源的开发，2001 年，金秀县政府聘请广西林业勘测设计院分别编制了《广西金秀瑶族自治县大瑶山生态旅游区旅游资源开发与自然生态环境保护项目规划》、《圣堂山景区的详细计划》及《莲花山景区的详细计划》等一系列规划，② 对金秀生态资源利用的科学规划日趋详细具体。

与此同时，金秀县政府围绕大瑶山生态资源的保护及开发，积极地做出了一系列努力。从 1993 年 5 月开始，金秀县旅游接待逐步实行有偿服务。这段时期累计投入旅游开发建设资金 2100 多万元，主要开发圣堂山、莲花山、罗汉山、古占民俗村、孟村民俗村、银杉公园、瑶族博物馆等景区，修建旅游景区简易公路 21 公里，游览步道 10 多公里，景区停车场 2000 平方米，景门 2 座，购物商店 300 多平方米，景区公厕 6 座。③ 到 2002 年，金秀县设立旅游公司 5 家，旅行社 1 家，宾馆、饭店、招待所、

①　金秀瑶族自治县史志办公室编：《金秀年鉴（1988—2002）》，广西民族出版社 2005 年版，第 57 页。

②　韦佑江、赵贵坤：《广西民族区域自治集成·金秀瑶族自治县卷》，广西民族出版社 2013 年版，第 172 页。

③　金秀瑶族自治县史志办公室编：《金秀年鉴（1988—2002）》，广西民族出版社 2005 年版，第 283 页。

山庄、度假村等共 15 家，共有客房床位 1300 多张，旅游从业人员 142
人。① 尽管这些努力仍停留旅游开发初级阶段，但也取得了明显的成效。
1993 年，金秀县共接待游客 0.5 万人次，旅游收入 10 万元。② 到 2001
年，金秀县接待游客 6.87 万人次，比 1993 年增长了 12 倍左右；旅游收
入 347.83 万元，比 1993 年增长了 30 倍左右，社会创收 855.1 万元，增
长十分迅速。在近十年时间里，金秀县累计接待游客 42.25 万人次，年均
接待游客 4.69 万人次；旅游收入累计达 1744.83 万元，年均收入达
193.87 万元。(参见表 5 - 1)

表 5 - 1　　　　　　　金秀旅游初步发展阶段历年收入情况③

年份	接待游客（万人次）	旅游收入（万元）	社会创收（万元）
1993	0.5	10	—
1994	2.5	80	—
1995	5.5	206	—
1996	4.5	186	—
1997	5.28	208	—
1998	5.5	215	—
1999	5.6	217	—
2000	6	275	744
2001	6.87	347.83	855.1

从 1993 年开始，金秀大瑶山旅游开发进入一个较为活跃发展的阶段。
一方面，金秀县政府逐步转变思路，颁布相关政策条例加大对生态自然环
境的保护力度；另一方面，在科学规划、资金投入等多方面主动加快金秀
旅游开发，在经济收益、社会收益上逐年增加。尽管这一时期金秀县的旅
游开发仍停留在初级的"卖看头"阶段，以生态旅游开发为主导，但金
秀政府已经结合实际情况，调整思路，注重强调旅游开发前景，金秀旅游
开发格局已经初具规模。

---

① 金秀瑶族自治县史志办公室编：《金秀年鉴（1988—2002）》，广西民族出版社 2005 年
版，第 282 页。
② 同上书，第 283 页。
③ 同上书，第 282 页。

三　"有说头"——转型发展阶段（2002 年至今）

进入 21 世纪以来，金秀县政府敏锐地关注着现代市场经济的示范效应，注重自身对稀缺资源占有的优势，及时调整政府工作中心，旅游开发思路逐步成熟。2002 年，金秀县政府提出"林业立县、旅游强县、农业稳县、工业富县、科技兴县、依法治县"的总体思路，明确将"旅游强县"作为政府工作的基本思路。同年 10 月，为保护和合理开发金秀旅游资源，规范金秀旅游市场秩序，强化金秀旅游行业管理，金秀县政府起草的《金秀瑶族自治县旅游管理条例》开始施行。"旅游强县"把发展旅游产业确立为金秀县经济社会发展的重要战略目标，《旅游管理条例》的提出为金秀县旅游开发和管理提供了政策依据，保障了金秀旅游相关行业的健康发展。这些政策的确定，标志着金秀大瑶山旅游开发进入了新的转折阶段。

为了推动金秀旅游开发的进程，深入挖掘金秀旅游资源，上级政府对于金秀的旅游开发给予了极大的支持和鼓励。2004 年，广西壮族自治区第七届人民代表大会第二次会议批准建设金秀大瑶山生态民俗文化旅游区。2005 年，广西壮族自治区政府又将金秀大瑶山生态民俗文化旅游区列为广西七大精品旅游地之一。2008 年，金秀县政府调整战略发展定位，将"林业立县"转向为"生态立县"，强调金秀大瑶山生态价值的利用和开发，在政策导向上明确实现从"卖木头"转到"卖看头"上来。2009 年，金秀县政府提出创建"广西优秀旅游县"，大力推进"旅游强县"战略，旅游产业成为金秀的重要发展支柱，其所带来的经济社会收益更是增长显著。2002 年，金秀县共接待海内外游客 4.29 万人次，旅游收入 250.2 万元；旅游社会创收 750.6 万元，其中：接待海外旅游者 421 人次。[1] 截至 2012 年，金秀县共接待海内外游客 150.78 万人次，旅游收入 6.82 亿元，比十年前增长了约 35 倍和 272 倍。同年，第三产业产值 9.30 亿元，占地区生产总值 39.88%，成为金秀县第一大产业。[2]

同时，金秀县政府继续在指导思想上注重科学决策、规划先行，从 2002 年的《金秀大瑶山青山峡谷瀑布景区旅游开发规划》开始，到 2011

---

① 金秀瑶族自治县史志办公室编：《金秀年鉴（1988—2002）》，广西民族出版社 2005 年版，第 282 页。

② 由金秀县旅游局提供相关数据。

年的《广西金秀瑶族自治县瑶族文化发展总体规划》，2012 年《金秀瑶族
自治县村庄整治与旅游开发规划》，再到 2013 年的《瑶族文化生态（金
秀）保护区规划纲要》（具体参见表 5 - 2），金秀县政府对旅游开发中的
不同景点、不同侧面分别都进行细致、具体的规划，将规划作为旅游开发
的首要任务，并聘请了北京林业大学、广西大学、广西林业勘测设计院等
专业研究机构，为金秀旅游开发进行科学性指导。从这些规划的内容可以
看出，金秀大瑶山旅游开发，开始从单一观光旅游模式向复合生态文化旅
游模式转变。在强调生态环境保护的同时，对瑶族文化的彰显、传承、保
护也纷纷提上了日程。生态文化旅游模式已经成为金秀大瑶山未来旅游发
展的主要方向。

表 5 - 2　　　　　2002 年以来金秀县旅游发展相关规划一览

时间	规划名称
2002 年	《金秀大瑶山青山峡谷瀑布景区旅游开发规划》
2003 年	《长滩河景区旅游开发概念性规划》 《金秀红壶圣水旅游区详细规划》 《金秀瑶族自治县"世界瑶都"开发建设项目前期工作初步方案》 《金秀瑶族自治县旅游发展总体规划》
2005 年	《金秀瑶族自治县旅游业发展规划（2005—2020）》 《金秀瑶族自治县"世界瑶都"旅游开发概念性规划》
2009 年	《广西金秀圣堂山旅游景区概念性总体规划》 《金秀瑶族自治县六甲天下生态旅游区保护与开发规划》
2011 年	《广西金秀瑶族自治县圣堂山景区发展总体规划》 《广西金秀瑶族自治县瑶族文化发展总体规划》
2012 年	《金秀县圣堂湖景区接待中心修建性详细规划》 《金秀瑶族自治县桐木镇龙腾村旅游开发规划》 《金秀瑶族自治县村庄整治与旅游开发规划》
2013 年	《瑶族文化生态（金秀）保护区规划纲要》 《金秀县旅游业发展总体规划》（2014—2020）

　　为提高金秀县旅游接待和服务能力，提高旅游景区的硬件条件，从
2003 年到 2011 年，金秀县政府共投入 7.1 亿元开发旅游资源及建设旅游
基础设施。在基础交通设施方面，实现了金秀至平南二级公路、莲花山景
区、圣堂山景区、圣堂湖景区、古占民俗旅游村、盘王谷度假区公路的扩
建及硬化建设，并实现了主要景区景点公路与二级公路的连接等。在主要
景区评级方面，莲花山国家 4A 级景区通过国家验收；大瑶山地质公园通
过自治区级评审，金秀县圣堂湖生态旅游景区开业。在城乡风貌改造方
面，金秀县县城民族化改造完成；桐木至金秀县城的二级公路沿线城乡风

貌改造工程完成等。在旅游服务建设方面，"盘王谷"综合旅游度假区一期工程——盘王谷五星级酒店主体工程完工并试营业；金秀瑶都大酒店通过三星级酒店初评；印象金秀国际大酒店建设项目破土动工；金秀瑶王休闲山庄评为三星级农家乐；金秀啦美农庄被评为二星级农家乐等。[①] 到2012年底，金秀县设有旅游有限公司10家、旅行社6家，旅游定点接待宾馆、饭店、招待所、山庄、度假村等76家，共有客房1438间，床位2735多张；旅游购物商店38家；旅游从业人员250人（其中管理人员210人、导游员40人）。[②] 金秀县旅游基础设施建设跃上了新的台阶。

进入21世纪以来，金秀县政府依托金秀丰富的自然资源，特色鲜明的瑶族文化，一直以建设"世界瑶都"为主要目标，全方位、多方面地开发旅游相关产业。"经过十多年的努力，金秀县旅游资源固化和产业发展基本形成规模，生态旅游产业稳步推进，经济、社会效益显著，成为自治县经济增长的重要组成部分"。[③] 值得特别强调的是，从2008年开始，金秀县政府一方面实现"差别考核"，将地区总值发展让位于自然生态环境保护，在政府的经济社会发展目标管理考评中，将过去主要考核的GDP、财政收入和工业化建设增长情况转为主要对生态环境保护、旅游产业发展、城镇化建设情况的考评，尤其是生态环境保护和旅游业发展情况作为重中之重，于是在金秀"生态成了金饭碗"，实现了发展与保护的双赢；另一方面，充分利用开发瑶族文化资源，强调挖掘生态资源中所蕴藏的文化价值，观光观景的同时要"有说头"，这些努力收到了良好的效果。

第三节　金秀大瑶山旅游发展现状及特点

随着2008年由"林业立县"向"生态立县"的转变，金秀大瑶山的旅游业开始进入快速发展阶段。金秀大瑶山旅游的影响力及知名度在逐步扩大，旅游产业为金秀社会经济发展带来了巨大收益。

---

① 《来宾年鉴》编纂委员会编：《来宾年鉴·2012》，广西人民出版社2013年版，第228页。

② 金秀瑶族自治县史志办公室编：《金秀年鉴·2012》，第147页。

③ 韦佑江、赵贵坤：《广西民族区域自治集成·金秀瑶族自治县卷》，广西民族出版社2013年版，第167页。

一　影响力和知名度逐步扩大

2008 年以来，金秀县旅游相关产业进入飞速发展阶段。2008 年，金秀全年共接待国内外游客 19.20 万人次，旅游收入 1.25 亿元。到 2012 年，金秀全年共接待国内外游客 150.78 万人次，比 2008 年增长了将近 8 倍；旅游收入 6.82 亿元，比 2008 年增长了将近 5 倍（具体参见图 5 - 3）。在近 5 年的发展中，金秀县的国内外游客人数增加幅度较大，旅游收入增加明显。同时，入境接待人数稳步递增，2010 年为 1529 人，2011 年为 1814 人次，比上年同期增长 18.64%，2012 年为 2412 人次，同比增长为 32.96%。

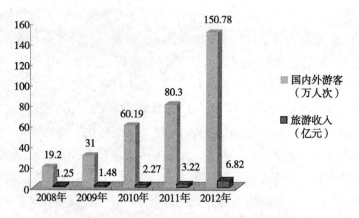

图 5 - 3　2008 年以来金秀游客人数及旅游收益

资料来源：金秀县旅游局

截至 2013 年，金秀县共接待游客 180.19 万人次，旅游总收入 8.2 亿元，同比分别增长 19.51% 和 20.23%。其中：入境游客 3067 人次，同比增长 27.16%，旅游收入 132.86 万美元，同比增长 60.71%。为了进一步推动旅游业发展，金秀县政府继续加大旅游景区基础设施建设力度，重新编修《金秀瑶族自治县旅游总体规划》，为旅游产业发展指明道路；大力发展农家游和瑶家游，努力实现由单一观光型旅游向复合型旅游转变；加快"广西优秀旅游县"创建工作步伐；不断改善旅游道路交通环境，加快推进金秀至荔浦修仁二级公路等公路建设，突出交通旅游化，提高旅游可进入度和快捷度；加快盘王谷等旅游项目基础设施建设，不断完善景区基础服务设施、旅游配套设施，推动景区创优升级，着力打造"圣堂仙境、生态瑶都"品牌。① 金秀县政府除继续进行科学规划，逐步改善旅游基础设施外，还结合现代社会商务会议、休闲养生、探险刺激等不同市场需求，积极推动金秀旅游的精品线路设计、特色产品开发、文化形象塑造等方面的建设。各种高规格的培训、会议及休闲娱乐、活动纷纷在金秀举办，一个集"全国重要的旅游、休闲、养生、度假、会议中心"为一体的世界瑶都已经初现雏形。

二　大力发展生态文化旅游

生态文化旅游即以丰富的生态资源和深厚的文化底蕴，注重生态保护和文化传承。② 目前，金秀县政府坚持"生态立县、旅游强县"的总体思路，立足实际，因地制宜，发挥优势，重点打好"生态牌"和"民族文化牌"，做好旅游产业、生态产业、民族文化产业、健康养生产业"四篇文章"，积极推动金秀生态文化旅游模式的升级转型和发展。生态是金秀"立县之本"，也是金秀最大的优势所在。打好生态牌，建设生态文明，是金秀实现赶超跨越永续发展的关键点和切入点。金秀民族文化特色鲜明突出，充分挖掘保护、开发利用瑶族文化，打造民族文化品牌，是金秀旅游开发实现持续高端发展的基础和保障。将生态和民族文化结合，坚持生态和文化共同保护、开发的原则，以良好的山水生态和养生环境、浓郁的瑶族风情为主要特色，开发出以山水生态观光游、养生度假休闲游、瑶族文化体验游为主要功能的国际知名生态文化旅游目的地，打破传统开发模式的局限。

到 2012 年底，金秀已开发的旅游景区包括圣堂山景区、莲花山景区、圣堂湖景区、银杉公园、古占民俗村、孟村民俗村、龙屯古祠村、瑶族博物馆等，还有天堂山景区、六巷青山峡谷瀑布景点等正在建设之中。目前，金秀县政府除保护自然保护区等自然景观外，还大力保护物质及非物质文化遗产等人文景观，将保护重点旅游资源作为政府重要工作之一。（具体参见表 5 - 4），这些努力初步见到成效，成为金秀县旅游开发的重要基础。

---

① 韦佑江：《转作风　抓落实　兴产业　强民生　促发展　以优异的成绩迎接自治县成立六十周年——在中国共产党金秀瑶族自治县第十三届代表大会第二次会议上的报告》，《金秀年鉴·2012》，第 18 页。

② 宋增文：《生态文化旅游开发模式研究——以金山岭生态文化旅游区为例》，《2014 中国旅游科学年会论文集》，2014 年 4 月 19 日。

表 5 - 4　　　　　　　　　　　金秀县重点保护旅游资源①

类别		重点保护旅游资源
自然景观	自然保护区	大瑶山国家级自然保护区、金秀老山自治区级自然保护区
	山地景观	罗汉山、六巷青山峡谷、板显峡谷、月皇岭、金秀红壶峡谷、江燕峡谷、老虎潭峡谷
	水域风景	长滩河、滴水河、长桐河、金秀河、忠良河、罗香河、六巷河、古麦河、平道河、镇冲河、平孟瀑布、土类河瀑布、古占大瓮潭瀑布、三江寨蒲美人冲
	生物景观	杉树王、六段红豆杉、千年古樟群、千年铁杉、六巷千年古茶树群、忠良竹林景观带
人文景观	自治区文物保护单位	王二东汉墓群、帽合山岩画、圣堂山石墙、大瑶山团结公约石牌（含亭）
	市级重点文物保护单位	王同惠纪念亭
	县级重点文物保护单位	功德桥、高山韦公祠、江洲天主教堂
	特色村寨	六段村、古占村、龙腾古村、上下东陈村、门头村、坤林村、孟村民俗村、田村、美村、十八家瑶寨、林香瑶寨
	国家级非物质文化遗产	金秀瑶族黄泥鼓舞
	自治区级非物质文化遗产	瑶族过山音、瑶族织绣技艺、瑶族医药、跳甘王、瑶族度戒、瑶族做盘王、瑶族石牌习俗
	市级非物质文化遗产	瑶族服饰、瑶族石牌制

　　同时，金秀县政府还积极参与举办瑶族文化研究年会、特色比赛和社会活动。2010 年 5 月 22—24 日，由中国群众文化学会、中国少数民族研究中心、中国少数民族传统医学研究中心、广西壮族自治区文化厅、广西壮族自治区卫生厅、广西壮族自治区旅游局、广西民族研究中心、广西瑶学研究中心、中共来宾市委员会、来宾市人民政府共同主办的，首届"全国瑶族文化高峰论坛暨广西来宾金秀圣堂旅游节"在金秀县召开，参加这次会议的包括相关领导、专家、客商、媒体等共 613 人，包括来自日本、越南等不同国家及来自国内不同高校的瑶族文化研究专家，提升了瑶族文化研究的水平，扩大了瑶族文化的影响力度。广西电视台、《人民日报》、《新华社》、《光明日报》、《中国日报》、香港《文汇报》等大型主流媒体共 37 家近 60 名记者到会进行了宣传报道。金秀县还成功承办和举

---

① 广西旅游规划设计院：《广西金秀瑶族自治县旅游发展总体规划（2014—2020 年）》，2013 年 12 月，第 33 页。

办了 2011 年全国围棋甲级联赛第七轮比赛、"金秀思源之旅——珠江水源林树木认养行动"、"世界瑶都——水墨莲花"瑶族服饰摄影交友活动、"2011 广西金秀·世界瑶都生态养生文化节"等系列活动。值得一提的是，取景于大瑶山的大型剿匪题材电视剧《瑶山大剿匪》先后在广西综艺频道、四川卫视等电视频道热播，这些都极大地扩大了金秀大瑶山旅游在国内外的知名度和美誉度。

三　精品旅游线路基本形成

围绕自 2002 年以来逐渐形成的"旅游强县"思路，以打造"世界瑶都"为目标，金秀县政府以县城作为瑶族文化中心，以整个县域瑶族分布为支撑，从景观建设、人文建设两个方面进行旅游开发，进而搭建精品旅游产业链条。

参照《金秀瑶族自治县旅游发展规划》，努力实现"一个中心、两大发展轴、四大旅游区"的战略目标。将金秀县城作为旅游接待、集散、娱乐、信息服务中心；将东西发展为来宾—象州—金秀—蒙山一线，向东延伸到贺州及梧州，南北发展为桂林、荔浦—金秀—平南—梧州一线，扩大旅游线路写作区域，增强金秀旅游影响力；建立圣堂山生态民俗文化旅游区、世界瑶都文化旅游区、天堂岭生态旅游区、龙腾古村田园观光旅游区四大风景区。至目前为止，金秀的旅游开发和来宾、广西等市、区打造区域协作路线，县城内精品旅游路线初步成形。

（一）区域协作旅游线路

金秀瑶族自治县作为来宾市唯一一个民族自治县，在来宾市旅游发展战略中占有极为重要的地位。2012 年，金秀县共接待旅游人数 110.24 万人次，占来宾市 754.80 万人次的 14.61%，旅游总收入 6.05 亿元，占来宾市 33.68 亿元的 17.96%（见表 5-5）。来宾市政府一直在努力挖掘和培育地方特色文化，尤其是近几年，来宾市政府大力提倡发展旅游产业，除重点推进了城区蓬莱洲、象州古象温泉、金秀县盘王谷、圣堂湖、莲花山、忻城土司水街、合山矿山公园、武宣百崖大峡谷等十大旅游工程建设外，还注重对壮瑶文化、休闲度假、生态观光特色产业的扶持，试图整合辖区内旅游资源，打造系列旅游精品，提高旅游产业水准。俗话说"独木不成林"，金秀县占有重要的生态地理资源，在来宾市 6 个国家 A 级旅游景区中，4A 级莲花山旅游景区和 3A 级圣堂湖景区都在金秀县境内（见表5-6），与来宾市其他精品旅游线路联合，也是金秀大瑶山旅游产业开发的必然选择。

表5-5　　　　　2012年广西来宾市及金秀县旅游人数及旅游收入①

指标	来宾市	金秀县
接待旅游人数（万人次）	754.80	110.24
国内游客人数（万人次）	753.35	110.00
入境旅游者人数（人次）	14500	2400
外国游客（人次）	60000	1500
港澳台同胞（人次）	8500	900
旅游总收入（亿元）	33.68	6.05
国内旅游收入（亿元）	33.24	6.00
国际旅游（外汇）收入（万美元）	650	80
星级饭店数（个）	18	4
A级景区数（个）	6	2

表5-6　　　　　　2012年来宾市国家A级旅游景区一览②

类别	风景名胜区名称	所在地
4A	金秀莲花山旅游景区 来宾市象州古象温泉度假村	金秀县 象州县
3A	忻城莫土司衙署景区 武宣百崖大峡谷景区 金秀圣堂湖景区	忻城县 武宣县 金秀县
2A	象州县凉泉景区	象州县

2011年，来宾市结合新农村建设，大力发展乡村旅游，年内强力推进"欢乐乡村游"主题活动，共推出乡村旅游线路6条，并与重点景区串联，内容包括特色村寨游、观光农业游、乡村休闲游等。其中，重点开发的5条旅游线路中有3条包含与金秀的协作，具体为：①中国大瑶山旅游风情画廊（金秀—象州—武宣—桂平）；②来宾、桂林区域合作线路（象州—金秀—荔浦—阳朔）；③来宾、柳州区域合作线路（柳州—象州—金秀）。这些线路中包括来宾同桂林、同柳州的协作线路，以及极具

① 来宾市统计局：《来宾统计年鉴·2013》，中国统计出版社2013年版，第217页。
② 同上。

特色的大瑶山旅游风情画廊，具体景点有金秀莲花山、圣堂山、瑶族博物馆、六段瑶寨等。金秀还开通了南宁、柳州至莲花山景区的旅游专线，特别是通过生态养生节平台与区内外 90 多家旅行社建立良好的合作关系，使金秀游客明显增加。区域协作旅游线路通过线路组合、景区联盟、资源共享等方式，加强与周边地区旅游市场的对接合作，扩大旅游市场空间，直接带动了金秀大瑶山旅游产业的发展。

（二）县内精品旅游线路

目前为止，金秀县域内精品旅游线路初步有 5 条。包括：一日两晚游，即瑶族博物馆—银杉公园—瑶族民俗村—莲花山景区；两日一晚游，即莲花山公园—瑶族民俗村—瑶族博物馆—圣堂湖景区；一晚两日游，即莲花山公园—瑶族民俗村—圣堂山公园；两晚三日游，即莲花山公园—瑶族民俗村—圣堂山—圣堂湖—瑶族博物馆；两晚三日游，即莲花山公园—瑶族民俗村—圣堂山公园—象州温泉。按照"整合资源、培育品牌、建设精品"的发展思路，将"莲花山—孟村—古占—圣堂湖—青山—圣堂山"作为精品旅游线路重点建设，围绕圣堂山及周边资源构建生态民俗文化旅游区。这些线路将金秀县内重要景点进行搭建，自然景观与人文景观融合，随着旅游开发的日趋成熟，金秀县将开发出越来越多的精品路线，提高旅游发展水平。

四　特色旅游产品具备一定规模

经过多年的摸索，金秀大瑶山的自然风景观光游、养生休闲度假游、体验民俗村寨游三种旅游产品初具规模。具体包括山地景观欣赏、瑶医瑶药保健、瑶族民俗表演等内容，将自然生态环境、传统瑶族文化与现代市场不同消费需求结合起来，建构多层次、立体式旅游产业模型，进而推动金秀社会经济的和谐发展。

（一）自然风景观光游

由于金秀地理地貌的特征，形成了以圣堂山、莲花山、罗汉山为代表的险峻奇特的类丹霞式山地景观，以老虎潭峡谷、六巷青山大峡谷瀑布为代表的谷溪瀑景观。由于金秀大瑶山的高覆盖率，储藏了丰富的森林资源和珍稀野生动植物资源。金秀空气清新，富氧含量极高；气候舒适宜人，年平均气温 17℃，夏无酷暑，冬无严寒。金秀境内干净整洁，悠然和谐，瑶族村寨民风淳朴，自在惬意。这些资源为生态旅游的发展奠定了基础，极为适合开发山地生态游、河湖生态游、田园山水游、森林生态游、科普探险游等以生态环境为主打的旅游产品。经过多年的人力、物力及财力的投入，金秀县以自然风景观光游览为主的景区建设日益成熟。尤其对于重点打造的"莲花山—圣堂山"精品路线，逐渐形成了以莲花山、圣堂山、圣堂湖和银杉公园等景区景点为主体的观光型旅游产品。

近几年来，金秀政府投入了 1965 万元修建圣堂山景区公路，并增设大量指示牌、防护栏、大幅导游图等改善旅游硬件设施。投资 160 万元对莲花山景区基础设施进行建设，除添置防护栏、观景台、游客接待中心外，还在景区公路安装了 30 个凸面镜。2010 年，着力动工建设圣堂湖景区，除基本道路扩建硬化、河道清理、配套安全、餐饮服务设施外，完成了红冲勇士漂流建设、游船码头建设。2012 年 5 月，圣堂湖景区试开放，至今已接待游客 500 人次，游客反响良好。

（二）养生休闲度假游

金秀依托多彩的瑶族风情、优美的山水风景资源，开发了具有瑶族特色的养生休闲度假游。这种模式中主要以养生康体、避暑度假、商务会议为主要功能，以延长游客逗留时间为主要目标，针对不同的旅游市场，发展多种类型养生休闲模式，满足不同游客的具体需求。地方政府在这种模式中重点开发了山水生态养生度假游、体育运动休闲度假游、瑶医瑶药养生度假游、山城休闲度假游、乡村休闲度假游等系列旅游产品。

2010 年 5 月，金秀县重点打造的五星级假日酒店盘王谷综合旅游度假区（以下简称"盘王谷"）动工建设。2012 年 5 月，盘王谷深航大酒店一期工程正式开业。盘王谷工程分为四期，一期项目为五星级盘王谷深航假日酒店及配套；二期为合院别墅和公寓；三期、四期项目为高尔夫球场（银杉高山牧场）等。盘王谷中有中国最具特色的低密度生态休闲酒店，包括国际会议中心、高档中西餐厅、宴会厅、高级客房、瑶医药浴区等，也有充满原始自然山地风光的别墅公寓，更有高档的休闲娱乐场所，如云顶高尔夫球场、茶溪云顶生态区、极限运动扩展区。风格突出的盘王谷瑶浴 SPA 由金秀瑶医院提供技术支持合作，承传瑶浴的原始配方。分室内区及室外区，可同时容纳约 300 人享受瑶民族特色的瑶浴 SPA，这将是金秀首个大规模可像日本温泉一样接待旅游贵宾的 SPA 点。盘王谷是以旅游产业和生命健康产业为主题的综合旅游项目，其最大特色在于以健康、养生为主题，依托天然纯净的自然生态环境，融入极具特色的瑶族文化，打造含餐饮、娱乐、住宿、度假、会务、瑶医瑶浴保健疗养等多功能于一体的高级酒店及民族文化风情别墅宾馆、会所，使游客身处其中如同停留在世外桃源，享受世间难得的一片净土，实现长寿养生的梦想。随着盘王谷成为金秀休闲养生度假游的重要实现基地，将带领金秀的休闲度假游步入高端旅游行列。

（三）瑶族文化体验游

金秀县政府以瑶族文化为核心，深度挖掘瑶族文化内涵，通过瑶族文化节庆、瑶族艺术表演、瑶族服饰穿戴、瑶族饮食品尝等商品的开发，以参与体验为主、观光游览为辅的方式，结合县镇和乡村所代表的现代与传统的不同文化氛围，将金秀大瑶山全面打造成世界瑶族文化体验地。目前，金秀县政府正在搭建立体式民族博物馆群落，通过"1＋6"模式，即瑶族博物馆1个主馆和盘瑶博物馆、茶山瑶博物馆、坳瑶博物馆、花篮瑶博物馆、山子瑶博物馆、生态博物馆6个子馆的建成，将金秀瑶族博物馆提升为国家二级博物馆。集中展示金秀瑶族不同支系的文化特色及丰富内涵，以现代博物馆的方式让游客了解金秀瑶族文化，欣赏、体验瑶族浓郁风情。

从20世纪80年代开始，金秀县几乎每个壮村瑶寨都成立过农村业余文艺表演队。坚持得最好的是古占村、古范村、邦家村、青山村、罗运村、上下古陈村、孟村、六段村、金秀村、美村、泰山、巴山、龙坪等。现在，能正常开展文艺活动的屯级业余文艺队就有80多个。这些业余文艺表演队，成为金秀体验民俗村村寨游的重要资源。1992年以来，县旅游部门先后在古占民俗村、孟村民俗村、原始森林度假村、林海山庄、花王山庄、瑶族避暑山寨、瑶族风情园、盘王谷等旅游景点，建立瑶族民间风情表演队，坚持常年为游客表演瑶族民间艺术，让国内外游客了解瑶族传统文化。至2011年，金秀发展乡村旅游中，创建星级"农家乐"项目2个，新增三星级以上旅游饭店1家。①

截至2014年，金秀县体验瑶族民俗的"瑶家乐"旅游线路已经初步形成。以金平二级公路沿线的古占民俗村、孟村民俗村、啦美农庄、瑶王山庄、瑶医堂为代表，带动了一系列旅游产品如瑶族风情表演游、瑶族民

---

① 韦佑江、赵贵坤：《广西民族区域自治集成·金秀瑶族自治县卷》，广西民族出版社2013年版，第50页。

居观光游、瑶族节庆体验游、瑶族美食体验游、瑶族服饰创意游的开发。其中，古占民俗旅游村基础设施建设在广西壮族自治区旅游局的大力支持下，投资 75 万元建成了游客服务中心、村寨大门。并添购完整音响设备，聘请专业表演老师重新排练民俗表演歌舞。2012 年 4 月 18 日重新接待游客后，共接待国内外游客 8000 多人次，旅游收入 42 万元，平均每月表演 20 多场。[1] 古占村民俗表演已经成为到金秀旅游的重点项目，是金秀民族风俗旅游的亮点之一，深受国内外游客的喜爱。

金秀的古占村、孟村、六段村都是瑶族民俗体验游的主要村寨。这几个村寨距离县城相对较近，交通便利，历史悠久，代表着瑶族不同的支系，有着良好的生态环境和浓郁的民族风情。这些村寨中，游客可以品尝到原汁原味的瑶族美食，欣赏古朴独特的瑶族民居，感受载歌载舞的瑶族风情，还可以观看甚至参与上刀山、下火海、吞筷条、踩犁头等瑶族绝技，体验瑶民的淳朴热情。随着这些村寨的基础设施建设逐渐完善，在金秀大瑶山未来旅游产业开发中将发挥不可估量的作用。

第四节　旅游开发与新型城乡一体化

1952 年金秀瑶族自治县成立以前，县城仅有 600 多人，县城内没有水泥路，没有自来水、没有路灯，更谈不上钢筋混凝土建筑的楼房，基础设施极为简陋。自治县成立以后，经过多年的建设和发展，金秀发生了翻天覆地的变化，城乡风貌焕然一新。至 2014 年，金秀县城区人口 1.14 万人，城镇化水平从 2011 年的 24.37% 提升到 2014 年的 27.2%。城区道路总长度 19.7 公里，自来水普及率 96.72%。县城规划区面积扩展到 6.4 平方公里，建成区面积 1.43 平方公里，建城区绿地面积达到 13 公顷，绿化覆盖率 9.37%，人均公园绿地面积 8.20 平方米。

将旅游开发与城镇化建设相结合，是金秀县旅游开发过程的重要特色。为了突出旅游品位的提升，优化人居环境，地方政府在旅游开发中注重城镇与乡村发展并重，建设与管理并举的理念，在旅游开发过程中构建起一个县城为中心，各个乡镇政府为支撑，多个基层乡村为基点的结构框架。立足自身优势，融合瑶族文化元素和建筑风格，不仅投资近亿元对县

---

① 金秀瑶族自治县史志办公室编:《金秀年鉴·2012》，第 148 页。

城进行"民族化、公园化、山城化"改造，还对各乡镇政府所在地进行综合整治。以"四个美丽"为标准，在四级层面上进行城乡基础设施建设，提升山城特色魅力形象，完善城乡规划体系，加快城镇化进程，以最终实现富有金秀特色的新型城乡一体化。

一　突出特色，推进综合整治，建设"美丽县城、美丽城镇"

随着金秀旅游开发的顺利推进，金秀县城所富有的优美景色、自然环境、瑶族风情以及和谐的社会风貌使其成为休闲度假的中心城镇。地方政府结合现代市场需求，依托交通便捷等优势，围绕"民族化、公园化、山城化"的总体工作目标，拓展城区发展空间，大力推进县城市政基础设施建设和公共服务设施建设，创造旅游开发优良环境。在对城市建设基本的干净、整洁的要求之上，注意将传统瑶族文化元素融入其中，提升城市的瑶族文化内涵，努力将金秀县城打造成集休闲度假、商务会议、风味餐饮、购物娱乐为一体的富有浓郁瑶族特色的"美丽县城"。

2007 年以来，金秀县政府筹划县城拓展的规划设计、环境评价、土地储备、资金筹措、基础设施建设等工作，详细规划县招待所至县总工会一带的改造修建路线。将规划范围从老山林场延伸到莲花山脚下，规划面积扩大了将近 10 倍，城区面积由 2005 年的 0.6 平方公里增加到 2.0 平方公里。全县储备土地达 4000 多亩，保证了金秀县城用于城镇建设及作为旅游产业集散中心等多种功能的用地需求。2011 年以来，以县城城北新区为重点，金秀县累计投入 2.5 亿元用于建设城北新区的人工湖、桥梁、城门、瑶都大门、瑶族艺术中心等一批标志性建筑，实施街道绿化、河道净化美化、县城亮化等配套工程。县城管理区范围内基本实现了摊位归店、农贸归市、行车有序、停车进位、建筑归线、广告归栏，市容市貌明显改观，城区城市管理质量明显提升，为把县城打造成为旅游、休闲、养生、度假、会议中心地奠定了基础。

金秀县政府根据瑶族的风格特色，结合县城内的实际情况，通过对青砖、青瓦等建筑材料的精心挑选，在建筑造型上充分体现本地瑶族传统建筑风貌。在建筑外观上，以青、白两色为主，古朴素雅，同时吸收借鉴瑶族传统的大门、吊楼、栏杆、窗花等部分的装饰，将传统与现代相结合，注重细节部分的处理，建成了民族特色浓郁、建筑风格独特的新型瑶都。

2012 年，县政府对"民族化"改造成果局部进行了维护更新，并投入1500 万元实施县城主干道沥青路面改造。为将金秀县城创建成符合国家4A 级景区标准的瑶族公园，2011 年，县政府投资约 7000 万元，完成了 6公里市政道路、6 座桥梁、2400 米市政排污支管、7 座变压器及配套管线的建设。还投入 1200 万元对县城内金秀河从功德桥到三亭桥段的大约400 米河段进行"净化、美化"。县城内的污水处理厂、垃圾填埋场、地下停车场等纷纷投入使用。至 2012 年，配套完成县城主干道路面改造项目，共铺设沥青路面 6 公里，人行道青石板 11.2 万平方米，累计投资1400 万元。投入 9550 多万元用于建设县城城北新区道路、桥梁、金秀城门、瑶都大门、瑶族艺术中心等一批标志性建筑，并实施街道绿化、河道净化美化、县城亮化等工程。① 金秀县城硬件基础设施基本完善，"民族化、公园化、山城化"目标初步实现。

2012 年，金秀县政府决定将桐木镇城镇化纳入县级管理，明确提出利用三年时间完成所有乡镇政府所在地的综合整治工作，重点包括实施金秀县桐木镇河东市政旧桥拆建工程、桐木镇亮化工程等。尤其强调对桐木镇的建设和管理，增强综合治理力度，并积极申报广西新型城镇化示范镇，努力提高桐木地方区域性经济贸易中心城镇地位和形象，辐射带动周边乡镇共同发展，逐步打造一批特色鲜明、设施配套、环境整洁的示范城镇，形成城乡大建设大发展的新局面。包括增强中心集镇的功能，加强城镇道路与公共交通等基础设施建设，为排水、污水、垃圾处理及园林绿化、生活小区提供基本配套设施。通过加强交通秩序、环境卫生、城镇容貌管理，提高城镇文明程度，按照"美化、绿化、硬化、净化、亮化"的要求进行城镇街道建设，使之形成功能齐全、设施完备、服务先进的现代化小城镇。

二　打造名村，实行风貌改造，建设"美丽村屯、美丽通道"

金秀大瑶山境内五个瑶族支系有着不同的服饰、建筑、饮食等风俗习惯，为保护、传承和弘扬瑶族文化特色，带动旅游相关产业发展，地方政府鼓励瑶族村民穿戴传统服饰，尽力保留具有特色的民族建筑，努力打造

①　金秀瑶族自治县史志办公室编：《金秀年鉴·2012》，第 316 页。

一批民族特色名村。2005 年，金秀县政府通过《关于保护和发展建筑民族特色的决定》，将能较好地反映瑶族悠久历史和文化，具有独特、浓郁的民族建筑风格，浓厚民俗风情的金秀、白沙、六拉、昔地、六段、孟村、坤林、罗香村、门头、上下古陈、龙华、古占、龙腾等自然屯列为第一批保护和发展对象，实行重点保护。2011 年及 2012 年，田村和古占村先后被评定为广西 14 个特色文化名村之一和广西特色旅游名村。作为金秀大瑶山重点建设文化名村，将通过规划编制、房屋改造、步道建设等多个项目，结合村落实际特色，将这些村屯建成为集养生度假、休闲娱乐、瑶家风情等多功能为一体的特色生态文化旅游名村。

　　此外，地方政府大力推进农村公共服务设施建设，通过危房改造、巷道硬化、农村污水处理等建设方式，实施农村清洁工程，改善农村生产生活条件，提高农民生活质量。截至 2010 年，金秀县政府累计投入 369 万元，为辖区内 77 个行政村每村配备 1 个垃圾池、1 辆垃圾运输车和 1 个公厕，使全县农村生活垃圾收集率达到 60% 以上，极大地改善了各村屯的卫生设施状况。2012 年，投入 1500 多万元对桐木镇那么屯、三江乡下思屯、长垌乡溶洞屯等一批风貌改造示范村进行村容村貌改造，受到村民们的欢迎和支持。金秀县政府将继续实施相关项目，扩大"美丽村屯"建设的范围，逐步实现"美丽金秀、多彩瑶都"的目标。

　　金秀县政府还将绿化、美化景观建设扩展到重点公路沿线，尤其头牌至县城二级路沿线，通过修整路基、植物移植、及时清洁等方式，建设"美丽通道"，使通往县城的通道成为一道亮丽的风景线。2010 年，金秀政府还将桐木至县城的二级公路沿线可视范围村屯列入改造范围。到2010 年底，累计完成 14 个村屯 998 栋房屋 22 万平方米立面改造，并完成新安装路灯 250 盏，整治排污管 1000 米，巷道硬化 20 公里等，总投资3400 万元。[①] 经过风貌改造后，二级公路沿线村屯昔日杂乱的建筑被青砖青瓦吊脚楼、织绣图案太阳花所取代，城乡风貌大为改观。同时，按照"统一领导，依法治理，分步实施，标本兼治"的要求，联合交通、安监、交警、运管等单位推进公路沿线环境综合治理工作，全面整治金秀县范围内公路沿线环境。

　　经过近几年的持续努力，金秀县城"民族化、山城化、公园化"水

----

① 金秀瑶族自治县史志办公室编：《金秀年鉴·2012》，第 316 页。

平逐步提升，各乡镇所在地综合治理蓬勃开展，"美丽乡村、美丽通道"建设积极实施，城乡面貌发生了根本变化。2011 年、2013 年，金秀县政府连续荣获广西壮族自治区第七届、第八届市容环境"南珠杯"竞赛优秀奖。2013 年 5 月，广西壮族自治区城乡风貌改造四期工程总结暨五期工程启动会在金秀县召开，对金秀城镇化建设成果给予了充分的肯定。

金秀县政府依据自然生态资源优势，深入挖掘瑶族文化特色，率先对具有代表性、保存相对完整的文化名村进行建设。以保护传统文化为前提，以推动旅游产业开发为主旨，走出了富有金秀特色的新型城镇化一体化道路。将旅游开发与城镇化建设协调一致，在推进城镇化建设的同时也在不断优化旅游环境，提高金秀旅游美誉度。旅游开发的过程也为金秀城镇化建设注入巨大的动力和活力，不断提升金秀旅游核心竞争力，推动了金秀大瑶山社会经济的全面发展。

第六章

社会制度和社会治理体系的变迁

历史上，石牌制度作为金秀大瑶山权威的政治法律制度，可谓"石牌大过天"，有效发挥着社会整合功能，维护地方社会秩序。新中国成立后，金秀成为我国首个瑶族自治县，民族区域自治制度逐步完善。在现代社会治理体系的框架下，金秀瑶族自治县重视和灵活运用当地传统习俗中的合理性因素，有效改进和创新了社会治理方式方法。

第一节　瑶朝分立下的石牌制度

明清以来，历代封建统治者都对金秀大瑶山采取了"分而治之"的政策，但由于山岭的阻隔和瑶族的反抗，实际上并没能形成有效的统治管理，形成了"统而不治，管而不辖"的局面。直至1940年时，大瑶山既没有官府衙门，也没有官府代理人，瑶族用传统的石牌制度维护和治理大瑶山。

一　石牌制度与石牌头人

大瑶山万山丛簇，脉络纵横，数百里内，绵亘不绝。[①] 这里不仅远离历朝历代的封建统治中心——中原地区，而且也远离封建王朝在西南的势力范围——广西地区的大中小城镇。地远山高，封建统治阶级的势力鞭长莫及，"瑶还瑶，朝还朝"是历朝官府势力无法深入大瑶山地区的形象写照。流传有"生意不纳税，种田不纳粮，不知人间王"的说法。

大山深处的瑶族为了自身的繁衍生息，维护生产、生活秩序而逐步形

---

① 广西壮族自治区编辑组：《广西瑶族社会历史调查》（第一册），广西民族出版社1984年版，第1页。

成了一整套社会运转的法则，这其中最有典型性的就是石牌制度。简单说来，石牌制度是大瑶山瑶族把有关维护生产活动、保障社会秩序和治安的原则，制成若干具体条款，经过参加石牌组织的居民户主的集会，和全场一致通过的程序，然后或是用文字把它记录下来加以公布，或是用口头传播出去，使全体居民共同遵守的一种特殊性的"约法"。①

在此基础上，以村寨为单位，分别或联合组成以地域关系为纽带的小石牌、中石牌、大石牌。因此，大瑶山的石牌制度，是一种特殊的政治组织形式。据记载，这种石牌组织自明朝中叶起一直到 20 世纪 40 年代国民党广西当局势力还未深入大瑶山之前，都一直延续着。石牌的名称有的以设立石牌的时间、地点来命名，如丁亥石牌、免坪石牌、周锁石牌；有的以参加石牌的村数而得名，如七十二村石牌、三十六村石牌、九村石牌。

石牌的基层组织称为"甲"。一般的"甲"是由家族近亲的几户人家组合而成，少则两户，多则十来户。在有的石牌条文中可以看到"某人管几主"或在某人的姓名下面注明几家。这些人便是管理由这几户人家组成的"甲"的头人。这个角色十分类似于早期内地汉族农村地区的家长或族长，负责管理和调解家族内部的各项事务。

在石牌组织中负责维护石牌效力、对触犯石牌律的人进行惩罚的角色称之为石牌头人。石牌头人的职责，一是为石牌群众解决纠纷，维护社会秩序，保护生产的顺利进行；二是维护石牌组织的利益，当石牌成员人身或家产遭到侵害，或土匪、外族欺凌入侵时，石牌头人便领导石牌群众去惩罚凶手，或率领石牌群众抵抗和击退袭扰。

石牌头人通常既不世袭，也不由选举产生。头人的产生途径主要有两种。一种是自然选择。即本村为人厚道、办事公道、能说会道、乐于参与集体事务的人，当村民之间发生争端时，便请他去调解。如果其调解令各方信服，请他进行调解、办事的人便日益增多。其在本村树立威信后，逐渐就成为本村的石牌头人。如附近的村民也请他去调解、办事，天长日久就从本村的小头人逐渐成为大头人。第二种是由老的石牌头人在本村挑选聪明伶俐、有胆识、能办事的年轻人收为徒弟，在日常调解和办事的过程中教其熟悉石牌律令及调解、办事的方式方法。先尝试调解和处理小事小情，待其经验阅历逐渐丰富、威信不断提高后成为石牌头人。

---

① 广西壮族自治区编辑组：《广西瑶族社会历史调查》（第一册），广西民族出版社 1984 年版，第 31 页。

石牌头人的任期不固定，办事公道，威信服众者可一直担任。如办事不公，威信扫地，村民、石牌组织成员不再请其调解、办事，便自然失去头人的地位。仗势飞扬跋扈、不断作恶、群众痛恨者，民众或凑集一笔"花红"① 请人将其杀掉；或纠合众人群起而捕杀之。

二　石牌会议与石牌律

石牌会议，瑶语称之为"会石牌"，既是一个形成政治制度的过程，也是形成法律制度的过程。会议的召开，首先是由几个当地人所公认的自然领袖，即"石牌头人"或"石牌老"类型的人物，依据当地的民族特点，拟定若干条款，作为石牌律的一个草案。接下来便召集当地居民在预定的时间和地点开会，被召集的居民的多少一般要看石牌会议所涉及的事态而定。如果仅限于保护生产和维护社会秩序的一般性的事务，常是一村或相邻几村的居民参加；如涉及比较特殊的事务，如防止匪患、军事行动等则召集的范围会适当扩大。个别情况下甚至可以召集全瑶山的三十六部瑶，七十二村的大集会，制定和颁布总石牌律，让各村落、各支系共同遵守。

一般情况下由各户的户主参加石牌会议。如果是涉及多村落、多支系的大型石牌会议，则由各村落、各支系所推选的代表参加，参加会议的人员自带伙食费用。如果是本村的石牌会议，会议用度开支，可从之前结余的石牌罚没款项中支出。

石牌会议的程序一般是由公推的石牌头人首先进行"料话"，当众宣布事先拟好的"料令"。"料"在瑶语中即为"讲"，"令"即是"规定"、"法则"。"料话"不仅要将"料令"逐条宣读，同时也要对"料令"逐句解释，以便使参加石牌会议的人知晓设置"料令"的缘由和目的，以及保障"料令"实施所规定的惩处办法和相应措施。"料话"的最后，宣读者一般还要加上一段勉励大家共同遵守的"料令"、齐心协力维护地方太平、家家得以安居乐业之类的结束语。"料话"完毕，与会者如对"料令"的条款有不同意见，可以当场提出供大家讨论。绝大多数情况下，对于石牌头人所宣布的"料令"是以全场一致欢呼或默认的形式予以通过。

---

① "花红"即奖金，此处特指付给打手或杀手的好处费。

　　经石牌会议通过的"料令"即为石牌律。金秀大瑶山的石牌律有的镌刻于石板之上，树立在召开石牌会议的会址。有的则书写在木板或草纸上，由各家、各村或各支系的代表带回去悬挂张贴以使众人知晓。石牌律得以确立之时，石牌头人一般要举行简单的祭祀仪式，同时将一只雄鸡的头一刀砍下，再将鸡血滴入每个参会人的酒碗之中，并带领众人将鸡血酒一饮而尽，以表达誓守石牌的决心。金秀六巷地区的花篮瑶还会在树立石牌时，用斧头在石上砍三下，以印记作为石牌律的鉴证和众人决心遵守的标志。

　　石牌会议除了有制定、修改、废除石牌律的职能外，还拥有遇重大事项议事决策的职能。当石牌组织内部发生严重违反石牌律的事件或遇外族入侵、土匪袭扰时，石牌头人也要召集石牌会议共同商讨惩戒、防御之策，此类石牌会议则称为"起石牌"。

　　石牌律主要内容一般涉及四个方面。一是维护本地区的经济生产活动。如宣统三年（1911）众村石牌：山中各人香草，各种各收，物各有主，不得乱扯（窃）偷；山中杂粮，物各有主，各种各收，不准乱行偷盗；各人各山，各有界限，不准乱行界外；公共山场、河水，不准乱行弄鱼弄娃（蛙）。如有违犯，罚银12元，或由实拍悬赏花红银36元，"如一人力不能拿，用炮打死亦可"。① 二是维护社会秩序和治安。如清同治六年（1867）金秀沿河十村平免石牌：不得半路杀人，不得乱抓人、不得放火烧屋、不得开他人谷仓，有事要请头人解决。② 民国二十五年（1936）五十一村石牌：不得谋财害命，抢劫，偷盗禾仓、猪、牛、香草、香信（蕈）、鸡、鸭等物，不准打、关、杀人，不准乱打他人牲畜、挖他人田基，不准放水侵他人山场、禾厂（场），凡山田水渠纠纷、失窃等纠纷，要请石牌老人评判。③ 民国三年（1914）六十村石牌：众石牌人有事争口舌，山水、田土、分界不明，失物，千家百事，千祈要听我石牌判，不得请外方人来包事，害我石牌地方；众石牌人有小事大事，不得打、杀人□屋。千祈要请老讲理，先小村判不得，到大村石牌作（找）

　　① 广西壮族自治区编辑组：《广西瑶族社会历史调查》（第一册），广西民族出版社1984年版，59页。

　　② 同上书，第55页。

　　③ 同上书，第46—47页。

老人所判，人理不入亲。① 三是维护婚姻家庭，保护妇女儿童，如清光绪三十二年（1906）滕构石牌：有夫之妇与人通奸、强奸他人妻女，都要按石牌律惩罚。② 民国十六年（1927）坤林等五十三村石牌：日后娶妻，好丑为妻，万世其昌，不以（许）折妻离夫。夫妻家计不和，相争多事，要报各村石牌时（认）可。若是不报，气急食药不以（许）办清。③ 民国七年（1918）罗香七村石牌：调解不下打架，不准捉女人。男人十六岁以下，六十岁以上不准捉。④ 四是防御匪患和外族入侵。如民国十三年（1924）六段、仙家漕、老矮河三处石牌：凡有匪徒抢劫，不拘那时，一闻音信，筒角一声，踊跃济（齐）集救护，下力剿出（除）贼匪。倘有那（到）时知而不到者，一经查出，公（共）同议罚。凡有我瑶如有窝匿匪类，并知而不报者，皆系同谋。一经查出，公（共）同众议，将产冲（充）公，无贻后悔（患）。⑤ 民国七年（1918）罗香七村石牌：各村各人不得为匪。如有为匪，查出即将该犯枪决之罪。各村各人不得窝匪接济，刻即起团追捕，各带米粮、铅药、武器自备。如有不出团者，以为匪论。⑥ 民国二十七年（1938）六眼、六椅等村石牌：禁止自偏（编）野团，并外来一切款项或委状，不准收领。⑦ 五是保护商贩合法贸易。如清同治六年（1867）平免石牌：不论河（何）人见客买卖生意，不得乱咋（做）横事。⑧ 民国三年（1914）六十村石牌：如有客瑶生意为商，担货出外入瑶，在路中被抢，闻之起团追拿；如有闻之不起团追捕，究治。中途抢劫客商，即起石牌追捕。⑨

三　石牌制度的精神实质

石牌制度是大瑶山瑶族基于一定的血缘和地缘关系，为了某种共同目的而设立的行为规范和社会组织。其主要的目的在于保护大瑶山瑶族的基

---

① 广西壮族自治区编辑组：《广西瑶族社会历史调查》（第一册），广西民族出版社1984年版，第44页。

② 同上书，第58页。

③ 同上书，第66页。

④ 同上书，第63页。

⑤ 同上书，第46页。

⑥ 同上书，第63页。

⑦ 同上书，第48页。

⑧ 同上书，第54—55页。

⑨ 同上书，第44页。

本生产活动，维护地方社会秩序。石牌律列举的条文虽然简单但内容非常丰富，既有关于维护家庭生活、婚姻关系涉及伦理道德层面的规定及惩处办法，又有关于处理邻里争端、戒偷戒盗、保护农林生产等涉及家族、村落等组织层面的规定，还有关于防御匪患、反抗外敌袭扰等涉及大瑶山各支系，甚至是整个金秀大瑶山各个族群层面的规定及共识。

石牌组织具有很强的自发性，所制定的石牌律得到了瑶山大部分民众的肯定和拥护。提起石牌，至今生活在金秀大瑶山的老人们仍然对"石牌大过天"的说法记忆犹新。由此可见，在相当长的一段历史时期内，大瑶山这片"化外之地"上演出的并不是所谓蒙昧"猺民"的野蛮记忆。

回顾石牌律的发展历程，对目前可以看到相关石牌材料加以分析，可以看出较早期的石牌律一般侧重于保护生产和处理内部纠纷。稍晚些的侧重于防止山外歹徒恶人入山滋事。到了民国时期则主要侧重于防御政府的强制"开化"和土匪袭扰。伴随着金秀大瑶山社会生产的发展及外部生活环境的不断变化，石牌制度所涉及的内容不断丰富，石牌组织所管辖的范围也逐步扩大。石牌组织运行的基础也渐渐从血缘关系、亲缘关系转变为地缘关系、族缘关系。石牌制度也由最初的简单功能变为一种文化现象，人们对于石牌的尊崇与畏惧也逐步内化进民族心理之中，成为金秀大瑶山瑶族的显著符号。

石牌制度的确立多沿袭传统习俗，没有形成严密、系统的组织条例。石牌头人的权威多建立在民众为其人格魅力所折服的基础之上，没有明确石牌头人权力的大小及适用范围。新中国成立之前，历代统治者对西南少数民族地区施行的"羁縻"策略，使得生活在大瑶山地区的瑶族群众很少能与外界进行接触。这一方面使得瑶族群众通过建立石牌制度自行管理瑶山内部各项事务，另一方面，由于缺乏与外界的联系和沟通，也限制了这种带有原始民主色彩的自治性民间组织的进一步发展。从功能主义的视角对大瑶山石牌制度进行考量，不可否认的是，石牌制度对稳定家庭、整合村庄，进而形成固定的族群起着十分重要的纽带作用。

第二节　民族区域自治制度的确立

千百年来，生活在金秀大瑶山地区的瑶族人民，经济发展水平落后，政治上遭受歧视，长期处于弱势无权的地位。新中国成立后，在党的民族区域自治政策的指引下，在客观条件也已具备的情况下，根据瑶族人民的要求，经中央人民政府批准，于 1952 年 5 月 28 日成立了全国第一个瑶族自治县——大瑶山瑶族自治区。1955 年 8 月，更名为大瑶山瑶族自治县。1966 年 4 月，改称金秀瑶族自治县。

一　新石牌制度的确立

新中国成立后，各族人民得到了解放。为解决瑶族长期以来与中央及地方统治者存在的矛盾和瑶族内部之间的矛盾，实现各民族一律平等，必须加强民族间和民族内部的团结才能解放生产力、发展生产。但是，由于历史上长期形成的"山主"[①] 集团与"山丁"[②] 集团之间的矛盾还没有解决，生产力的发展受到多方面的限制。主要表现在："过山瑶"要求自由开荒、谁种谁收，取消种树还山，自由上山配置土特产，自由上山打猎、下河捕鱼；"长毛瑶"则坚持不让。生产资料的所有权是当时瑶族内部矛盾的焦点，并且严重地影响了生产发展以及瑶族各支系间的团结。

金秀大瑶山"山主"和"山丁"虽然本质上是两个阶级，但由于自然条件的限制，大瑶山地区当时的社会经济发展水平还十分落后，绝大多数的"山主"并无过多剩余产品，本人也要参加劳动，较为富裕的山主只是极少数。就实际情况来说，"山主"并不完全等同于地主阶级，"山丁"也并不都是贫雇农。

针对大瑶山的这种情况，1951 年上半年，广西各县人民政府根据中央和广西省人民政府的指示，在整个瑶区贯彻了"团结互助，发展生产"的方针，并派出大批工作队深入瑶区村寨，进一步宣传党的民族政策，支持开荒自由。并具体领导各族人民以平等的态度团结协商，解决相互之间的矛盾。1951 年 3 月，象县东北乡人民政府针对当时各支系之间开荒引起纠纷的情况，在乡代表会议上，反复宣传民族团结、平等互助的政策。并根据协商一致的原则，运用过去石牌的形式，订出了以团结生产为主要内容的八项决议，在全乡贯彻执行。决议的主要规定：第一，长毛瑶自愿将荒山的特权放弃，给盘瑶、山子瑶开荒，不收租；第二，上山打鸟、打

---

① 历史上，"山主"指的是茶山瑶、花篮瑶和坳瑶。他们在大瑶山拥有土地、山林、河流的所有权，因为他们的男子蓄发梳髻，又被称为"长毛瑶"。

② 历史上，"山丁"指的是盘瑶和山子瑶。他们一般不掌握土地、山林的所有权，只能靠批租山主的山地耕种，过山垦殖生活，又被称为"过山瑶"。

野兽、采野菜自由，不收租；第三，河流以行政村为单位管辖，捞鱼垂钓自由；第四，山林内产品除香菇木外，其余可共同享其利益，无主森林，可自由培植香菇，谁培谁收；第五，水田租额按佃七主三处理；第六，能开田的荒地，可自由开田，能植树的荒山，可谁开谁植谁拥有。①

1951 年 8 月，中央民族访问团来到广西金秀，慰问大瑶山各族人民，宣传党的民族政策。广西省人民政府也借中央访问团访问大瑶山之际，组织召开大瑶山各族代表会议，协商订立《大瑶山团结公约》。会议共有来自平乐、梧州、柳州 3 个专区的荔浦、蒙山、平南、桂平、象县 5 个县所辖瑶区的 12 个乡镇的 246 名代表（干部除外）参加。参会代表由各县各乡按照民主推选的办法产生，每个乡每个民族 150 人选出代表 1 人，不足 150 人者也选出代表 1 人，超过 150 人未满 300 人者可增选代表 1 人。各民族和瑶族各支系代表人数及所占比例如表 6 - 1 所示②：

表 6 - 1　　　　　　　1951 年大瑶山各族代表会议代表人数

族别	代表人数（人）	占总代表比例（%）
盘瑶	111	45.12
山子瑶	18	7.32
花篮瑶	9	3.66
茶山瑶	59	23.98
坳瑶	19	7.72
汉族	30	12.20

在 8 月 25 日至 8 月 29 日的五天会议期间，中心议题是制定大瑶山团结公约，促进民族团结，发展社会生产。中央访问团代表和区县代表分别在会议上作了报告和经验介绍。通过会议讨论，"长毛瑶"代表表示愿意放弃对荒山的特权，同意"过山瑶"开垦荒山，谁种谁收。"过山瑶"代表也认识到"长毛瑶"的同胞也是好人，特权也只有少数瑶头才享有，坏瑶头也只是一小部分。经过充分讨论和说服，代表们一致赞成"老山还原主"，无"长毛瑶"培植特产的野生竹木地区可以自由培植。

8 月 27 日，会议选出 11 名代表组成大瑶山各族人民团结公约起草委

① 《金秀瑶族自治县概况》修订本编写组：《金秀瑶族自治县概况》（修订本），民族出版社 2008 年版，第 102 页。

② 同上书，第 1042 页。

员会。根据各族与会代表的意见，总拟成大瑶山团结公约六条草案。8 月 28 日经会议充分讨论后，庄严地表决通过了《大瑶山团结公约》。8 月 29 日，会议采用传统的瑶族石牌制，把《大瑶山团结公约》刻于石碑之上，并在石碑前共饮鸡血酒，表示遵守不渝。

《大瑶山团结公约》的订立为改善民族关系、促进民族团结提供了制度性保障。团结公约的贯彻，实质上削弱了"山主"集团的一部分特权，一定程度上解放了生产力。加之国家发放贷款及中央访问团赠送的大批生产工具，极大地激发了大瑶山各族人民的生产积极性。各级干部和工作队队员不畏艰辛，不辞劳苦，积极深入瑶寨山村，帮助群众制订生产计划，推广山外其他地区的先进生产技术，大大提高了劳动生产率。1952 年上半年，大瑶山地区新开荒 21000 多亩，粮食亩产也提高至 100—150 斤，[①] 杉树、油茶、油桐、茶树等种植面积也有不同程度的扩大。

在贯彻落实《大瑶山团结公约》的过程中成绩固然可喜，但问题也同样存在。由于《大瑶山团结公约》中关于种树还山、山权、租佃关系等问题界定得还不是特别清晰，部分"山主"不愿彻底放弃对土地、山林的特权，借故扩大牛场、水源范围，限制"过山瑶"开荒，对种树还山的期限等仍坚持对自己有利的说法等。鉴于此类情况，1953 年 2 月，大瑶山区委和区人民政府召开瑶老座谈会和区、乡干部大会。在充分民主协商的基础上，制订了《大瑶山团结公约补充规定》，将团结公约的条款进一步细化。同时，做好"长毛瑶"瑶老的思想工作，由他们带头去执行落实，缓解了来自"长毛瑶"的阻力，增强了瑶族内部的民族团结。

《大瑶山团结公约》及其补充规定的订立，标志着以瑶族为主体的大瑶山各族人民之间的大团结，为在大瑶山地区实行少数民族区域自治创造了有利条件。

二　新中国首个瑶族自治县的诞生

经过贯彻《大瑶山团结公约》，大瑶山地区的民族关系得到了改善。并且在此过程中培养了大批本地本民族干部，农业生产在恢复的基础上还实现了增收，这使得广大瑶族看到了社会主义制度的优越性，增强了当家做主的信念与信心。在党的民族区域自治政策的指引下，1951 年 11 月，

①　《金秀瑶族自治县概况》修订本编写组：《金秀瑶族自治县概况》（修订本），民族出版社 2008 年版，第 106 页。

中共广西省委、省人民政府发出了《关于开展大瑶山区域自治工作的指示》。随后，于12月派广西省民族工作队到达金秀，专门负责帮助、指导当地人民开展大瑶山民族区域自治工作。

1952年1月1日至12日，大瑶山首届民族工作干部大会在金秀召开，出席会议的有来自修仁、蒙山、平南、象县、桂平、武宣等各县所属瑶区的各族干部代表144人，其中瑶族86人。会议传达了广西省委和省人民政府的决定，学习了中央有关民族区域自治的政策，选举产生了大瑶山区域自治工作委员会。会议决定整个区域自治工作自下而上分三步进行：第一步，集中工作队和各区、乡负责干部90多人在金秀瑶民自治区六段乡进行区域自治试点工作；第二步，试点工作结束后，各区分别进行试点乡区域自治工作，然后全面铺开；第三步，召开全瑶山人民代表大会，选举自治区人民政府委员会和正、副县长，建立县一级自治机关。

至1952年4月，金秀、三角、岭祖、罗香、长垌、新合等6个区39个乡的民族区域自治工作基本完成。选任了149名干部担任区、乡领导干部，其中瑶族130人，占87.2%；代表委员1315人，其中瑶族953人，占72.47%，6个区的正、副区长15人，其中瑶族14人，区长正职全部由瑶族干部担任。基层区、乡民族区域自治工作的顺利开展，为大瑶山瑶族自治区（县级）的建立打下了坚实的基础。

在选举乡、区基层代表及政府委员时，工作队深入细致地发动各族群众，并注意团结与群众有联系的各族上层民主人士。按照民族政策，切实掌握各族代表政府委员的比例，既体现了以瑶族为主体的原则，又照顾了其他民族参与自治的权利。在整个选举工作中，各级干部特别注意《大瑶山团结公约》的落实，自下而上地充分发动群众，团结各族系的上层人物，争取、分化、孤立、打击企图篡夺基层人民政权的土匪残余势力，确保了选举工作的顺利进行，使民族区域自治真正体现了人民当家做主的社会主义制度优越性。

1952年5月25—28日，在广西省民族工作队和大瑶山区域自治工作委员会的领导下，大瑶山瑶族自治区首次各族各界人民代表大会在金秀召开。大会通过了《大瑶山瑶族自治区筹备工作报告》、《大瑶山瑶族自治区人民代表会议组织法》和《大瑶山瑶族自治区人民政府组织法暂行条例》，确立了以团结、生产、治安为中心的施政方针及工作任务。大会选举产生了大瑶山瑶族自治区（县级）人民政府委员21人，其中盘瑶8

人、茶山瑶4人、花篮瑶1人、坳瑶1人、山子瑶1人、汉族3人，党代表2人、部队代表1人，选举瑶族干部金宝生为第一任区（县）长。

至此，新中国第一个瑶族自治县——大瑶山瑶族自治区正式宣告成立，结束了历代封建王朝和国民党政府对大瑶山"分而治之"的局面。以瑶族群众为主体的大瑶山各族人民真正得到了当家做主的权利，实现了成为国家主人的夙愿。

三　民族区域自治制度的发展与完善

1952年5月28日，大瑶山瑶族自治区（县级）正式成立。1955年8月26日改称为大瑶山瑶族自治县。1966年4月8日，经国务院批准，改称金秀瑶族自治县。

大瑶山自治区（县级）成立时，辖金秀、三角、岭祖、罗香、长垌、新合6个区（乡级），多为瑶族聚居之地，多属山地高海拔地区。在1956年3月召开的中国共产党大瑶山瑶族自治县第一次代表大会上，县委班子结合本地实际提出"以林为主，巩固粮食自给，发展多种经济多种经营，支持国家工业建设，有计划地发展畜牧业，相应地加强对地方工业、商业、交通运输业和文教卫生事业建设"①的大瑶山和发展山区生产的方针，以保证大瑶山与全国人民一道，建成繁荣幸福的社会主义社会。

但是，迅速到来的"大跃进"和20世纪六七十年代的"以粮为纲"，对金秀大瑶山的生态和经济都造成了重大的破坏。而且，由于自治县最初成立划界时没有充分考虑到瑶山经济建设的需要，没有强调山区和平地的经济交流。把原来山区贸易所依靠的集散点划在界外，加上山区公路建设困难，自治地得不到经济发展的具体条件，反而受到县界的束缚。有点像"画地为牢"，阻碍了山区和平原、瑶族和汉族的经济联系，影响了经济发展和民族关系。

改革开放后，金秀县委、县政府多次向中央、国务院及自治区党委、政府反映自治县区划存在的问题。时任全国政协副主席的费孝通先生经过调研，也多次向中央和国务院建议通过调整区划来解决制约金秀经济和社会发展的问题。1984年7月，经国务院批准，将历来与金秀有密切政治、经济、文化联系及民族往来的象州县平原地区的桐木公社、鹿寨县头排区

---

① 《金秀大瑶山瑶族史》编纂委员会：《金秀大瑶山瑶族史》，广西民族出版社2002年版，第303页。

划入金秀瑶族自治县。这样就使得金秀瑶族自治县面积增加 400 平方公里，人口增加 112.77%，其中耕地面积增加了 109.64%，基本实现了粮食自给。

受"文化大革命"的影响，自 1966 年底至 1980 年期间的近 15 年时间，金秀瑶族自治县人民代表大会制度被废止。1978 年 10 月，中共金秀瑶族自治县第五次代表大会决定恢复自治县人民代表大会。1981 年，自治县人民代表大会重新召开，同时设立自治县人民代表大会常务委员会。

金秀瑶族自治县人大常委会设立后，根据《中华人民共和国宪法》规定，在贯彻执行国家法规的同时，依据本地实际，积极制定、实施自治地方法规。1987 年底，经中共金秀瑶族自治县委建议，自治县人大常委会开始制定《金秀瑶族自治县自治条例》。该《条例》于 1989 年 7 月 26 日经广西壮族自治区第七届人大常委会第十一次会议批准并实施。1996 年 4 月，为完善自治县条例，以适应经济、社会发展的需要，中共自治县委组织成立了自治条例修改委员会，并设立专门的办公室具体负责对条例进行修改。1997 年 9 月 24 日，自治区第八届人大常委会第三十次会议批准实施《金秀瑶族自治县自治条例（修正案）》，使《自治条例》更趋于完善，符合时代发展需要，充分体现了金秀地方特色。

《金秀瑶族自治县自治条例》的制定与实施，对于贯彻《中华人民共和国区域自治法》，增强广大干部群众的民族区域自治法制观念，巩固和发展平等、团结、互助、和谐的社会主义新型民族关系，加快本地经济建设及教育、科技、文化、卫生、体育等各项事业的发展具有重大意义。

从 1996 年起，金秀瑶族自治县开始制定单行条例，并送交自治区人大常委会批准实施。2000 年 3 月 31 日，广西壮族自治区第九届人大常委会第十六次会议批准自治县实施《金秀瑶族自治县森林资源管理条例》。自古以来，大瑶山瑶族住山、爱山、吃山、建山，把大瑶山保护和建设成为广西最大的一片阔叶水源林，为桂中、桂东地区经济、社会发展和自然生态环境保护发挥着重要作用。《金秀瑶族自治县森林资源管理条例》的出台，依照金秀县山地特点和林地使用规划，为森林资源保护，合理有效地利用森林资源，解决现实条件下林木、林地所有权和使用权的争议等问题提供了法律依据。

2002 年 7 月 27 日，广西壮族自治区第九届人大常委会第三十一次会议批准实施《金秀瑶族自治县旅游管理条例》。这对于保护和开发金秀大瑶山得天独厚的旅游资源，促进自然资源、生态环境保护和旅游事业同步发展，具有积极的推动作用。

2003 年 8 月 1 日，广西壮族自治区第十届人大常委会第三次会议批准实施《金秀瑶族自治县野生植物保护条例》。该条例不仅使《金秀瑶族自治县森林资源管理条例》更加具体化、更具可操作性，还提出了保护大瑶山这座仅次于云南西双版纳的全国第二大动植物物种基因库、国家自然保护区、国家森林公园的具体措施。此外，金秀县《瑶族医药管理条例》、《水资源管理条例》等单行条例也正在制定和待批中。

《金秀瑶族自治县自治条例》和各种单行条例的制定与实施，一方面体现了民族自治地方的自主权，另一方面使自治地方的法制管理更趋科学化、合理化和具体化。对于调动金秀县各族人民的积极性，保护和利用自然资源，加速发展大瑶山地区经济、文化建设，促进各族人民加强团结、共同富裕、共同繁荣发展发挥了重大的作用。

第三节　社会主义制度的曲折完善

1952 年大瑶山瑶族自治区（县级）正式成立不久，便开始了慎重温和的土地改革、互助合作化运动的浪潮和人民公社化运动，被纳入新的国家体制系统之中，在历次运动中跟随全国的形势而动。

一　慎重温和的民主改革

随着 1951 年《大瑶山团结公约》的订立与贯彻，实行粮食统购统销，只是削弱和动摇了封建土地所有制。为了广大农民在经济上得到彻底翻身，进一步解放生产力，1954 年 2 月，大瑶山瑶族自治区（县级）开始进行土地制度改革。

为进一步摸清大瑶山的阶级关系，掌握全县土地所有情况，为土地改革提供制定方针政策依据，自治县于 1953 年冬对长垌区滴水、金秀区六段（瑶族聚居乡）、三角区三角（瑶汉杂居）三个乡进行了社会经济的典型调查。调查结果显示，三个乡共有居民 238 户，其中雇农 4 户 9 人，占有土地 0.133 公顷；贫农 102 户 432 人，占有土地 1.36 公顷；中农 96 户 461 人，拥有土地 61.58 公顷；富农 20 户 102 人，拥有土地 37 公顷；地主16户75人，拥有土地38.1公顷。① 调查结果还表明：富农、地主占有土地的比例并不大，这些人大多自己参加生产劳动，剥削量少；大瑶山的地主尤其是瑶族地主数量不多，所持有土地规模不大。为此，县委决定在土改工作中采取"慎重的、温和的、有区别的、曲折的"方针进行土地改革。

在土地改革全面铺开之前，县委集中全县大部分干部进行土改工作培训，使干部掌握土地改革的政策和工作方法。随后，组织这些干部于1954年2月10日在金秀区的六拉、金田、六段、长二、和平及三角区的六定、三角、六秘等8个乡进行土改工作试点，历时28天后，全面完成试点工作任务。通过总结土改试点工作中的经验，县委组织了由261名国家干部参加的土地改革工作队，于3月22日在全县全面开展土地改革工作。

根据县内各地的不同情况，县委将全县分为三种类型地区，分别采用不同要求和做法进行土地改革。第一种类型是有土地改革内容的地区。如六拉、长二、六段、长垌、滴水等乡，全力进行慎重、温和的土地改革。

第二种类型是土地改革内容极少的地区。以生产为中心，结合宣传民族政策、土地改革政策。在有地主的村或在地主统治范围内宣布没收地主的土地、山林，调整土地，确定土地权属，颁发土地证，健全组织，迅速转入生产。

第三种类型是全无土地改革内容的地区。如和平、六秘等乡。以领导生产为主，结合阶级划分，调整土地，颁发土地证，安定生产情绪，健全组织，全力发展生产。

根据山区及瑶族情况，县内土改运动采取了专门的政策：一是对瑶族上层人物和宗教人士，加强统战工作，争取他们支持土地改革。二是尊重瑶族风俗习惯，注意民族团结。三是划分阶级成分就低不就高。划分阶级的方式，一般是以村为单位进行，采取调查的方式来划定；在划地主时，一律不采取斗争方式；过去把中农划为贫农的，凡多数群众无异议，不做改变；过去是贫农土改时上升为中农的，仍划为贫农，不再提高。四是除有现行破坏活动者，原则上不抓人。五是经济上主要是没收地主的田、地、山林，征收富农出租的田、地、山林，其他资产如房屋、耕牛、余

---

① 《金秀大瑶山瑶族史》编纂委员会：《金秀大瑶山瑶族史》，广西民族出版社2002年版，第304页。

粮、钱财等不没收不征收。没收地主土地时注意留给其一份数量质量大体相当于全乡土地面积平均数的土地，以维持其生活及在劳动中进行改造。对富农霸占贫农、中农的土地、山林、房屋，如农民要求退还者，经查明核实，由法院依法处理。六是对瑶族中的一般地主不进行斗争。个别地主在新中国成立前一贯反动，为当地人民所痛恨，不斗不足以平民愤者，须经县委批准才能斗争。斗争方式采取说理说法，严禁捆绑、打骂及变相体罚。斗争中只斗地主本人，不斗其家属和妇女；在民族杂居地区，只斗争本民族、本支系地主，不斗其他支系的瑶族地主；本支系瑶族不要求斗争，别支系瑶族要求斗争的地主，坚决说服不斗；别支系要求参加对本支系地主的斗争，要经本支系邀请后方能参加，同时在斗争时，只诉阶级苦不诉支系苦；只有个别人要求斗争的地主，责令地主去苦主家登门谢罪。七是对瑶族中农采取团结的政策，保护中农利益，坚决不准斗争中农。八是在土地财产分配时，注意强调民族间公平合理。首先分配给贫雇农，并适当照顾军烈属。分配土地时，以村为单位进行，以乡为单位进行民族间的调剂。调剂时，采取自愿互赠的方式，以利于民族团结，分配后划清地界，颁发土地证，保护所有权。

在土地改革中，全县共划分雇农 562 户 1850 人，贫农 3793 户 18335 人，中农 1164 户 6274 人，富农 90 户 503 人，地主 57 户 270 人，其他 51 户 141 人。全县的土地改革工作于 1954 年 4 月 18 日结束。全县地主（含山主）户数占总户数的 1%，富农户数占总户数的 1.58%。共没收地主的水田 58.5 公顷，旱地 21.7 公顷，杉树 16742 株，油茶 7.73 公顷，山林 2.54 公顷。征收富农的水田 15.74 公顷，杉树 40328 株。[①] 没收及征收田地分给雇农 309 户 976 人，分得水田 9.4 公顷；分给贫农 1440 户 6351 人，水田 19.1 公顷；中农 203 户 1076 人，水田 6.6 公顷；分给其他阶层 16 户 68 人，水田 0.66 公顷。[②] 通过土地改革，进一步提高了各族干部群众的政治觉悟，增进了民族团结，培养了大批民族干部，加强了党和群众的联系。通过土地改革，废除了封建剥削的土地所有制，广大农民成为土地的主人，实现了耕者有其田，解放了生产力，促进了生产的发展。

[①] 《金秀大瑶山瑶族史》编纂委员会：《金秀大瑶山瑶族史》，广西民族出版社 2002 年版，第 306 页。

[②] 同上书，第 307 页。

二　互助合作化运动

1954 年 5 月，中共大瑶山区（县）委根据 1953 年初《中共中央关于农业生产互助合作的决议》，在全县范围内掀起互助合作化运动浪潮。决定通过农业合作化运动建立农业生产合作社，使广大农民群众逐步走上社会主义集体所有制道路。

大瑶山区居住的各族人民，历来就有换工、帮工等原始互助合作习惯。早在自治区（县）成立前的 1951 年的 5、6 月份，岭祖区双合乡十二步、观音山两村就成立了 3 个农业生产互助组。1952 年 5 月，三角区柘山乡 6 户瑶族农民在互助和自愿的原则下，组织起了互助组。区党委以该互助组为典型，派出工作队帮助他们进一步巩固和发展互助组，使该互助组在当年 7 月由季节性互助组转变为常年性互助组，参加互助组的户数也增加至 18 户。至 1953 年底，自治区（县）共建立常年互助组 13 个，季节互助组、临时互助组 644 个。

1954 年土地改革结束后，根据中共中央提出的农业社会主义改造分三步走的步骤和方法，在继续巩固和发展互助组的同时，迅速将工作重心转移到创办农业生产合作社上来。在巩固和发展互助组方面，重点放在将临时互助组转变为常年性互助组上。至 1954 年 7 月底，全自治区（县）建有互助组 791 个，其中常年互助组由 1953 年底的 13 个发展到 278 个。互助组的建立，使农民的个体劳动转变为集体劳动，在一定程度上提高了劳动效率，解决了劳动力、耕畜、农具等不足的困难，增强了农民抵御自然灾害的能力，并逐步培养了农民的集体生产劳动观念。

为全面铺开农业合作化运动，中共自治区（县）委根据自治区（县）的实际，制定出《大瑶山试办农业生产合作社选择建设计划和具体做法方案》，提出了创办合作社的两种途径：一是茶山瑶、花篮瑶、坳瑶居住区域，各村屯土地、人口较集中，水田多，一般应从临时互助组发展到季节互助组，再发展到常年互助组，再转为生产合作社；二是盘瑶、山子瑶地区，村屯、人口分散，山地多，耕地远近不等，可不经组织互助组，在群众自愿互利原则下，直接试办合作社。①

1955 年 8 月，大瑶山瑶族自治区改称大瑶山瑶族自治县。9 月至 10

---

① 《金秀瑶族自治县概况》修订本编写组：《金秀瑶族自治县概况》（修订本），民族出版社 2008 年版，第 92 页。

月，为响应、贯彻毛泽东主席《关于农业合作化问题》的报告，自治县掀起第一个农业合作化高潮。不少地方的农民没有经过互助组，整村整屯的全部参加农业生产合作社。至1955年底，全县建成农业、林业生产合作社223个，其中高级社109个。1956年1月至2月，自治县对农业合作社进行全面整顿、巩固、提高，初级农业合作社全部转为高级社。同时根据山区特点，经过扩、并、转，至3月底自治县共建立高级农林生产合作社87个，入社农户6564户，占总农户的99.3%。在推进农业合作化的同时，自治县还对私营商业和个体手工业进行了社会主义改造，在县城组建合作商店1个、车缝社1个、综合社1个、砖瓦厂1个。

三　人民公社与"以粮为纲"

1958年8月25日，中共自治县委发出紧急通知，要求各区在3天内实行人民公社化。在没有任何思想及物质准备的情况下，自治县各区全部改为人民公社，乡村改为大队或生产队。共成立了金秀卫星人民公社、三角盖世人民公社、忠良红旗人民公社、罗香红星人民公社、长垌幸福人民公社、大樟盖世人民公社、六巷红星人民公社7个人民公社。下分49个生产大队224个生产队，农村合作社社员全部加入人民公社中。[1]

人民公社创办初期坚持"一大二公"的原则，"大"即公社规模大，一个公社通常由上千户组成，且把工、农、商、学、兵各行业组织在一起，形成政社合一的体制；"公"即平均主义，所有合作社及社员的一切财产上交公社，在公社范围内统一核算、统一分配。同时，社员自留地、家畜、果树等，全部无偿收归公社所有，农村集市也被取消。公社创办集体食堂，实行"吃饭不要钱"。过快的人民公社化脱离了大瑶山区的实际情况，严重的平均主义挫伤了农民的生产积极性，许多集体食堂也难以为继。

1959年春、夏，自治县对人民公社进行整顿，处理对社员群众的"一平二调"（平均主义和无偿调拨社员物力、财力），凡无偿调拨的，都要进行清理和归还；规定人民公社以生产大队为核算单位，实行队（生产大队）为基础、三级（公社、大队、生产队）所有，生产队实行"按劳分配，多劳多得"的分配办法，按工分分配产品；社员个人生活资料

---

① 《金秀瑶族自治县概况》修订本编写组：《金秀瑶族自治县概况》（修订本），民族出版社2008年版，第93—94页。

（包括房屋、衣物、家具等）和银行存款归还个人，住宅旁的零星果木归还个人，社员可以经营一些家庭小副业等，初步抑制了"一平二调"的蔓延。

1960 年年初，在"左"的错误思想指导下，在农村开展社会主义教育运动，重点解决社会主义和资本主义两条道路斗争的问题，把农民群众迫切要求改变贫穷落后面貌当作走资本主义道路的反映，批判了许多利用业余时间搞家庭副业的农民。在"文化大革命"运动中，自治县同全国多数地区一样，在农村大搞"政治挂帅"、"农业学大寨"，批判农民自留地产品"商品化"，限制小生产者自发的资本主义倾向。仅 1975 年就批判"有严重资本主义思想"的农民 150 人，没收现金 5 万元、竹木 7 万余条，停烧砖瓦窑 78 个。①

新中国成立后，大瑶山深处以瑶族为主体的各族群众在中国共产党的领导下，通过土地改革、民族区域自治获得了经济上的独立及政治上的解放，同全国人民一道走上了社会主义道路，可谓大瑶山历史上最为重大的变革。自治区（县）的经济发展水平在一段时期内快速提高，群众的生产积极性大大增强。加之各级党组织和政府的正确引导，不仅解放了生产力，生产关系和生产资料配置也进一步优化，粮食产量增加，人民的生活水平普遍提高。

但不容忽视的是，大瑶山的经济基础还相当薄弱，社会发育程度也比较低。占人口多数的盘瑶、山子瑶作为"过山瑶"刚刚改变刀耕火种的生产方式，过上定居生活。绝大多数群众还未真正适应这场巨大变革，即被卷入轰轰烈烈的社会主义"跨越式"发展的经济、政治运动旋涡中。快速实现的公有制经济大大超越了大瑶山的实际经济水平，挫伤了群众的生产积极性。盲目的"一大二公"、"以粮为纲"不仅无助于提升经济指标，反而破坏了生态环境，人民生活水平停滞不前。高度的政治集中化，破坏了人民民主和民族区域自治，瑶族群众获得了前所未有的政治权利，但实现路径却被历次政治运动挤压侵占，政治参与程度并未获得实质性的提升。

---

① 《金秀瑶族自治县概况》修订本编写组：《金秀瑶族自治县概况》（修订本），民族出版社 2008 年版，第 94 页。

四 改革开放与因地制宜

党的十一届三中全会以后，随着社会主义现代化建设的深入开展，金秀瑶族自治县对经济体制进行了全面改革。在农村破除了人民公社这一严重束缚农村发展的体制，建立起以家庭联产承包为主要形式的农业生产责任制。

1978 年 10 月，经过拨乱反正，中共金秀瑶族自治县第五次代表大会认真总结自治县成立以来各项建设的经验教训，重新确立了"以林为主，林粮结合，多种经营，全面发展"的工作方针。截至 1983 年底，金秀县所有生产队全部落实各种类型的农业生产责任制，其中包括林业生产责任制。1984 年，根据中央一号文件精神，金秀县延长了原定 3—5 年的土地承包期，其中耕地为 15 年以上，林木、荒山、荒地为 30—50 年，以稳定人心，巩固农业生产责任制。

实行生产责任制后，农民享有生产自主权、产品经营权，合理地体现了社会主义按劳分配的原则，大大激发了群众的生产积极性。1983 年，金秀县农业总产值达 1365 万元，较之实行责任制之前的 1979 年增长41.7%；粮食总产量在大面积退耕还林、耕地面积减少 25.2% 的基础上仍增产 4.53%；1980 年至 1983 年四年间共造林 165146 亩，平均每年41287 亩，比 1952 年至 1979 年的平均每年人工造林面积增加 51.1%。[①]八角、茶叶、毛竹、水果等经济林作物的种植数量逐年增加且初具规模。

经过十几年的发展，2000 年年初，金秀县党委根据自治县实际情况提出"一县两策，八块文章"的工作思路。"一县两策"是根据自治县特有的地域分布特点，认真抓好山区和山外两个板块的"二元经济"。在山区，围绕保护和扩大水源林区这个中心，立足大瑶山的自然资源优势和民族特点，加快金秀县森林衍生的水能资源、旅游资源和林下经济的开发步伐，进一步发展八角、茶叶、毛竹三条经济带；在山外，立足桐木工业小区、头排商业小区的开发，使之逐步成为快速发展的经济区域，促进山区林业经济的发展，同时建立发展水果林带。"八块文章"指积极做好水源林立法、能源开发、旅游资源开发、林果经济开发、林下经济开发、农业产业化、机关参与农林开发、市场开发等八项工作。

---

① 《金秀瑶族自治县概况》修订本编写组：《金秀瑶族自治县概况》（修订本），民族出版社 2008 年版，第 97 页。

2002 年 10 月，中共金秀瑶族自治县第十一次代表大会召开，提出了今后五年"林业立县、农业稳县、工业富县、旅游强县、科教兴县、依法治县"的工作思路。并明确提出"林业立县"的根本在于保护区域生态平衡，确保森林资源安全，为县域经济的发展创造良好的生态环境。同时，继续加快八角、水果、茶叶、毛竹四条林带的建设，加快八角标准化建设和低产林的改造，实现生态林业的健康发展和财政、林农增收的目标。

随着发展脉络的进一步清晰，2008 年，金秀县的战略发展定位从"林业立县"提升到了"生态立县"的高度，更加突出生态价值，并从根本上将抓木材经济转变到狠抓生态建设和保护的工作重心上来。同时，积极实施《生态县建设规划》、《生态保护和建设规划》、《大瑶山国家级自然保护区总体规划》等一系列关于生态保护和建设方面的规划。贯彻"保护中建设，建设中保护"的方针，把生态建设和产业发展、经济建设融为一体，实现两者的协调发展。

第四节　民主协商下的社会治理体系

在新的历史发展阶段，在现代社会治理体系的框架下，金秀瑶族自治县不断改进和创新社会治理方式，传统与现代的社会制度和谐交融，共同发展。

一　传统与现代的社会制度交融

20 世纪 50 年代以前，历代中央王朝都试图将其势力深入大瑶山瑶族地区，并且曾经在瑶族地区建立过一些基层政权。但这些基层政权仅仅触及了瑶族的上层人士，其影响力相当有限。因此，在瑶族社会中起主导作用的是传统社会组织。

新中国成立后，中央政府通过土地改革运动，将农村的土地资源均分到每个农户，之后通过建立合作社、人民公社，把农户刚分到的土地收归集体所有。特别是人民公社高度"政社合一"的体制，将经济组织与政治组织有机结合起来，有力地控制了瑶族乡村的政治局面和经济局面。传统社会组织的生存基础被瓦解，传统社会组织的影响力也被极大地削弱。

民族区域自治制度实施以来，金秀县各级党委、政府培养和选任了一批瑶族干部担任自治地方的主要行政领导，还有一大批瑶族青年干部担任乡镇基层领导。通过他们代表国家机关在瑶族地区行使国家权力，从而使国家力量有力地深入金秀大瑶山各个乡村。

1979 年以后，国家开始实施改革开放、搞活经济的路线方针，不再大规模开展各种政治运动，放弃了单纯通过调动群众的积极性即可"迅速实现共产主义"的想法。将关注点集中于通过经济建设提高人民生活水平这一问题上来，开始放手让人民群众依靠自己的力量恢复和发展生产。"生产责任制"的改革将土地重新分给了农民，家庭再次成为生产的主体和基本单位。但由于大瑶山地区生产力水平不高、土地质量较差且大多远离居住地等原因，广大农民仍然需要借助于家庭以外的力量来完成最终的生产。

政府不再干涉具体的农业生产活动，也不再事无巨细地管理整个生产流程，大瑶山地区传统的社会组织有了重新发挥作用的空间。以血缘关系、亲缘关系为基础的互助生产方式再次出现，用以规范人们在日常生产、生活中各类行为的村规民约成为国家法律制度的有益补充。石牌制度中带有原始民主色彩的议事方式，被很多农村基层组织吸纳并发挥着积极作用。在课题组进行实地调研的六巷乡帮家屯，山子瑶传统形式的"村老组织"与现代农村村民自治组织同时存在，并且有机地融合在一起。双方协商合作，共同管理村寨集体事务，不仅获得村民的认可，也为当地政府所称道。

"村老"依然按照传统的方式选出，三年一任。选择方法是将全村所有成年男性的姓名分别写于纸条上并包入稻米，团放于箩筛中，连续三次被筛出的人即担任"村老"。乍一看这种随机筛选的方式实在太过随意，但更为重要的环节是绝大多数人会在筛选前将写有自己姓名的纸团从箩筛中取出，留下的是村中文化程度较高、有丰富生产经验和较好民意基础的人。因此，通过这种让贤的程序设计，保证了"村老"由村中的能者担任。自 1998 年 11 月，国家颁布实施《中华人民共和国村民委员会自治法》以来，村民小组长、村党支部书记等正式组织成员多次被选为"村老"，并在实际的组织运行过程中形成正式组织主外、传统组织主内的鲜明特色。

在 2005 年的"6·21"洪灾中，帮家屯是六巷乡受灾最为严重的村寨，全村多数房屋严重损毁。在突如其来的山洪暴发前半小时，"村老"

协同村民小组、村党支部一干人等，迅速组织村民集中到地势较高、相对安全的几户人家进行躲避。虽然暴雨山洪给村寨造成了极大的经济损失，但却无一例人员伤亡。在如此急迫的突发事件中，"村老"、村民小组和村党支部的反应、协调、组织能力充分地显现出来。

洪灾过后，经相关部门勘察，帮家屯需整村搬迁，另选新址进行灾后重建。在上级政府的帮扶下，通过县、乡两级驻村干部与村民组织的共同商讨、共同协作，帮家屯迅速完成了新村选址、规划设计、开工建设等各项灾后重建工作。虽然也有部分农户面临故屋难舍、资金不足等问题，但通过村民组织耐心做工作、积极想办法，2006 年 8 月全村顺利完成了整村搬迁。全部村民均告别了老村的土坯房和木楼，搬进了统一设计的砖混结构二层楼房。

通过上述事件我们可以看到，金秀大瑶山部分农村地区的传统组织其结构与功能均发生了很大变化，在与现代正式组织的关系中，更多地体现为合作而非竞争；在对待新生外来事物的态度上，更多地表现为开放而非封闭；在集体事务管理中，不仅提高了村民参与度，也保持了与政府等正式组织的良性互动，提高了乡村治理水平。

二　社会治理体系的嫁接

协商与合作是金秀大瑶山农村社区公共事务管理的最主要方式。在社会主义市场经济环境下，国家正式组织以及相关法律法规介入是确保社会治理的基础性条件。在金秀县党委的领导下，县政法委、司法局等相关部门不断加强基层普法宣传工作力度，在宣传法律法规时，注意深入群众开展调研，及时发现群众关心和面临的矛盾纠纷。在国家法律的框架内，结合地方传统与现实条件，积极调解和处理群众中的各类矛盾。

金秀瑶族自治县地处大瑶山区，历来山林土地纠纷较多。近年来，随着林权改革的深入，一些原本隐性的纠纷逐步显现出来。如忠良乡一起纠纷在三十年前已埋下隐患，在十年前因水源林补偿而使矛盾进一步显现。此类纠纷往往发生在较为偏远的乡村，农户居住分散，交通不便，且时间跨度较大，取证困难。在实际工作中，仅靠一个职能部门在办公室进行调解很难解决问题。根据金秀县的实际情况，县委、县政府组织成立了"基层流动调解室"，深入村屯，深入实地进行现场调解。

"基层流动调解室"由县司法局牵头，从各相关部门抽调骨干人员组成流动调解组。同时建立了案件通报制度，由县司法局牵头，各相关职能部门每个月对各自排查出的重点案件进行通报，共同研究解决办法，对案件的调处情况进行跟踪通报。为使流动调解室高效运转，还制定了《金秀瑶族自治县基层流动调解室现场调解规程》，规定了流动调解现场的调解程序和纪律。县司法局还专门配备了一台皮卡车方便流动调解室开展工作，另为流动调解室配置了笔记本电脑、打印机、调解标识、话筒等设备。流动调解室在调解过程中创造性地采用"四同四结合"的做法，先后成功调解了多起各类基层矛盾纠纷。

"四同"：一是同查现场。对于纠纷地域进入现场了解实地情况，为调解获取第一手资料，只有各方共同在场认可的分界线，才是调解成功的基础。二是同访群众。对于有争议的证据，各方共同走访村屯中的知情群众并当面告知编造事实的后果，听取他们对相关纠纷的看法，由调解室记录备案。三是同桌吃饭。纠纷发生地大都地界相连，各村群众长期相互往来，有很多都有亲戚关系。在纠纷调解过程中，调解员邀请各方代表同桌吃饭、喝酒，既可以沟通感情、交流意见，同时也为调解打下感情基础。四是同等对待。发生在村屯间的集体纠纷，往往因村屯大小、群众多少的不同，容易出现"以大欺小"的问题。在调解过程中大村的围观群众数量也往往比小村多，为防止出现围观群众强行打断代表发言的现象发生，调解组要求各方自行约束本村的围观群众，尊重对方代表发言，实现"互相尊重，平等对话"。有时，根据需要，还可把流动调解室设在人数相对较少的村屯。

"四结合"：一是结合调解做好法制宣传工作。在调解过程中，调解组成员利用各种时机，向村屯群众有针对性地进行法制宣传，向他们解释该纠纷所涉及的法律问题，引导他们从法律的角度重现审视各自的观点，转变以往习惯性的思维方式。二是结合"千名干部进村住户、千户农民进城住家"活动打好群众基础、针对存在矛盾纠纷的村屯，流动调解组工作人员积极与驻村干部取得联系，与他们一同进村屯，住农户，了解情况，交流感情，取得群众信任，为调解工作打下良好的群众基础。三是结合亲情乡情建立感情基础。为做好调解工作，流动调解组还邀请该村屯在外工作的干部、教师等在当地群众中有一定威信的公职人员一同回村做工作，通过他们聊亲情、叙乡情，化解群众心中的矛盾。四是将调解工作与解决村屯实际困难相结合。林地纠纷涉及群众的切身利益，越是经济发展较慢、群众收入较低的地方，群众越看重"水源林补偿款"等由林地带来的经济利益。在调解过程中，调解组不仅收集纠纷的相关材料，同时也了解群众的实际困难并想办法加以解决。使群众看到发展的希望，积极配合党委、政府的调解工作。如在调解六巷乡青山村香桥屯与胶厂屯的林地纠纷时，调解组通过县直有关部门帮助，引进外地老板到胶厂屯带动群众发展蘑菇种植，不仅为群众增收创造了条件，而且使纠纷得以顺利解决。

流动调解室下乡进村进行现场调解，调解过程公开透明，调解结果比较容易得到群众的认可，矛盾纠纷出现反复的可能性大大降低。基本实现了"发生在基层，化解在基层"，有效地排除了影响基层稳定的矛盾隐患。同时促进了法治宣传，调解人员在调解过程中直接面对群众进行法律解释与普法教育，真正起到了"调解一案，宣传一片"的作用。更为重要的是，流动调解室使调解工作由室内走向室外，变被动受理调解为主动上门服务。在调解过程中，与群众同吃同住，深入了解群众实际困难，帮助群众解决实际问题，使广大群众感受到干部作风的转变，感受到党委、政府的关怀，并逐步建立起融洽的党群、干群关系。

三　社会治理方式的改进与创新

为了加强社会主义民主和法制建设，全面深化依法治理，中共金秀自治县县委、县人民政府深入实施"依法治县"发展战略。坚持在法治环境下履行好政府职能。坚持依法行政，自觉接受人大法律监督、工作监督和政协民主监督，主动接受群众监督和舆论监督。严格规范行政执法行为，落实行政执法责任制。大力推进"一服务两公开"①，用制度和科技手段，实现权力运行监控全覆盖。

通过"五五普法"和"六五普法"大力推进以"一个活动、两个内容、三个层面"②为载体的思想道德法制教育活动，积极在全社会树立良好的道德风尚。加强社会治安综合治理和平安建设工作，坚持法律学习进机关、进社区、进学校、进企业、进农村。做好信访和矛盾纠纷调处工作，深入基层组织开展"三大纠纷"大排查、大调处、领导包案下访工作，下大力气解决人民群众切身利益的突出问题。进一步健全社区管理和

① "一服务两公开"：指政务服务、政务公开和政府信息公开。

② "一个活动、两个内容、三个层面"指法制道德教育活动，法制和道德教育两个内容和机关单位干部职工、学校和社会三个层面。

服务机制，提高城乡基层组织水平。2012 年公开选拔了 13 名贫困村党组织第一书记，从自治县、乡镇两级党政机关、群众团体、企事业单位，选派 154 名自治县、乡镇新农村建设指导员驻村开展工作。在桐木镇创建了金秀瑶族自治县首个屯级议事中心，成立了平步屯理事会。深化推进农村"四个培养"① 工程和"双培双促"② 工程。

同时，为确保选派驻村工作深入扎实开展并取得实效，还建立完善了目标绩效考评机制。对金秀县党委、政府、人大、政协四家班子领导进行"六个联系"③ 的目标绩效考评；对县直单位进行"四个一"④ 的目标绩效考评；对县直属机关单位干部进行"结一联十"⑤ 的目标绩效考评。在考评程序中实行城乡"双考互评"⑥，把联系单位年度绩效与乡镇、村工作捆绑考评，互评结果作为年终绩效考评的主要内容之一。

此外，金秀县积极鼓励人大代表、政协委员、工商业联合会代表充分发挥在推动经济发展、构建和谐社会中的模范带头作用。自 2006 年起金秀县人大常委会在自治县、乡镇人大代表中组织开展了以"带头遵纪守法、带头执行党的政策、带头维护公平正义、带头维护国家和集体利益、带头学用科学、带头勤劳致富"为主要内容的创先争优活动。经过一段时间的探索和实践，金秀县人大常委会结合代表履行职责的需要，把"六带头"的内容调整为"带头参政议政、带头遵纪守法、带头执行党的政策、带头维护公平正义、带头维护国家和集体利益、带头学用科学勤劳致富"。将带头参政议政作为"六带头"活动的首要内容。

为了给代表们更好地参政议政搭建新的平台，金秀县人大常委会于2010 年创办了"金秀瑶族自治县人大代表论坛"。每期选择一个热点问题，组织县人大代表深入开展调查研究，并撰写论文在论坛上发表。活动

---

① "四个培养"即把党员培养成能人、把能人培养成党员、把党员能人培养成村干部、把优秀村干部培养成村党组织书记。

② "双培双促"即把农村优秀经纪人培养成为党员，促进农村党员队伍建设；把农村党员骨干培养成为经纪人，促进农村经纪人队伍建设。

③ "六个联系"即自治县四大班子每位领导分别联系一所学校，联系两户贫困生，联系一个贫困村，联系一户贫困户，联系一个县庆项目（包含重大项目），联系一个产业。

④ "四个一"即自治县每个直属单位分别联系一个村委，联系一所学校，联系一个县庆项目，争取一批项目和资金。

⑤ "结一联十"即自治县每位领导干部结对帮扶 1 户贫困户，联系 10 户农户。

⑥ "双考互评"即市、县联系单位和乡（镇）考评贫困村党组织第一书记或新农村指导员；市、县挂点单位考评联系点，联系点考评市、县挂点单位。

开展以来，许多代表就经济社会发展中存在的问题，以及人民群众关心的社会热点问题，积极建言献策，撰写提案，为优化金秀县经济社会发展环境及政策的制定出台，提供了大量翔实的材料和参考依据。

进入社会主义建设新时期以来，随着市场经济的不断发展，西部地区、民族地方等经济后发地区各类矛盾纠纷呈现上升趋势，加强社会治安综合治理成为各级党委、政府的重要工作任务和工作内容。在应对和处理这些矛盾和问题时，经济发展水平和人民受教育水平的不均衡以及相关部门和部分群众尚未牢固树立的法制观念都不同程度地成为解决问题的制约因素。因此，在处理人民群众亟待解决的具体问题时需要不断改进和创新社会治理方式方法，重视和运用当地传统习惯中的合理性因素，在保障和改善民生的同时，建立并引导群众通过合法合理的途径表达自己的意愿，以确保社会发展既充满活力又和谐有序。而这也正是金秀瑶族自治县给予我们的一个启示。

第七章

金秀县教育事业的发展

金秀瑶族自治县是我国经济发展和教育水平相对落后的地区现代教育起步晚、基础差。1988 年以后，金秀县教育的改革与发展进入新的历史时期。县乡（镇）各级领导不断加深对"教育为本"的认识，把加快基础教育作为社会进步、经济振兴和发展各类教育的基础，采取措施加大改革与发展的力度。按规划实行分类指导实施，陆续开展普及初等教育、基本普及九年义务教育的检查评估验收工作。

截至 2014 年，金秀县有各级各类学校 103 所，其中公办幼儿园 1 所，小学 97 所（含教学点 31 个，其中一师一校教学点 26 个）。初级中学 5 所，普通高中 1 所，中等职业技术学校 1 所。在校中小学生 13055 人（其中小学生 9534 人，初中生 3521 人），高中生 1505 人，职业技术学校学生 1333 人（含成人在职培训人员）。学前一年入学率达 97.5%，学前三年毛入园（班）率为 62.6%，小学适龄儿童入学率为 99.87%，初中适龄少年入学率为 98.09%，高中毛入学率为 87%，九年义务教育巩固率达到 86%。[①]

第一节　金秀县小学教育的发展

从 1980 年起，金秀县根据地理环境、自然条件和民族教育的实际情况，大力兴办小学民族寄宿制学校。特别是 2000 年以来，金秀县民族小学、山区乡镇中心小学等学校不断扩大民族班学生的招生规模，民族寄宿制学生逐年增多。

---

① 金秀瑶族自治县实施《民族区自治法》教育工作情况汇报，2014 年 4 月。

一　金秀瑶族自治县小学

金秀瑶族自治县小学的前身，是创建于民国三十年（1941）的永宁乡国民基础小学，1952 年改名为六拉完小。1956 年学校向各村屯招寄宿生，改名为金秀完小。1987 年改名为金秀镇小学，2000 年升级为县级小学，改校名为金秀瑶族自治县小学。2002 年学校开始面向全自治县招收寄宿生，五、六年级各约 100 人。[①] 该校占地面积 8.13 公顷，建筑面积6554 平方米，有教学楼 4 幢，28 间标准教室；综合楼、科技楼、学生宿舍楼各 1 幢；教师宿舍 3 幢 25 套；学生食堂一间，篮球场 2 个，田径运动场 1 个，公厕蹲位 48 个。2005 年，学校有教学班 27 个，在校学生1108 人，其中民族寄读生 200 人，少数民族学生占 79.4%；在职教职工77 人，获小学教师高级职称 56 人。

金秀瑶族自治县小学是县城内唯一的一所小学，是自治县小学教改实验、教学示范、特色教育、对外交流的窗口学校。学校的办学理念是：德育为先，全面发展。办学特色为：走科研兴校之路，办民族特色学校。学校设有仪器室、实验室、图书室、阅览室、电脑室、美术室、音乐室、舞蹈室、劳技室、多媒体教室、阶梯教室及各功能室等，设备齐全。教学仪器价值47.4 万元，图书室存书2.6 万册。教师合格率100%，其中大专以上学历53 人，占全部教师的72.6%。

二　小学教育布局调整

1988 年，金秀县有小学校点 480 个，村小布点分散，班额小，教育资源浪费严重。从 1991 年开始，金秀县为进一步贯彻落实《中共中央关于教育体制改革的决定》精神，按照合理布局、突出重点、确保效益的原则，对小学校点作了较大调整，由 1991 年的 80 所撤并到 2006年的 74 所，教学点由原来的 370 个撤并为 85 个，撤并后在校小学生9894 人。自 1998 年加大撤点并校的力度后，至 2007 年底，金秀县共有校点 145 个。

1980 年，金秀县根据地理环境、自然条件和民族教育的实际情况，大力兴办小学民族寄宿制学校。特别是 2000 年以来，金秀县民族小学、

---

① 《金秀瑶族自治县县志·教育篇》，2014 年 8 月。《喷薄而出　蒸蒸日上——金秀瑶族自治县 2002—2012 年教育发展纪实》，2012 年。

山区乡镇中心小学等学校不断扩大民族班学生的招生规模,民族寄宿制学生逐年增多。2006 年时,在县 10 个乡镇的中心校中,除桐木镇、头排镇外,其余 8 个乡镇的中心校均开办有民族生寄宿班,共 19 个班,民族班学生 701 人。

通过对小学校点的撤并、调整和开办民族寄宿制学校,办学模式有了较大的改变。即从过去的分散教学逐步过渡到集中办学;从过去的复式班教学逐步过渡到单式班教学;从过去的走读制过渡到寄宿制。教育资源得到了较为合理的利用,办学效益得到显著提高。

表 7-1　　　　　　　1988—2006 年金秀县小学教育"三率"情况　　　　单位:%

年份	入学率	辍学率	毕业率
1988	89	0.82	94
1990	96	0.79	94.6
1994	98.3	0.71	95.3
1996	98.9	0.68	96
1998	98.5	0.65	96.2
2000	98.86	0.62	98
2002	99.14	0.61	98.6
2004	99.46	0.42	100
2006	99.53	0.31	100

1990 年金秀县普及小学六年义务教育,1995 年基本普及初等义务教育,1998 年基本扫除青少年文盲并通过国家级验收。截至 2006 年,金秀县基本扫除青壮年文盲,基本普及九年义务教育,并通过广西壮族自治区评估验收。2007 年,金秀县实现"两基"工作目标,并荣获全区"两基"工作先进单位。[①]

三　小学教育师资配备及水平

教职工配备是中小学办学标准的重要内容,是促进中小学教师队伍建设的重要手段。为规范中小学办学行为,促进中小学教师队伍建设,满足中小学生在学校生活、游戏和学习的需要,确保中小学生接受基本的、有

① 《金秀教育志》(2002—2012),金秀县教育局内部资料。

质量的义务教育，促进中小学生健康成长。2006—2007 学年度，金秀县小学共有 516 个教学班，在校生 9420 人，在职教职工 1011 人，生师比为 9.3∶1。

教师合格率，其中小学教师学历合格率，是指具有中师或高中及以上学历的专任教师数占专任教师总数的比重。2006—2007 学年度，共有小学专任教师 953 人，学历合格 953 人，合格人数 953 人，合格率 100%。

2001 年以后补充的小学教师 208 人，中师（中专）以上学历 208 人，合格率 100%。

小学校长岗位培训合格率：1996 年实施并完成第一轮小学校长岗位培训任务。2006 年，共有小学校长、副校长 106 人，已取得校长岗位培训合格证 106 人，合格率 100%。

1997 年金秀县小学被评为自治区中小学图书室先进集体；1997—1999 年连续三年被评为柳州地区中小学教学设备工作先进集体；2000—2001 年小学毕业测试，语、数科达标考均获自治县中心校最好的成绩；1998 年获第十二届"双龙杯""全国少年书画"大赛集体二等奖；2001 年获柳州地区"德育先进集体"称号；2004 年获全区中小学"德育工作先进集体"称号。1988 年至 2006 年，学校分别获县级奖励 6 次，地、市级奖励 6 次，省级奖励 2 次，国家级奖励 4 次。

2012 年，金秀瑶族自治县深入实施"科教兴县"战略，加快教育事业发展工作方案，出台了"四方案一制度"。即：《自治县四家班子领导成员及县直单位联系学校、扶持贫困学生工作方案》、《自治县中小学教师培训工作方案》、《自治县实施寄宿制学校"温暖工程"工作方案》、《自治县高考、中考、小学毕业水平测试和职校成绩测评奖励工作方案》及《自治县每年定期慰问退休教师、困难教师、优秀教师及边远山区学校教师制度》。这些方案（制度）的出台，为金秀县民族教育的稳步发展提供了有力保障。

四　金秀县小学办学条件

学校配置完备。截至 2005 年，金秀县共有完全小学 71 所，教学点 75 个，学校数量足够，布局合理，学生能就近入学。

表7－2　　　　　　2005 年金秀瑶族自治县小学学校、教学点分布表

乡镇名称	村民委名称	学校名称	教学点名称
		金秀县小学	
金秀镇	和平村民委	和平小学	
	金田村民委	金田小学	孟村教学点、美村教学点
	长二村民委	长二小学	长滩教学点
	六段村民委	六段小学	双永教学点
	共和村民委	武警小学	古卜教学点、坤林教学点、十八教学点
	罗孟村民委	罗孟小学	新建教学点、朝阳教学点
桐木镇	高仁村民委	高仁小学	
	太山村民委	太山小学	凤凰教学点、马高教学点
	桐木居委会	桐木中心校	金村教学点
	鹿鸣村民委	鹿鸣小学	大苏教学点
	古池村民委	古池小学	
	大蚕村民委	大蚕小学	新村教学点
	龙庆村民委	龙庆小学	邓池教学点、伦村教学点
	仁里村民委	仁里小学	
	古院村民委	古院小学	大古教学点、王岗教学点、上坪教学点
	那马村民委	那马小学	上架教学点
	那安村民委	那安小学	
	七建街委	七建小学	
	皆村村民委	七建中心校	
	三友村民委	三友小学	
三角乡	三角村民委	三角中心校	大口教学点、六秘教学点
	龙围村民委	龙围小学	
	甲江村民委	甲江小学	郎旁教学点、六闭教学点
	江燕村民委	江燕小学	中村教学点
	六眼村民委	六眼小学	小冲教学点
头排镇	头排居民委	头排中心校	
	二排村民委	二排小学	古樟教学点
	夏塘村民委	夏塘小学	都利教学点
	同扶村民委	同扶小学	平地教学点、成兴教学点

续表

乡镇名称	村民委名称	学校名称	教学点名称
三江乡	三江村民委	三江中心校	
	同化村民委	同化小学	大步教学点
	夏思村民委	夏思小学	大坪教学点、庙村教学点、樟木教学点
	古范村民委	古范小学	
	合兴村民委	合兴小学	
	长乐村民委	长乐小学	
	柘山村民委	柘山小学	
忠良乡	忠山村民委	忠良中心校	三合教学点、能段教学点、长六教学点
	车田村民委	车田小学	金泗教学点、巴勒教学点、新村教学点、更范教学点
	林秀村民委	林秀小学	金段教学点、古丹教学点、古寻教学点
	德香村民委	德香小学	六桂教学点、高天教学点、石洋教学点、六卜教学点、六雷教学点
	永和村民委	十八家小学	山界教学点
	六干村民委	六干小学	立龙教学点、根广教学点
长垌乡	长垌村民委	长垌中心校	
	道江村民委	道江小学	
	滴水村民委	滴水小学	
	镇冲村民委	镇冲小学	
	桂田村民委	南州小学	
	平道村民委	平道小学	
罗香乡	罗香村民委	罗香中心校	罗香村教学点
	琼伍村民委	琼伍小学	
	山茶村民委	山茶小学	
	大新村民委	大新小学	
	大垌村民委	大垌小学	
	龙坪村民委	龙坪小学	古潭教学点、平潭教学点、平贡教学点
	平竹村民委	六对小学	大坪教学点、六竹教学点
	罗丹、罗运村民委	腊河联小	六团教学点、罗丹教学点、罗运教学点、鸡冲教学点、滑坪教学点

乡镇名称	村民委名称	学校名称	教学点名称
大樟乡	大樟村民委	大樟中心校	
	互助村民委	互助小学	
	瓦厂村民委	瓦厂小学	
	花炉村民委	花炉小学	
	新村村民委	新村小学	九贺教学点、沙梨坪教学点
	三古村民委	三古小学	
	玲马村民委	玲马小学	中南教学点
	大樟村民委	大樟小学	
	双化村民委	双化小学	
六巷乡	六巷村民委	六巷中心校	泗水教学点、架梯教学点、上古陈教学点、下古陈教学点
	青山村民委	青山小学	胶厂教学点、
	大岭村民委	大岭小学	
	门头村民委	门头小学	文凤教学点
	王钳村民委	王钳小学	蒙冲教学点、六庙教学点、平冲教学点

小学校舍面积：截至 2007 年，全县小学校舍面积共有 72764 平方米，生均 7.72 平方米。

教学仪器设备：2007 年全县共有 10 所小学，按不同类别装备了标准的综合实验室。其中有 3 所还装备了劳技室，并配备了计算机室。有 3 所中心校按Ⅰ类学校装备，7 所按Ⅱ类学校装备，其余 54 所村完小按Ⅲ类学校装备。10 所中心校，全部按乡镇教育资源中心项目工程装备。

表 7－3　　1988—2007 年金秀瑶族自治县小学校数、班数、毕业生数

学年度	校数合计（个）	教学点数（个）	县城		乡镇		班数合计（个）	复式班（个）	毕业学生数（人）
			教育部门和集体办（个）	民办（个）	其他部门办（个）	教育部门和集体办（个）			
1988—1989	400	320	1		2	77	930	368	2210
1989—1990	400	320	1		2	77	936	375	1879
1990—1991	415	336	1		2	76	948	376	2367
1991—1992	450	370	1		1	78	931	378	2247
1992—1993	418	338	1		1	78	933	382	2692

续表

学年度	校数合计（个）	教学点数（个）	县城		民办（个）	乡镇		班数合计（个）	复式班（个）	毕业学生数（人）
			教育部门和集体办（个）			其他部门门办（个）	教育部门和集体办（个）			
1993—1994	396	316	1			1	78	941	367	2637
1994—1995	396	316	7			1	72	880	331	2447
1995—1996	406	327	7			1	71	963	353	2489
1996—1997	409	330	7			1	71	941	328	2540
1997—1998	379	302	7			1	69	940	329	2877
1998—1999	351	271	7			1	72	895	256	3263
1999—2000	317	242	7			1	67	846	256	3233
2000—2001	298	224	8				66	823	220	2973
2001—2002	255	183	4				68	752	171	2659
2002—2003	255	183	4				68	752	171	2778
2003—2004	203	134	3				66	631	92	2171
2004—2005	176	106					67	594	77	1797
2005—2006	159	85	3				71	563	72	1604
2006—2007	145	75	3				67	528	51	1651

表 7-4　　　　　　　　1988—2007 年小学在校学生情况　　　　　　　单位：人

	合计	其中女生	一年级	二年级	三年级	四年级	五年级	六年级
1988—1989	20539	9555	4658	3774	3728	3619	3481	1279
1989—1990	20521	9365	4509	3609	3581	3406	3231	2185
1990—1991	22028	10132	3692	4509	3609	3581	3406	3231
1991—1992	21092	9657	4941	3692	3527	3168	2997	2767
1992—1993	21671	10297	5259	4049	3514	3306	2844	2699
1993—1994	21686	10225	4944	4263	3784	3317	2895	2483
1994—1995	21830	10791	4437	4351	4051	3518	2922	2551
1995—1996	21661	10265	3861	3970	4230	3778	3160	2662
1996—1997	21231	10117	3499	3555	3899	3930	3471	2877
1997—1998	20230	9648	2924	3226	3425	3711	3679	3265
1998—1999	18249	8522	2296	2711	3299	3290	3396	3257
1999—2000	16000	7535	1992	2179	2669	3035	3062	3063
2000—2001	14442	6904	2011	2001	2161	2577	2879	2813

续表

	合计	其中女生	一年级	二年级	三年级	四年级	五年级	六年级
2001—2002	13375	6294	2147	1924	1990	2128	2527	2659
2002—2003	13375	6294	2147	1924	1990	2128	2527	2659
2003—2004	10977	5266	1800	1724	1961	1781	1891	1820
2004—2005	8034	3893	1420	1301	1323	1495	1235	1260
2005—2006	9894	4786	1584	1608	1601	1675	1822	1604
2006—2007	9626	4719	1613	1590	1569	1587	1635	1713

1990 年，金秀县普及小学六年义务教育。在普及义务教育之前，金秀县适龄儿童入学率不到 35%，文盲率高达 75%。经过多年的努力，目前金秀县义务教育阶段小学适龄儿童入学率达 99.66%，初中阶段入学率达 97.93%。

第二节　金秀县中学教育的发展

20 世纪 90 年代中期以来，金秀县通过撤点并校办学，集中财力，重点加强自治县民族中学等六所寄宿制中学的基础设施建设，加快了中学教育的发展。

一　初级中学教育

1988 年时，金秀县共有初级中学 13 所。其中，县城学校 1 所，乡镇学校 12 所，在校学生 5300 人，教师 460 人。1994 年 9 月，桐木中学的高中部撤销并入金秀瑶族自治县中学。原桐木中学改为桐木一中，原桐木初中改为桐木二中，仁里附中撤销。同年，第一所民办初中育英中学在七建乡开办（2003 年停办）。

1998 年 9 月，六巷乡、长垌乡的中心校和初中分别合并为"六巷乡九年一贯制学校"和"长垌乡九年一贯制学校"。截至 1998 年，金秀县有初级中学 9 所，九年一贯制学校 2 所，在校初中生 5367 人，教师 455 人。

2002 年 9 月，桐木一中、二中合并为桐木中学。金秀县中学高中部和初中部分开，高中部留在原址，校名改为"金秀瑶族自治县高级中

学"。初中部迁至金秀镇白沙村头（原自治县民族小学所在地），设立
"金秀瑶族自治县民族中学"。

2004 年 9 月，将长垌乡、六巷乡两所九年一贯制学校的初中部和三
角乡中学撤销，按就近入学的原则，长垌乡、六巷乡的初中学生安排到自
治县民族中学就读，三角乡的初中学生到桐木中学就读。学生也可根据自
己的具体情况，自行选择其他初中学校就读。

2005—2006 年，金秀县有初中 6 所（含县民族中学），2005 年在校
初中学生 5815 人，教师 302 人；2006 年在校初中生 5007 人，教师
324 人。

表 7 - 5　　　　　　**2007 年金秀瑶族自治县初中学校基本情况表**　　　单位：个，人

学校名称	建校时间	所在地	在校生数	班数	教师数
民族中学	2002.8	县城	1174	21	75
桐木中学	1956.8	桐木镇	1555	33	132
忠良中学	1960.8	忠良乡	224	6	23
罗香中学	1968.8	罗香乡	406	9	35
大樟中学	1969.8	大樟乡	189	6	27
头排中学	1962.8	头排镇	873	21	95

通过撤点并校办学，金秀县集中财力，重点加强自治县民族中学、桐
木中学、头排中学、忠良中学、罗香中学、大樟中学等 6 所寄宿制中学的
基础设施建设。其中"西部地区农村寄宿制学校建设工程项目"资金投
入 877 万元，主要用于增建这些学校的教学楼、综合楼、学生宿舍楼、学
生食堂以及购置学生桌椅、架床等。截至 2007 年，金秀县初中学校的校
舍建筑面积达 39600 平方米，每个学生平均校舍建筑面积为 8.45 平方米，
超过国家规定的 5.59 平方米的标准。由于学校的寄宿条件得到极大的改
善，寄宿学生逐年增加。

普及程度：1995 年，金秀县实现了基本普及初等义务教育目标，
2005 年"两基"工作通过自治区评估验收，2007 年"两基"工作通过国
家评估验收。

表7-6　　　　　1988—2006 年金秀瑶族自治县中学教育"三率"情况　　　　单位:%

年份	入学率	辍学率	毕业率
1988	75.2	3.9	94.8
1990	75.4	3.6	95.3
1994	75.8	3.5	96
1996	76	3.2	97.4
1998	83.2	3.01	98.6
2000	90.6	2.9	99.1
2002	95.83（阶段）	2.98	99.7
2004	96.51（阶段）	2.65	100
2006	100.66（阶段）	2.68	100

教职工配备：2005—2006 学年度，金秀县初中共有 101 个教学班，初中在校生 4833 人，在职教职工 376 人，生师比为 12.85∶1。

2006—2007 学年度，金秀县初中共有 94 个教学班，初中在校生 4686 人，在职教职工 369 人，生师比为 12.7∶1。

教师合格率：2005—2006 学年度，金秀县共有初中专任教师 334 人，合格人数 323 人。其中大专以上学历 317 人，其他取得初中教师专业合格证书 6 人，合格率 96.71%。

2006—2007 学年度，金秀县共有初中专任教师 324 人，合格人数 314 人。其中大专以上学历 308 人，取得初中教师专业合格证书 6 人，合格率 96.91%。

初中校长岗位培训合格率：2007 年金秀县共有初中校长、副校长 19 人，已取得校长岗位培训合格证 19 人，合格率 100%。按"普九"标准要求，金秀县初中专任教师均具有相应的教师资格证书，按规定每年完成继续教育学分 45 分，其中 15 分为集中培训学习，30 分为自学。

表7-7　　　　　　　　1988—2007 学年度普通中学校数　　　　单位：个

学年度	合计	县城			乡镇	
		公办	民办	其他部门办	公办	民办
1988—1989	13	1			12	
1989—1990	13	1			12	
1990—1991	13	1			12	

续表

学年度	合计	县城			乡镇	
		公办	民办	其他部门办	公办	民办
1991—1992	13	1			12	
1992—1993	13	1			12	
1993—1994	13	1			12	
1994—1995	14	1			12	1
1995—1996	14	1			12	1
1996—1997	16	1			12	1
1997—1998	15	1			12	1
1998—1999	14	1			12	1
1999—2000	13	1			12	1
2000—2001	13	1			12	1
2001—2002	13	1			12	1
2002—2003	13	1			8	1
2003—2004	13	1			8	1
2004—2005	9	1			8	
2005—2006	8	1			7	
2006—2007	7	1			6	

表 7 - 8　　　　　　2004—2005 学年度初中在校学生数统计　　　　单位：个，人

单位	合计		初一		初二		初三	
	班	人	班	人	班	人	班	人
城区	107	5354	34	1717	35	1800	38	1837
桐木镇	30	1496	10	520	10	523	10	453
七建乡	7	320	2	82	2	117	3	121
三角乡	0	0	0	0	0	0	0	0
头排镇	22	1146	6	335	8	371	8	440
三江乡	7	322	2	95	2	114	3	113
忠良乡	6	249	2	77	2	79	2	93
罗香乡	10	547	4	188	3	189	3	170
长垌乡	0	0	0	0	0	0	0	0
大樟乡	8	389	2	109	3	143	3	137
六巷乡	0	0	0	0	0	0	0	0

表 7 - 9   **1988—2007 学年度普通中学办学条件统计**

学年度	总占地面积（平方米）	校舍建筑面积（平方米）					图书（册）	固定资产（万元）	
		合计	教学及辅助用房	行政办公用房	生活用房	其他用房		合计	其中仪器设备总值
1988—1989	1033632	110368					11340		30
1989—1990	1791540	116834					11989		32.8
1990—1991	1791540	117411					15005		35.9
1991—1992	795162	143139	75630	8122	19329	14375	28714		39
1992—1993	795213	153419	78136	4340	20031	12916	23011		42.5
1993—1994	795213	155177	79454	5144	20131	12916	23551		45.5
1994—1995	795213	155578	86306	8572	60697		24948		48.9
1995—1996	795213	158374	98448	5459	54427		26526		51.2
1996—1997	795208	158374	98448	5459	54427		44411		54.5
1997—1998	795208	159074	98778	5459	54427		46835		58
1998—1999	795208	162972	99176	5799	38625		66628		61
1999—2000	795208	165002	99282	5485	58101		83566		62
2000—2001	553636	165002	104091	5746	55165		117021		64.4
2001—2002							21007		66.32
2002—2003	215971	33814	13260	1215	18001	1338	23508	1402.00	67.64
2003—2004	200373	34501	13508	1407	17160	2426	31976	1626.83	73.40
2004—2005	192286	35521	14202	2611	16889	1819	45676	1628.32	70.40
2005—2006	189736	34669	14203	2559	15186	2721	63711	1615.33	72.40
2006—2007	186075	63290	21152	3816	36303	2016	80853	1843.72	139.59

二 金秀县初级中学选介

1. 桐木中学：创建于 1956 年 8 月，前身是石龙县第四中学。学校先后更名为桐木公社初中、桐木五七中学、象州县桐木中学、金秀瑶族自治县桐木一中。2002 年 9 月，桐木一中和桐木二中合并，始用现在的校名。

1988 年以前的校舍全部为泥房。1989 年 10 月，第一幢三层教学楼落成，结束了无楼的历史，学校占地 57 亩。20 年来，为了实现"两基"攻坚目标，各级政府投入了大量的资金，学校面貌发生了翻天覆地的变化。2007 年学校有教学楼 2 幢（36 间标准教室）；学生公寓楼 3 幢（共 72 间寝室），普通宿舍楼 2 幢（共 21 间寝室）；学生食堂 1 幢 2 层；综合实验楼1幢（含物理实验室2间、化学实验室、生物实验室、电脑室（有电脑64台）、体育仪器室、阶梯教室各1间）；远程教育多媒体室、电子阅览室、电子备课室、白板互动室各1间；运动场面积8500平方米（其中篮球场5个，排球场3个，羽毛球场3个，200米的环形跑道）；教学仪器按标准配置齐全。2005年11月，桐木中学顺利通过自治区级"两基"验收，2007年6月顺利通过国家级"两基"验收。

目前，学校有30个教学班级，学生近1600人；在职教职工130人，其中专任教师111人，大专以上学历106人，教师合格率为95.5%。先后被评为自治区"两基"先进单位、来宾市德育工作先进单位、勤工俭学先进单位、校园文化建设先进单位、卫生学校等。1997年以来连续11年获县级以上中考教学质量优秀奖和突出贡献奖。

2. 头排初级中学：成立于1962年。原名头排农中、头排五七中学，1984年更名为头排初级中学。有21个教学班，学生928人，教职工94人，高级教师1人，一级教师38人，二级教师29人，获本科学历28人，大专学历46人，地市级十佳校长1人，地市级先进教师5人。

自2002年实施"两基"攻坚战以来，学校面貌发生了巨大的变化。新建教学楼3幢、综合办公楼1幢、实验楼1幢、学生宿舍楼3幢、教师宿舍1幢、田径场1个、篮球场5个。总建筑面积为22500平方米，生均面积24平方米。学校装备有：实验室5间、仪器室4间、图书室1间、阅览室1间、电脑室2间、电教室2间、体育室1间、美术室1间、音乐室1间、卫生室1间，教学设备先进。

1993年至2003年，头排初级中学办学质量不断跃上新台阶。共有640名毕业学生被中专、中师、地区民族高中录取。2000年至2002年，每年录取地区高中人数自治县毕业生的总人数占50%左右，在各种竞赛中有328人次分别获一等奖、二等奖、三等奖，一人获得全国英语比赛一等奖。1999年、2000年连续两年被评为柳州地区示范学校。

三　金秀县高中教育的发展

1988—1993年，金秀县有两所完中（金秀瑶族自治县中学、桐木中学）。1993年8月，桐木中学高中部并入金秀瑶族自治县中学。2002年金秀瑶族自治县中学改名为金秀瑶族自治县高级中学，2007年又改名为金秀瑶族自治县民族高中，是自治县唯一的一所高中。

1998 年 8 月 10 日，金秀县将金秀镇中学合并到自治县中学。当年秋季学期，学校有初中 17 个班，高中 9 个班，共有学生 1395 人，还是初中生多于高中生。教职工 117 人，其中本科 21 人，大专 40 人，中专 17 人；高级职称 6 人，中级职称 32 人，初级职称 35 人。

2001 年以前，金秀县高中招生一直都是采取单一的模式，自高分到低分，择优录取。结果导致山区的一些乡镇数年未考上一个高中生，找一个高中毕业的乡、村干部都很困难。为了改变这种落后状况，自 2002 年秋季开始改变招生形式，继续面向金秀县乡镇农村招收一个民族班，共50 名，享受国家规定的民族生待遇；降低分数定向金秀、长垌、罗香、大樟、三角、忠良、六巷七个山区乡镇招收 40 名五个支系瑶族的学生；再度降低分数，面向金秀县招收一个有音乐、美术和体育特长的班级，为金秀大瑶山培养艺术人才和体育人才。

2002 年秋，为了扩大高中招生规模，金秀县人民政府决定将自治县中学初中部分离出去，成立自治县民族中学。自治县中学改名为金秀瑶族自治县高级中学（简称"自治县高中"）。

2003 年秋季学期，金秀县高中有 18 个班，学生 1072 人。教职工 70人，其中本科 24 人，大专 32 人，中专 4 人；高级职称 13 人，中级职称21 人，初级职称 14 人。

2004 年 2 月 6 日，金秀瑶族自治县高级中学获自治区普通高级中学一级学校称号。同年 12 月 1 日，自治县人民政府在自治县高中操场举行自治县高中成立 50 周年庆祝大会。自治区、市、自治县有关领导，校友嘉宾以及港、澳慈善人士，本校师生 6000 多人参加庆典活动。

2005 年秋季学期，金秀县高中有 24 个班，学生 1494 人。教职工 85人，其中本科 53 人，大专 20 人，中专 4 人；高级职称 12 人，中级职称32 人，初级职称 31 人。

表 7 - 10　　　　　1988—2007 学年度普通高中在校学生情况　　　单位：所，人

年度	学校数	在校学生数				
		合计	其中女生	一年级	二年级	三年级
1988—1989	2	479	216	176	153	150
1989—1990	2	526	213	216	156	154
1990—1991	2	470	211	190	140	140
1991—1992	2	632	249	233	222	177

续表

年度数	学校数	在校学生数				
		合计	其中女生	一年级	二年级	三年级
1992—1993	2	642	265	208	205	229
1993—1994	1	480	181	129	164	187
1994—1995	1	364	156	138	91	135
1995—1996	1	359	150	148	125	86
1996—1997	1	353	155	111	119	123
1997—1998	1	417	198	206	98	113
1998—1999	1	460	212	192	182	86
1999—2000	1	550	252	225	167	158
2000—2001	1	531	259	187	182	162
2001—2002	1	537	288	190	182	165
2002—2003	1	572	307	244	174	154
2003—2004	1	1072	627	423	353	296
2004—2005	1	1329	776	465	409	455
2005—2006	1	1494	860	514	454	526
2006—2007	1	1593	912	558	513	522

表7-11　　　　1988—2007年高考上线人数统计　　　　单位：所

年份	本科（重点院校）	专科	中专	附注
1988	11（3）	13	15	
1989	10（1）			
1990				
1991	5	7		
1992	10			
1993	13（2）	7	16	柳地高考质量优秀奖
1994	10（3）	21	12	柳地高考质量优秀奖
1995	13（1）	24	12	
1996	19（1）	34	1	柳地高考质量优秀奖
1997	14（2）	55		柳地高考质量优秀奖
1998	15（1）	25	3	
1999	20（2）	35	7	柳地高考质量进步奖

续表

年份	本科（重点院校）	专科	中专	附注
2000	34（6）	5		柳地高考质量优秀奖
2001	37（2）	85		柳地德育先进集体
2002	32（4）	79		县级高考质量优秀奖
2003	54（8）	87		市级高考质量优秀奖
2004	72（10）	139		市级高考质量优秀奖
2005	130（14）	173		县级高考突出贡献奖
2006	129（10）	210		市级高考质量二等奖
2007	97（12）	253		市级高考质量鼓励奖

四　金秀瑶族自治县民族高中简介

金秀瑶族自治县民族高中，前身为大瑶山瑶族自治区（县级）初级中学，创建于1954年。1958年秋季开始招收高中班，同年更名为大瑶山瑶族自治县中学。1966年，大瑶山瑶族自治县改名为金秀瑶族自治县，学校随之改名为金秀瑶族自治县中学。1993年，各乡镇的高中全部撤并入自治县中学，自治县中学成为自治县唯一的一所完中。2002年秋季学期，实施高、初中分离办学，学校随之易名为金秀瑶族自治县高级中学。2007年3月，改名为金秀瑶族自治县民族高中。2007年，学校占地面积201亩（其中八角林基地170亩），建筑用地31亩。有多媒体教室1间，186平方米；网络教室2间，197平方米；物理、化学、生物实验室5间，共279平方米。学校还建立起校园网络，实现"校校通工程"。学校有阅览室1间，200多平方米；图书室1间180平方米，藏书量8万多册；2007年有26个教学班，学生1612人；教职工96人，其中专任教师87人（高级职称11人，中级职称34人，在读教育硕士研究生2人，21世纪园丁工程B类人才1人）。

1993年，桐木中学高中部并入自治县中学。1998年8月，金秀镇中学并入自治县中学。

1996年10月至1998年9月，自治区科学院派黎贞崇到自治县中学支教，科学院机关及下属单位和个别干部开始资助一些贫困学生上学，资助时间由初中到大学。

1998年被评为柳州地区中小学德育先进集体，1999年获得柳州地区文明学校称号、柳州地区文明示范学校，2000 年，获自治区推行《国家体育锻炼标准实施办法》先进单位。

2000—2004 年，广东省中山市三乡镇理工学校先后派出了两位教师到自治县高级中学支教，三乡镇人民政府拨款 40 万元，援助自治县高级中学建起了办公楼（命名粤秀楼）。广东支教队引来了澳门慈善家林东到金秀支教，自治县高级中学受益十多万元。

2000 年 10 月 24—26 日，中央电视台《中华民族》栏目"走进西部"系列节目组到金秀中学采访贫困学生。2001 年 3 月 8 日播出。

1999—2007 年，柳州地区民族高中连续派出 6 人到自治县中学挂任副校长，带来先进的教学理念和教学方法，他们还带来了大批的教学设备。自治县高级中学每年也派出一批年轻教师到柳州地区民族高中跟班学习，提高业务水平。柳州地区民族高中校长邓胜利，联系香港逸挥教育基金会到自治县开展捐资助学活动。2001—2007 年，已支援自治县高级中学建起"格物楼"和"明德楼"教学楼，接着又连续开办"格物、格致、格明" 3 个助学班，每班每年资助 3 万元。

2003 年荣获来宾市形象学校称号，2004 年 2 月，取得自治区普通高中一级学校和自治区绿色学校称号，2003 年制定的办学中期目标，至 2005 年已基本实现。

2004 年，50 周年校庆，兴建了银河科技馆和 1 幢学生宿舍公寓楼；收到社会各界及校友捐款 80 多万元。

2004 年，学校引进有国家级课题研究项目"班主任专业化发展研究"和省级课题项目"中学生作文学习指导与人的发展研究"，至 2007 年底全部结题。一大批教学论文获地市级以上奖励。

1993 年、1994 年、1996 年、1997 年、2000 年，均取得柳州地区高考质量优秀奖。2003 年，高考本科上线率 28.68%，名列来宾市 21 所高中第二位，荣获来宾市高考质量优秀奖。2004 年，高考本科上线率比 2003 年增加 6 个百分点（其中覃庆东夺取广西史地科目组第一名）再次荣获来宾市高考质量优秀奖。2005 年，高考本科上线人数 183 人，获市高考质量进步奖。

第三节　金秀县专业教育发展

跨入 21 世纪后，随着小学教育和中学教育的快速发展，金秀县的师范教育、职业教育、成人教育等专业教育也随之得到了进一步发展。

一 金秀县师范教育

金秀瑶族自治县教师进修学校，原名金秀瑶族自治县师范学校（1986 年—1997 年 8 月），主要开展小学教师学历补偿教育工作。1997 年 9 月后改名金秀瑶族自治县教师进修学校，主要开展小学教师学历补偿教育工作、小学校长任职培训和大中专毕业生岗前培训。2005 年，由于教师进修学校的小学教师学历补偿教育任务已完成，县教师进修学校与自治县教育局师范股整合，成立自治县中小学教师继续教育培训中心。主要开展小学校长任职、提高培训、大中专毕业生岗前培训和中小学教师继续教育培训。

表 7 - 12 　　　　1986 年以来金秀瑶族自治县教师进修学校教学情况

时间	名称	主要工作
1986 年—1997 年 8 月	金秀瑶族自治县师范学校	举办卫星中师班，每年收 2 个班，每个班 56 人，函授 3 年；小学校长任职培训，每班约 30 人，培训 1 个月；大中专毕业生岗前培训，每班 30 多人
1997 年 9 月—1999 年 8 月	金秀瑶族自治县教师进修学校	举办卫星中师班，每年收 2 个班（1998 年收 3 个班），每个班 56 人，函授 3 年；小学校长任职培训，每班约 30 人，培训 1 个月；大中专毕业生岗前培训，每班 35 人左右
1999 年 9 月—2005 年 3 月	金秀瑶族自治县教师进修学校	举办卫星中师班，2001 年卫星中师班 3 个班的学员经考试、考核合格全部毕业；小学校长任职培训；大中专毕业生岗前培训，每个班约 40 人
2005 年 4 月至今		中小学教师继续教育培训；"西发"项目师资培训中小学校长提高培训，每个班 25 人；大中专毕业生、中小学教师岗前培训 135 人等

二 金秀县职业教育

金秀自治县职业技术学校于 1987 年 10 月从山内（金田小学）迁往山外的桐木镇。1988 年，学校更名为金秀瑶族自治县职业高中。

1995 年前，学校办学条件简陋，有 1 幢三层 12 间教室的教学楼、1 幢二层 16 间宿舍的学生宿舍楼、一个可容 200 名学生开饭的小食堂，和一个石灰、煤渣混合的干砂篮球场。所有建筑面积只有 1963 平方米，教学仪器设备总价值不足 4 万元。学校在校生人数不足 300 人，教师 26 人，教学班 10 个。

1997 年在校生数增多。因为校舍严重不足，学校只好采取短期培训与学历长训相结合以短促长的办学模式。

1999 年，自治区教育厅将自治县职业高中列为"教育兴农金色工程"项目学校，学校拥有一个 150 亩的优质水果示范场。在广西农科院的直接指导下，学校培育出的大果枇杷，推动了柳州、河池、梧州、玉林、南宁五个地市近万亩的种植面积，仅自治县大果枇杷种植就超过 333 公顷，为林种改造、优质水果的推广起到很好的示范和推广作用。学校招生人数剧增，被评为柳州地区职业教育先进集体。

2000 年，自治区教育厅将自治县职业高中列入首期中职国债项目建设单位，其中用于基础建设资金 170 万元、生产基地设施资金 33 万元、教学仪器设备 22 万元。学校的办学条件得到改善，在校生人数突破 1000 人大关。学校被评为全区中小学德育工作先进集体、柳州地区招生工作先进学校和推荐毕业生就业工作先进学校。

2001 年，学校利用国债项目资金，修建 1 幢六层的综合楼和 1 幢五层的学生公寓楼，又自筹资金修建 2 个总面积为 15526 平方米的运动场。被评为广西壮族自治区职业教育先进单位、柳州地区中等职校招生工作先进学校和推荐毕业生就业工作先进学校。

2002 年桐木镇一中、二中合并，二中校园（40 亩）及校舍划拨给自治县职校，使学校的校园面积增至 4.7 公顷，校舍面积增至 9000 平方米，在编教职工增至 39 人。自治区教育厅为学校立项的国家重点建设示范专业——电子技术应用专业已获教育部批准并启动运作。学校被评为"柳州地区职业教育毕业生推荐就业工作先进单位"。

2003 年学校与广西职业技术学院签订产、学、研联合办学协议，开办"3+2"高职大专班，与广东珠海市三所国家重点职校达成师资培训和建立管理学院合作协议。与农科部门共建农业生产科技示范基地和新技术培训基地，引种油桃、大果枇杷、良种西瓜等示范品种 11 个。毕业生的就业率为 100%，学校获教育部授予的"全国职业技术学校职业指导工作先进学校"的荣誉称号。

2004 年学校自筹资金 100 多万元添置教学仪器设备，新增数控技术应用、制冷与空调设备运用与维修专业。完成农民工转移培训 1000 人，轮岗实习 200 人。学校经自治区教育厅审批为具有合格办学资格的公立中等职业学校，并获得"阳光工程"培训基地资格和第一批国家星火计划农民科技培训学校资格，被清华大学确认为清华大学教育扶贫现代远程教学站。学校被自治区农业厅评为"全区农业系统'十佳'农村劳动力转移培训基地"和来宾市"中等职业教育工作先进单位","中等职业教育毕业生就业工作先进单位"。

2005年学校成为CEAC国家信息化计算机教育认证指定合作学校,被广西扶贫开发领导小组办公室确认为贫困村劳动力转移就业培训基地;电子技术应用专业成为国家和自治区电子技术应用示范专业,学校成为电子技术应用专业实训基地;自治县党委组织部把"金秀瑶族自治县农村创业人才服务中心"设在校内。招生人数创历史最高,完成村级"两委"干部培训98人,农民工转移培训1314人,学校被评为"全区职业教育先进单位","全区中等职业学校招生工作先进集体"。学校在校生人数增加到2373人,教师50人,教学班46个。

1990年开办财会专业,学制2年。

1995年开始开办计算机及应用(曾成为国家信息化技能考点),2002年之前学制为2年,2003年以后为3年(在校学习2年、到企业顶岗带薪实习1年)。

1995年开办电子技术应用,2004年被评为自治区示范专业。2002年之前学制为2年,2003年以后为3年(在校学习2年、到企业顶岗带薪实习1年)。

1996年开始开办服装专业,学制2年。

1998年开始开办市场营销、保安专业,学制2年。

2004年开始开办制冷和空调设备运用与维修、数控技术应用专业,学制3年(在校学习2年、到企业顶岗带薪实习1年)。

近几年来,学校共建设了网络信息中心、多媒体制作中心、计算机组装实训室、电子电工基础实训室、电工考核实训室、多功能家电实训室、电子装配室、制冷和空调原理实训室、中央空调实训室、汽车空调实训室、智能电气仿真综合实训室、电子CAD计算机室、彩色电视机实训室、机床电气培训考核实训室、普通车床实训室、数控机床实训室、数控加工中心、数控模拟仿真计算机室、金工实训室等20个实训室。教学仪器设备总价值达450多万元。在基础建设方面,新建教学楼、改建学生宿舍楼,建设篮球场,修筑围墙、校道等工程,总投资亦近450万元。

三　金秀县成人教育

金秀瑶族自治县坚持以农村成人文化技术学校为阵地,开展扫盲教育。10 个乡镇、77 个行政村均建有农村成人文化技术学校,办学面达100%。1990—1997 年,累计扫除青壮年文盲 1462 人,非文盲率达到99.2%,巩固率达到 96.9%。基本扫除青壮年文盲工作全面达标,并于1998 年 5 月顺利通过自治区教育部组织的评估验收。

（一）农村扫盲教育

金秀县花大力气进行基本扫除青壮年文盲以及成人文化技术培训工作。自治县和乡镇都建立健全领导机构,成立成年人教育办公室,各乡（镇）都设有扫盲专干。金秀县成年人教育办公室有专干 3 人,11 个乡镇均各按要求配备有成教专干 1 人,聘任兼职教师 117 人,保证教学工作正常开展。77 个行政村都建起成人文化技术学校和分校,仅 2007 年共举办各种农村实用技术培训班 37 期,培训 29937 人次。1988 年—2007 年,村村开办夜校,聘请"群师"上脱盲班的课,学校派出教师到各村进行扫盲教育。仅 2005 年到 2007 年,金秀县就培训了 19937 人。截至 2007 年,共扫除青壮年文盲 1703 人,极大地促进了农村人口文化素质和劳动技能的提高。金秀县财政每年划拨 1 万元作扫盲和成教专项经费,各乡镇财政按自治县人民政府的要求,每年划拨不少于 3000 元作为乡镇扫盲和成教专项费。

从 1988 年开始,以学区为单位,由扫盲专干负责,开展农村扫盲工作。在村完小一级以上学校设立扫盲班,由学区派出教师或聘请"群师",利用晚上时间给学员上课。金秀县共有扫盲班 99 个,参加学员 930人,经验收 1988 年有 877 人脱盲。1991 年,根据山区的特点,采取分散、包教的办法,金秀县办有扫盲班 115 个,参加学习人数 1033 人,经验收,当年脱盲 916 人,超额完成地区下达脱盲 900 人的扫盲任务。1992年,存盲人数（15—45 周岁）593 人,办有 14 个扫盲班,参加学习人数有 410 人,当年验收全部脱盲。1994 年,金秀县教育局组织有关人员,动员 327 个青壮年文盲半文盲人员参加扫盲班学习。采取集中办学和分散包教的形式和双线承包责任制。经验收有 22 人在当年脱盲,300 人在1995 年脱盲。1995 年,依靠当地领导的支持,做好扫盲摸底工作,认真核查农村的少年、青年、壮年的文化程度,建立"文化户口卡",根据存盲人员的分布情况继续举办扫盲班,178 名文盲人员参加了扫盲班学习。1996 年继续执行双线承包责任制,扫除剩余文盲 201 人。

1995—1997 年,从教育事业费中列支的扫盲及成人教育经费分别为

21.8 万元、22.3 万元、23.75 万元，占教育事业费的比例分别为 2.17%、2.11%、2.09%；从农村教育附加费中开支的扫盲成人教育经费分别为 2.56 万元、2.96 万元、5.14 万元，占农村教育费附加的比例分别为 5.1%、5.13%、5.3%；乡镇财政划拨的扫盲及成人教育经费分别为 3.3 万元、3.3 万元、3.3 万元，平均每乡镇每年拨款 3000 元。1997 年 12 月底，三角、金秀、头排等 3 个乡镇的"两基"已通过县级验收。1998 年 4 月 12—15 日，自治区普及初等义务教育和扫除青壮年文盲工作评估验收团，对金秀县普及初等义务教育和扫除青壮年文盲工作进行评估验收，并形成评估结果报告：青壮年非文盲率：青壮年人数 71779 人，具有小学以上文化程度有 71035 人，非文盲率为 99.2%；尚有文盲半文盲 711 人（其中失能 155 人），文盲率为 0.8%。1998 年，金秀县通过国家基本扫除青壮年文盲评估验收。1998 年 10 月，金秀县普及初等义务教育和扫除青壮年文盲工作通过国家验收。同年 11 月，获得国家教育部颁发的"普及初等教育和扫除青壮年文盲工作证书"。1998—2001 年，金秀县 11 个乡镇和 77 个行政村都建起成人文化技术学校和分校，行政村办学面为 100%。自治县脱盲人员巩固率达 95% 以上，扫除青壮年文盲单位 100% 颁证。

2004 年，金秀县普及九年义务教育和基本扫除青壮年文盲工作进入攻坚阶段。是年 4 月 18 日，金秀县教育和科技局、发展计划局、县党委、自治县人民政府作出《关于实施"两基"攻坚工作的决定》，4 月 22 日，召开"两基"攻坚总动员大会，"两基"攻坚工作进入冲刺阶段。2004 年 12 月，金秀县 11 个乡镇通过县级普及九年义务教育评估验收。

2005 年 4 月，来宾市政府教育督导团对金秀县"两基"工作进行审核，认为"两基"工作的各项指标基本达到自治区评估验收的标准。同年 6 月，经自治区人民政府组织"两基"评估团审核评估，认定金秀县"两基"工作的各项指标基本达到自治区评估标准，验收合格，颁发证书。2005 年 4 月，金秀县普及九年义务教育工作通过来宾市评估验收。同年 11 月，金秀县"两基"工作通过自治区级评估验收。2006 年 12 月，金秀县"普实"工作通过自治区级评估验收。2007 年 6 月，金秀县"两基"工作顺利通过国家级验收。

（二）农村实用技术培训

金秀县通过成人文化技术学校和自治县职业技术学校这两个阵地大规模开展农村劳动力技能培训，有效开发和利用农村人力资源，全面提高农民的科学文化素质。各乡镇成人文化技校办学宗旨是为农村、农业、农民"三农"服务，办学面达100%。成人文化技术学校与科协、农科所、农业技术推广中心等部门保持密切联系，经常聘请有关专家、科协技术人员及有丰富经验的农科员和种养专业户授课，以专题讲座、现场指导等多种形式向广大农民进行农业科学技术培训。使各种农业科学技术迅速地得到了应用和推广，为广大农民脱贫致富打下了良好的基础。

1991年，金秀县办有技术培训班216期，参加学习人数15472人。1992年，11个乡镇77个村公所办起了短训班26个，参加学习人数12735人。金秀县成人技术学校办长班11期，参加学习人数397人。1994年，办成人技术培训班27班（次），参加学习人数1200人（次），传授技术主要是农村种养和乡镇企业产品的技术。1995年，11个乡镇都办起成人技术学校，并成立成人技术学校管理机构。桐木、头排、七建、三江等四个乡镇结合农事生产的各个环节，根据农村经济发展的需要，正常开展技术培训活动，共培训2100人次，为金秀县农村的经济发展起到了极大的促进作用。

1996年，金秀县举办各种成人技术培训班，村级办15班次，参加学习的有516人次；乡级举办成人培训班8班次，共培训了320人次。1999年，举办各种成人技术培训班20期，培训人数达18520人次，有专任教师22人，兼任教师264人。2000年，举办各种成人技术培训班26期，培训32000多人次。在桐木、头排、七建、三江等乡镇开展蔬菜实用技术培训。在大樟、六巷、罗香、长峒、金秀、忠良等乡镇推广八角低产改造技术。

2001年，金秀县举办各种成人科技培训203个班，培训人数总计12763人次。主要培训的项目有大棚蔬菜的科学种植和管理，香菇袋装技术、药材种植加工技术、瑶山珍稀动物的饲养管理等实用技术。有专任教师22人、兼任教师304人。2004—2006年，乡、村两级成人文化技术学校共举办培训班22期，培训人数达7320人。2004年和2005年，职业技术学校承担农村劳动力转移就业"阳光工程"培训项目，共培训转移2000人；2005年、2006年职业技术学校承担贫困村劳动力转移就业培训项目，共培训转移478人；2005年、2006年、2007年承担村级"两委"干部和农村实用技术培训，共培训823人；2005年与广西农业广播学校联合办班，培训转移200人；2007年承担"温暖工程李兆基百万农民培训"项目,对 800 名农民工进行培训转移就业培训,为增加农民的收入提供了技术支撑,促进了地方经济的发展。至 2005 年底,金秀县 10 个乡镇和 77 个村民委员会均办有成人文化技术学校及分校。学校均有固定的教室,每个乡镇的成人技校均装备有电教设备,有一定数量的科技图书资料。设备仪器总价值 4.42 万元,图书资料 9432 本,兼职教师 73 人。

第四节　金秀县民族教育发展

金秀县地处贫困山区,属国家扶贫开发工作重点县,人口少,教育发展滞后。在过去的发展历程中,教育始终坚持党的教育方针,坚持"三个面向",立足于瑶族山区的实际,立足民族教育,弘扬民族文化,提高民族素质,培养民族人才,开拓创新,努力办好教育。通过实施《民族区域自治法》的教育工作,推进少数民族教育事业取得了长足发展。

一　实施学前教育惠民工程,推动学前教育飞速发展

十年前,金秀县仅有一所幼儿园,在园幼儿 280 多人。全县学前一年毛入园率仅为 60%,三年入园入班率仅为 25%。近几年来,国家、自治区、来宾市人民政府落实党的民族教育政策,实施为民办实事之学前教育项目,拨出专项资金 2548 万元用于金秀县学前教育建设,建设打造了金秀县 8 所乡镇中心幼儿园,22 所村民委幼儿园,新建县幼儿园,推动了学前教育的飞速发展。

二　开办民族班,走民族教育特色之路

寄宿制办学是金秀县办学的一大特色。根据山区特点,1984 年,金秀县利用自治区教育厅、区民委下拨的专款并从财政自筹一部分资金,在六巷中心校开设了金秀县的第一个寄宿制民族高小班,招收两个班,学生88 人。取得成功后,将其经验在全县山内 8 个乡镇推广。寄宿制民族班学生多来自边远山区贫困村屯,且家庭经济比较困难。寄宿制民族班创办后不久,国家对寄宿制民族班学生逐步实行免费入学政策。自 2002 年起,国家实施"两免一补"经费保障机制之前,自治区财政每年下拨寄宿制学校生活补贴给金秀县三所学校:民族高中 12 万元,民族中学 9 万元,六巷小学 15 万元。县财政每年还给每个民族教学班拨 10000 元的民族经

费，用于民族班学生生活补助，解决了边远山区少数民族子女上学难的问题。这些惠民政策的实施，使山区许多贫困家庭的孩子都能走出大山，圆了读书梦。

截至 2014 年，金秀县中小学在校寄宿生总人数为 4883 人，其中寄宿制民族班学生数为 597 人（小学为 297 人，中学为 300 人）。

三　抢抓机遇，努力推动高中教育稳步发展

1998 年以前，金秀县每万人口中高中阶段在校生仅为 39 人，比全区每万人口中高中阶段在校生 79 人还少 40 人。目前，金秀县每万人口中高中阶段生已达到 326 人，现有普通高中在校生 1505 人。每年考上三本以上院校学生数占毕业生数 40% 左右的比例，较 20 世纪 90 年代提高了 20 个百分点。自 2008 年起，创建区级示范性高中被自治区立项后，投入资金 3000 多万元加大民族高中建设力度，整个民族高中旧貌变新颜。2012 年，金秀县民族高中顺利通过了自治区示范性高中评估验收，从此，民族高中进入了一个崭新的发展阶段。

四　创新机制，大力发展职业教育

实施《职教攻坚计划》，全力推进"县级政府促进农村职业教育发展综合试点"项目工作。通过构建服务平台，有效地服务地方经济发展。

（一）构建好两个平台，促进人才培养机制建设

一是构建以中等职业学校为主体，以专业建设为重点，以学历教育为主要任务的人才培养平台；二是构建以乡（镇）成人文化技术学校为主体，以实用技术培训为重点，以提高农民科技文化素质为目的，以培养有文化、懂技术、会经营的新型农民为主要任务的人才培训平台。

（二）优化统筹资源配置、上下联动、抓好各类技术培训

充分利用项目资金建设好农村信息化技能培训室、农民焊工技能培训室、农村电工培训考核实训室、工艺美术产品加工实训中心、农家乐服务技能培训中心。并采取上挂、下联、交流、兼职等方式，加强县职业技术学校和乡（镇）成人文化技术学校之间的联系，统筹教育培训资源，开展各级各类扶贫科技培训，推动社会主义新农村建设。

从 2012 年至今，金秀县各乡镇、县科学技术局等共开设了 30 期培训班，进行了八角低产改造技术、水果种植及特色养殖等农村实用技术培

训，培训达 15000 多人次，取得了较好的实效。

五　教育经费保障措施、资助政策全面落实，民族教育稳步发展

国家对少数民族县给予了特殊照顾政策，金秀县用足、用好这些政策，将这些政策落实到实处。

（一）义务教育阶段学校一律实行免费入学，实行零收费制度。并在农村学校实施学生营养改善计划，新建学生食堂 51 座，每年有 10500 多名学生受益。

（二）给予寄宿制学生生活困难补助，每学期按照小学生 500 元、初中生 625 元给予补助。

（三）职业学校、高中在校生一律免交学费。

（四）从学前到中职到贫困大学生入学，实行全程资助。截至 2013年，为 269 名学前幼儿发放入园补助 13.5 万元；为 4850 名中小学寄宿生发放生活补助 278.1125 万元；为 626 名普通高中学生发放国家助学金47.5 万元；为 1496 名普通高中学生免除学费 80.784 万元；为职业技术学校 291 名学生免除学费 21.825 万元，为 126 名大学生发放国家助学金9.45 万元。

六　创新举措，推动民族教育事业迅速发展

2012 年，金秀县委、县人民政府从本县实际出发，大力实施"科教兴县"战略，出台了五个方案。这些方案的出台，为金秀县民族教育的稳步发展提供了有力保障。

从 2012 年起，县四家班子领导成员及县直单位每年为联系学校办1—2 件实事，帮助所联系的学校办实事、解难题。通过充分调动全县各级领导干部力量，资助联系学校的家庭贫困学生顺利完成学业。其中县四家班子领导扶持 2 名家庭贫困学生，乡镇科级领导扶持 1 名家庭贫困学生，每年扶持的金额不少于每生 400 元。两年来，共扶持贫困学生 900 多人，扶持金额 30 多万元，为学校办实事 168 件，投入资金 210 多万元；两年共投入 180 多万元用于实施温暖工程，给五所寄宿制学校安排了供热供水系统和添置了床上用品；每年教师节期间，在县财政中拨出 100 多万元用于表彰高考、中考、小学毕业水平测试和职校成绩测评作出突出贡献

的教师和学校，以及慰问退休教师、困难教师、边远山区学校教师。这些
方案的出台和实施，极大地改善了金秀学校的办学条件，推动了民族教育
的发展。

第五节　金秀教育发展存在的困难及建议

发展民族教育事业，走民族教育特色之路，促进义务教育均衡发展是
金秀瑶族自治县始终追求的工作目标。要实现这一目标，还需要各级政
府、社会各方面的关心支持，形成推动教育事业不断发展的合力。

一　金秀县教育发展面临的问题和困难

（一）学前教育发展滞后。当前，普惠性民办幼儿园办园条件较差，
场地、师资、设备设施标准低；全县公办幼儿园仅有 1 所，民办幼儿园条
件良莠不齐，严重影响保教保育质量。力争每个乡镇都建有且办好乡镇中
心幼儿园，并且按山内山外的实际情况，布局谋划建好村委一级幼儿园。
目前桐木镇、头排镇人口密集，幼儿入园愿望迫切，但至今没有像样的幼
儿园。为完成以上目标，至少人口聚居的桐木、头排二镇建立分别能容纳
600 名、400 名幼儿的中心幼儿园，需要 2000 多万元的资金扶持。

（二）中小学发展不均衡。金秀县民族初中可以说目前是全国占地面
积最小的"袖珍"初中，全校仅占地 5300 多平方米，1200 多名在校生，
人均占地面积仅为 4.4 平方米。近两年，金秀县决定改扩建民族初中，总
共需投入 7000 多万元。目前仅筹措得 2700 多万元，还有 5000 多万元的
缺口资金。

金秀县民族小学是县唯一的一所县城小学。由于近几年县城人口的增
加，进城务工人数的增多，县民族小学现有的办学条件已不能再承受日益
增长的入学人数，因此，扩大民族小学的校舍面积迫在眉睫。如果将目前
县民族小学周边的单位及民宅使用的土地征收给民族小学使用，民族小学
的校舍面积将扩大 1 倍，而征地及建设需要资金 2800 万元。因此，当前
要提升、办好县城中小学，不断适应城镇化发展的需要，努力解决进城务
工子女入学难的问题，实现均衡发展。

（三）加大高中的投入。金秀县民族高中是金秀县唯一一所高中，需
要加大投入。进一步完善基础设施建设，重点是重建一幢教学楼和新建一

幢体育馆，需投入资金约 1610 万元。

（四）金秀是广西壮族自治区促进农村义务教育均衡发展试点县，县里已制定出发展规划，但缺乏资金的投入，对促进发展有较大的影响。目前金秀县义务教育阶段的办学条件，特别是现保留村级学校、教学点，有些条件还十分简陋。如要实现全县今后一个时期义务教育的均衡发展，除县城学校外还需要资金 7000 多万元予以建设。因此，根据金秀县实际，切实稳步推进学校布局调整。按照"能并则并，宜留则留，宜复则复"的原则进行布局调整。

（五）营养改善计划的每名学生每天 3 元，全部落实到了学生个人，但其他附带产生的费用没有落实，增加了学校的困难。如工友费用、运输费用、水电费用等，县财政收入有限，无法给予补贴。

（六）金秀县要进一步推进义务教育学校标准化建设，必然遇到土地、资金、师资问题。全县 100 所义务教育学校要在 2020 年按照《广西义务教育学校标准化建设标准》进行建设，需要土地量大，资金缺口较大。

（七）在教师队伍建设方面，目前在编人数 1518 人，比 2010 年重新核定金秀县教职工编制 1050 人还多出 468 人。由于受编制限制，今后无法从毕业生中招生新教师，将无法解决教师老龄化、学科断层等亟待解决的问题。

（八）职业技术学校面临生源问题。应加快转型的步伐，将服务于"三农"及成人技术培训作为今后职业教育的一个重大任务。同时深化改革，认真探讨推进转型的问题，在普通教育中渗透职业技术教育。

二　推动民族教育发展的意见和建议

（一）综合金秀县民族教育发展状况，应给予少数民族自治县更为优惠的政策，加大对民族教育发展的扶持力度，体现党对少数民族地区教育的关心及支持。

1. 出台相关文件对少数民族地区高考考生在报考师范类学校时，实行委培定向招生，为今后山区教师队伍补充新教师及稳定打下基础。

2. 在实行绩效工资的同时，将另外设置对边远山区、教学点教师、复式班的教师给予一定的补贴。同时班主任津贴不列入绩效工资，单独从财政中拨出专款，用于班主任津贴，以激发班主任工作的积极性及对班主任艰辛工作的认可。

3. 为了更好地体现党和政府对少数民族学生的关心，1984 年至 2007 年，区、县拨付给予民族班每班 1 万元的经费使用。然而到 2007 年后已不再划拨，没有充分体现民族地区原已享受到的政策，建议恢复给予区、县认可的民族班一定经费的政策，以便解决民族班经费困难的问题。

4. 在核定中小学、幼儿园教师编制时，要充分考虑少数民族边远山区的实际，给予一定的倾斜，特别是在工勤人员、安保人员上给予适当的编制。同时要建立科学的教师补充机制，年年吸收教师，从而有效解决老龄化、学科断层问题。

5. 注重对山区教师继续教育工作。出台相关培训教师方案，采取多种形式培训山区教师，使他们业务知识理论知识不断地更新，提高他们的教育教学水平。

（二）在制定办学等标准及相关教育政策时不搞"一刀切"，针对民族自治县的特殊性给予特殊扶持。

1. 如果按照《广西壮族自治区义务教育学校办学基本标准》执行，在金秀大瑶山难以按标准进行建设。首先是土地问题就难以达到，解决学校教室、多功能室等已经相当艰难，何况要达到 200 米、400 米跑道建设标准将是难上加难。因此建议在出台此类标准时，要区别对待，分类实施，根据山区学校的实际而定。

2. 营养改善计划是一项民心工程，深受学生、家长欢迎。然而在金秀大瑶山这样的少数民族边远山区，县财政困难，无法给予食堂工友费、水电费、柴火费、运费等补助。因此，建议上级相关部门结合山区实际，给予经费，以减轻学校负担，确保营养改善计划的实施。

3. 上级安排项目时基本上都要求地方资金配套，然而对少数民族国家重点扶贫开发县来说，本身财政十分困难，交通不便，三通一平难度大，因而建设成本高。建议在安排教育建设项目时不再设置项目资金配套。

（三）提高山区教师的工资待遇，鼓励边远山区教师安心从教，既以感情留人，又要以待遇留人，确保山区教师队伍的稳定。

（四）校长是一所学校的希望所在，有一个好校长，就有一所好的学校。然而从目前山区学校的情况看，许多教师不愿意做校长，做了校长的却是勉强而为之。原因是校长责任大、压力大、工作量大，没有津贴，又苦又累，是吃力不讨好的差事。建议尽快出台校长津贴政策，实行校长津贴。

第八章

医疗卫生及社会事业进步

2000 年以来，金秀瑶族自治县加快完善县、乡镇、村三级医疗卫生服务体系，着力推动基层卫生机构基础设施建设，新型农村合作医疗实现广覆盖；加强瑶医、瑶药的开发；完善城镇养老社会保险、城镇医疗社会保险、失业社会保险、农村养老社会保险等社会保障制度，扶贫工作取得一定成就。金秀经济的大发展，必然带来社会事业的全面改革和发展。

第一节　医疗卫生事业的大发展

历史上，金秀大瑶山经济落后、文化缺乏，人民生活十分贫困。由于交通不便，医药缺乏和设备落后，求医问药之难超乎外界的想象。

一　医疗卫生水平的提高

一般情况下，大瑶山瑶族认为疾病是神对人的责罚，鬼的作祟，命运的不昌顺。因此，在患病之初，纵使有药也不会服用，常用的办法是请师公、道公来送神送鬼，只有把鬼神送走，吃药才会见效，师公、道公也世代相传一些地方常见病的疗法。大瑶山瑶族常患的疾病，以肠胃病居多，与他们经常饮酒和嗜食生冷有关；其次是疟疾，因为山内蚊虫多所致；再次是天花[①]。

随着时代的发展，医疗卫生水平不断提高，尤其是跨入 21 世纪以来，在全国新医改和金秀县"养生长寿健康产业"发展的推动下，金秀县加大力度对医疗卫生体制进行改革。2014 年 6 月底，金秀县共有各级各类

---

① 唐兆民：《瑶山散记》，上海文化供应社 1948 年版，第 69 页。

卫生机构 11 个，有病床 277 张，职工 243 人，卫生技术人员 345 人；100%的乡镇有卫生院，100%的街道有社区卫生服务中心，100%的村设有标准化村卫生室，覆盖服务人口 15 万多。以县级医疗、妇幼保健、疾病预防、健康教育机构为中心，以乡镇卫生院、社区卫生服务中心为枢纽，以村卫生室、社区卫生服务站为节点的三级医疗预防保健网络已基本形成。医疗卫生服务网点遍布城乡，基本上改变了缺医少药的状况，基本满足了人民群众不断增长的医疗卫生服务需求①。

二　新型农村合作医疗的全覆盖

金秀瑶族自治县自 2007 年 7 月 1 日起正式实施新型农村合作医疗制度。截至 2013 年，金秀县新型农村合作医疗制度从无到有、从雏形到完善，医疗补偿模式也在实践中修改和完善，合作医疗制度已实现全面覆盖。新农合制度的实施，切实有效地解决了金秀大瑶山广大农民群众"看病贵，看病难"的民生问题。

（一）新型农村合作医疗的发展

金秀瑶族自治县自从 2008 年实施新型农村合作医疗以来，参合人数、参合率、资金筹集等逐年提高。截至 2013 年，基本实现了金秀瑶族自治县新型农村合作医疗的全覆盖。

一是参合数：2008 年时全县参合人数为 112511 人，参合率为 85.06%，到 2013 年参合人数为 122697 人，参合率达到 98.26%，参合率比 2008 年提高 13.20 个百分点；二是人均筹资标准：2008 年人均标准 80 元，2013 年人均标准达 340 元，是 2008 年的 4 倍多；三是筹资额：2008 年人均筹集标准为 80 元，应筹集资金 900.08 万元，到 2013 年人均筹集标准已达到 340 元，应筹集资金 4171.7 万元，是 2008 年应筹集资金的 4.6 倍。资金到位率超过 100%，超出部分主要是上级资金补结上年度应拨未拨部分以及当年利息收入（见表 8－1）。

---

① 金秀瑶族自治县卫生局：《金秀瑶族自治县卫生局年鉴（2008—2012）》（电子版），第 1 页。

表 8 - 1　　2008—2013 年间金秀瑶族自治县农民参加新型农村合作医疗统计①

年份	参合人数（人）	人均筹资标准（元）	筹集资金数（万元）	补助资金数（万元）	参合率（%）	覆盖率（%）
2008	112511	80	830. 85	710. 71	85. 06	100
2009	119882	100	1277. 584	1078. 977	90. 01	100
2010	120289	150	1804. 367	1757. 40	90. 02	100
2011	121168	230	2786. 864	2260. 54	95. 41	100
2012	119310	290	3459. 99	3431. 545	96. 23	100
2013	122697	340	4230. 05	4171. 7	98. 26	100

（二）新型农村合作医疗补偿比例和标准逐年提升

为提高新型农村合作医疗制度的保障水平，使参合农民得到最大程度受益，新农合管理中心每年都根据金秀瑶族自治县的实际情况，及时调整和制定补偿方案，逐步提高补助标准，扩大补偿范围，降低报销门槛，提高报销比例。

表 8 - 2　　2008—2013 年金秀瑶族自治县新型农村合作医疗补偿比例和标准②

单位：元

年份	乡镇卫生院			县级医院			市以上医院			重大疾病	
	起步线	封顶线	报销比例（%）	起步线	封顶线	报销比例（%）	起步线	封顶线	报销比例（%）	封顶线	报销比例（%）
2008	30	15000	65	100	15000	45	200	15000	30	30000	50
2009	30	15000	65	100	15000	45	200	15000	30	30000	50
2010	100	35000	80	300	35000	55	500	35000	40	35000	60
2011	100	50000	85	300	50000	60	500	50000	40	50000	65
2012	50	80000	75	200	80000	65	400	80000	50	80000	75
2013	50	100000	90	200	100000	75	300	100000	60	150000	80

从表 8 - 2 中可以看出，新农合起步线自 2008 年以来逐年降低，封顶线大幅提高。2008 年普通住院封顶线为 1.5 万元，2013 年为 10 万元，是 2008 年的 6.7 倍；2008 年重大疾病封顶线为 3 万元，2013 年提高到 15 万

---

① 金秀瑶族自治县财政局：《金秀瑶族自治县新型农村合作医疗资金运行情况分析与对策》，2014 年 8 月 14 日，第 1 页。

② 同上。

元，是 2008 年的 5 倍；报销比例逐年提高，乡、县、市（省、区）定点医疗机构合作医疗的报销比例一年一个台阶，重大疾病报销比例则是更上一层楼。2008 年报销比例为 50%，2013 年报销比例提高到 80%，提高了30 个百分点，平均每年以 5 个百分点的幅度向上增长。

此外，重大疾病住院补偿不分医院等级，不设起步线，按规定比例补偿。孕产妇住院分娩补助，2012 年以前是每例 200 元补助，2013 年住院分娩规定在妇幼"降消"项目补助后，余下部分由合作医疗报销补偿。

（三）新型农村合作医疗资金使用良好

新型农村合作医疗的实施，使金秀大瑶山广大参合农民群众得到了真正的实惠。近几年来，参合农民受益人（次）数大幅增多。补偿总人次从 2008 年的 16308 人次增加到 2013 年的 267832 人次，至 2013 年已是启动之初的 16 倍之多。2008—2013 年，金秀县农民医药费用报销补偿金额总体呈递增趋势，补偿金额从 2008 年的 600.71 万元，增加到 2013 年的4789.98 万元，已增长近 7 倍。

表 8-3 2008—2013 年金秀瑶族自治县新型农村合作医疗资金使用情况

单位：万元，人次

年份	补偿总人次数	补偿资总金额	普通住院补偿		大病住院补偿		门诊补偿	
			补偿人次	补偿金额	补偿人次	补偿金额	补偿人次	补偿金额
2008	16308	600.71	12235	509.52	119	65.56	3954	25.63
2009	24971	1195.93	14317	648.13	265	493.13	10389	54.67
2010	35355	1757.4	19711	1301.68	379	355.43	15644	100.29
2011	82763	2126.2	13569	1183.93	487	422.65	68707	519.62
2012	179560	3490.4	14995	1651.9	1519	1220.37	163046	618.13
2013	267832	4789.98	18767	2194.33	1935	1745.67	247130	849.98

（四）新型农村合作医疗基金结余每年达到四分之一

按照广西壮族自治区新型农村合作医疗基金补偿方案要求，历年统筹基金累计结余不得超过当年统筹基金的 25%。超过的应组织开展二次补偿，以提高基金使用效率。从表 8-4 可以看出，2008 年、2009 年、2011年、2012 年四个年度的累计基金结余率都超过 25%。

表 8 - 4　2008—2013 年金秀瑶族自治县新型农村合作医疗基金结余情况

单位：万元

年度	筹集基金总额	基金补偿额	历年累计结余	累计结余率
2008	739.86	600.71	254.49	34.4%
2009	1287.39	1195.93	363.1	28.2%
2010	1821.11	1757.4	426.8	23.4%
2011	2800.59	2126.2	1101.2	39.3%
2012	3501.99	3490.4	1112.8	31.8%
2013	4230.05	4889.98	452.87	10.7%

为使基金结余率低于 25%，金秀县于 2012 年底开展了一次、二次补偿。补偿的对象主要是大病患者，按照累计住院可报费用的 20% 的比例给予补偿。此次开展的二次补偿由于结算原因，费用列支反映在 2013 年度。

三　金秀县卫生事业发展的困境与抉择

（一）新型农村合作医疗基金的不足及对策

通过对金秀县新型农村合作医疗基金运行风险测算，发现新型农村合作医疗基金不足。

从人均补偿水平来讲，2013 年月均补偿支出 399 万元。根据金秀县合作医疗管理中心的用款计划，至 2014 年 5 月底，县财政已拨 1—5 月共 5 个月的医疗补偿 2100 万元，月平均补偿 420 万元。2014 年新农合参保人数为 126486 人，筹资标准为 390 元/人，全年预计筹集资金 4933 万元。根据现有数据，从理论上预测，2014 年至少需要支出合作医疗基金 5040 万元（420×12）。因此，2014 年新型农村合作医疗基金将收不抵支，预计缺口 107 万元（5040 - 4933）。上年基金结余 553 万元，扣除缺口后，可能还可支持 1 个月的支出，从 2015 年 3 月起就可能无法按月支付定点医疗机构医疗补偿金。

金秀县新农合基金运行风险形成主要有以下几个原因。

第一，封顶线和报销比例的逐年提高。个人住院自付费用相对较少，促使许多病人都愿选择到县外更高一级医院就医，造成本县医疗资源闲置，同时加重了合作医疗基金的负担。同时，资金支出增幅过快的趋势，导致新农合基金在运行过程中存在一定程度的风险。

第二，由于住院率过高，住院费用增长过快。有的医疗机构把相当数量的、能够通过门诊就可治愈的病人，列入住院治疗，形成县、乡医疗机构的"挂床住院"现象。农民住院，先付费（押金）后看病的报销机制，容易诱发医院开大处方、过度检查等"过度医疗"行为的发生。

第三，补偿人数大幅度增长。补偿总人次从 2008 年的 16308 人次增加到 2013 年的 267832 人次，补偿人次增加了 16 倍之多。同时补偿金额从 2008 年的 600.71 万元，增加到 2013 年的 4789.98 万元，增长了近 7 倍。特别是实行大病的二次补偿，以及门诊补偿额度制度由乡镇卫生院覆盖到村卫生室，更使住院补偿和门诊补偿额成双倍增长。

第四，基金补偿方案比例高、范围广、额度大。2013 年，金秀县基金补偿方案对 1 万元以上大病补偿比例提高到 80%，并将儿童两病及肺癌列入重大疾病保障范围，且不分何类医院、不设起步线。致使相当多病情不太重的患者也希望选择更高一级的医院住院治疗，加大了基金支付压力。

根据上述存在的问题，当前缓解金秀县新型农村合作医疗基金风险的对策主要包括：

首先，整合制度，完善监督管理机制。尽快实现城镇居民医保和新农合两险合并，理顺新农合经办机构管理体制。减少主管医疗机构的卫生局对医疗保险经办机构的影响和干扰，避免既是裁判又是运动员的行政弊端。科学合理、因地制宜地制定补偿机制。县级要针对本地区的经济发展水平和实际情况，在上级规定的范围内设定相适应的起步线、封顶线、补偿比例。

其次，严格控制医疗费用过快增长。严格执行转院制度，改善当前小病就往大医院跑的就医状况；加强定点医疗机构监管，规范医疗机构服务行为，降低减少"挂床住院、过度治疗"等加重农民负担行为。

（二）金秀县农村五保对象就医现状和对策

金秀县对五保对象医疗方面实行如下措施：参合个人缴费由民政部门全额代缴；门诊补助实行定额 120 元补助；五保对象的住院基本医疗费用由定点医疗机构先行全额垫付；在城乡定点医疗机构实施新农合和医疗救助"一站式、即时结算"制度，实现了新农合报销补偿与医疗救助的同步结算。

当前，农村五保对象是金秀县广大农村最贫困、最弱势的群体，而且是一个老年群体。他们正处在各种疾病的高发期，看病就医在所难免。金秀瑶族自治县有 10 个乡镇，总人口 15.59 万人，其中农村人口 13.49 万人。截至 2014 年 6 月，已批准享受五保供养待遇人数为 895 人，占农村人口的 0.67%。其中，分散供养 691 人，集中供养 204 人五保对象，大多年老体弱，基本上已无劳动能力，且 40% 以上常年有病。农村五保对象（分散供养人员）月基本生活费为 230 元，60 岁以上还有 75 元/月的基础养老金。

近年来，五保供养水平有了明显提高，但在医疗保障方面，虽然出台了一些优惠政策，但仍存在一些较为突出的问题。

第一，住院押金方面：五保对象的住院基本医疗费用由定点医疗机构先行全额垫付。但医疗机构仍然要求预付押金，且不论押金金额大小（视病情而定）。但农村五保对象情况特殊，本身就依靠救助，难以先拿出一笔钱来看病，然后报销。

第二，护理工作方面：农村五保对象住院时，没有敬老院工作人员护理。因为多为体弱多病的老人，基本上是由好心的邻居村民和远房亲戚送院。而对于住院的五保老人，尤其是那些生活不能自理的病人，更是需要专人照顾，送院的人不可能每次或长期承担这项工作。

第三，住院生活费方面：五保对象在医院期间一日三餐所需费用，以及前来护理的人员餐费（按两人计至少 40 元/天），尤其是对一些长期住院的五保户对象而言，是无法支付这笔费用的。

第四，基本医疗费用以外的费用。五保对象在金秀县内外定点医院住院，除基本医疗费用全免外，仍有部分医疗费用需自费。如五保对象送院、出院的交通费，住院时所需的日常生活用品。还有诸如一些外伤、手术病人的材料费有部分需自负，这笔费用五保对象本人也根本无力承担。

因为上述问题，一旦出现生病的情况，有的村民（邻居）就去找当地乡镇政府求助，给乡镇带来很大压力。有不少乡镇民政干部和群众，为了解决问题，有时自己掏钱予以救助。对此，他们也是有苦难言。因此，这些问题如果长期得不到解决，将置五保对象医疗保障工作于不利境地。

当前，应完善新型农村合作医疗补助和医疗救助相结合的综合措施，尽快制定落实好农村五保对象住院基本医疗费用等相关政策，切实解决这部分困难弱势群体的医药费用负担问题。

第二节　瑶医瑶药事业的崛起

金秀大瑶山地处南亚热带向中亚热带的过渡地带，这里气候温和，四季如春，冬暖夏凉，县城年均气温 17℃。独特的地理环境和气候条件，使得金秀县境内的生物资源十分丰富，原生植物多达 1528 种，其中药用类植物达 1351 种，占亚热带区域组成植物种类的 86%，是广西中草药品种最齐全的县份，也是广西最大的药物基因库。千百年来，瑶族同胞依靠这些丰富的药物资源，在同疾病作长期斗争中逐步形成了自己独特的瑶医药文化。他们利用大瑶山丰富的原生瑶药治疗各种疑难杂症和风湿骨痛，取得了显著的疗效。过去每个瑶族村寨，都有"师公""道公"，他们不仅是村落的精神领袖，也承担民间医生的职责。这些民间医生，平时在家劳作，受人之邀也常为他人治病，形成了一套极具地方特色的瑶医瑶药理论。

一　传统的瑶医瑶药理论

瑶族没有本民族文字，过去绝大多数瑶族不认识汉字，因而历史上没有关于瑶族医药的理论总结。但事实上，瑶族医药千百年来发展了一套"人体盈亏平衡理论"，指导瑶族民间医生确定发病原因、疾病诊断、施药治病等活动。瑶医认为，人的五脏六腑之间的平衡被打破，就造成人生病，脏腑有了病，相关的体位就会发生病变表现。诊断手段以"看"、"问"、"摸"为主，看面部、眼、鼻、口、唇、指甲、掌纹、皮肤颜色，以及病人体态、体位、精神状态等。问病人生活习惯和寒热、饮食、大小便、身体有关部位情况及病史等，并采取触摸病人有关体位和药物诊断等方式。

辨病时，瑶医大多以病态临床表现命名。比如，膝肿、大小腿枯干如鹤膝称为"鹤膝风"；婴幼儿口唇呈蓝黑色为"铁锁"，呈黄色称"铜锁"；妇女子宫大出血称"血崩山"；小儿发热惊厥、抽搐称为"急惊风"等。

瑶医治疗疾病方式主要分为内治法和外治法两大类。内治法就是将药物煎水或浸酒服用，也有将药物粉碎后直接用水冲服的。外治法有药物外治和无药物外治两种。药物外治是将药物敷于人体特定部位或患处，经过皮肤和经络，使药物渗透进入体内，达到治病的效果。无药物外治，临床有针灸法、熨法、熏蒸法、浸洗法、涤涮法、点漱法、摩擦法、发泡法、悬挂法、点滴法、扑粉法，以及吹、塞、贴、碾等方法治病。无药物外治法是瑶族民间常用疗法，具有便捷、廉价、有效的特点，最常见的有陶瓷片点刺法、火灸法、针灸法、拳击法、钳拿法、按摩法、放血法以及刮痧、拔火罐、针刺、搔抓和水疗等方法。

据统计，截至 2014 年，金秀县有民间瑶医医生 413 人，他们利用瑶医药验方、偏方，采取洗、刮、扎、刺、拔药罐、点烧、内服、外敷等瑶医传统疗法，治愈了许多常见病和疑难顽症。瑶医药低廉的价格、确切的疗效，得到广大群众的认可和肯定，在医疗、保健方面享有较高的声誉。

二　瑶医瑶药的发展

1. 大力挖掘和整理瑶医药

为挖掘、整理民间治疗疑难病症有效的瑶医药偏方、秘方及验方，更好地发扬和传承瑶医药精华，30 多年来，金秀县组织开展了一系列民间瑶医医生和瑶医药情况调查工作。

1979 年时，金秀县就成立了民族医药研究所，组织对金秀大瑶山的瑶医药资源进行调查整理。共采集瑶药标本 1000 多份，收集整理瑶族民间瑶医药偏方、秘方 10000 多条，整理瑶医药文献 20 多万字，为近几年国内外瑶医药专著的出版提供宝贵的资料。截至 2005 年，已经完成了对县域内 1351 种植物药的药性分类，以及瑶族民间《陶瓷针点刺及火灸治疗 206 种疾病疗法》的收集整理工作。最近两年，结合第四次全国中药资源普查（广西）试点和自治区开展广西中医、壮医、瑶医等民族民间验方偏方挖掘整理工作，共采集中草药标本 4000 多份，收集民间偏方、秘方 2000 多条。

近几年来，重点对金秀大瑶山经典瑶药"五虎、九牛、十八钻、七十二风"等 104 种经典瑶药标本开展采集工作。同时，对治疗某疑难杂症有确切疗效的民间医生进行采访，挖掘整理其宝贵的临床经验，为医院开展传承教学工作打下了良好的基础。此外，积极向自治区及国家非物质文化遗产管理部门申报瑶医药非物质文化遗产保护和传承人项目，金秀县瑶医药列为非物质文化遗产名录。在金秀县从事瑶医药工作 45 年的瑶医医师褚清纯，于 2011 年被评为第三批瑶医药非物质文化遗产保护和传承人。

2. 成立金秀瑶族自治县瑶医医院

2004 年，金秀瑶族自治县瑶医医院成立，是目前全国唯一一所国家事业性、公益性、非营利性瑶医瑶药特色医院。医院现有职工 108 人，其中卫生技术人员 78 人，副高职称 1 人，中级职称 20 人，初级职称 57 人，其中瑶医、中医技术人员占卫生技术人员总数的 75%。医院开设有瑶医风湿痹症专科、瑶医脑病科、瑶医骨伤科、壮医科、瑶医康复科、瑶医肿瘤科、瑶医肝病专科、瑶医痔疮科、瑶医胃病专科等 12 个临床科室。其中瑶医脑病科、瑶医风湿痹症专科为广西壮族自治区级重点专科。

瑶医医院坚持走民族医药发展特色之路，积极使用瑶医独特诊疗技术，如瑶药点烧、熏、烫、佩戴、放血、骨灸、药物灸、药棍灸、针灸、针挑、陶瓷针、捶击、推拿、指刮、风弓刮、碗刮、青蒜刮、稻草刮等瑶医传统疗法，以及大瑶山原生瑶药为广大群众提供价廉、质优的健康服务。尤其是瑶医药在治疗肿瘤、糖尿病、风湿类风湿性关节炎、脑中风后遗症（偏瘫）、顽固性皮肤病、妇科慢性炎症、重度水（烫）火烧伤等老年病、慢性病方面更具独特优势。前来瑶医医院就诊的病友，除了当地人外，还有来自全国各地及周边市县的人员。2013 年，瑶医医院门诊量就达 6 万多人次，住院量 3000 多人次。

2008 年，瑶医医院荣获广西壮族自治区成立 50 周年大庆 150 万元的"民心工程"建设项目——门诊业务综合楼建设项目，项目于 2009 年 9 月竣工并投入使用。为加快金秀县瑶医药的挖掘整理和开发利用，2009 年 10 月，经金秀县人民政府批准在瑶医医院挂牌成立瑶医药研究所。2011 年，在中央出台扶持中医、民族医学发展政策及自治区人民政府实施"壮瑶医药振兴计划"的有利形势下，县委、县人民政府按照发展瑶医药的总体规划，2012 年在县城划拨了 34.5 亩地作为金秀县瑶医医院新院建设用地，为打造一所全区乃至全国集医疗、康复保健、科研、教学等为一体的全国县级示范性的"二级甲等"瑶医药特色医院打下基础。截至 2014 年，自治区财政扶持县瑶医医院新院首期建设项目 1000 万元，建筑面积达 5146 平方米的业务综合楼已竣工验收。此外，计划投资 2850 万元，建筑面积 9500 平方米的瑶医业务综合楼二期项目已完成了立项批复、可研批复、环评及地质灾害评估，正在进行初步设计工作，同时正积极向上争取项目资金。

3. 积极引进和培养瑶医药人才

当前，金秀县瑶医药人才正处于"青黄不接"的状态，年轻一代专业人才较为缺乏。县瑶医医院正通过新招医学院校中医药类毕业生、选送业务骨干到上级医院进修培训、举办"瑶医实用诊疗技术推广培训班"等形式引进和培养人才。2012年7月，开展了金秀县首批瑶医医师资格考试工作。共100名考生达到县瑶医医师资格考核领导小组确定的合格分数线，取得瑶医医师资格，获得《金秀瑶族自治县瑶医医师资格证书》。

4. 全面开展瑶医药产业开发

随着人们对金秀大瑶山瑶医瑶药认可度的提高，推进瑶医瑶药产业化开发的进程也开始起步。

首先，有序推进"瑶族庞桶药浴（最有名的是"产后三泡"）、瑶药烧伤膏、瑶王风湿骨痛膏、大瑶山常用草本瑶药研究、瑶药断肠草点烧治疗风湿痹症、瑶医药治疗前列腺炎、瑶药外洗剂治疗脑中风后遗症、瑶药包烫疗治疗腰腿痛"等10个科研项目；其次，积极申报国家级瑶医药非特质文化遗产传承与保护单位，以科研项目的开展带动瑶医药产业的发展；再次，完成"瑶圣神酒"和"瑶族庞桶药浴"等系列瑶药保健产品的包装设计和商标注册。"产后三泡"、"庞桶药浴"系列瑶药保健品除了在金秀县瑶医药康复保健中心使用外，还在南宁、桂林、广州、上海等地保健市场使用。其中瑶药"产后三泡"颗粒剂课题及瑶药"产后三泡"外洗浓缩液科研项目，已经被列为广西壮族自治区2012年千亿元产业开发项目。当前该项目正在进行课题验收，很快将获得生产批号。

按照金秀县政府制定的《金秀瑶族自治县"经典瑶药"种植基地开发工作方案》，截至2014年，已在长垌乡镇冲村红冲屯建立了"走马胎"种苗培育基地25亩，育苗100万株。在三角乡的甲江、江燕两村种植"走马胎"400亩，预计至2017年种植经典瑶药面积增加1500亩。近年来，金秀县还完成了"风湿骨痛外擦药酒及其制备方法"、"治疗风湿骨痛的外贴膏药及其制备方法"、"庞桶药浴舒筋活络型保健药包及其制备方法"、"妇女产后用瑶药及其液体洗剂的制备方法"、"瑶王保健药酒及其制备方法"五个专利的申请，为瑶医药发展提供了强有力的保护。

三　瑶医瑶药发展面临的困境

金秀瑶族自治县瑶医药事业虽然有了一定的发展，但由于县瑶医医院成立时间仅 10 年，底子薄，加上系统化开发比较晚，目前很多产业化开发项目还处于"定战略，找资本"的层面。金秀县瑶医药产业的全面发展仍然存在一定的困难。

第一，合法化问题是制约金秀大瑶山瑶医药发展的瓶颈。由于尚未开展全国瑶医执业资格考试，瑶医、瑶药还尚未得到合法保护。目前散落在金秀大瑶山的 400 多名民间瑶医医生，因没有合法执业资格，他们治疗疑难顽症确有专长的技术没有得到很好的挖掘传承，正面临失传的危险。60 多家使用瑶医药的个体诊所因没有合法的瑶医执业资格证书，不能充分发挥瑶医药显著功效。许多有一定特长的瑶族医生在县域外看病行医尚属非法行为，而部分确具有独特疗效的瑶药在市场上属于非法流通。

第二，瑶医药高级人才严重缺乏。瑶医药人才梯队断档，大多数瑶医医务人员文化素质较低。瑶医医师的执业资格问题一时难以解决，使瑶医医院发展所需的瑶医人才的录用受到一定的制约，影响特色医药业务的开展。

第三，标准化成果少、研究滞后。由于资金不足，大部分瑶医药还没有进行过现代医学的系统研究，质量标准较低，每味药材的基础研究资料较少，尚未完全形成统一的、被国家权威机构所认可的标准规范。瑶医药长期在民间流传，技术缺乏规范，药物缺乏标准的状况还没有得到根本改变。

第四，瑶医药临床科研整体水平较低。瑶医药关键技术研发能力较弱，标准化研究方面的成果很少，研究工作滞后。医疗、教学、科研、产业尚不能有机结合，瑶药的知名企业、知名品牌、知名品种较少。

第五，受历史原因和客观条件限制，系统挖掘、整理瑶医临床理论难度较大。很多散落民间治疗某种疑难顽症有效的偏方、秘方面临失传，瑶药资源未能得到有效保护和开发，部分药材面临灭绝的危险。

第六，由于金秀瑶族自治县地处大瑶山区，建设成本高。金秀县瑶医医院项目建设缺口资金较大，县瑶医医院获得的 1000 万元的首期建设项目，在县财政扶持 200 万元缺口资金的情况下，医院还自筹了 400 多万元的缺口资金。

因此，当前金秀大瑶山瑶医瑶药虽然已经取得了一定的认可度，但在实际开发和经营当中仍存在很大的困难。必须进一步加大对瑶医瑶药的开发整理力度，尽早解决其合法化问题，以便更好地传承和发展金秀大瑶山传统的瑶医药文化。

第三节　金秀县社会保障制度的稳步完善

文化传统是制度设计理念的基石。一个社会的福利观对社会保障制度及其实践的影响力比具体技术更为突出，因为它不仅决定着制度的出发点和发展路线，而且影响着制度的运作和变革。

一　金秀大瑶山传统的社会保障

金秀大瑶山瑶族传统的社会福利观念不仅对当地的社会保障实践产生了深刻的影响，也在一定程度上对现代社会保障制度产生了某种启发。在费孝通和王同惠合著的《花篮瑶社会组织》一书中，用三章的篇幅来论述花篮瑶的婚姻家庭。费孝通先生写道："我认为性的满足和生育孩子应该是可以分得开的两件事情，不仅在现代社会里实际上早已分开，即使在许多经济文化不太发展的民族里，如我调查的花篮瑶，和尚未受现代化比较深影响的农村如江村。"[①] 文化不仅是用来满足人的生物需要，而且可以用来限制人的生物需要。费先生提到"三角结构理论"，即父、母、子三角才能构成稳定的社会结构，而这正是大瑶山花篮瑶（现在多写作"花蓝瑶"）不重结婚仪式，更注重长子出生后的"双喜酒"的原因所在。

以家庭为核心的传统社会福利观念认为，个人在照顾自己及家庭之余，有责任为社会上其他不幸人士提供力所能及的帮助。随着时代的发展，建立在个人和家庭道德责任基础上的中国传统社会福利观开始转变，宗族制度逐渐瓦解，传统的宗族制度在保障功能方面也有新的演化。当前，金秀瑶族自治县以中国传统的个人、家庭负责制为主，发挥社会团体作用，实施政府承担有限责任的社会保障制度。传统的社会福利观在金秀大瑶山现代社会保障制度的建立和发展过程中贯穿始终。

二　现代社会保险制度成果显著

金秀瑶族自治县始终以五项社会保险为中心，创新管理模式，实行"一站式"服务。自 2011 年以来，金秀县五项社会保险的覆盖面在逐渐

---

① 费孝通：《论人类学与文化自觉》，华夏出版社 2004 年版，第 60 页。

扩大。当前，金秀县已在城市建立了完善的社会保险体系，并且继续扩大征缴面，从而保障企业职工的合法权益。

2012 年，金秀县参加城镇基本养老保险在职人数为 4571 人，完成来宾市下达目标任务 4560 人的 100.20%。基本养老保险基金征缴收入 4054 万元，完成市下达任务 3530 万元的 114.84%；2013 年，金秀县城镇职工基本养老保险参保人数在职为 4840 人，完成年度目标任务 4840 人的 100%。基本养老保险共征收基金 3754 万元，完成年度目标任务 3700 万元的 101.5%。2014 年 1—7 月金秀县城镇职工基本养老保险参保人数在职为 4895 人，基本养老保险共征收基金 1189 万元，完成年度目标任务 3710 万元的 32.05%。

在完善城镇职工社会保险的前提下，金秀县大力开展城镇居民社会保险的建设。通过加大宣传和征缴力度，不断扩大城镇居民养老和医疗保险的覆盖面，基本实现了应保尽保。2012 年，金秀县城镇居民基本医疗保险基金征缴完成 1680 万元，完成来宾市下达年度目标任务 1460 万元的 115%；2013 年，基本医疗保险共征收基金 1667.95 万元，完成年度目标任务 1300 万元的 128.3%。金秀县城镇社会保险的推行，将城镇非从业人员纳入社会保障制度中，扩大了社会保险覆盖面，进一步体现了社会保障的公平性。

与此同时，金秀县参加失业保险参保人数也逐年增加。2012 年参保人数 5480 人，全年共征缴失业保险费 163.67 万元。发放失业保险金 822 人次，支付失业保险金 49.03 万元；2013 年征缴失业保险费 189.81 万元，完成年度目标任务 135 万元的 140.6%。发放失业保险金 1123 人次，支付失业保险金 82.63 万元；2014 年 1—7 月参保人数 4780 人，共征缴失业保险费 163.67 万元。完成年度目标任务 145 万元的 121.62%。发放失业保险金 694 人次，支付失业保险金 51.64 万元。

此外，金秀县重点加强农村社会保险制度的建设。继续扩大新型农村养老保险覆盖面。2012 年，按照广西壮族自治区的统一部署，金秀县作为第四批开展新型农村养老保险工作的试点县，于 2012 年 3 月启动了新型农村养老保险制度。至 2012 年 12 月底，金秀县新农保参加缴费人数为 25346 人，占金秀县应参保缴费人数 51720 人的 49.01%；征缴养老保险基金 329.35 万元，享受基础养老金待遇 18896 人；发出基础养老金 1101.50 万元，养老金发放率达 100%；2013 年，金秀县新农保参保缴费

25757 人，完成应参保缴费 42017 人的 61.23%；征收缴费基金 325.38 万元，领取新农保基础养老金 17471 人，发放基础养老金 1569.58 万元。同时，金秀县城居保参保缴费 375 人，完成应参保缴费 1525 人的 24.59%，征收缴费基金 9.37 万元，领取城居保基础养老金待遇 304 人，发放基础养老金 26 万元，城乡居保基础养老金发放率达 100%。①。

新农保工作作为功在当代、利在千秋的一项惠民工程，也是推动金秀县社会事业发展、改善和保障民生的重要举措。新农保政策的全面实施，逐步使金秀县农民做到"应保尽保、愿保参保、重点必保"，渐渐告别"养儿防老"的时代。

三　当前社会保障制度存在的问题

我国的少数民族地区因多处于地理位置偏僻、自然环境恶劣、经济条件比较落后的地区，社会保障制度建设与我国的东部和中部地区相比明显滞后。贫困困扰下的西部民族地区迫切需要社会保障制度，但社会保障制度建设仍有许多不尽如人意之处，离广大群众的要求还有较大距离。当前存在的主要问题有：农村社会保障体系不健全、覆盖面小、保障水平低、社会化程度低、保障功能差、社会保障管理水平不高、社会保障资金运行风险较大等。② 由于金秀瑶族自治县属于后发展地区，第二、三产业发展滞后，社会保险基金征缴扩面极为困难，统筹面非常狭窄。

首先，存在着缴费费率偏高、缴费压力大的问题。以养老保险为例，2013 年，广西壮族自治区城镇在岗职工平均工资 3134 元/月，按最低档次进行征缴，用人单位每用一个人就要承担养老保险基金 376 元/月，劳动者本人要缴 150 元/月。相对于最低工资标准为 830 元/月的金秀县来说，社会保险缴费费率偏高，导致一些用人单位不参保，劳动者本人也不愿参保。这既损害了劳动者的合法权益，也增加了劳动保障维权难度。部分下岗失业人员和个体自谋职业者也因缴费基数高而无力续保。

其次，上级下达任务不切实际，任务繁重。同样以养老保险为例，在金秀县劳动保障监察部门劳动用工备案的仅有 1850 人，全部按全区在岗

---

① 金秀瑶族自治县人力资源和社会保障局：《人力资源和社会保障局工作总结》（电子版），2014 年 8 月，第 4 页。

② 朱合理、谢冰等：《新型民族地区农村社会保障制度研究》，湖北人民出版社 2012 年版，第 3 页。

职工平均工资为基数征缴养老保险基金计，金秀县全年仅能完成养老保险基金 1956 万元。而上级下达给金秀县的任务为 3710 万元（2014 年任务），并纳入绩效考评，任务艰巨且难以完成。

最后，机构设置和人员编制与社保工作不相适应。由于金秀县是个小县，人员编制少，而社保经办机构人员更少，不能按社会保险基金管理制度设置相应岗位，不利于社保基金的监管。

四　完善社会保障制度的建议

金秀瑶族自治县作为少数民族地区贫困县，要认识到社会保障在反贫困战略中的重要性，必须结合实际，找到一条与当地经济发展相适应的社会保障道路。就金秀瑶族自治县目前情况而言，社会保障发展应着重关注以下几个方面。

（一）开展社会保障法律法规宣传，提高用人单位和劳动者参保意识

利用开展"春风行动"、农民工签订劳动合同"春暖行动"、送法下乡、送法进企业和宣传《社会保险法》等活动之际，积极深入乡镇、企业进行劳动保障法律法规的宣传，让用人单位和劳动者知道，依法参加社会保险是法律赋予他们的义务，提高他们的参保意识。

（二）加大劳动保障监察维权力度，促进用人单位依法用工

认真贯彻落实《劳动合同法》及实施条例，以开展清理整顿人力资源市场秩序、整治非法用工、打击违法犯罪等专项行动，促使用人单位劳动者签订劳动合同，从而提高社会保险参保率。

（三）拓宽就业渠道，以就业促进社保征缴扩面

首先，落实优惠政策，扶持就业创业。坚持把公益性岗位开发作为解决困难人员就业的重要手段。科学发放小额信贷，使小额信贷更具针对性、安全性和效率性，就业帮扶、就业制度不断完善，困难人员就业扶持力度显著增加；其次，通过灵活培训方式，增强培训效果。牢固树立抓培训就是抓就业的理念，以培训促进就业。2012 年，金秀共开展 9 期就业职业技能培训，共培训 499 人。当年金秀县城镇新增就业人员 826 人，城镇失业人员再就业 134 人，困难人员就业 75 人。金秀县城镇失业率控制在 4.1% 以下。2013 年，金秀县人力和社会资源保障局联合定点培训机构，开设农用拖拉机驾驶员、计算机操作员、餐厅客房服务、家用电子产

品维修、创业培训等培训项目，培训期数 15 期，共培训 630 人。金秀县城镇新增就业人数为 1007 人，城镇失业人员再就业人数为 153 人，就业困难人员就业人数为 106 人，城镇登记失业率为 3.62%，比来宾市下达的 4.1% 控制线低 0.48 个百分点。

（四）严格基金监督管理

金秀县以"加强控制、规范运作、防范风险"为中心，以基金征收、管理、拨付三大环节为重点，全面实行基金票据"台账化"、基金收支"无币化"、账务结算"常态化"和内部审计"常年化"四化管理。深入开展警示教育，构建"不能违、不敢违、不愿违"的基金管理长效防范机制，确保了基金的安全运行。

（五）增加人员编制

金秀县属少数民族自治的小县，上级编制部门核定给金秀县的编制少。随着经济、社会的不断发展，金秀县社会保障工作业务不断增加，原核定给局机关、经办机构的人员编制已不符合社保基金监管的工作要求。特别是当前开展的城乡居民社会养老保险工作的经办机构，更无一人是在职在编人员，全部是公益性岗位和政府购买服务人员。这与社会保障基金监督管理制度严重不符。建议上级部门协调解决金秀县社会保障管理部门及经办机构人员编制问题。同时，在下达社会保险征缴任务时，充分考虑金秀县属于小县份、人口少、经济总量小、就业人员少的实际情况，相应减少承担的任务。

第四节　金秀县扶贫开发工作

《中国农村扶贫开发纲要（2011—2020 年）》的颁布，按照"集中连片、突出重点、全国统筹、区划完整"的原则，以 2007—2009 年三年的人均县域国内生产总值、人均县域财政一般预算收入、县域农民人均纯收入等与贫困程度高度相关的指标为基本依据，考虑对革命老区、民族地区、边疆地区加大扶持力度的要求，国家在全国共划分了 11 个集中连片特殊困难地区，共 14 个片区 680 个县，作为新阶段扶贫攻坚的主战场。金秀县作为国家级重点贫困县，其扶贫开发工作成为重中之重。

2015 年 3 月 5 日，李克强总理在《政府工作报告》中首次提出"互联网＋"行动计划，推动移动互联网、云计算、大数据、物联网等与现代制造业结合，促进电子商务、工业互联网和互联网金融健康发展，引导互联网企业拓展国际市场。国务院扶贫办也将"互联网＋"纳入扶贫工作体系，电商扶贫对拓宽贫困农户的增收渠道，增加收入，进而推动贫困地区的产业升级换代具有重要意义

一　金秀县的贫困状况

2012 年末，金秀县贫困人口有 57140 人，贫困人口分布在金秀县 10 个乡镇、77 个村民委。其中山外乡镇 28052 人，占贫困人口的 49%；山内乡镇 29088 人，占贫困人口的 51%。男性人口 30244 人，占贫困人口的 53%；女性 26896 人，占 47%。18 岁以下贫困人口 8603 人；18—30 岁 10150 人；30—40 岁 8901 人；40—50 岁 11085 人；50—60 岁 6758 人，60 岁以上 11643 人，分别占贫困人口的 15.1%、17.8%、15.6%、19.4%、11.8% 和 20.3%。贫困人口中汉族人口 9382 人，占 16.2%；少数民族人口 47758 人，占 83.8%。导致贫困的原因有因灾、因病、因残、缺少资金、缺少技术、缺少劳动能力及因小孩上学致贫等，其中缺少资金的人口有 31911 人，占 55.8%，因病致贫人口 6349 人，占 11.1%。

二　金秀县扶贫开发取得的成效

金秀县以贫困村为主战场、以贫困人口为主要对象，以"整村推进"扶贫开发为载体，突出"打基础、兴产业，抓培训、创新扶贫工作机制"四项重点，统筹安排、精心组织、创新理念、狠抓落实，稳步推进了大瑶山扶贫开发，为推进和加快县域经济社会的发展以及全面建设小康社会作出了积极的贡献。

（一）贫困村基础设施建设得到较大改善

近十年来，扶贫办共投入财政扶贫资金 5546 万元，建成村屯道路 76 条 399.4 公里，修建桥梁 16 座 359 延米，解决了 14465 户 61090 人行路难问题；投入资金 127.16 万元，修建人畜饮水工程 24 处，解决了 920 户 6152 人的饮水困难；抓好地头水柜、沼气池工程建设，全县投入资金 130.5 万元，建设地头水柜 1733 座，总容量 10.2 万立方米，新增灌溉面积 1.43 万亩，受益人口 9955 人。投入资金 498 万元，建成沼气池 10400 座，使 10400 户 46800 人用上沼气，解决了群众的生活照明及燃料问题，项目区域的生态环境得到保护，农村环境卫生得到改善。

（二）大力发展覆盖贫困农户的优势产业，进一步优化贫困村产业结构

一是在山外乡镇重点发展优质水果及糖蔗生产，山内乡镇重点发展八角、毛竹、茶叶、中草药材等支柱产业。新阶段扶贫产业开发实施以来，投入资金 612 万元，开发种植优质茶叶 5162 亩、优质水果 5964 亩，油茶 600 亩，中草药 400 亩，八角、水果、茶园低产改造 5.35 万亩，使产业区群众从中增加收入 200 元以上。二是认真组织实施科技扶贫示范项目。利用上级扶持资金 280 万元，先后建立了南方优质梨、中草药育苗和石崖茶育苗等 3 个科技扶贫示范场。通过示范场的互动示范，引导贫困村群众种植优质水果、茶叶，调整产业结构，科技扶贫项目覆盖 10 个乡镇 41 个村，使 2822 农户 12699 人口受益。三是充分依托生态优势，大力发展特色产业。除用好贫困村重点产业项目财政扶贫资金和科技扶贫资金外，还整合其他涉农资金，县财政每年拿出经费 100 万元，设立"特色产业发展基金"，加快推进特色农业规模化、产业化发展，重点发展优质水果、茶叶、食用菌、中草药等特色种植业，实施金秀圣堂鸡、瑶香鸡、山猪、山鸡、蜜蜂、冷水性鱼类等特色养殖业，取得了显著成效。

（三）加强培训，贫困村干部群众综合素质不断提高

为了适应新阶段扶贫开发工作需要，提高劳动者素质，扶贫办加大了对贫困村干部培训和农民实用技术培训的力度，采取"走出去，请进来"的办法，先后派出扶贫干部 110 人次，村干部 98 人次，科技致富带头人及骨干 366 人次，参加了上级举办的扶贫培训班或组织到外地参观考察学习。县扶贫办、科技局、农业局、林业局、畜牧局等职能部门，聘请了各地专家教授到金秀县进行技术讲座，联合举办各种实用技术培训班 560 期，培训农民 32438 人次，参加培训的农民都能够掌握 1—2 门实用技术，为脱贫致富打下基础。

（四）扶贫工作机制不断创新，扶贫开发水平稳步提高

近十年来，金秀县紧紧围绕"创新扶贫工作机制，提高扶贫开发水平"的主题开展扶贫开发工作，在社区主导参与式扶贫工作机制创新方面取得成绩尤为显著。2007 年，金秀县成功启动了"中国自然保护区贫困社区可持续发展广西试点项目"和"促进贫困地区新农村社区和谐发展示范项目"，这两个试点项目均以社区主导参与式扶贫方式为主，是在国务院扶贫办外资管理中心和自治区扶贫办外资管理中心的指导下，由金

秀县分别与美国大自然保护协会、世界宣明会合作的项目。项目实施一年多来，取得了重大进展。2009 年，金秀县又争取到了 2 个以社区主导参与式扶贫方式为主的试点项目，即"广西贫困村村民生产发展互助资金试点项目"和"广西社区主导与扶贫机制创新试点项目"。以上试点项目分别在金秀县 10 个贫困村委和 6 个项目屯实施，全县社区主导参与式扶贫工作机制创新不断深入。

三　金秀县扶贫开发存在的问题

金秀县作为国家级贫困县，虽然在扶贫开发方面取得了一定成效，但仍旧存在一些问题，需要在实践中不断加以修正完善。

一是受特大台风等自然灾害频发的影响，经常出现特大山洪灾害，致使金秀县很多乡村道路严重损毁，一些项目无法恢复和无法进场施工，造成部分工程进度慢。

二是扶贫产业开发规模经营与瞄准对象的矛盾进一步凸显，实施产业开发项目难度加大。

三是扶贫龙头企业弱小，带动能力不强。

四是扶贫培训工作质量不高，仍需加大力度和探索新的模式。

五是县扶贫办人员编制少，很难适应扶贫开发越来越大的工作量和越来越高的工作要求，工作被动。

综上所述，跨入 21 世纪以来，作为国家级贫困县，金秀扶贫开发工作依旧任重道远。

四　金秀县扶贫开发的新出路——电商扶贫

电商扶贫，顾名思义，就是把李克强总理"互联网＋"行动计划纳入扶贫工作体系。国务院扶贫办将电子商务纳入扶贫开发工作体系当中，并将电商扶贫作为 2015 年十大精准扶贫工程之一。

电子商务作为一种新型的交易方式，将生产、流通以及消费者带入了一个网络经济、数字化生存的新天地①。它能够克服交通区位瓶颈制约，降低交易成本，提高经济效益，特别是把贫困地区绿色、天然、无污染的特色农产品通过网络销售到城市，减少中间环节，增加贫困群众收入。

① 马化腾：《互联网＋：国家战略行动路线图》，中信出版社 2015 年版，第 399 页。

金秀县委、县政府可以选择确定贫困村先期开展工作,对电商扶贫涉及的各个关键环节和重点内容积极探索,努力建立电商扶贫几大体系。

一是行政推进体系,在县乡(镇)村成立电商扶贫领导机构和工作机构,层层组建电商协会,负责电商扶贫的政策制定、协调指导、工作推进等工作,并加强与外界的沟通联系和衔接汇报,争取各方面的支持和帮助,强力推动电商扶贫工作有序开展。利用政务网站、政务微博、政务微信公众平台、领导干部个人微博微信等组成的新媒体推送产品和政策信息。

二是网货供应体系,积极开展特色农业提质增效活动,组织指导贫困地区群众按照行业标准生产优质产品,扶持加工企业开发一批优质网货,建立一批网货供应平台,培育一批有影响力的示范网店,打造一批优质农产品电商品牌,为网店提供丰富充足的高品质货源。

三是网店服务体系,扶持建设一个县级综合服务中心,在试点乡镇建立服务站,在试点村设立服务点作为"码头",积极探索一店带一户或多户、一店带一村或多村等电商扶贫模式,推动贫困群众网销网购,帮助群众增收减支。

四是人才培训体系,整合各类培训资源,建立培养基地和职业教育师资队伍,有针对性地开展培训,实现电商从业人员和管理人员培训全覆盖。

五是网络物流体系,加快贫困乡村公路和宽带网络建设步伐,扶持邮政系统和大型物流企业在贫困乡村设立快递代办点,鼓励发展面向乡村的"草根物流",降低网店运营成本。

六是考核评价体系,既考核网店数、销售额,更突出带动贫困村和贫困户外销农特产品、帮助贫困群众增收致富的情况,促进电子商务与扶贫开发深度融合。

少数民族贫困地区已经错过了工业化的班车,再不能错过信息化这一高速列车。通过发展电子商务,把金秀县的优势资源与全国大市场对接起来,着力解决特色农产品难卖的问题,为贫困群众增加收入,另辟蹊径,助推金秀扶贫开发的进程,努力实现贫困地区的弯道超车。

第九章

民族关系与民族文化

被誉为"世界瑶都"的金秀瑶族自治县是以瑶族为主体的多民族聚居区，瑶族、壮族和汉族比例大约各占1/3。瑶族中有盘瑶、茶山瑶、花篮瑶、山子瑶和坳瑶五个支系，是世界瑶族支系分布最多的县份和瑶族主要聚居县之一。各民族及瑶族各支系间在金秀大瑶山整体发展中相互扶持、多元互补，共荣共存，建立了和而不同的民族关系，创造了丰富多彩的民族文化。

第一节　和而不同的民族关系

金秀瑶族自治县是以瑶族为主体的多民族聚居区，主要由瑶族、壮族、汉族等民族构成。2011年底，金秀县共有人口155268人，其中瑶族50703人，占自治县总人口的32.66%，壮族68589人，占自治县总人口的44.17%，汉族35612人，占自治县总人口的22.94%，其他少数民族364人，占自治县总人口的0.23%。[①]（见图9–1）

一　大分散、小聚居的分布格局

不同民族及瑶族的五个支系在金秀县境内分布，来源风俗各异，真可谓"十里不同风、百里不同俗"。就具体分布而言，壮族主要分布在西北部及西南部，如桐木镇、头牌镇、大樟乡、三江乡等地；汉族则主要分布在西部、北部及东西部，如桐木镇、头牌镇、三江乡、罗香乡、金秀镇、忠良乡等地；瑶族主要分布在中部、东部及西南部、西北部的大部分山

---

① 韦佑江、赵贵坤：《广西民族区域自治集成·金秀瑶族自治县卷》，广西民族出版社2013年版，第18页。

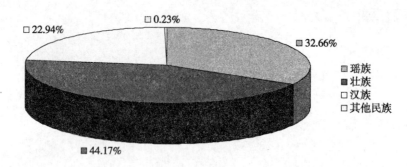

图 9 - 1　2011 年底金秀人口构成情况

区，如金秀镇、三角乡、罗香乡、六巷乡等地。总体看来，汉族分布相对
分散、杂居，瑶族、壮族分布相对集中。同时，就瑶族五个支系的分布而
言，也存在着大分散、小聚居的现象。如茶山瑶主要集中在金秀镇，其余
分布在三角乡、忠良乡等各处；盘瑶主要在忠良乡、三角乡、大樟乡等地
人数较多，金秀其余各乡镇均有分布，分布最广；坳瑶分布于罗香、六
巷、大樟等乡，主要集中于罗香乡；山子瑶散居于长垌、三江、三角、罗
香、六巷等乡。[①]

　　就语言使用而言，瑶族、壮族和汉族各有自己的语言。壮族语言属于
汉藏语系壮侗语族傣语支，处于壮语桂北方言、红水河流域土语区；汉族
语言属于汉藏语系，通行西南官话，以柳州方言较为盛行。瑶族五个不同
支系使用三种不同语言，其中，茶山瑶使用"拉珈"语，属汉藏语系壮
侗语族侗水语支；花篮瑶使用"炯奈"语，属汉藏语系苗瑶语族苗语支；
盘瑶、坳瑶、山子瑶使用"勉"语，属汉藏语系苗瑶语族瑶语支。除此
之外，金秀境内的壮族、汉族及五个支系的瑶族，在民族来源、饮食服
饰、节令礼仪、婚丧嫁娶等方面，均有不同的风俗习惯，甚至这些方面的
形式和内容，即使是瑶族的某一支系在不同地区也有所差异。如此缤纷多
彩的民族文化内涵并没有影响良好民族关系的建立，反而在金秀大瑶山整
体发展中相互补充扶持、共存共荣。

　　新中国成立前，金秀大瑶山内各民族及瑶族五个支系之间关系相对复
杂。一方面，由于过去的"山主"花篮瑶、坳瑶和茶山瑶占有广阔山地，
而作为"山丁"的盘瑶和山子瑶没有一草一木。"山丁"借以为生的耕

---

　　① 韦佑江、赵贵坤：《广西民族区域自治集成·金秀瑶族自治县卷》，广西民族出版社
2013 年版，第 21 页。

地、屋地、柴山、水源，都要缴纳一定数量的租税给"山主"才可租得。在这一关系形成之后，"山丁"还要忍受一些苛刻的额外"供应"，甚至还要忍受一些无理的敲诈勒索。① 这种由于"山主"和"山丁"的经济地位不同而引发的经济利益、政治权力之争，直接导致了大瑶山各民族间及瑶族各支系间的矛盾和冲突。同时，由于"山主"与"山丁"之间山界不清、山外汉族地主仗势进入瑶山争夺田地、"山主"之间的政治权力之争等原因所导致的冲突也时有发生。

而另一方面，尽管金秀大瑶山在政治上基本保持独立状态，但各个民族及各支系人民绝大多数生产工具及日常必需品需要仰仗山外供给，并将山内的副业产品如香草、笋干等拿到山外市场进行交换。许多壮族、汉族到瑶族聚居区开商店，瑶族人到壮族、汉族生活区开设瑶医门诊、摆地摊，这些互通有无、物资交流的经济活动直接促成了文化的沟通。大瑶山各民族本来居住就错落混杂，瑶壮之间、瑶汉之间及瑶族五个支系之间通婚、迁徙等现象时而发生。同时，对先进生产技术及经验的掌握，对优良作物品种培植的学习，也促成了各民族及各支系间的联系。而且通过长时间的交往联系，汉语（西南官话）已经被各民族所共同使用，瑶语、壮语也在多地通行。语言表达的通畅直接推动了文化上的借鉴、交流，最终实现了金秀大瑶山内各民族及瑶族各支系间自然而然地融合。可以说，新中国成立前金秀大瑶山的民族关系尽管掺杂了一些不和谐的因素，阻碍了大瑶山的进步和发展，但总体上各民族及瑶族各支系间的联系范围在逐渐扩大，交流程度也在逐步深入。

二　《大瑶山团结公约》开启民族关系新篇章

1951 年，金秀大瑶山各族人民在中央访问团的帮助下订立了《大瑶山团结公约》，开启了大瑶山民族关系的新篇章。此后，通过土地改革、农业生产责任制等政策的落实，金秀境内的各个民族及瑶族的各个支系之间不再存有"山主"、"山丁"的关系，通婚现象较为普遍。更有很多不同民族、族系之间结成的"老同"，这种"老同"关系类似朋友、兄弟，但远胜于朋友、兄弟。这些关系的建立，表明金秀大瑶山实现了真正意义上的民族平等和民族团结。形成了"汉族离不开少数民族，少数民族离

---

① 广西壮族自治区编辑组：《广西瑶族社会历史调查》第一册，广西民族出版社，1984 年版，第282 页。

不开汉族，各少数民族之间也相互离不开”的互助互利、尊重友好、亲密和谐的民族关系，极大地推动了金秀大瑶山政治、经济、文化各方面的建设和发展。

进入 21 世纪以来，为了巩固和加强金秀县境内平等、互助、团结、和谐的民族关系，从 2008 年开始，金秀县每年都开展“民族团结宣传月”活动。这次活动以国庆 60 周年、自治县 60 周年庆典为平台，利用广播电视、文艺演出、演讲比赛、主题板报等形式，宣传党的民族理论、民族政策和民族区域自治制度的成功实践，及金秀县经济社会发展已取得的辉煌成就。增加各族人民对民族政策、民族理论的了解，维护金秀县的社会稳定和民族团结。从 2010 年 5 月开始，金秀县政府积极开展民族关系检测系统工作。通过建立“两个信息资料库”（少数民族社团信息资料库和少数民族知名人士信息资料库）、“三支队伍”（信息员队伍、专家顾问队伍和民族关系协调员队伍）、“四项制度”（交流沟通联谊制度、民族关系信息收集加工和汇总上报制度、民族关系监测评价制度、涉及民族因素事件和民族矛盾纠纷处置制度），构建了民族工作网络和民族关系监测评价处置机制，增强了民族工作的预防能力和监测能力，培训并强化了民族工作队伍，确保了民族团结事业的开展和进步。

三　共生共荣，和而不同

我国是一个统一的多民族社会主义国家，民族关系处理是否得当直接关系着国家的成败兴衰。同样，金秀县作为一个多民族的聚居区，民族关系是否融洽、各民族是否能共同繁荣直接影响着金秀大瑶山的全方面发展。如果说，中华民族所呈现的“多元一体”格局是一个色彩斑斓、内容丰富的大社会，那么金秀县境内的各民族及瑶族的五个支系则可以看成是中华民族的一个缩影，这里的民族关系更能够体现中华民族关系中“和而不同”的本质特征。正因为此，大瑶山成为中国著名的人类学家、社会学家、民族学家费孝通先生民族研究思想的开始，也是他总结中国社会发展理论的重要事实源头。

费先生曾坦言：“我这篇‘多元一体格局’文章的根子可以追溯到1935 年赴广西大瑶山的实地调查。……我在大瑶山的实践中能看到民族认同的层次，再联系上中华民族的形成。……金秀瑶山里现有的瑶族居民是不同时期从山外迁入的。这些从不同地区迁入的人，……他们对内和平合作，对外同仇敌忾，形成了一体。山外的人称他们为瑶人，他们自己也自称是瑶人，成为一个具有民族认同意识的共同体。在我的心目中，也成了一个多元一体的雏形。"①

　　正是基于这样的理解与思考，费先生晚年提出要创建一个和而不同的全球社会。他认为："对于中国人来说，追求'天人合一'是一种理想的境界，而在'天人'之间的社会规范就是'和'。这一'和'的观念成为中国社会内部结构各种社会关系的基本出发点。在与异民族相处时，把这种'和'的理念置于具体的民族关系之中，出现了'和而不同'的理念。这一点与西方的民族观念很不相同，这是历史发展的过程不同即历史的经验不一样。所以中国历史上所讲的'和而不同'，也是我的多元一体理论的另外一种说法。"② 确实，"不同"强调的是世界的多样性和差异性，强调对本民族、本族系文化的认同和对他民族、他族系的尊重，如同金秀境内壮族、汉族、瑶族五个支系之间在分布、语言、来源、服饰、饮食等众多方面的"不同"，但是相互尊重、相互包容。"和"是经过历史发展中的接触、交流、对话、联系，达到互通互补、平等团结。如同金秀境内壮族、汉族、瑶族五个支系在历史发展中，尽管有过矛盾冲突，但在不断的交流融合中，在金秀大瑶山总体发展的统一下，各民族、各族系间能够有多层认同，并逐渐实现了共生共荣，达到了总体上的和谐。

　　总之，金秀大瑶山各民族及瑶族各支系间"和而不同"的民族关系呈现了中华民族多元一体文化的基本体征，"和而不同"所代表的"民族秩序论"，③ 在金秀县里为我们找到了实证。这种尊重各民族、各族系间的文化个性，承认和维护文化的多元性，以更为开阔的胸怀和视野兼容并蓄、共同发展的状态，为具有不同文化背景的各民族如何和谐相处提供了现实的理论借鉴。

---

① 费孝通：《简述我的民族研究经历和思考》，《费孝通民族研究文集新编》下卷，中央民族大学出版社 2006 年版，第 523 页。
② 费孝通：《创建一个和而不同的全球社会》，《费孝通文集》第 15 卷，群言出版社 2001 年版，第 302 页。
③ 费孝通：《民族生存与发展》，《费孝通全集》第 17 卷，内蒙古人民出版社 2009 年版，第 264 页。

第二节　丰富多彩的瑶族文化

著名的人类学家、社会学家、民族学家费孝通先生曾提出："世界瑶族文化研究中心在中国，中国瑶族文化研究中心在金秀。"的确，金秀瑶族自治县作为典型的瑶族多支系聚居区，瑶族人口众多。"2012 年，金秀总人口 15.22 万，瑶族人口 5.3 万，占全县总人口的 34.8％"，[①] 达到三分之一以上。同时，县内分布着茶山瑶、花篮瑶、坳瑶、盘瑶、山子瑶等五个支系，是名副其实的"瑶族之乡"。俗话说"十里不同风，百里不同俗"，由于瑶族五个支系迁入大瑶山的线路和时间各不相同，在族源历史、语言文化、社会生活等多方面各具特点，至今仍较为完整地保存了民族特征和传统文化，形成了具有浓郁民族特色的风俗习惯。作为瑶族传统文化保护、传承及开发的宝贵资源，金秀大瑶山也因此成为中国乃至世界瑶族文化研究的中心基地。

金秀大瑶山瑶族在漫长的历史岁月中创造了绚丽多彩的民族文化，包括石牌、服饰、饮食、民居、文学、歌舞、节日、医药等众多具体内容，可以归结为以下社会生活、文学艺术、节庆婚恋、宗教信仰四个部分。在现代化迅猛发展的时代背景下，瑶族文化也在不断开拓创新。

一　社会生活

瑶族石牌。大瑶山社会素有"石牌大过天"的说法。石牌，顾名思义，即石碑、木板或竹板等介质。石牌制，就是瑶族人民将共同订立的规定、条约镌刻石牌纸上，要求大家共同遵守的一种政治制度，是一种"民族习惯法"。金秀县目前已经发现的石牌有 34 个，最早的是在明朝崇祯四年（1631），最晚的是民国二十八年（1939）。在几百年的时间里，石牌制在金秀瑶族社会中发挥了重要作用。金秀五个支系都有自己的石牌，其中以茶山瑶居多，有 14 块。同时，金秀石牌种类繁多，有的石牌内容统管大瑶山，有的只是一个或几个村寨范围订立的石牌；有的石牌内容广泛，涉及社会生活中众多内容，有的内容单一，只负责解决某一问题。石牌制度是金秀大瑶山瑶族在长期的社会生活中自然形成的社会组织

---

① 广西来宾市统计局：《来宾统计年鉴·2013》，中国统计出版社 2013 年版，第 217 页。

形式，是瑶族人民维护社会秩序正常运行，保障经济生产顺利开展，对外御敌、对内维稳的重要产物。

瑶族服饰。瑶族服饰喜欢用青、蓝、红、黑四色，并在领口、袖口、胸襟、衣角、裙边等部位通过挑、绣、织、染等制成精美图案。服饰种类有几十种，节日、日常；老人、孩子；男人、女人；女人服饰分婚前、婚后。可分为不同场景，不同年龄，不同性别，不同阶段。瑶族服饰或是精美朴实，或是淡雅清新，或是烦琐复杂，或是庄重飘逸。金秀五个支系瑶族的服饰，无论从样式、色彩选择上，还是从裁制、装饰搭配上都各有不同。如颜色上，茶山瑶喜用红色或深蓝色；花篮瑶妇女喜用蓝黑色；盘瑶喜欢用黑色、紫色。装饰上，茶山瑶喜欢用银板，盘瑶喜欢用花巾、彩带等。同时，瑶族不同支系服饰不同，即使同一支系服饰也并不完全一致。如茶山瑶服饰可以分为金秀茶山瑶服饰、六段茶山瑶服饰、岭祖茶山瑶服饰、罗孟茶山瑶服饰、平竹茶山瑶服饰等5种，花篮瑶服饰可以分为六巷花篮瑶服饰、长峒花篮瑶服饰、罗香花篮瑶服饰3种。盘瑶服饰可分为尖头盘瑶服饰、红头（大平头）盘瑶服饰和白头（小平头）盘瑶服饰3种。

瑶族饮食。瑶族主食以大米、玉米、木薯、红薯、芋头等为主。菜肴除一般的野菜及菌类之外，还喜爱鲊肉、腊肉、簸箕肉等特色食品。瑶族人喜爱用鱼、肉、蔬菜等材料腌制鲊类食物，用烟火熏制腊肉，用菜果腌制成"酸"。每逢重要的节日庆典，瑶族要做糍粑、酿美酒。瑶族男子尤其喜欢以酒会友、饮酒会客。这些饮食传统在瑶族日常生活中至今仍然保持着。

瑶族民居。由于金秀瑶族各支系进入大瑶山的历史背景、发展经历不同，各支系村落在建筑选址、居住环境、生活习惯上均有不同，房屋建筑架构与内部布局也各有特点。茶山瑶房屋建筑相对复杂，设有吊楼、厅堂、卧室、厨房、畜栏等，一般呈狭长式，多为砖墙或泥墙木架瓦盖；坳瑶房屋分为厅堂、卧室、厨房等，一般为横阔式，大多是泥墙或卵石墙木架瓦盖；花篮瑶住房多以泥石作墙、巨木作梁；山子瑶房屋多为架马式原木结构；盘瑶房屋多为竹楼特色建筑。可以说，瑶族五个支系不同的传统建筑风格，构成了金秀大瑶山瑶族文化的另一道亮丽风景线。

二　文学艺术

瑶族文学。金秀大瑶山瑶族自古流传的神话传说故事，大多与瑶族祖先、迁徙等历史背景紧密相关。如金秀瑶族祖先代代传抄的重要文献《过山榜》，经久不衰的《盘瓠神话》。其中《盘瓠神话》以瑶族始祖盘瓠英雄形象为中心，经过历代瑶族人民的加工创造，融入不同时代的核心价值元素，彰显了金秀瑶族盘瓠神话的特有魅力，成为瑶族文学史上的长青之树。其他的如《盘古开天地》、《伏羲兄妹传说》、《千家洞的传说》、《神异的圣堂山》等神话传说故事，或是情节生动、离奇，或是语言细腻、感人，表达了瑶族人民对大自然的敬畏和对美好生活的热爱，成为金秀大瑶山灿烂的瑶族文化瑰宝。

瑶族歌曲。无论儿童还是老人，婚丧嫁娶、节日迎客，瑶族人都要纵情歌唱，表达内心情感。瑶族歌曲种类多样，有情歌、儿歌、叙事歌、风俗歌、婚姻歌、祭神歌等。各个支系又有不同形式的歌曲，如茶山瑶的"香哩"、"果拉"、"留拉咧"；盘瑶的"中央唱"、"边洪中"、"哪啰离等"；花篮瑶的"离贯"、"刮架"、"嘎直"；坳瑶的"大声歌"、"尼王公里"；山子瑶的"石人祖"、"门中"；等等，各有意味。这些民歌是瑶族表达思想情感的最直接方式，是瑶族智慧的结晶，其中很多民歌至今仍广泛流传于金秀大瑶山民间。

瑶族舞蹈。瑶族舞蹈是瑶族生活状态、思想情感的外在反映，与大瑶山瑶族的历史风俗、信仰传说有着紧密的联系。代表性的有茶山瑶"做洪门"时的解秽舞、藏身舞、跳六郎舞、女游舞等，"做功德"时的迎香舞、舞灵舞等；盘瑶"跳盘王"时的上香舞、开坛上光舞、接师傅舞、还愿舞等；坳瑶"做盘王"时的黄泥鼓舞，"游神"时的开坛舞、白马舞、花棍舞等；花篮瑶"祭甘王"时的甘王打仗舞、甘王点兵舞、跳大花、祖公舞等；山子瑶"跳香火"时的公曹舞、招兵舞、九娘舞、九郎舞等，"度戒"时的度戒舞、花王舞、双刀舞等。这些舞蹈不仅动作简朴，形象生动，而且种类不同，风格各异。最为典型的是黄泥鼓舞和八仙舞。黄泥鼓舞，是金秀大瑶山特有的传统瑶族民间舞蹈，过去是用于瑶族祭祀先祖盘王时跳的舞蹈，现在已经发展成为瑶族群众自娱自乐的民间艺术。黄泥鼓，瑶语称为"泥黄公"，是金秀瑶族极具特色的乐器之一。鼓身由软韧且轻便的泡桐树镂空制成，鼓面用羊皮或牛皮蒙好。由于瑶族人习惯在敲打鼓前用黄泥浆涂抹鼓皮调音，黄泥鼓由此得名。黄泥鼓属于长鼓的一种，分为公鼓和母鼓。公鼓腰部细长，两端呈喇叭形；母鼓腰部粗短，两端呈杯状。跳黄泥鼓舞时，一般一只母鼓配多只公鼓，以母鼓为轴心，公鼓围绕母鼓或屈蹲，或跳转，边跳舞边击鼓，动作变化多样，舞姿雄健、洒脱。黄泥鼓舞有着独特的风格和韵味，充分展现了瑶族的文化风情，成为瑶族传统民间舞蹈的代表。

瑶族手工艺术。瑶族的民间手工艺术是瑶族民俗文化的重要组成部分，其手工艺术成品属于物质文化，但手工艺术属于非物质文化。瑶族妇女精于刺绣，如瑶锦，用红、黄、橙等彩色绒线，取材家禽、花草等生活为图案，以斜十字、人字、米字等几何纹样，以对称式、水波式、二方连续式、四方连续式等方式组合。图案构思新颖，手法简练，线条刚柔相宜，形象栩栩如生。瑶族的雕刻艺术，寓意深刻，主题鲜明，立体感十足，主要有雕门匾、吊楼、烟盒、神像、神龛画等作品。瑶族十分喜爱银饰，茶山瑶妇女头戴的大钗，盘瑶妇女的头簪、银牌、颈圈等，都是瑶银制品，样式美观大方，有些因支系、地区会有所变化。

三　节庆婚恋

瑶族节日。金秀瑶族节庆活动丰富多彩，除春节、端午节、七月祭祖、中秋节等各民族共有节日外，还有盘王节、度戒、“做功德”、分龙节等一系列较为隆重的传统节日，这些节日与金秀瑶族五个支系的宗教信仰密切相关，表达了瑶族人民对祖先的崇拜怀念和对美好生活的向往。其中，盘王节最为隆重，是瑶族统一的民族节日。盘王节，又可称为“做盘王”、“跳盘王”、“还盘王愿”。相传远古时代，瑶族人民遇到灾难向盘王许愿，希望得到盘王的保佑，子孙平安。不久，这一愿望得到实现，人们为了感激盘王的恩德，祈求得到盘王的保护，便杀鸡宰猪，跳舞唱歌，祭祀盘王。瑶族后代将这一习俗延续下来，世代相传。1984 年，盘王节确定为每年农历十月十六日，此后每年这个时候都是瑶族人民共同庆祝的盛大节日。

瑶族婚嫁。金秀大瑶山五个支系的瑶族婚姻习俗各具特色。如茶山瑶的“半夜接新娘”，不打锣鼓，不抬花轿，不放鞭炮，仪式简单节约，直到今天仍具有现实意义。同时，金秀六段等茶山瑶瑶寨过去还盛行一种富有浪漫气息的婚恋方式——“爬楼”。在这些瑶寨中，瑶族姑娘闺房二层楼外设有吊楼。夜里，青年小伙子经常到心仪姑娘楼前唱歌表情，如小伙子同样是姑娘的意中人，姑娘会让他爬上吊楼，进入闺房内谈情说爱。盘瑶的“嫁郎”，也极具特色。盘瑶婚恋自古中有招男入赘风俗，即男嫁女，由女方举办酒席。男方嫁女方，并不表示男方失去了自由和尊严。相反，一方面，男方仍然是一家之主；另一方面，婚后所生子女部分随母姓，部分随父姓。实际上，"嫁郎"形式结合的夫妻可以在双方父母家居住，帮助解决实际生活生产上的困难，俗称"两边顶"。因此，"嫁郎"体现了男女平等的社会思想，保证了夫妻双方氏族的绵延继替。其他的婚俗，如山子瑶的拦新娘对歌、押八字、吃合婚饭等，花篮瑶的三五婚姻、双喜酒，等等，都是金秀瑶族文化中婚恋习俗的重要组成部分。

四　宗教信仰

金秀瑶族信仰以道教为主，融入了本民族所固有的原始自然崇拜，形成了瑶族特有的宗教信仰。"佛教、儒教的一些观念以附属的形式偶尔出现在瑶族的道经中，而道经则与瑶族原始宗教完全融合在一起，形成瑶族特有的宗教信仰"。[1] 道教中有师公和道公之分，师公为武道，主要是跳神祈禳，道公为文道，主要是超度亡魂，对瑶族宗教文化有着巨大影响，也有师公、道公的功能区分。金秀瑶族具有虔诚的祖先崇拜，信奉盘王、甘王等民间神灵，还举行游神、还洪门愿等宗教集体崇拜仪式，只是具体各个支系还有一定差别。如游神是茶山瑶、花篮瑶、坳瑶、山子瑶集体崇拜仪式之一，做功德是茶山瑶的一种祭神仪式等。

五　瑶族文化的开拓创新

金秀大瑶山瑶族较好地保存了民族特有的传统文化精华。其丰富多彩的社会生活，绚烂多姿的文学艺术，精彩纷呈的节庆婚恋，古老神奇的瑶医瑶药，原始神秘的宗教信仰，为我们呈现了一幅精美绝伦的传统民族文化画卷。

首先，瑶族传统文化保存完整，地域性、民族性特征鲜明。在长期的社会文化生活当中，人们结合本民族的生存环境、生活经验，经过初创、发展到逐渐适应、成熟，形成了独具本民族生存特色的文化体系。可以说，任何一种民族文化都是历史积累和现实经验的综合，是经过一代代人民智慧积累的结晶。金秀大瑶山山势陡峭，山岭绵延，丛林、河流纵横密布，为金秀营造了天然的保护屏障。自古金秀大瑶山交通不便，反而为传

---

① 《金秀瑶族自治县志》编纂委员会编：《金秀瑶族自治县志》，中央民族学院出版社1992年版，第119页。

统民族文化提供了较为封闭的生存空间。也正因为这样，金秀瑶族具有较强的民族认同意识和旺盛的民族生命力。金秀瑶族及五个支系瑶族文化至今仍然保存较为完整，瑶族同汉族、壮族之间，瑶族不同支系之间在生产生活、风俗习惯等方面的差异依然明显，这些成为金秀大瑶山瑶族较为鲜明的地域性、民族性特征。

其次，金秀境内各民族文化多元互补，瑶族各支系文化多元互补，从历史到现实，从内部到外延，都自然而然地实现了"和而不同"的理想境界。金秀瑶族自治县是以瑶族为主体的多民族聚居区，瑶族集中居中在县内中心山区，而其他民族如壮族聚居在自治县境内西北、西南部分，汉族和其他少数民族散居于全县各地。"历史上，早在600多年前的明朝初期，瑶族和壮族就开始陆续迁徙进入县境内居住，而汉族则在更早的时期已经居住在县境边沿地带。瑶族、壮族和汉族劳动人民，都是大瑶山这块处女地的开拓者"。① 从古至今，瑶族与其他民族一起成为金秀大瑶山共同的主人，在这样一个空间之中，多种民族进行交流、融合，尽管也有矛盾、斗争，但是能够在发展、前进的主旋律中和平共处，交流发展，从纵向层面为我们提供了民族关系"多元共生"的范本。同时，金秀瑶族文化体系由盘瑶、山子瑶、坳瑶、花篮瑶、茶山瑶五个支系整合构成。"以盘王崇拜及过盘王节为文化核心，以石牌制度为文化特质，以五大瑶族支系的互动互联关系的社会网状结构为载体，形成了一个稳定的、系统的金秀瑶族文化圈，并在地域上形成了一个瑶族文化区"。② 在横向文化空间上，为金秀民族文化提供了一个差异性互补，多元共生共荣的展示平台。五个支系在"瑶族"的统一认同之下，有着不同的生活环境、风俗习惯、语言文化，在语言、服饰、饮食、民居、婚恋等多方面有着各自特点，他们共同形成了璀璨夺目的多元文化形态。在漫长的历史岁月中能够和谐共处，直至今日仍然"和而不同"，这种生存格局为我们认识民族文化提供了更深层次的思考空间。

无论是纵向还是横向的解读，都不难看到瑶族文化发展中所体现的文化自觉的能力。正是因为瑶族及各支系本身所能够秉持的"各美其美、美人之美、美美与共、天下大同"的理念，才实现了金秀境内多民族、

① 《金秀瑶族自治县志》编纂委员会编：《金秀瑶族自治县志》，中央民族学院出版社1992年版，第101页。
② 《广西金秀瑶族自治县瑶族文化发展总体规划》，2011年，第10页。

瑶族本身多支系的"和而不同"、"多元一体"的生存格局。而这些正是来自瑶族文化自身的特有魅力和文化特征。

最后，需要注意到的是瑶族传统文化已经受到现代文化冲击，及时保护、传承，并有效利用文化资源寻求发展已经成为金秀大瑶山瑶族文化乃至整个金秀社会发展的重中之重。瑶族优秀传统文化的发掘和利用，不仅能够寻求瑶族文化自身的发展潜力，增强民族认同感，增强社会凝聚力，同时，对民族文化产业的开发、民族文化品牌的打造、公共文化事业的推进，有利于推动金秀经济社会的整体发展。对瑶族传统文化的保护、传承，是实现民族文化价值的基础，是金秀社会发展的重要一步。只有在对民族文化重要性清醒的认识基础上，才会真正地传承文化，促进经济社会的和谐发展。

第三节　民族传统文化的保护和展示

文化是民族生命力的体现，是民族认同的基础，是民族凝聚力和创造力的源泉。少数民族地区在大力推进经济社会建设时，必须注重对民族文化的保护和传承。也只有将民族文化较好地保存下来，深入挖掘民族文化宝藏，利用一切有利的条件，做到及时、有效地保护民族特色文化，才能真正实现少数民族地方的和谐良性发展。

历史上，金秀瑶族人民在各种宗教活动及社会生活生产中，传承本民族的优秀文化。新中国成立以后，尤其是改革开放以来，一方面，由于"文化大革命"中，许多优秀的瑶族文化一度遭到封杀；另一方面，随着中国社会经济的巨大变迁，外界多元多彩的文化艺术逐渐渗透到大瑶山，老一代民族艺人逐渐离世，新一代瑶族青年不愿意接受继承民族文化。因此，金秀大瑶山同其他少数民族地区一样，面临着民族文化传承的被动局面。金秀县政府在物质文化遗产、非物质文化遗产保护上，投入大量人力、物力、财力，采取多项措施，从博物馆的大规模扩建到抢救性征集大批民族文物；从文化馆的全面维修改造到大批"非物质文化遗产"的普查和项目申报；从瑶族艺术团的改组重建，到深入挖掘瑶族民间艺术，创作大量优秀瑶族歌舞，切实推进民族文化保护、传承的进程。金秀县结合自身优势，将大瑶山瑶族文化的特色风情习俗保存下来，使瑶族文化得到更广泛的传播。瑶族文化没有在现代化浪潮中销声匿迹，而是以更加独特的魅力呈现在世人面前。

一　搭建"1+6"立体式博物馆群落

金秀瑶族博物馆位于县城东侧。1988 年，金秀瑶族自治县文物管理所改名为金秀瑶族自治县文物馆。"1991 年扩建，占地面积 6000 平方米，建筑面积 815 平方米，工程造价 80 万元"。[①] 1992 年 11 月 10 日正式对外开放。1993 年 12 月，根据著名社会学家费孝通先生于 1988 年为文物馆的题名——"瑶族博物馆"，文物馆改称为金秀瑶族自治县瑶族博物馆，是我国建成的第一个瑶族博物馆。2002 年、2012 年，金秀瑶族博物馆进行了扩建和维修改造。目前，该馆属仿瑶族民居式建筑，建筑面积 4300 多平方米，展厅面积 2200 平方米，库房面积 100 平方米，总投资 1000 余万元。博物馆内藏有大量瑶族文物和历史照片，拥有馆藏文物 2000 余件，其中一级文物 2 件，为明崇祯四年（1631）成二、下故都村石牌，清金秀茶山瑶《大圣五领都伤》双面木刻印刷板；二级文物 22 件，包括清盘皇入席卷之二歌、清代这水村石牌、清代众团特禁石牌、清代都县石牌、大瑶山团结公约碑等；三级文物 117 件，包括东汉方格纹陶罐、东汉弦纹铜碗、明代兽耳铜锅、清代床头琴等。

瑶族博物馆设有世界瑶族、中国瑶族、金秀瑶族等功能展厅。文物展出有瑶族史、民族革命斗争史、石牌制、瑶族人民原始古老的生产生活工具、宗教艺术、出土文物、瑶王匾额、民族艺术木雕等。同时，该馆收藏有全国各地及海外瑶族服饰 58 类 200 余套，是目前我国收藏瑶族服饰数量最多、种类最全的博物馆。博物馆还对金秀县内的宗教祭祀、生产生活、民俗风情等无形文物进行了全面调查和搜集整理。自 2000 年以来，共拍摄资料照片 3000 余张，录像资料 12.5 小时，搜集、整理资料 4 万余字。大量的瑶族民俗风情资料，为保护民族文化遗产作出了不懈的努力。金秀瑶族博物馆如同瑶族社会的经典缩影，成为金秀展示瑶族文化的一个重要窗口。

20 多年来，瑶族博物馆接待了数以万计的中外游客，特别是 2009 年免费开放以后，观众大幅度增加，年均接待观众 5 万人次以上。金秀瑶族博物馆立足于保护并弘扬瑶族文化，结合实际优势特色，积极开展爱国主

---

① 《金秀瑶族自治县史志》办公室编：《金秀年鉴（1988—2002）》，广西民族出版社 2005 年版，第 299 页。

义教育，分别于 1997 年、2003 年定为柳州地区、广西壮族自治区爱国主义教育基地。博物馆于 2003 年定为国家重点博物馆，2009 年评为国家三级博物馆，2010 年还被自治区命名为"广西首批民族团结进步教育示范基地"。瑶族博物馆用自身的文化影响力、浓郁的民族特色和丰富的文物藏品，获得显著的社会效益，赢得了社会各界的一致好评。

为了扩大瑶族文化的展示平台，增强瑶族文化的影响力度，提升瑶族博物馆的研究、展示水平，金秀县努力将瑶族博物馆创建为国家二级博物馆。为达到国家相关标准，县委政府因地制宜，创造性地提出在金秀实现"1＋6"博物馆模式建设。在完善提升金秀瑶族博物馆的基础上，建设 6 个生态博物馆。即将瑶族博物馆作为主馆，其他大瑶山自然生态博物馆、茶山瑶生态博物馆、盘瑶生态博物馆、坳瑶生态博物馆、山子瑶生态博物馆、花篮瑶生态博物馆 6 个生态博物馆作为辅馆，搭建立体式博物馆群落。以瑶族博物馆为龙头，利用大瑶山自然生态博物馆和 5 个支系瑶族生态博物馆资源，这种"1＋6"模式在全国属于首创。它不仅能够充分展示悠久丰富的瑶族历史文化和大瑶山庞大的物种基因库及原生态的自然环境，而且对于推动金秀大瑶山瑶族文化的保护传承，促进民族文化与旅游产业有机结合，实现金秀社会经济的大发展都有着重大意义。

目前，"1＋6"立体博物馆群落模式正在逐步实现。2007 年，经广西区政府及金秀县政府的支持和花篮瑶群众投工投劳，六巷乡门头村花篮瑶生态博物馆建成。馆内最初征集文物 74 件，包括瑶族服饰 33 套，银饰 6 件，生产生活用具 35 套，经过不断积累，现共有文物 160 多件，图片 130 多张。馆内展览分为花篮瑶剿匪英雄人物、花篮瑶石牌、花篮瑶婚礼、丧葬习俗及民间工艺等模块。成为花篮瑶历史文化发展的缩影，展现了花篮瑶文化的精华及花篮瑶人民自强不息的精神。位于六巷乡下古陈村的坳瑶生态博物馆于 2011 年 5 月建成并开放，馆内以瑶山秘境——金秀坳瑶文化陈列为主题，文物有 100 余件，按秘境生活、服饰、歌舞人生、信仰和绝技、心系大瑶山五个板块展出，不仅展示了坳瑶人民古朴自然的生活方式和多姿多彩的民族文化，还以照片、论文、书籍等方式，回顾了费孝通先生与王同惠女士在瑶族社会的调查经历，弘扬了民族文化研究保护、传承发展的宝贵精神。

此外，大瑶山自然生态博物馆馆舍已建成，陈列展览方案已通过评审，文物标本已经到位。古占山子瑶生态博物馆、塘背盘瑶生态博物馆的建筑方案正在设计之中，茶山瑶生态博物馆的选址工作正在进行。6 个支系的生态博物馆在建设过程中，受到广西民族生态博物馆专家的专业指导，在确定选址、文物征集、布置展厅等每个具体环节都经过科学的设计，这 6 个生态博物馆的建设，成为金秀大瑶山乃至广西的多层次、全方位的博物馆群的基石，为金秀民族文化的保护、传承开创了更加广阔的空间。

二　推进民族文物抢救保护工作

金秀大瑶山的文物保护工作经历了从无到有、从小到大的发展历程。改革开放以来，金秀县文物管理工作认真贯彻"保护为主，抢救第一"的工作方针，加大对《文物保护法》的宣传力度，增强全民对文物保护重要性的认识和相关法律知识的了解，明确落实县级法律保护重点文物。1991 年，金秀县人民政府决定，对自治县确定的县级第一批重点文物："金秀设治局旧址、鹿鸣村垌楼、圣塘山石墙、帽合山崖画、江洲天主教堂、泰山韦公祠、金秀功德桥、王同惠纪念亭、大瑶山团结公约碑、黄二村官坡汉古墓群"，① 共计十处文物单位纳入法律保护。2004 年，金秀县政府批准恢复"金秀瑶族自治县文物管理所"名称，将其作为金秀瑶族博物馆内设机构，专门负责金秀县境内文物的保护和管理工作。以此加强金秀县文物保护和管理的力度，并充分保障挖掘、保护和利用文物资源。

金秀县一直遵循"保护为主，抢救第一，合理利用，加强管理"的文物工作方针，结合实际情况，利用有利条件，不断加大对民族文物的征集力度。博物馆工作人员经常主动下乡走访，掌握文物信息，重点征集民族文物珍品。1990 年到 2002 年的十余年间，共征集瑶族生产生活用具、宗教艺术等文物 823 余件，收藏全国各地及海外的瑶族服饰 58 类 87 套，极大地丰富了金秀大瑶山民族文物的种类和内容。1991 年，金秀县相关专家发掘桐木镇官坡古墓群的两座古墓，出土壶、碗、罐、井亭、熏炉等文物 23 件，其中铜器 1 件，陶器 22 件。2007 年，在上级专业考古队的指导下，金秀县对王二东汉墓群的四座汉墓进行抢救性发掘，出土有陶罐、陶碗、陶壶、陶钵、铁釜、青铜碗等 24 件器物，出土的陪葬器物对于研究广西社会发展史及金秀古代文化遗产具有重要的价值。

---

① 《金秀瑶族自治县史志》办公室编：《金秀年鉴（1988—2002）》，广西民族出版社 2005 年版，第 299 页。

　　至 2014 年，金秀县有各级专业文物保护单位 10 处。其中：自治区级文物保护单位 2 个；市级文物保护单位 3 个；县级文物保护单位 5 个。近年来，金秀县政府逐渐实现了对文物保护单位全面普查和安全保护工作。2002 年，重建县级保护单位"王同惠纪念亭"，该亭于 2004 年定为来宾市文物保护单位。2003 年，完善了县内重点文物保护单位的"四有"工作，即有文物保护标志牌、有保护范围、有专人看管，有文物单位档案。2005 年，对王二东汉墓群的墓穴进行重新定位确认和编号工作，并制作和安装了墓位桩号。同时，完成了大瑶山团结公约石牌、王同惠纪念亭、圣堂山石墙的文物标志的制作和安装工作。金秀县定期对文物保护单位进行检查，发现问题及时汇报，采取有效措施处理；对流散文物进行了搜集、整理，避免因文物资料的损坏而造成文物整理的困难。正是由于金秀县政府对文物保护工作的重视和落实，极大地保障了金秀大瑶山民族文化的传承和保护工作的开展。

三　积极普查申报非物质文化遗产

　　金秀县政府十分重视非物质文化遗产的普查和申报工作。近年来，金秀县委、县政府办公室先后联合下发了《关于印发加强我县非物质文化遗产保护工作意见的通知》、《关于成立自治县非物质文化遗产普查工作领导小组的通知》和《关于印发自治县非物质文化遗产资源普查工作实施方案的通知》等一系列相关文件。按照文件精神，成立了"金秀县非物质文化保护分中心"、"金秀县非物质文化遗产名录评审委员会"等组织机构。各乡（镇）按文件要求相应成立了普查领导小组。

　　2006 年以来，金秀县政府先后拨款 20 多万元，组织举办了非物质文化遗产培训班，对文化馆干部和各乡（镇）文化站站长进行业务培训。2007 年至今，金秀县按照"保护为主、抢救第一、合理利用、传承发展"的非物质文化遗产保护工作方针，根据项目大小，临危状况、活动规律等区分"轻、重、缓、急"，按照先重点、后一般的原则制定普查方案，对全县境内的非物质文化遗产进行普查。除积极申报非物质文化遗产项目外，还建立健全电子文本、档案，并实现逐级向上级申报。2008 年，广西壮族自治区非物质文化遗产普查现场经验交流会在金秀县召开，肯定了金秀县在非物质文化遗产普查、申报工作方面的突出成就及丰富经验，进一步推动了金秀非物质文化遗产保护工作的开展。

至 2014 年，金秀县已经完成搜集普查项目 3900 余项，下乡实地调查采集资料 190 余项。其中已申报并公布为自治区级非物质文化遗产保护名录 8 项，包括《瑶族黄泥鼓舞》、《瑶族过山音》、《瑶族做盘王》、《瑶族医药》、《瑶族度戒》、《跳甘王》、《瑶族织绣技艺》。其中，《瑶族黄泥鼓舞》已于 2011 年 7 月正式列入国家级非物质文化遗产名录，实现了金秀县国家级非物质文化遗产名录零的突破。《瑶族织绣技艺》、《瑶族做盘王》、《瑶医瑶学》、《瑶族过山音》四大名录，目前正在申报国家级非物质文化遗产名录。金秀县已有自治区级非物质文化遗产代表性传承人 11 人，包括黄泥鼓舞、瑶族石牌习俗、瑶族度戒、跳甘王、瑶族过山音、瑶族做盘王、瑶族织绣技艺、瑶医瑶药等相关文化遗产传承人，居全区各县之首。2013 年，六巷下古陈村盘振松获得国家级非物质文化遗产传承人称号，并于 5 月中旬在南宁举行授匾仪式。

至 2014 年，金秀县有市级非物质文化遗产名录 18 项，包括《瑶族服饰》、《火葬》、《盘瑶婚礼》、《山子瑶度戒》、《月皇岭庙会》、《迓圣节》、《爬楼恋爱》、《白马舞》、《八仙舞》等。其中《瑶族服饰》、《瑶族八仙舞》正在申报自治区级非物质文化遗产保护项目。县级非物质文化遗产保护名录 18 项，包括《边洪钟》、《香哩歌》、《刮架》、《吉冬诺》、《离贯》、《八马拦江传说》、《白马舞传说》、《陈红谋传说》、《大藤峡传说》、《伏羲兄妹》、《高将军传说》等。还有准备申报县级非物质文化遗产保护名录 60 多项，包括《盘瑶礼仪曲》、《瑶绣》、《树根、竹根唱》、《唱香哩》、《节日歌》、《十送歌》、《茶山瑶丧葬曲》等。

四　多途径宣传传承民族文化精品

首先，集中展示非物质文化遗产成果。2012 年 7 月，金秀瑶族非物质文化遗产成果展示厅成立。展厅设在瑶族艺术中心一层，经过精心布展，已向外界全天候免费开放。接待区内外观众多达数万人以上，反响强烈，获得社会一致好评。金秀非物质文化遗产成果展示厅主要采用声音、音像、民间艺人演示、实物展示相结合的形式，试图以更加直观、生动的方式，呈现原汁原味、鲜活的民族文化活动及演变过程。主要内容包括民族刺绣、编织、印染、雕刻、食品加工（磨米、舂米、酸肉制作等）、饮食习俗、民族服饰、民族语言、民间歌舞、民间竞技等方面。

金秀县政府积极支持非物质文化遗产成果展示"走出去"。如 2013

年，组织六巷古陈村的民间舞蹈团、瑶族织绣艺人、瑶医医师分别到桂林、来宾、南宁参加非物质文化遗产展演活动；组织罗运屯、田村屯民俗文艺队参加平南县首届盘王节演出。还举办形式灵活多样的文艺活动，如举办首届"过山音杯"非物质文化遗产山歌擂台赛，有来自全县 10 个乡镇的精英山歌手参加角逐；组织非物质文化遗产宣传月，包括举办非物质文化遗产专题晚会，播放非物质文化遗产专题片、发放宣传单、制作宣传板报在广场展出等活动。通过集中展示金秀大瑶山非物质文化遗产成果，对于保护、传承民族文化遗产，扩大金秀大瑶山民族文化的知名度，推动旅游产业发展具有重要的现实意义。

其次，建设与非物质文化遗产相关的基础设施。金秀县政府通过积极推进非物质文化遗产相关基础设施的建设，努力实现建立以瑶族传统文化项目为保护核心，以传承基地（点）、展示馆为重要场所，以培训、奖励代表项目传承人为主要手段，系统完整的传统民族文化精品传承方案。这种设想需要对金秀县文化生态环境较好、瑶族文化资源丰富、群众保护意识强烈的一些村落进行重点建设和保护，然后逐步在这些村寨建设一批传承基地（点）和展示馆，发挥整体的保护、传承、展示、宣传瑶族文化遗产的作用。目前，金秀县已建立罗运屯黄泥鼓舞传习馆、上古陈屯黄泥鼓舞传习馆、下古陈屯坳瑶生态博物馆、门头屯花篮瑶博物馆。同时，除投入 60 多万元资金维修建设罗运屯、上古陈屯和下古陈屯的黄泥鼓舞基地外，还规划继续建设分布在全县 10 个乡镇的金秀村、六拉村、坤林屯、六段屯等 32 个村落，包括黄泥鼓舞、瑶族服饰织绣技术、瑶族民歌等内容的 9 个传承基地（点），以及非物质文化演播展示厅、六段屯茶山瑶生态博物馆、塘背盘瑶生态博物馆等 3 个瑶族文化展示馆（具体参见表 9-2）。金秀瑶族文化生态保护区规划的形成，以及具体重点基础设施建设项目的明确，表现了金秀县政府对民族文化传承保护的决心。也正是以这些基础设施的不断建设作为基本保障，才能实现金秀大瑶山瑶族文化的代代传承和持续发展。

表9-2　　瑶族文化生态（金秀）保护区重点基础设施建设项目①

单位名称	生态村保护	传承基地（点）	展示馆
县城	金秀村、六拉村	黄泥鼓传承示范点	非物质文化演播展示厅

① 金秀县人民政府：《瑶族文化生态（金秀）保护区规划纲要》，2012 年。

续表

单位名称	生态村保护	传承基地（点）	展示馆
金秀镇	坤林屯、六段屯、美村屯、孟村屯、将军屯	六段屯茶山瑶织绣技艺传习馆	六段屯茶山瑶生态博物馆；塘背盘瑶生态博物馆
忠良乡	土县屯	岭祖茶山瑶服饰、床头琴传习馆	土县屯大瑶山自然生态博物馆（筹建）
罗香乡	罗运屯、水湾屯、罗叶屯	罗运屯坳瑶服饰织绣技艺传习馆；	
长峒乡	古占屯、青山屯、屯西屯、龙华屯	古占屯山子瑶服饰织绣技艺传习馆	古占屯山子瑶生态博物馆（筹建）
三角乡	甲江屯、大岭河屯、六排屯、六闭屯	大岭河屯盘瑶民歌传习馆	
大樟乡	六龙屯、新村屯	平头盘瑶服饰传习馆；高秀屯八仙舞传习馆	
三江乡	古范屯、柘山屯	柘山屯尖头盘瑶服饰织绣技艺传习馆	
六巷乡	上古陈屯、下古陈屯、门头屯、六巷屯		
桐木镇	龙腾屯古祠堂、泰山高公祠堂、上架屯		
头排镇	江州屯天主教堂、龙坪古艺院		

再次，培训传承民族文化相关人才。传承民族传统文化首先要有从事相关民俗活动、表演相关民俗节目及继续培养下一代传承人的相关人才。在金秀大瑶山瑶族文化中，度戒仪式是瑶族培养本民族文化传承人的重要方式，是大瑶山五个瑶族支系都要举行的重要宗教活动。每个支系的度戒仪式各有特色，但其内容和目的都是要受戒者接受祖先流传下来的人生礼仪、道德规范等传统教育和族史教育。对受戒者要传授法术，一般通过度戒仪式的人，才能成为主持宗教仪式的师公、道公。

随着时代的发展，一度衰败的度戒仪式也因对瑶族文化传承的再度重视而数量剧增。据不完全统计，近30年来，5个支系的瑶族先后在古占、古范、邦家、刘村、六拉、孟村、罗运、古陈、门头、六巷、坤林、泰山等几十个瑶族村庄举行过50多次度戒活动，接受度戒的男子有400多人。其中，仅山子瑶一个支系的瑶族，在1979—2008年的29年间里，先后在古占、古范、邦家、芝俄、田盘、古友、翁江等村寨共举行了9次有全族人参加的大型度戒活动。与此同时，金秀县政府还以现代培训班的方式，培养民族歌舞、织绣等相关人才。仅 2014 年 4 月，在金秀县开办的瑶族黄泥鼓舞培训班中，各乡镇就有 70 多名学员参加了培训。金秀县政府还先后举办了十多期瑶族织绣培训班、黄泥鼓舞培训班、瑶族民歌培训班等，参加培训学员达到 300 多人。这些人才的培养极大地扩充了瑶族文化传承的队伍，增强了瑶族传统文化传承的实力。

最后，成立瑶族文化艺术研究展示中心。金秀瑶族文化艺术研究展示中心于 2012 年瑶族艺术团改制后建立。瑶族艺术团前身为 1960 年成立的金秀县文艺工作团，起初主要演出歌剧《刘三姐》，并于 1962 年一度解散。1965 年成立县文艺宣传队。"文化大革命"初期，文艺队名存实亡。1969 年重新组建县文艺队。"文化大革命"结束后，文艺队创作人员深入瑶寨体验生活，以瑶族生活为题材创造了大量文艺节目。包括歌剧《阿姑探亲》、《阿端抓蛇》，舞蹈《浪坪欢哥》、《黄泥鼓舞》，歌曲《你长得像朵花》等，社会反响良好。其中，"《阿姑探亲》脚本为上海人民出版社出版，舞蹈《喜迎亲人到瑶寨》还被搬上电影银幕"。①

1982 年，县文艺队改名为民族歌舞剧团。1987 年，又改名为县瑶族艺术团。此后，瑶族艺术团以瑶族民间艺术为基础，先后创作了《瑶山歌舞》、《瑶山五色云》、《瑶山鼓歌》等三台大型文艺晚会。其中，《瑶山五色云》先后到北京、上海、深圳等大中城市演出 100 多场，中央电视一台、二台分别播放了这台晚会的实况录像。1988—2001 年，瑶族艺术团在国内各大城市演出近 1000 场。2006 年代表广西来宾市出访法国，在法国敦刻尔克市演出 15 场。② 瑶族艺术团以弘扬瑶族文化艺术为中心，始终担负着挖掘、整理瑶族文化艺术的重任，不断积极创作演出，成为金秀县文化事业建设中不可缺少的基石。1993 年，瑶族艺术团被广西壮族自治区文化厅评为"先进表演团体"，被广西壮族自治区政府评为"先进艺术团体"。1994 年，被国务院评为"全国少数民族团结先进集体"。

2012 年，根据全国深化文化体制改革的战略部署，以及广西壮族自治区党委、政府《关于贯彻〈中共中央、国务院关于深化文化体制改革的若干意见〉的实施意见》等相关政策规定，按照有关"地方戏曲、曲

---

① 《金秀瑶族自治县志》编纂委员会编：《金秀瑶族自治县县志》，中央民族学院出版社1992 年版，第 480 页。

② 韦佑江、赵贵坤：《广西民族区域自治集成·金秀瑶族自治县卷》，广西民族出版社2013 年版，第 200 页。

艺等国有文艺院团中，演出剧（曲）种属濒危有且具有重要文化遗产价值的，经批准可不保留文艺院团建制，允许其转为公益性的保护传承机构，或将相关保护传承职能连同相关在编人员、编制和待遇转入当地文化馆、群艺馆、艺术院校、艺术研究所等机构，专门从事研究、传承和展演"的精神，不再保留县瑶族艺术团建制，成立"金秀瑶族自治县文化艺术研究展示中心"，① 继续从事瑶族文化研究、传承和展演工作。从金秀县文艺工作团到瑶族艺术团，到金秀县瑶族文化艺术展示中心，无论名称上怎样变化，这支队伍一直作为金秀县唯一的艺术表演团体，在改革创新、总结经验的基础上，以创作瑶族艺术为主，坚持走民族化的创作道路，向全县、全国乃至全世界人民展示了瑶族人民积极向上、热爱生活的精神面貌。为增进民族团结和推动民族发展作出了积极贡献，极大地促进了金秀大瑶山的文化大发展大繁荣。

---

① 广西金秀政府：《金秀县瑶族艺术团体制改革工作方案》，2012 年。

第十章

费孝通与大瑶山

神奇美丽的大瑶山，在 20 世纪二三十年代就引起了学界的关注。从 1928 年中山大学考察队的大瑶山考查开始，金秀的学术调研史就拉开了帷幕。在学术界影响最大、持续最久、取得成果最为丰富的莫过于 1935 年费孝通、王同惠的大瑶山调查，不仅以一伤一死的悲剧震惊学界，更以费孝通在近半个世纪里孜孜不倦地五上瑶山，并由此提出了"中华民族多元一体格局"、边区开发、区域发展、文化自觉、和而不同等学术思想，产生了广泛的学术影响和社会影响，甚至一直关联到当今中国的发展。

我们作为费孝通的门生，有幸在 2005 年夏、2006 年春两次赴金秀大瑶山开展追踪调查，出版了《大瑶山七十年变迁》等著作。当费孝通大瑶山调查八十周年到来之际，我们再赴金秀大瑶山追踪调查，以此纪念费孝通先生逝世十周年。因而本书不仅要体现《中国民族地区经济社会调查报告》的体例和要求，也要表述费孝通与大瑶山的特殊关系，承载学术薪火相承的特殊意义。我们不只关注金秀在新世纪的跨越式发展，也把目光投射到金秀大瑶山八十年的变迁上，在更宏大的背景下讲述金秀的故事。

第一节　有关金秀大瑶山瑶族的研究

历史上瑶族力量弱小，为了摆脱统治者的压迫剥削和驱赶，只好躲进深山老林，耕山为业，被称为"山民"。以往历代流官过客和文人雅士虽也有到瑶族地区考察旅行，并留下一些诗文，但他们对瑶族社会的记述大都是零碎的片断，其中不少还是道听途说或似是而非的转述，很难说是科学考察。直到 20 世纪 20 年代末期，外界对大瑶山的内部情况基本上还是一无所知。揭开大瑶山神秘面纱，首先向世人报道金秀瑶族的通常被认为是广州中山大学生物考察队。

一 中山大学考察队的调查研究

1928 年国民政府成立中央研究院，蔡元培院长大力提倡民族调查，并拨款协助国立中山大学派出科学考察队赴各地瑶区考察。由于金秀瑶族文化保存丰富而完整，被立为首先考察的对象。在辛树帜教授的率领下，中山大学科学考察队从 1928 年 5 月至 1931 年先后四次进入大瑶山开展科学考察，由此揭开近代科学考察瑶族社会文化的序幕。这次科考的内容涉及大瑶山植物、生物、地质和瑶族的社会历史文化，比较全面地向世人展示了金秀瑶民的居住环境和风俗习惯。虽然其中有些文字有猎奇误解和嘲笑瑶民的，但仍不失为一次成功的科学考察。[①]

中山大学考察队为后人留下了《广西前途和瑶山研究》（辛树帜）、《瑶山两月观察记》（任国荣）、《瑶山调查记》（辛树帜、石声汉）等六篇文章。其中，任国荣，时任助教，新中国成立前曾任中山大学生物系主任，后任香港珠海书院理工学院院长。他的《瑶山两月观察记》是本次民族考察的最主要成果，引起了外界对瑶山的关注。全文共 3.11 万字，详细介绍了金秀大瑶山的地形、种族、服饰、居室、交通、瑶汉关系、两性关系、婚姻家庭、婚丧嫁娶等方面的习俗。在中国民族学史上，是第一篇专门论述瑶民社会生活的长文，被顾颉刚先生誉为"辟一个新园地"，[②]其意义不容忽略。

二 唐兆民的《瑶山散记》

由于对大瑶山缺乏了解，过去对瑶族的称呼可谓五花八门，有的以地名或村寨命名，有的按瑶族装束发型命名，有的以居住地远近命名。直到 20 世纪 30 年代，这种混乱的称谓依然存在。1932 年，黄云焕将瑶族分为板瑶、长毛瑶、花篮瑶、过山瑶、山子瑶五种。[③] 1936 年，费孝通和王同

---

① 金秀瑶族自治县史志办公室编：《金秀历史文献资料汇编》，金秀瑶族自治县史志办公室2008 年版，第 586—688 页。

② 转引自莫金山《瑶族石牌制》，广西民族出版社 2000 年版，第 8 页。

③ 黄云焕：《赴桂平瑶山工作报告》，载《广西省政府公报》，1932 年。

惠的《花篮瑶社会组织》将金秀瑶族划定为茶山瑶、花篮瑶、坳瑶、盘瑶和山子瑶五个族团。据黄钰先生统计，从 1928 年至 1949 年，有关瑶族社会调查成果论文有 500 多篇。[①] 影响较大的有任国荣的《瑶山两月观察记》（1928），彦复礼、商承祖的《广西凌云瑶人调查报告》（1929），庞新民的《广西瑶山调查》（1935），费孝通和王同惠的《花篮瑶社会组织》（1936），廖炯然的《瑶民概况》和唐兆民的《瑶山散记》（1948）等。

《瑶山散记》是广西著名学者唐兆民先生的代表作。他于 1934 年至 1939 年进入大瑶山考察，自称"足迹遍历全瑶山 90% 以上的村寨"。唐兆民的瑶山调查时间较长，善于用历史文献为依据，研究极其深入，为后人调查了解大瑶山留下了非常珍贵的历史材料。1936 年，《申报》发表了唐兆民的《广西大藤山瑶民之经济生活》，文中对大瑶山瑶族生活习俗和民族、人口展开了具体的论述。1948 年，上海（桂林）文化供应社出版和发行了他的《瑶山散记》一书，全书约 9 万字。书中表示的一系列内容和观点，被 1956 年广西瑶族社会历史调查组广泛采纳，并多次引用。[②]

中山大学考察队对金秀大瑶山的考察，揭开了大瑶山瑶族神秘一角，引起了学术界的关注。其后，庞新民、唐兆民、费孝通和王同惠、徐益棠、雷金流、吴彦文等名家接踵而至，先后进入大瑶山考察，取得很多成就。不仅提高了金秀大瑶山瑶族文化知名度，也推动了中国民族学田野考察的深入发展，给后人留下了丰富而珍贵的文字材料和研究成果。在上述调查中，最为人所广泛熟知并且影响最大的就是 1935 年费孝通和新婚妻子王同惠的大瑶山调查。

三　1935 年费孝通王同惠大瑶山调查

1935 年的秋天，一对风华正茂的青年学者，经过两个多月的长途跋涉，不远千里前往遥远的广西大瑶山做社会调查，这就是在中国社会学、民族学、人类学界广为人知的费孝通与王同惠的故事。他们一路走一路写出《桂行通讯》，在《北平晨报》和天津《益世报》上连载，引

---

　　① 黄钰：《广西民族调查的回顾》，载郝时远主编《田野调查实录——民族调查回忆》，社会科学文献出版社 1999 年版，第 209 页。
　　② 金秀瑶族自治县史志办公室编：《金秀历史文献资料汇编》，金秀瑶族自治县史志办公室 2008 年版，第 586—661 页。

起了社会各界的广泛关注。特别是燕京大学的师生们，都对这对"能说能做"、志同道合的夫妇叫好。他们是 1935 年 10 月 18 日进入大瑶山，一路走村过寨，费孝通进行体质人类学调查，王同惠则进行社会学的调查。

大瑶山的生活"充满了快乐、勇敢、新颖、惊奇的印象"①。然而，当他们完成花篮瑶、坳瑶的调查后，12 月 16 日从居住的古陈村向茶山瑶居住地区转移过程中，却出现了一死一伤的悲剧。费孝通强忍丧妻之痛，决心"用我一人的体力来做二人的工作"，在病榻上顽强编写完成《花篮瑶社会组织》一书，冠以王同惠遗著，以纪念前妻的牺牲。书中记录了瑶族特有的婚姻家庭制度、风俗文化和生活方式，沿着家庭、亲属、村落、族团及族团间的关系层层深入，以简短的六章数万字的篇幅，展现了一个完整的花篮瑶社会结构和文化结构。吴文藻先生评价道："我们看过这本花篮瑶的社会组织以后，就不能不承认该族社会组织的严密，文化配搭的细致。"②

大瑶山下的学术和爱情，始终贯穿于费孝通以后七十年人生，一直在他心中萦绕。几十年过去了，他回忆起来还是那么痛心疾首："我们的相识只有两年，结合只有 108 天，正如春天的露水一般，短促得令人难以忍受。天作之合，天实分之。其可奈何？"③ 费孝通 1988 年最后一次登上大瑶山时，在拜谒六巷乡王同惠纪念亭后写道："心殇难复愈，人天隔几许。圣堂山下盟，多经暴雷雨。坎坷羊肠道，虎豹何所沮。九州将历遍，肺腑赤心驱。彼岸自绰约，尘世惟蚁聚。石碑埋又立，荣辱任来去。白鹤展翼处，落日偎远墟。"④ 反映出费孝通对王同惠终身的怀念和牵挂。

1935 年费孝通、王同惠的金秀大瑶山调查，以一死一伤而结束，在中国社会学、人类学、民族学学科史上留下了悲壮的一页。他们怀着"认识中国，改造中国"的宏大志向，克服后人难以想象的困难，勇闯当时的"蛮荒"之地，试图开拓一条学术报国的道路。大瑶山调查，留给

---

①　费孝通、王同惠：《花篮瑶社会组织》"吴文藻先生导言"，江苏人民出版社 1988 年版，第 3 页。

②　同上书，第 9 页。

③　《青春作伴好还乡》，载《费孝通人物随笔》，群言出版社 2000 年版，第 196 页。

④　费孝通：《费孝通诗存》，群言出版社 1999 年版，第 64 页。

费孝通最大的痛楚，就是王同惠的牺牲，成了费孝通人生中一个"打不醒的噩梦"。促使费孝通坚定不移地去实践他们年轻时的梦想，使他义无反顾地毕生用"一人的体力来做二人的工作"，造就了一个不平凡的费孝通。大瑶山调查改变了费孝通的人生轨迹，从此，费孝通和大瑶山结下了终身不解之缘。

第二节　费孝通五上大瑶山

费孝通在《花篮瑶社会组织》一书的"后记"中写道："我在此也得附带说明，瑶山并不都是陷阱，更不是一个可怕的地狱。瑶山是充满着友爱的桃源！我们的不幸，是我们自己的失误，所以希望我们这次不幸并不成为他人的'前车之鉴'，使大家裹足不前，我们只希望同情于我们的朋友能不住的在这道路上走，使中国文化能得到一个正确的路径。"费孝通是这样说的，也是这样做的。他始终在内心深处惦记着大瑶山的发展，1935 年与王同惠第一次上瑶山后，费孝通先后于 1978 年、1981 年、1982 年、1988 年四次重访大瑶山，前后共五次，不断为大瑶山人民生活水平的提高出主意、想办法。大瑶山调查成为费孝通实地研究的开始，也是其民族研究的起点。

一　1978 年二上瑶山

新中国成立以后，在多民族国家建立人民共和国，就必须清楚中国究竟有多少个民族并得到各民族的认同和拥戴。肩负着这样的历史使命，1951 年 7 月，费孝通担任中央访问团广西分团团长来到龙胜，但此行并没有到金秀。直到 43 年之后的 1978 年，庆祝广西壮族自治区成立 20 周年之际，费先生才第二次登山金秀大瑶山。他欣喜地看到在中国共产党的民族政策指引下，大瑶山发生了翻天覆地的变化。他在《四十三年后重访大瑶山》一文中，用"换了人间"来表达自己的感受。"瑶山已经发生了巨变，这个巨变也许就可以从此说起。这次进山，我乘坐舒适的国产上海牌小卧车，从广西的首府南宁直达 43 年前我始终没有到达的目的地：大瑶山的中心——金秀，一共只花了六个小时。这和我过去步行爬山相比，真有隔世之感。"[1] 时间跨越 43 年，过去走路进山，而到现在可以乘汽车直达。过去瑶山的黑夜只有松木片照明，而今天电厂、电灯、电影、电视等现代化的东西在瑶山都已经出现。

费先生从大瑶山的变化中看到了希望，看到了大瑶山美好的前景。他指出金秀大瑶山是有着五支系共同繁荣的山区游耕民族，这里有利于开展宏观及微观的调查，是一个很好的进行田野调查的实验基地。他提出："瑶山瑶族形成一个共同体以来，他们相互合作，有了共同意识，但却还容许不同的个性存在。从这个瑶族形成问题的实例中，可以看出一些规律来，不仅适用于金秀的瑶族，也可能适用于中华民族"。费孝通在他的《暮年漫谈》中写道："自从进大瑶山与瑶族同胞接触以后，'少数民族'这个概念才在我的脑子里比较清晰起来"。[2] 从费先生的论述中，我们不难发现他"中华民族多元一体格局"思想的雏形，可见金秀大瑶山的瑶族文化给了费先生很多社会学的启示。

然而，改革开放前夕的大瑶山，"农业学大寨"运动尚未平息，"以粮为纲"的口号响遍整个瑶区。费孝通先生认为，金秀瑶山的水田都是沿河而造的，面积狭窄，数量有限，"以粮为纲"并不符合瑶山实际，瑶山应该发展林业。此外，金秀大瑶山的林地面积有 2000 多平方公里，每年蕴藏 24 亿立方米的水量，是名副其实的绿色水库。过去强迫命令以森林为主的山区也必须实现粮食自给，结果造成严重的林木破坏、水土流失，附近七县农田所依靠的水流干涸，可谓农林两弊。大瑶山山岭起伏，到处都有山涧急流，大瑶山只凭这一优越条件，就具备了实现现代化的巨大潜力。费孝通先生坚信，要真正解除瑶山人民的贫困状态，就必须利用大瑶山森林植被和水利优势，走"木材＋水电"的经济发展模式。

二　1981 年三上瑶山

1981 年 8 月 19 日，正值广西龙胜各族自治县成立 30 周年庆，费孝通受邀参加。会后第三次访问金秀大瑶山。他通过调查研究发现 20 世纪 50 年代的"大跃进"和六七十年代的"以粮为纲"，对大瑶山的生态和经济都产生了重大的破坏。片面的民族区域制度政策，也带来了"画地为牢，

---

① 费孝通：《四十三年后重访大瑶山》，载《六上瑶山》，民族出版社 2006 年版，第 140—141 页。

② 费孝通：《暮年漫谈》，载《中央盟讯》2005 年第 5 期专刊，第 31 页。

划山为牢"的后果，阻碍了山区和平原、瑶族和汉族的经济联系，反而影响了经济发展和民族关系。费先生充分认识到大瑶山需要休养生息，需要重新调整和规划。

大瑶山自治县组建之初，由于缺乏经验，没有充分考虑平原地区对经济发展所发挥的关键作用，便以山区为线划分县界，使金秀成为一个山区贫困县。费孝通指出，50 年代建县之初，主要是为了解决政治上的不平等问题，"依山划县"体现了党和政府尊重瑶族人民当家做主的权利，这是正确的思路。但是随着经济建设进一步发展，无粮无地现象较为突出，自治县画地为牢的状态严重束缚了大瑶山的经济发展。要改变大瑶山贫困落后的社会状态，就必须考虑交通、贸易渠道、粮食和财政收入等方面的问题，而要改善这些问题，其前提条件就是必须改变大瑶山现有的行政区划。因此，他回到北京后，及时向中央反映广西金秀瑶族自治县行政区划不合理的现状，提出重新调整大瑶山瑶族自治县县域的科学性和必要性。根据费孝通先生提议，1984 年 7 月，国务院经考察核实，正式批准将大瑶山脚下原属鹿寨县管辖的桐木和头排两镇划并到金秀县的管辖范围。桐木、头排两镇地势平坦，土地相对肥沃，经济发展远快于山区，这次行政区划调整，激活了金秀大瑶山经济发展的"大动脉"，有效解决了山区用粮、平原用木、工业用地问题。单桐木和头排这两个乡镇，每年就可以为大瑶山自治县增加近一倍的财政收入。费先生用他的行动证明他"志在富民"的理想不是一句空话，是实实在在为老百姓尤其是边区少数民族同胞的发展而努力。

费孝通在《民族社会学调查的尝试》一文中，通过几次大瑶山的调查研究材料，对新时期的民族政策提出一系列的建议："民族区域自治的目的不是民族分割，而是民族团结，要帮助少数民族发展。这样对汉族、对少数民族都有好处。所以我们应当根据发展的条件来划定自治地方的区域。"[①]

大瑶山有花篮瑶、茶山瑶、坳瑶、山子瑶和盘瑶五个瑶族支系，为了能够深入调查每个支系的情况，费先生三上瑶山时中央民族大学的胡起望、范宏贵和刘玉莲三人与之同行。考虑到盘瑶人口较多，新中国成立后经济社会发展变化也较为明显，因而费孝通先生选择了盘村瑶族作为他们

---

① 费孝通：《从事社会学五十年》，天津人民出版社 1985 年版，第 87 页。

的调查对象。在费孝通先生的指导下，三人不负众望，前后在盘村进行了两年多时间的调查，1983 年出版了《盘村瑶族》一书。费孝通在为该书写下的一万多字序言中，充分肯定他们研究成果的同时，也进一步指明了瑶族研究的新方向。

三　1982 年四上瑶山

1982 年 8 月，费孝通参加金秀瑶族自治县成立 30 周年的大庆活动，第四次来到金秀大瑶山。从北京启程到金秀，前后仅用 9 个小时，费孝通回忆起 47 年前，从上海到大瑶山，他和前妻王同惠就用了两个多月时间，他感慨半个世纪以来的沧海之变。在金秀县县庆大典上，费孝通以一个瑶山巨变见证人的身份，饱含深情地祝愿瑶山各族人民幸福安康。他一方面抓紧时间进行调查，另一方面十分高兴地会见了阔别半个世纪之久的六巷花篮瑶老住户蓝济君的儿子阿勇，偿还了 40 多年来重见故人的夙愿。两位老人紧握双手，相互问候，讨论着半个世纪来金秀大瑶山的巨大变化。之后费先生动笔写下《四上瑶山》一文，文中描述了金秀宜人的气候、纯朴的民风民俗、大瑶山的特产八角、瑶山特有的瑶医瑶药灵香草等，表达了对大瑶山发展多种经营和科技致富的赞许。

然而，在惊喜之余，费孝通也看到金秀瑶山经济发展的"伤疤"。他初次到瑶山调查所见到的绿茵山场，早已变成一个个光秃秃的山顶。大瑶山多山少地，长期以来，山民食粮一直依靠周边区县供应。"大跃进"和人民公社时期，为了结束粮食短缺的局面，大瑶山瑶族喊出"不吃亏心粮"的号召，决定向大山要粮，开始伐林开荒。据当地资料记载，1952年大瑶山水源林面积为 79 万亩，而到 1982 年则速降为 50 万亩，这种毁林开荒、粗放型的农耕方式，完全背离了当地客观实际，传统产业结构遭到彻底破坏。费孝通指出"在这地无三尺平的山区里搞'以粮为纲'，人们只有砍树开地，在贫瘠的山坡上种粮食，几年连种子都收不回，不得不丢荒另辟，把郁郁葱葱的山岭，刮成一片片的秃顶。山内的人劳动终日不得一饱。山外却因山上林少蓄不住水，多雨发山洪，少雨河成溪，涝旱相间，粮食产量年年下降"。[①] 林粮矛盾使大瑶山瑶族付出了极为惨痛的代价，必须刹住要粮毁林的错误思路，充分发挥大瑶山的林业优势，走

---

① 费孝通：《费孝通民族研究文集新编》（上），中央民族大学出版社 2006 年版，第495 页。

"林粮相济"的路子，瑶族人民致富才会有希望。在费孝通先生的指引下，金秀瑶族自治县政府及时改变工作方针，实施"以林为主"的经济发展决策，开始采取各种措施，鼓励大瑶山瑶族种植八角和杉木。由于思路正确，金秀县林业逐步得到恢复。"1987 年底，全县共造林 168 万亩，平均每年 4.8 万亩。林地面积 196.93 万亩，森林覆盖率达 52.62%，农业人均有林 15.98 亩。林业生产产值 870 万元，占农业总产值的 24.34%。林业产值分别比 1978 年和 1952 年增长 2.75 倍和 27 倍。"① 大瑶山生态环境逐渐得到恢复。

四　1988 年五上瑶山

1988 年 12 月 11 日，广西壮族自治区成立 30 周年大庆，78 岁高龄的费孝通应邀参加，然后第五次访问金秀大瑶山。在参加完自治区庆典之后，他便专程前往金秀，坚持要亲自到 53 年前的田野点六巷看一看。12 月 19 日，经过两个多小时颠簸，汽车把费孝通先生带到了半个多世纪以来让他刻骨铭心的六巷。六巷瑶胞沿路跳起欢快的舞蹈，隆重而真诚地欢迎先生到访。当费孝通和年高 94 岁的房东蓝妹国见面时，半个世纪的风雨人生，荣辱得失，在两位老人亲密握手的瞬间都化成了绵绵细语。稍事休息，费孝通便来到六巷村北的王同惠纪念亭，1985 年 11 月 27 日，六巷瑶族同胞在这里修建了该纪念亭，并 2002 年 7 月扩建，以纪念为了瑶民福祉而殉难的王同惠女士。纪念亭左侧的碑文记载："王同惠女士为调查少数民族社会历史，寻求救国救民之道，把芳年才华献给了瑶族人民。兰摧玉折，淑德常昭。我乡瑶族人民，为纪念其高尚精神，特建亭树碑铭志，以流芳千古"。王同惠纪念亭前，费孝通带着外孙女，沉默致敬，许久不舍离开，悲情依旧。从六巷返回桂林途中，费孝通先生便提笔写下那首著名的纪念诗文，感叹"心殇难复愈，人天隔几许"，以表达失妻的沉痛心境。

此行费先生还参与论证了金秀县开发旅游业的可能与前景，并为未来的金秀旅游区大门提下"金秀瑶山"四个大字。第五次访大瑶山，费孝通在广西停留了整整 15 天时间，他先后到南宁、贵港、梧州、玉林、桂林等地考察慰问，行程达 2000 多公里。离开广西后，费孝通先生又踏上

---

① 金秀瑶族自治县志编纂委员会：《金秀瑶族自治县县志》，中央民族学院出版社 1992 年版，第 164 页。

了湖南江永、江华及广东连南三个南岭山脉地带瑶族比较集中的县域。费先生视这里为"南岭山脉的瑶族文化走廊",提出了开发"南岭经济协作区"的战略构想,为瑶族文化走向世界描绘了美好的蓝图。

此后,年事已高的费孝通依然惦记着大瑶山的发展。1992 年 9 月,金秀瑶族自治县成立 40 周年前夕,县主要领导专程前往北京看望费孝通,向他汇报自治县成立 40 年来的建设成就及远景规划。费孝通十分欣慰,并赠予了"瑶族之乡"、"世界瑶都"等墨宝。1996 年,金秀县委副书记张军厂去看望费孝通,费孝通对大瑶山的生态环境十分关心,在他的关怀下,1997 年 2 月,金秀大瑶山被林业部划定为"国家森林公园"和"大瑶山国家自然保护区",费孝通亲笔题写了这两个名称。

2002 年,时任金秀县副县长、后被选为县长的陈建强到北京门头沟区挂职学习,专程看望病榻中的费孝通,费孝通勉励他认真学习先进地区的发展经验,造福乡里。从大瑶山走出去的著名瑶医覃迅云总结瑶医瑶药处方,写成《瑶药学》一书,2002 年 11 月费孝通亲自为其题词:"树民族医药丰碑,著瑶医本草纲目"。

2002 年是金秀瑶族自治县成立 50 周年大庆,金秀县委和县人民政府给费老发出热情洋溢的邀请书,约他再到大瑶山参加庆祝活动。92 岁高龄的费孝通欣然应邀,但在临近庆祝日之前因跌伤了腿部而未能如愿。遗憾之余,费孝通给金秀县发去贺电表示祝贺,并祝金秀县在已经取得的成绩的基础上,再接再厉,全面建设小康社会,把金秀建设得更加美好,人民生活幸福安康。费孝通一生中五上瑶山,为大瑶山的发展呕心沥血,倾注着他对瑶族人民的深厚感情。瑶族人民为了纪念和彰显费孝通、王同惠为大瑶山作出的牺牲和贡献,特意在新扩建的瑶族博物馆展厅里设立了"费孝通情系瑶乡"专栏。

第三节　大瑶山与费孝通学术思想

大瑶山的调查研究,在学术上对费孝通产生了深刻的影响。费孝通在《花篮瑶社会组织》"重版前言"里写道:"作为一本我在青年时代和亡妻合作的学习成果,我也无意在此作自我评论,只想说在重读时不断发现我后来所发表的许多学术观点的根子和苗头,因而想到这本书对于那些想了解我学术思想发展过程的朋友可能也是有用的。"① 大瑶山调查不仅确定了费孝通实证主义的社会学发展方向，也确定了他功能主义的理论框架，他以后许多的学术思想，都是在这棵老根上发的芽。

大瑶山调查形成了费孝通学术思想的基础和应用研究的去向，也使他与中国少数民族结下了终身的缘分②。通过历时半个多世纪的前后五次金秀大瑶山调查，费孝通提出了边区开发、中华民族多元一体格局、和而不同、文化自觉等理论，使大瑶山成为他观察中国文化和民族关系的重要学术平台。

一　中华民族多元一体格局思想的产生

在金秀瑶族自治县，不同时间、不同路线、讲着不同语言的五个瑶族支系，长期共同生活在大瑶山，逐渐认同瑶族这一共同称呼的现象，也引起了费孝通的深思："大瑶山的具体情况给我很大的启发。我想过很多问题：什么叫瑶族？瑶族的分布怎样？……过去我们的民族研究很多是以现有的民族单位为范围的。《中国少数民族》这本书的体例就是如此。这当然有它的好处。但是在研究工作上已经遇到它的局限性。因此，这几年里有人提出要研究各民族历史上的联系。如果再进一步就是要把中华民族看成一个整体，研究它怎样形成的过程和它的结构和变化了"。③

新中国成立后，费孝通参加中央民族访问团工作、组建中央民族学院以及参与民族识别、少数民族社会历史大调查，"在和众多的少数民族直接接触中，我才体会到民族是一个客观普遍存在的'人们共同体'，是代代相传、具有亲切认同感的群体。同一民族的人们具有强烈的休戚相关、荣辱与共的一体感。由于他们有共同的语言并经常生活在一起，形成了守望相助，患难与共的亲切的社会关系网络"。④ 对比世界许多地方因民族和宗教问题纷争不断，费孝通深感中国共产党实施的平等、团结和共同繁荣的民族政策的重大意义，认为在一个和平大同的世界里，民族平等是绝不能少的条件。

费孝通在晚年回忆道："三十年代我所调查的花篮瑶就在今金秀瑶

---

① 费孝通、王同惠：《花篮瑶社会组织》"重版前言"，江苏人民出版社 1988 年版，第 2 页。

② 徐平等：《大瑶山七十年变迁》，中央民族大学出版社 2006 年版，第 8 页。

③ 费孝通：《从事社会学五十年》，天津人民出版社 1985 年版，第 88—89 页。

④ 费孝通：《论人类学与文化自觉》，华夏出版社 2004 年版，第 155 页。

山，当时称大瑶山。金秀瑶山里现在的瑶族居民是不同时期从山外迁入的。这些从不同地区迁入这个山区的人，都是在山外站不住脚的土著民族，进山之后这许多人凭险恶的山势，得以生存下来。他们为了生存不得不团结起来，建立起一个共同遵守的秩序，既（即）维持至解放时的石牌组织。对内和平合作，对外同仇敌忾，形成了一体。山外的人称他们为瑶人，他们也自称是瑶人，成为一个具有民族认同意识的共同体。在我的心目中，也成了一个多元一体的雏形。后来我和各地的少数民族接触多了，对各少数民族的历史知识也多了些，又联系上汉族本身，感觉到由多元形成一体很像是民族这个共同体形成的普遍过程。"① 费孝通还进一步总结了中华民族从多元走向一体的历史过程和发展趋势。中华民族多元一体格局思想，为全球化时代中国各民族的团结和发展提供了强大的认同基础，有力地增强了中华民族的凝聚力，对解决中国自身民族问题产生了重大意义。为我国各民族的认同以及中华民族的整体认同搭建了一个重要的平台，为我国正确处理民族关系、制定民族政策提供了理论指导。

费孝通从 1935 年开始的大瑶山实地调查，让他走出了一条独特的社会学应用研究道路，成为他真正意义上的社会学调查研究的起点。这一走就一发而不可收，除了 1957—1978 年这段特殊的历史时期外，他几乎沿着实地调查研究的路子走了一生，行行重行行。社区研究的方法、文化完整性的视野、类型加比较的路子、应用研究的目的、理论联系实际的作风，体现了费孝通学术思想和研究方法的不断完善。费孝通在晚年写道："我是想从人类学里吸取'认识中国，改造中国'的科学知识。我这样说，也这样做。一生中虽则遇到过种种困难，我都克服了。年到七十时，我还是本着这个'志在富民'的目标，应用人类学的方法，到实地去认识中国农村，中国的少数民族，凡是穷困的地方我都愿意去了解他们的情况，出主意，想办法，帮助他们富起来。我是由人类学、社会学、民族学里得到的方法和知识去做我一生认为值得做的有意义的事"。②

二　大瑶山调查埋下文化自觉的根

1935 年大瑶山调查之后，费孝通接着又在家乡江村和抗战时的后方云南禄村进行社会调查，但留下最深刻印象的还是大瑶山调查。调查使费

---

① 《费孝通文集》第 14 卷，群言出版社 2001 年版，第 102 页。
② 费孝通：《论人类学与文化自觉》，华夏出版社 2004 年版，第 11 页。

孝通切身感受到文化的异同，进而也看到社会和个人的关系，可以说，大瑶山的社会调查已经埋下了费孝通"文化自觉"的根。这个"根"是如何埋下的呢？因为"第一次我是汉人去研究瑶人，既不能说我是研究本土文化，又不能说完全是对异文化的研究"，在我中有你、你中有我的感觉中还是"同多于异"，"我是从比较自己熟悉的文化中得来的经验去认识一个不熟悉的文化的。我认为这就是利奇所说的'反省'的一种具体表现"。① 可见，从大瑶山调查开始，费孝通的人类文化同多于异，即本质上是相通的观点已经确立，文化的比较和反省的认识也相应产生了。

大瑶山使费孝通真正体会到与本民族文化完全不同的强烈冲击力，第一次感受到文化的差异和相通之处。在一个"友好的但莫名其妙的世界里"，"主客之间存在着区别，主人们相互间也存在着不同关系，而这些关系是相当固定的，大家互相明白应当怎样对待对方，而且分明地看得出亲疏之别。我认为这是任何社会的常态，最亲密的团体是父母子女形成的家庭。我就抓住这个团体去了解他们在这个团体里各方面具有规范性的活动。这就进入了他们人文世界的大门，并为进一步扩大观察和了解建立了基地。我们逐步地跟着这些已经熟悉的人，从一个家推广到和这家有一定社会关系的人和这些人的家。再进一步可以到各家去串门时就看到各家相同的和区别的情况，对他们家庭这个制度有了一定的概念。又从一个村里存在着不同地位的人和家，清理出村落这个社区的结构"。②

此外，费孝通也明确意识到："我通过瑶族调查，对社会生活各部门之间的密切相关性看得更清楚和具体了。这种体会就贯串在我编写的这本《花篮瑶社会组织》里。我从花篮瑶的基本社会细胞家庭为出发点，把他们的政治、经济各方面生活作为一个系统进行了叙述"。③ 20 世纪 40 年代末期费孝通发表的著名作品《生育制度》和《乡土中国》，是费孝通前半生学术思想的总结，从这两本费孝通早期的代表性著作中，我们不难看出大瑶山调查研究的痕迹。对花篮瑶婚姻家庭的研究内容，我们不难在《生育制度》里找到进一步的理论解释。通过对花篮瑶的调查研究，费孝通体会道："我认为性的满足和生育孩子应当是可以分得开的两件事，不仅在现代社会里实际上早已分开，即使在许多经济文化不太发展的民族

---

① 费孝通：《论人类学与文化自觉》，华夏出版社 2004 年版，第 84—86 页。
② 同上书，第 65 页。
③ 同上书，第 105 页。

里，如我所调查的花篮瑶，和尚未受现代化较深影响的农村如江村，性交和生育事实上是可以脱钩的两件事"。得出了"文化不仅是用来满足人的生物需要，而且可以用来限制人的生物需要。于是（《生育制度》）走出了单纯满足'生物需要'的老路"。① 特别是它的核心观点"三角结构理论"，认为父、母、子三角才能构成稳定的社会结构，而这正是大瑶山花篮瑶不重结婚仪式，更注重长子出生后的"双喜酒"给他的启示。在《乡土中国》的各章节中，我们一样可以看到大瑶山的影子，特别是在"礼治秩序"、"无讼"、"无为政治"、"长老统治"等内容上，大瑶山的世外桃源印象、石牌制度下的社会组织、瑶老统治下的礼治和秩序，诸如"同意权力"和"横暴权力"的概念，也是以大瑶山社会作比较基础的。

通过五上金秀瑶山的调查研究经历，引发了费孝通更多的思考。费孝通对文化的概念和意义真正产生切身的体会，是在大瑶山调查中才有的。费孝通晚年的学术思想，其核心可以归纳到"文化自觉"上，这是费孝通毕生认识文化、研究文化的必然结果。他在《关于"文化自觉"的一些自白》一文中写道："学习社会人类学的基本态度就是'从实求知'，首先对于自己的乡土文化要有认识，认识不是为了保守它，重要的是为了改造它，正所谓推陈出新。我在提出'文化自觉'时，并非从东西文化的比较中，看到了中国文化有什么危机，而是对少数民族的实地研究中首先接触到了这个问题。"②

从大瑶山实地调查开始的文化探索，伴随着费孝通一生的学术追求，越到老年越散发出醇厚的味道。他晚年提出的"各美其美，美人之美，美美与共，天下大同"、"文化自觉"、"和而不同"等观点，号召重新认识中国文化，发掘中国传统文化的价值，通过文化的反省来实现文化的自主。目的是面对全球化时代的到来，重新树立中国人近百年来在强大外来文化压力下丧失殆尽的民族自信心，理清传统文化与现代化的关系，"找到接榫之处"。这些观点不仅在海内外的学术界引起震动和思考，也在社会上产生了极为广泛的影响，甚至对人类怎样面对 21 世纪"经济一体化、文化多元化"的时代特征，建立一个和谐的地球家园，都具有指导性的意义。

2005 年 4 月 24 日，费孝通带着对中华文化新生的期望，带着对整个

---

① 费孝通：《论人类学与文化自觉》，华夏出版社 2004 年版，第 60 页。
② 同上书，第 193 页。

人类的祝愿，带着对文化的反思和忧虑离我们而去。十年后的今天，蓦然回首，我们不难发现他的思想一直活在人间。国家西部大开发战略的全面展开、兴边富民工程的步步深入，长江经济带、京津冀一体化、自贸区试点以及最新推出的一带一路战略，无不包含着费孝通区域发展理论的思想火花。大力推进城乡一体化，加快边疆民族地区发展，减少贫困人口，进行生态文明建设等成为国家战略，回应着费孝通的自然生态和人文生态"两个失衡"忧虑。文化自觉的思考，引发了理论、道路、制度"三个自信"的讨论，以"中国梦"为目标的文化重建，正在回答费孝通"富了以后怎么办"的历史提问。"中华民族多元一体格局"理论，成为构建社会主义新型民族关系，最大限度地凝聚各族人民智慧和力量，共同实现中华民族伟大复兴的重要支撑。"和而不同"、"美美与共"的理念更成为建设和谐中国、和谐世界的强大思想动力……让我们牢记并思考费孝通留下的话，沿着他开拓的"认识中国，改造中国"的艰辛之路，继续努力地行行重行行。

第四节　心系瑶山，薪火相承

无论在何地从事何种工作，费孝通无不对大瑶山的调查经历和瑶族人民的深情厚谊刻骨铭心，而费孝通从大瑶山开始的从实求知的学术精神和志在富民的学术取向，更成为后学终身受用的精神动力。五上瑶山后，由于年事已高，费孝通没有再访瑶山，但他的家人及学生等后辈始终心系瑶山，薪火相承。费孝通先生逝世以后，他的家人、学生一直与大瑶山保持着密切的联系，延续着金秀大瑶山的学术研究。

一　大瑶山七十年变迁调查

2005 年是费孝通和王同惠大瑶山调查七十周年，费孝通先生也在同年 4 月 24 日逝世。在这样一个特殊的背景下，受费孝通先生家人委托，费孝通的学生徐平教授率领费门再传弟子于当年暑假开展第一次大瑶山追踪调查。在费孝通、王同惠大瑶山调查成果基础上来接续七十年来的变迁，这无疑是一个非常艰巨的任务，课题组深感使命重大。一行五人先到广西金秀瑶族自治县县城调研，然后沿着洪灾后崎岖的山路直奔大瑶山深处的六巷乡，首先拜谒了王同惠纪念亭，对这位献身学术的杰出先驱表示深深的敬意。课题组遍访了六巷村的每一户人家，逐户填写调查问卷，了解当年与费、王关系密切的人和事，重点访谈了村中的老人和干部，与县、乡、村各级领导展开座谈。还冒着水灾后公路塌方的危险，租了几辆摩托车到费、王大瑶山调查最后一站的上古陈屯、下古陈屯进行了访问。

费孝通和王同惠当年的调查，起初是计划对大瑶山的五个瑶族支系进行对比研究，可惜因为意外而不得不半途中止。改革开放以后费孝通又四上大瑶山，引发了他更多的思考，特别是对中华民族多元一体理论的构想有了进一步的深化，他一直认为大瑶山是非常值得深入研究的地方。在他的支持和指导下，中央民族学院的胡起望先生和广西民族学院范宏贵先生选择了一个盘瑶村寨展开调查，于1983年出版了《盘村瑶族》一书，但仍旧没有完成对五个支系都进行调查的设想。因而，在第一次对六巷花篮瑶调查的基础上，课题组的第二次大瑶山之行，就决定对五个支系同时展开调查研究。

2006年元月，费孝通的女儿费宗惠和女婿张荣华夫妇亲自率领课题组第二次到大瑶山调查。向金秀瑶族博物馆捐赠了费孝通的纪念品，接着两位老人带病坚持到六巷乡，一路受到村民的热烈欢迎。当年房东的孙女，现在已经是八十多岁的老人，久久拉着费宗惠的手哭泣拥抱的场面，让所有的人为之动容。费宗惠、张荣华夫妇向王同惠纪念亭献花，参观了当年费孝通、王同惠的旧居，走访了六巷、下古陈屯的房东后人们，向他们表示感谢并逐一赠送了礼物，还向六巷和下古陈等屯捐赠了现金。此行针对大瑶山的五个瑶族支系同时展开调查，意在完成费孝通和王同惠先生未竟的调查设想。在大瑶山的集体活动结束后，给留下来继续调查的课题组成员配备了每人一套被子床单，要求他们住进所调查村庄的村民家里，做到同吃同住，尽可能参加劳动，真正贴近当地人民的生活。费宗惠、张荣华夫妇也对他们进行了鼓励，并亲自送到各自的调查村庄。课题组成员们都坚持了下来，也都出色地完成了预定的调研任务。他们在当地生活了40多天，和瑶族同胞共同度过了一个终生难忘的春节，有的还按当地瑶族风俗结成了"老同"，建立了深厚的情谊。这次调查相继出版了《大瑶山七十年变迁》、《费孝通民族研究文集新编》、《六上瑶山》、《费孝通评传》等成果。

二 大瑶山八十年变迁调查

从2013年起，中国社会科学院民族学与人类学研究所组织实施中国社会科学院"创新工程"重大专项课题《21世纪初中国少数民族地区经济社会发展综合调查》。这也是国家社会科学基金特别委托项目，计划于2013—2017年选择60—70个民族区域自治地方开展多学科综合调查，旨在回顾总结中国特色民族理论、民族政策的探索和形成过程，全面展示改革开放尤其是21世纪以来民族地区经济社会发展的辉煌成就，准确把握未来发展面临的困难与挑战，为全面建成小康社会、实现中华民族伟大复兴建言献策。而2015年恰好将迎来费孝通大瑶山调查80周年纪念，为此，中国社会科学院民族学与人类学研究所特意将广西金秀瑶族自治县纳入了2014年第二批课题调查点。课题组仍由徐平教授担任负责人，课题组成员大部分是大瑶山七十年调查时的人马，同时也加入了新成员。课题组于2014年7月底再次来到金秀瑶族自治县开展调查，其间中国社会科学院民族学人类学所的王延中所长、费孝通女婿张荣华及其外孙张喆也参加了调查，费宗惠女士因病未能成行。

此次调查除了调查研究的接续外，更有学术上薪火相承的意义。调查的范围和内容超过课题组前两次的调查，重心落在县域范围内，重点论述自21世纪以来金秀县城围绕"五大文明建设"发生的重大变化。此时的金秀大瑶山日新月异，已经发生了翻天覆地的变化。以2012年金秀瑶族自治县成立60年为契机，金秀县开展了"美丽县城、美丽乡镇、美丽村屯、美丽通道"活动，以"民族化、山城化、公园化"为总体目标，推进"美丽金秀，多彩瑶都"建设，城乡面貌发生了巨大的变化。城镇化水平从2011年的24.37%提升到2014年的27.2%，县城规划区面积扩展到6.4平方公里，建成区面积1.43平方公里，县城城区人口为1.14万人，城区道路总长度19.7公里，自来水普及率96.72%，建城区绿地面积达到13公顷，绿化覆盖率9.37%，人均公园绿地面积8.20平方米。金秀的知名度、美誉度在全自治区、全国范围内大幅提高。首个按五星级酒店标准建设的盘王谷度假酒店，把瑶族传统与现代完美地融合在一起，来自广东、广西的自驾游客人络绎不绝。旅游业的蓬勃发展，有力带动了房地产、物流、金融、交通、商贸、餐饮等第三产业快速发展。

面对经济相对落后、基础设施薄弱等不利因素，顺应时代和形势发展的新变化，特别是进入21世纪以来，金秀县适时提出了"生态立县，旅游强县，农业稳县，工业富县，科教兴县，依法治县"的发展战略，确立了生态瑶都建设的目标，以"打基础、兴产业，发展特色经济"为主线的发展方针，积极培育、发展、壮大茶叶、八角等优势产业，大力发展生态旅游特色经济，有力地推动了县域经济快速发展。同时，抓住西部大开发战略深入推进、国家进一步支持西部少数民族地区发展的重要战略机遇期，以团结发展为主题，重点发展"生态"、"民族"、"长寿"三大特色品牌。

但令人喜忧参半的是，金秀县的发展仍然面临着诸多挑战。一是经济快速发展，对资源消耗和环境保护的要求更高，环境保护压力越来越大。二是产业结构调整优化的任务艰巨。金秀县经济总量偏小，经济结构不尽完善，发展方式较为粗放，综合效益不高，交通、水利、旅游等基础设施还非常落后。三是区域竞争的压力增大。在区域经济加深合作的同时，城市竞争和区域市场竞争日趋激烈。当前，金秀县解决贫困人口任务艰巨，生态保护责任重大，扶贫攻坚任务依然十分艰巨。至 2013 年金秀县仍有51416 名贫困人口，而且绝大多数是生活在大瑶山深处的瑶族。

金秀大瑶山林区内 6.8 万个林农的生活水平依然很低。在禁伐天然林和实行水源林、重点生态公益林管护后，大部分林地被划为水源林保护区或重点公益林管理区，属于林农自我管理、可开发的林地大量减少。林农过着"有林不能伐、有地不能垦"、守着"绿色银行"无钱用的日子。仅靠每年每亩 15 元（2013 年开始实行的补偿标准）的生态公益林管护经费，以及每年每亩 2.43 元的林农粮补助勉强维持生活。当前，保护水源林和林农生活需求的矛盾日益凸显，在发展的新阶段，金秀作为国家级贫困县，面临着从"林业立县"到"生态立县"的转型，面临着如何走出"绿色围城"的困境，也正面临着新一轮的"金秀瑶变"。

第十一章

瑶族五个支系典型村庄的追踪调查

　　神奇美丽的金秀大瑶山，居住着瑶族、壮族、汉族等多个民族。金秀瑶族又分为茶山瑶、盘瑶、坳瑶、花篮瑶、山子瑶5个支系，各支系瑶族族源、语言不同，服饰、习俗各异。金秀瑶族自治县也是世界瑶族支系最多的县份和瑶族主要聚居区。1935年费孝通、王同惠的大瑶山调查，重点对花篮瑶和坳瑶进行了调查研究。在向茶山瑶居住区转移途中，王同惠和费孝通出现了一死一伤的悲剧，之后费孝通以二人名义合作出版了《花篮瑶社会组织》一书。改革开放以后，费孝通又支持中央民族大学的胡起望教授和广西民族大学的范宏贵教授开展了盘瑶调查，出版了《盘村瑶族》一书。

　　因此，课题组在2005年夏和2006年春开展大瑶山七十年变迁调查时，分别选择了费、王重点调查过的花篮瑶六巷村、坳瑶的下古陈村以及胡、范调查过的盘瑶郎傍村接续前人的研究。并新选择茶山瑶的六段村、山子瑶的帮家村开展典型村庄社区调查研究，出版了《大瑶山七十年变迁》一书。利用这次大瑶山八十年变迁的调查研究机会，我们走访了金秀县十多个典型村庄，基本由原作者对曾经调查过的五个村庄进行了回访。一方面是完成对以往研究的追踪调查，另一方面是通过典型社区的调查研究，使本书既有金秀全县各个方面的情况，也有典型个案的深度且感性的报告，让读者更好地了解金秀大瑶山21世纪以来的经济社会发展和文化变迁。

第一节　重访六段茶山瑶寨

　　2006年1月，笔者有幸参加了大瑶山七十年变迁追踪研究课题，随同费宗惠、张荣华夫妇和徐平老师等一行人来到广西金秀瑶族自治县，笔者和师姐马恩瑜被分配到茶山瑶寨——六段进行"田野"调查。作为一个刚刚进入民族研究领域的学生，对瑶族的了解从一无所知到慢慢深入，在深刻感受到瑶族的淳朴、热情之余，这个大山之中安静、简单的小村落更是深深地吸引了笔者。为期一个多月的调查，不只让笔者真切地领悟到田野调查的艰辛和快乐，瑶族生活的体验和思考更是帮助我懂得如何走进民族研究，这些是笔者一辈子的珍贵财富。与六段瑶寨的情谊和缘分，一直都是内心深处的一份牵挂。

2014 年 8 月，笔者参加了中国社会科学院民族学与人类学研究所承担的"21 世纪初中国少数民族地区经济社会发展综合调查"金秀瑶族自治县的调查研究。当笔者再次回到金秀、回到六段瑶寨时，站在熟悉的水泥路上、看着熟悉的建筑时，竟然不知是兴奋还是内疚。兴奋的是能再次回到这里，看到熟识的人们仍然健康、快乐地生活，如同梦境成真；内疚的是自己的微弱和渺小，竟然没有为这里做过什么事情。如今，作为 21 世纪大调查的一部分，能够将金秀大瑶山六段茶山瑶寨的社会变迁延续记录下来，以民族社会学的角度进行初步的分析和思考，也算是对六段村的一份责任和交代。

一　金秀茶山瑶概况

1928 年，中山大学考察队曾将茶山瑶称为"寨山瑶"。1935 年费孝通先生和王同惠女士考察金秀瑶族后，第一次在著作中使用"茶山瑶"。这是茶山瑶名称的第一次出现。[①] 茶山瑶自称为"拉珈"、"勒珈"，意为"住在山上的人"。茶山瑶没有自己的文字，只有口头语言，其语言属于汉藏语系壮侗语族侗水语支。

茶山瑶人口较多，主要聚居在金秀瑶族自治县的中部、北部及东北角，分布在金秀镇、三角乡、忠良乡、长垌乡、罗香乡等 5 个乡镇，具体包括六拉、金田、六段、六定、永合等 18 个行政村和 1 个林场。1937年，广西著名学者唐兆民在上海《申报》发表的《广西大藤山瑶民之经

---

① 中国金秀瑶族自治县委员会、金秀瑶族自治县人民政府：《金秀瑶族文化丛书·茶山瑶》，德宏民族出版社 2012 年版，第 32 页。

济生活》一文中估计瑶族共 17000 人，其中茶山瑶为 5600 人。① 而 1939
年，吴彦文在《大藤瑶山瑶民社会状况调查表》中记载瑶族共 16002 人，
其中茶山瑶为 5013 人。② 新中国成立以前，茶山瑶人口没有准确统计，
这些数据都来源于部分学者对大瑶山进行初步考察后的粗略估计。由于茶
山瑶多居住在山岭深谷或沿河两岸，山地可开发资源有限，又受到高寒地
带雨水多、光照短的气候条件影响，在有限的可开发水田中只能种植单季
水稻，产量低，粮食少，不能实现基本的温饱需求。加之茶山瑶孩子数量
较多，分户居住会将有限的土地资源再次分配，造成更大的生存压力。于
是，茶山瑶自觉控制人口增长数量，"一般都能坚持一对夫妇最多只生育
1—2 个孩子，且坚持男女平权，女孩可以出嫁，也可以招郎，多数家庭
却以一脉单传为原则"。③

　　在新中国成立初期的 1951 年、1957 年调查中，茶山瑶人口分别为
5435 人、5348 人，总体增长幅度较小。但是随着社会经济的迅速发展，
尤其改革开放以后茶山瑶逐渐从封闭走向开放，不仅受到国家政策、经
济生活水平提高等方面的影响，而且生育观念也发生了一定改变。茶山
瑶逐渐开始与汉族、壮族通婚，还有一些生育子女更改了民族成分，这
些都导致茶山瑶人口获得大幅度的增长。到 1982 年，茶山瑶人口为
8586 人，2010 年茶山瑶人口为 12547 人，增长幅度较为明显。（见图
11 - 1）

　　在金秀大瑶山瑶族发展的历史中，茶山瑶是瑶族 5 个支系中较为重要
的一支，其历史文化悠久、政治地位最高、经济实力较强。早在元末明初
时期，茶山瑶就开始向瑶山腹地迁徙并逐渐定居下来。由于进山较早获得
了占据山林、土地及河流的优先权，茶山瑶开山凿路，建社立寨，与其他
瑶族支系相比经济生活相对富足。新中国成立后，尤其是改革开放以来，
茶山瑶实行了农业生产责任制和林业生产责任制，除积极开展农业生产
外，还利用广阔的山林，从事杉木、松树等木材及香菇、木耳等土特产品
生产和家畜家禽养殖，社会经济取得了进一步的发展。但就总体而言，由

---

① 金秀瑶族自治县志编纂委员会编：《金秀瑶族自治县志》，中央民族学院出版社 1992 年
版，第 155 页。
② 同上。
③ 中国金秀瑶族自治县委员会，金秀瑶族自治县人民政府：《金秀瑶族文化丛书·茶山
瑶》，德宏民族出版社 2012 年版，第 36 页。

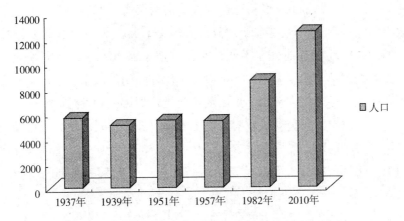

图 11 - 1　20 世纪 30 年代以来金秀茶山瑶人口增长情况

于茶山瑶产业结构简单，经济收入低下，居住环境改善缓慢，整体生活水
平仍然较低。尤其是进入 21 世纪以来，茶山瑶经营的山林多被划为自然
保护区，大量的耕地被征为建设用地，农林生产都受到较大影响，导致茶
山瑶经济发展相对滞后。针对这一现象，金秀县委、县政府努力争取加大
自然保护区自然生态补偿，积极调整农林产业结构，不断增加基础设施投
入，加大基本扶持力度。帮助茶山瑶寻求致富途径，全方位发展经济，改
善生活环境，彻底摆脱贫困的生活状态。

　　在历史上，茶山瑶为了维护自身利益，在封建社会里极力反抗统治阶
级的"开化"政策，并以"巴引"①、村社、石牌制度等传统社会组织，
稳定经济生产和社会生活的基本秩序。其中沿袭数百年的石牌制度作为瑶
族社会传统组织形式，其约束规范、精神深深根植在大瑶山瑶族的心中。
1951 年，金秀大瑶山瑶族沿用石牌形式制定了《大瑶山团结公约》。改革
开放以后，瑶族继续以石牌形式订立新村规民约。石牌制度所代表的传统
社会组织形式，对于团结各族人民、稳定生产、较为完整地保存了本支系
的文化风俗习惯发挥了巨大作用。

　　新中国成立以前，茶山瑶在生活生产、精神信仰、民间艺术等方面都
保持了独具特色的文化特点。如样式复杂、饰品昂贵的服饰；喜爱腌制酸
鲊、制作"火烟腊肉"等别有风味的菜肴；依赖地势、易于生产防卫的

――――――――

　　① "巴引"是茶山瑶社会最早的社会组织，最早是以血缘为纽带的父系社会组织，后逐渐
扩大，不仅仅限于同血缘成员。其规模不大，通常三五户，十户以上的少见。

房屋设计;"做洪门"①、做功德、度戒等宗教仪式;内容丰富、形式多样的故事传说;等等,这些都成为金秀大瑶山瑶族民族文化的重要组成部分。但因茶山瑶在各地分布不同,文化风俗又略有差异。新中国成立以后,尤其是改革开放以来,大瑶山改变了以往封闭的状态,现代多元文化以不同的方式渗透进大瑶山,茶山瑶传统文化的传承和发扬遇到了一定的困难。这种情况受到金秀县政府的高度重视,金秀县政府在大力推动茶山瑶经济发展的同时,采取多种方式保存茶山瑶的传统文化,将璀璨夺目的茶山瑶文化呈现在世人面前,茶山瑶同其他 4 个支系一起走进新的发展时代。

二 茶山瑶六段瑶寨的发展现状及思考

金秀镇六段村茶山瑶寨位于金秀县城西北,距县城约 20 公里,是六段村民委员会所在地。六段村寨来源历史悠久,据说六段茶山瑶迁入大瑶山已有 600 余年历史。苏姓茶山瑶为迁入瑶山最早的一支,苏姓祖先原住在广东南海普陀山,后来迁往湖南。明朝时,因朱元璋攻打湖南的陈友谅,苏贵显、苏贵芳、苏贵珠兄弟三人被迫离开湖南逃到广西,迁进大瑶山。刚到六段时,见周围全部是原始森林,苏氏兄弟大兴土木,伐林开山,建村立寨。不久以后,三兄弟分开居住,苏贵显留在六段,苏贵珠到古泥长滩,苏贵芳搬到六眼村。目前,村寨中以苏姓为主,还有莫姓、陶姓、黄姓等共计约 70 户 193 人。②

其实,关于"六段"一名的来历大概有三种说法,有的说法认为"六段"得名于祖先最初到这个地方时,选择了一个有 6 个大石崖的地方建村;另一种说法认为"六段"按茶山瑶语音叫"饭团",包含"六好",即山好、水好、吃得好、穿得好、钱财好、人丁好;③ 还有一种说法认为六段在历史上作为参加反抗覃福(一个追杀茶山瑶人、残暴的地方官员)战役中的一分子,在取得最终胜利时,分到了覃福战刀(为作纪念分为 13 段)的第六段,因此而得名。

① "做洪门"是以保护生产为主,祈求五谷丰收,与怀念先民入山开辟田园的丰功伟绩相结合的宗教祭典仪式。

② 中国金秀瑶族自治县委员会、金秀瑶族自治县人民政府:《金秀瑶族文化丛书·茶山瑶》,德宏民族出版社 2012 年版,第 10 页。

③ 同上书,第 11 页。

　　六段瑶寨坐落在大山窝里，海拔 900 多米，周围群山环抱，古树参天，有红豆杉、杉树、八角、竹子等多种林木，被风水先生称为"五马归朝（巢）"之地。村寨布局简单，沿村后红岭山冲所流出的一条小溪分为左右两排。为方便出行，最早村民将小溪上面铺满了木板。改革开放后，木板被换成了整洁的水泥板，这条水泥板路长 300 多米，贯穿村落始终。水泥板路的修建，使六段成为金秀县所有村寨中较早有水泥板路的村落，改变了六段的村容村貌，成为六段瑶寨的标志之一。六段瑶寨民居为砖泥木架盖瓦长狭式住房，一般是四进两层：一进是香火堂，二进为库房，三进为厅堂，四进为厨房。下层旁屋还有厕所及牲畜圈，上层为卧室及储物间。六段最具特色的要数沿着小溪河道的两岸住户，约有 32 户大门侧面仍完整地保存着清朝时期建筑的吊楼。这些吊楼多以红漆为主，有的还刻有诗词，如"近水楼台先得月，向阳花木早逢春"等。吊楼多为茶山瑶姑娘的闺房，白天可在上面绣花、晒衣物；夜晚，青年小伙子可以从大门爬上吊楼，如果他是姑娘的意中人，姑娘便会打开房门让小伙子进入房内，两人对歌、约会，这种婚俗方式称为"爬楼"。吊楼是六段、六定、三片、将军等地茶山瑶独具特色的恋爱方式，是金秀茶山瑶婚俗文化的瑰宝。

　　六段瑶寨的自然环境相对较好，主要以水稻、玉米等农作物为主。在 23120 亩土地中，有林地面积 22542 亩，耕地面积 578 亩，有公益生态林 1000 亩、杉树 2000 亩，八角 100 亩、茶叶 300 亩，水田（单季稻）170亩。[①] 其中，水稻田分布在村寨周围的山冲中，大多属于高寒山冲田，产量较低。同时，六段瑶寨各家各户都种植茶叶，茶山围绕在村寨四周，如今已经开发了近万亩茶园。改革开放以后，六段瑶寨注重结合自身优势，调整产业结构，寻求多条致富途径。2009 年 12 月 14 日，金秀镇六段民俗旅游村通过自治区旅游局"广西农业旅游示范点"考核组的评审，成为金秀县继孟村民俗旅游村后的第二个"广西农业旅游示范点"。2012年，金秀县旅游局投资 6 万多元对六段进行亮化装点工作，其中包括装修旅游客服务中心，添置 10 套桌子板凳，安装 5 块简介牌，18 块提示警示牌，扩宽硬化 500 多米的景点人行道建设等。这些工作受到当地茶山瑶的极力拥护和支持，进展顺利。

―――――――――

　　① 中国金秀瑶族自治县委员会、金秀瑶族自治县人民政府：《金秀瑶族文化丛书·茶山瑶》，德宏民族出版社 2012 年版，第 10—11 页。

　　经过多年的建设和完善，六段的村容村貌已经发生了翻天覆地的变化。进入村寨门口，村委办公楼已经由平房改建为二层小楼，灯光球场、幼儿园、停车场都已经建好。六段村寨房屋的外墙已经统一涂成黛色和水泥色的"砖面墙"，虽然统一的外墙无形中掩盖了部分真实生活的痕迹，但这份古朴淡雅为六段增添了更多的神秘气息。六段瑶寨为适应市场需求，除积极增建茶叶加工厂外，还增建了民俗文艺表演场、文艺活动室、农家乐、民居旅馆、公厕等基础设施，为民俗文化旅游开发奠定了良好物质基础。尽管在外观及硬件基础设施建设上，六段瑶寨确实已经发生了巨大的变化，但就实质而言，与外界现代社会的迅猛发展相比，八年时间里，六段——这个茶山瑶寨的代表性村落，它的变化远没有笔者所想象的那么剧烈。

　　首先，六段同其他大部分茶山瑶村落一样，受历史的原因及传统生产习俗的影响，注重水田生产和野生土特产品生产，极少开发山地经济。在土地制度改革时，大部分山地划给了其他支系瑶族。同时，由于金秀县建立广西大瑶山水源林保护区和国家级大瑶山自然保护区，村寨的全部及大部分或部分山林划为水源林保护区、自然保护区的核心区、缓冲区、实验区，六段等茶山瑶村寨利用山林和发展相关副业都受到影响。近年来，六段等茶山瑶寨人均纯收入一直低于金秀县人均纯收入水平，产业结构简单、经济收入低下成为六段等茶山瑶寨经济发展的总体特征。就六段而言，茶叶种植一直是其主要突破点，但该地茶叶处于初级种植、粗加工阶段，费工、费时却利润较少，受到市场影响较大，既没有做到产销一条龙，更没有自己的品牌。在这次实地调查中，访谈得知六段茶农已经意识到这个问题。家庭作坊式茶叶加工厂数目在逐渐增加，但规模较小，渠道有限，要想实现突破还需要政府的资金帮助和政策扶持。

　　其次，近年来，六段瑶寨依据自身独特的地理自然环境和鲜明的传统文化优势，充分利用和挖掘民族文化资源，发展民族生态文化旅游产业。通过品尝地道瑶家美食、观赏瑶族精彩绝技和歌舞表演等方式，实现游客与瑶民的互动，游客切实参与体验茶山瑶生活。六段茶山瑶民俗文化旅游产业开发一方面确实增加了收入渠道，实现了六段产业多元化开发；另一方面也继承和保护了茶山瑶传统文化，在传统民族文化保护和现代产业开发之间找到了一座桥梁。但同时，六段的旅游开发需要极大地改善基础设施建设，如县城到六段的道路仍然没有本质上的改变，这些是六段旅游开发的重要元素，在今后的发展中亟待解决。

最后，六段瑶寨在发展中还遇到了其他不容忽视的社会问题，如单身的青年和中年人数的增加。由于外出打工人员较多，村落中剩下的大都是老人、妇女，人口的繁衍及文化的传承等都存在潜在的压力。这些将在六段未来的发展中造成一定的负面影响，而解决这些问题的关键，是实现六段自身的良性发展。只有六段找到发展的最佳出路，解决经济社会发展的根本问题，让六段的年轻人守在家里就能够实现就业致富，那么六段才会真正实现与现代社会的接轨，才会在现代化建设中成为世外桃源。

第二节 回到六巷花篮瑶村寨

六巷花篮瑶的调查要从费孝通先生说起。早在八十年前的 1935 年，著名的社会学家费孝通先生带着他"社会学中国化"和"认识中国社会实际"的抱负，选择当时广西象县东南乡，也就是现在的金秀瑶族自治县六巷乡进行少数民族历史和社会调查研究。以新婚妻子王同惠永眠于大瑶山的沉重代价，成就了中国早期的人类学民族学田野调查报告《花篮瑶社会组织》。自此，花篮瑶六巷备受社会各界的关注，不少的专家、学者、学生成为"走在这条路上"的后继者。

2005 年 7 月，笔者有幸第一次随导师徐平教授参加费孝通先生大瑶山调查七十周年纪念回访。2006 年 1 月再赴大瑶山，在导师的指导下笔者被安排在六巷村，对六巷村花篮瑶的经济生活进行调研。我就住在村长家里，每天挨家挨户访谈，和瑶胞同吃同住，随他们去山里劳动，参加祭祀活动，度过了今生最难忘的一个春节。这次田野调查，让笔者收获颇丰，最重要的是瑶族的那份深厚的情谊，亦成为笔者这辈子永远的牵挂。2014 年 8 月，笔者参加了中国社会科学院组织的"21 世纪民族地区经济社会发展大调查"，再次随课题组走进金秀大瑶山。

一 "瑶中瑶"

六巷是瑶族聚居地，也是金秀瑶族自治县瑶族支系最多的乡。六巷乡位于金秀县西南部，地处大瑶山脉五指山下，以乡政府驻地六巷村而得名。六巷乡下辖六巷、门头、王钳、青山、大岭五个村民委、48 个自然屯，全乡总人口 5776 人，其中瑶族人口占 56%，有盘瑶、坳瑶、山子瑶和花篮瑶四个支系。因各个支系的语言、服饰、习俗和文化不同而形成浓郁的民族风情，素有"瑶中瑶"之美誉。

六巷村是乡政府及村委所在地，现有 54 户 197 人，分两个居住地（大村、小村，以下简称大小村）。大村居住地是花篮瑶依山而居的老宅，因为发展民族生态文化建设的需要，大村基本保留原貌；小村在 2005 年 6 月 21 日因特大山洪被冲毁后，原旧居住地无法居住。当时正值我们第一次到六巷调研，六巷乡的领导干部为新村重建奔波忙碌。如今看到风貌统一、整齐美观的新村，不禁让人怀念六巷乡原乡党委书记赵志强，他在深山僻壤的六巷工作八年，让这个历史上不通水电的乡镇发生了巨大变化。后来调任县扶贫办主任，一心系民，为了扶贫工作奉献出自己的生命。在大瑶山，像这样的人民公仆又何止他一人，他们在大瑶山留下的足迹随着岁月的洗礼会变得更加深刻。

花篮瑶主要聚集在六巷乡的六巷、古卜、门头、王桑、大凳五个村寨。乡政府驻地距县城 96 公里，东面与罗香乡、平南县大鹏镇相连，南部同大樟乡毗邻，西面与象州县中平镇、大乐镇接壤，北部同长垌乡交界，是瑶族聚居地之一。在大瑶山地区未"开化"年代，花篮瑶就已进入环境恶劣的大瑶山，世代生存、繁衍。根据费孝通和王同惠 1935 年的调查，由于瑶族进入该地区的先后顺序不同，在有限的土地资源环境下，瑶民逐渐分成两个族团，其一是地主族团，主要包括花篮瑶、坳瑶和茶山瑶，他们有共同统称为"长毛瑶"；其二是盘瑶和山子瑶，他们普遍被称作"过山瑶"。① 我们在实地调研中，也听六巷花篮瑶老人们讲：过去，花篮瑶和坳瑶是"山主"，占有大多数农田、山场和河流，同时还占有大部分的山林，几乎每个家庭均有一份老山。盘瑶和山子瑶则没有田地，靠租种"山主"的山地生活。"长毛瑶"从中获得不少收益，其经济收入高于其他支系的瑶族。在婚配伦理中，为了防止资源和财产的外流，"长毛瑶"通常是不和其他族人随意通婚的，普遍实行一种亲上加亲的族内婚。

二　徘徊中的花篮瑶六巷村

2008 年，金秀县提出"林业立县"转变为"生态立县"的经济发展思路，得天独厚的山水资源和完整生态系统的潜在优势已经转化为现实优

---

① 费孝通：《花篮瑶社会组织》，《费孝通文集》第一卷，群言出版社 1991 年版，第 473 页。

势，迈入了发展的新阶段。六巷乡总面积 203.1 平方公里，水源林 29.2
万亩，森林覆盖率达 89.8%；种植杉树 50601 亩，八角 771740.5 亩，油
茶子 6013 亩，茶叶 1330 多亩，水果 714 亩，生姜 2009.2 亩，七彩椒 880
亩；耕地面积 5363 亩，其中水田 2010 亩、旱地 3353 亩；水田主产单季
稻，旱地多种生姜、木薯、花生、玉米、中草药等作物。截至 2013 年，
六巷乡农民人均纯收入 4236 元，比 2000 年增加 2216 元。2013 年全乡工
业总产值完成 1024 万元，农业总产值 4983 万元，财政收入完成 147.4 万
元，全乡社会固定资产投资完成 6481 万元，辖区居民年人均纯收入达
4236 元，增长 10%。和金秀县城翻天覆地的变化相比，和其他瑶族支系
村落的发展相比，六巷花篮瑶虽然取得了一定的成绩，但发展并不显著。

　　相反，过去依靠租种"山主"山地为生的贫穷落后的山子瑶和盘瑶
村寨，借助市场经济的推动力，如今成为经济稳步发展、村民安居乐业的
新农村建设示范村、农家乐旅游示范村。

　　以山子瑶聚居的六巷乡青山村为例，依赖适宜的土壤和气候等环境优
势，青山村将生姜发展为特色产业。村民的人均年收入原来不足 1000 元，
2013 年青山村共种植生姜 2100 多亩，总产量达 300 万多公斤，仅种姜一
项人均收入达 9000 元。广大姜农住"姜楼"开"姜车"，日子过得红红
火火。同时，还注重发展野生茶、油茶、七彩椒和中药等特色种植。为了
提高当地农产品的附加值，让群众得到更多实惠，青山村成立了农副产品
专业合作社，全村 115 户群众加入合作社，实现技术和信息共享。通过规
范生产、经营、管理、销售环节及渠道，大大增强了市场竞争力，掌握生
姜定价的市场话语权，并逐步形成支柱产业。生姜产业发展事迹多次在
《广西日报》、"广西新闻网"和《来宾日报》等媒体报道。

　　再以此次调研的长垌乡道江村盘瑶聚居的屯西屯为例。据村民回忆：
"十多年前的屯西屯完全是另外一番模样，基本只能自给自足，只有一条
蜿蜒泥路可以下山。长期以来，全屯人的生活生产必需品全靠马驮肩挑上
山"。屯西人虽艰苦劳作，却只能为温饱而奔波。如今，在海拔 1000 多米
的高寒山上，生姜种植成为主要产业和特色产业。全屯 34 户，现在家家
住别墅，家家都有车，村民们在政府支持下建起了篮球场、舞台、观水
池、公厕和垃圾池，俨然一副社会主义新农村风貌。昔日的"长毛瑶"
和"过山瑶"，经过市场经济的洗礼，经济地位发生了明显改变。

　　花篮瑶聚居的六巷村的经济来源以生产八角、杉树、生姜等农副产品

为主，其次是竹子、竹笋、茶叶、甜茶叶等。耕地面积 12171.26 亩，其中水田 263.26 亩，旱地 11908 亩，2011 年人均纯收入 3000 元。通过与 2005 年调查时的房东叔叔交谈了解，六巷村的经济结构和收入来源与过去相比没有太大变化，全村的八角树因近两年病害严重，基本没有收成。房东家仅收入 700 元，主要依靠卖杉木，共有 800—900 立方米，但杉木需要培植 15—20 年才能砍伐而获得收入。打工收入成为家庭经营收入的重要来源。随着大批青壮劳动力外出务工，农业生产的规模也相对减小，呈现出一种相对萎缩的局面。六巷村共 54 户 206 人，村里有 1/3 的年轻人外出打工，留在村里的劳动力有 100 多人，有事做的时候打打短工，闲暇的时候就是打麻将，村里有 80% 的人都爱打麻将。花篮瑶的市场意识比较淡薄，利用当地的生态环境和人文环境经营特色旅游业和餐饮业形成的六巷商贸街上，大都是外地人在经营，反而占有地理优势的六巷村人几乎没有参与。六巷村的青壮年虽也外出打工，但是并没有明显提升本村经济水平。

究其原因，首先是思想观念没有转变。由于多种因素的影响，有相当一些人的思想意识仍处于一种安于现状、不思进取的状态中，小富即安，不富也安。农业粗放经营、广种薄收、靠天吃饭，不积极寻找发展经济的有效途径，而是怕字当头，投入怕赔本，外出打工怕不给钱，没有发展的意识和冲动。存在等、靠、要的思想，在市场经济体制下，缺乏主动性。而青山村和屯西屯成功致富的经验就是转变观念，把握市场机遇，将自己的优势转化为经济利益。

另外，作为六巷村支柱产业的杉树和八角，其中杉树要经过 15—20 年生长期才能获得收益，而近几年八角受市场价格波动和自然灾害的影响，收入也不稳定。六巷在产业发展上碰到的问题是没有延伸农产品开发的附加值。两个"过山瑶"村寨，其成功脱贫的经验都是在村干部的领导下，在这十多年中摸索，转变市场观念，分析本村屯的土地资源优势，把握市场导向，开拓市场，终于走出了一条种姜脱贫之路。

三 发展生态文化旅游

依托独具特色的花篮瑶文化，神奇美丽的自然景观，优良的生态环境，结合"两山（五指山、圣堂山）、两馆（门头花篮瑶博物馆、古陈坳瑶生态博物馆）、两王（门头杉树王、古陈茶树王）"、两亭（王同惠纪念亭、王同惠流芳亭）的平台，借助费孝通先生的名人效应，六巷乡正在打造成为一个具有浓郁瑶族风情和自然人文生态的旅游之地。目前，"1+6"立体博物馆群落模式正在逐步实现。

2007年，经广西壮族自治区区政府及金秀县政府的支持和花篮瑶群众投工投劳，六巷乡门头村花篮瑶生态博物馆建成。馆内最初征集文物74件，包括瑶族服饰33套，银饰6件，生产生活用具35套。经过不断积累，现共有文物160多件，图片130多张。馆内展览分为花篮瑶剿匪英雄人物，花篮瑶石牌，花篮瑶婚礼、丧葬习俗及民间工艺等模块。成为花篮瑶历史文化发展的缩影，展现了花篮瑶文化的精华及花篮瑶人民自强不息的精神。

位于六巷乡下古陈屯的坳瑶生态博物馆于2011年5月建成并开放。馆内以瑶山秘境——金秀坳瑶文化陈列为主题，文物有100余件，按照秘境生活、服饰、歌舞人生、信仰和绝技、心系大瑶山五个板块展出。不仅展示了坳瑶人民古朴自然的生活方式和多姿多彩的民族文化，还以照片、论文、书籍等方式，回顾了费孝通先生与王同惠女士在瑶族社会的调查经历，弘扬了民族文化研究保护、传承发展的宝贵精神。

作为市级文物的王同惠女士纪念亭，吸引着海内外的专家学者以及众多的游客。瑶族长鼓舞（黄泥鼓舞）于2011年7月正式列为国家级非物质文化遗产名录，实现了金秀县国家级非物质文化遗产名录零的突破。六巷村下古陈屯的盘振松获得国家级非物质文化遗产黄泥鼓舞传承人称号。瑶族石牌习俗、瑶族"过山音"和瑶族"跳盘王"也先后被列入自治区级非物质文化遗产名录，六巷村的蓝扶布、蓝桂英和上古陈屯的盘志强先后被列为自治区级传承人。

2014年11月14日，中国社会科学院社会学研究所在六巷成立了广西大瑶山文化人类学研究基地，标志着六巷乡与中国社会科学院社会学研究所正式形成常态化的合作机制。这条学术调研之路将会一直延续下去，诸多名人、学者、专家造访六巷，极大地提升了六巷的形象和知名度，引起了社会各个层面的关注。文化人类学研究基地的落成不仅使瑶族文化得到了传播，更重要的是六巷村花篮瑶的经济文化会借助此平台得到进一步的发展，思想意识得以逐步提高，融入市场经济的能力不断增强。

目前，六巷乡发展生态文化旅游的主要瓶颈就是道路条件。由于六巷特殊的地理位置，公路等级低，路面窄，交通不够畅达，可进入性差。保护和建设民俗文化传统村落发展旅游，发展壮大特色产业都需要加强基础设施建设的项目和资金支持力度，需要更多社会资源的支持和自治区及自治县更多的政策倾斜。乡政府在上级领导的支持下，正在积极争取梧州至柳州高速公路（途经六巷）出口建设，走"生态民俗文化旅游"发展道路，构建"一站、一址、一室、两馆、两亭、两点、六屯"的民族文化路线，将丰富的瑶族文化资源优势转化为民族风情旅游品牌优势。让游客在走进自然的同时，与丰富的民族风情对话与交融，同时达到文化保护与经济发展的"双赢"。

在"生态立县"和"生态立乡"的发展思路下，六巷花篮瑶如何把握好这个机遇，实现"生态红利"，是一个值得深思的问题。传统的生计方式只是维持着村民的日常生活，而真正要使村民发家致富就必须调整产业结构。即在稳定第一产业的基础上，大力发展以生态旅游为主、以瑶族传统文化为特色的第三产业，不仅可以吸纳富余的劳动力，而且还能创造出更多的经济效益和社会效益。花篮瑶不能仅仅依靠政府的主导行为和外来资本或团体的介入，也要转变观念，加强市场竞争的意识，主动参与到生态旅游业的发展中。在传统文化保护这方面，门头村的花篮瑶比六巷村做的有声色，所以，民族博物馆和生态村的建设选在门头村。相比之下，六巷村原本具有更好的区位优势和价值，当地花篮瑶应该自觉意识到保护文化资源的重要性，通过传承和发扬本民族的文化，实现名利双收。这些新兴的产业是对传统生存方式即靠山吃山、靠水吃水的一种演变和发展，但绝不是简单的延续，要把自己本民族的特色和社会主义市场经济结合了起来，把自身的优势和可持续发展的科学理念结合起来，走一条独具特色的生态经济发展道路。

第三节　坳瑶下古陈村寨回访

1935 年 10 月，青年费孝通为实现认识和改造中国的人生理想，偕同新婚妻子王同惠到金秀大瑶山进行实地调查。调查过程中由于带路向导的失引，费孝通和王同惠迷路深山，在从居住的坳瑶古陈村向茶山瑶居住地区转移过程中，造成了妻死夫伤的人间惨剧。下古陈屯，这个金秀大瑶山腹地的坳瑶小村，也因费孝通先生和妻子王同惠的这次遭遇，从此成为国内外从事民族问题研究的专家学者们数度往返的地方。2006 年 1 月 9 日，值费孝通金秀大瑶山调查暨民族问题研究 70 周年，得益博士生导师徐平教授荐引，笔者有幸陪同费孝通家人等一行 13 人到金秀大瑶山调查，第一次到下古陈屯。

随后几年时间里，笔者又先后三次到金秀大瑶山调查。除了一次没有进入下古陈屯之外，其余两次都进村与村民深度交流。多次往返，与村民贴心沟通，笔者与古陈人之间便建立起一种时时留恋的特殊感情。举凡小村里有新人结婚、起房建屋、家庭添丁或是村寨里得到什么形式的帮扶资助建设项目，古陈人都不会忘记在电话里跟笔者分享。多年来，我们之间的这份信任始终没有断裂过。小村传来的信息，也时刻提醒我山区瑶族生存发展中出现的新问题。每每这种时候，笔者都会有意识地回到费孝通生前为我们后辈晚生开拓的学术思路，试图在费孝通的金秀大瑶山研究智慧里找到满意答案。多年来，正是循着费孝通先生勾画的研究方向入村访民感苦，笔者才渐渐明白一些费先生生前所主张的要整体研究金秀大瑶山五个瑶族支系设想的核心要义，深感先哲识解人类生活世界的高远。

一　外流的农业劳动力

时间匆匆，仿佛转眼间的工夫，费孝通先生离开我们已整整十年时间。距离笔者 2006 年初次到金秀大瑶山，时间同样也远去了整整八个年头。十年是一个大的社会发展节点，值费孝通先生仙逝十周年暨民族问题研究八十周年，为更好地缅怀和追思大师德益天下、智泽世人的创世伟绩，2014 年 8 月 6 日，笔者跟随导师徐平教授再次来到广西金秀大瑶山。我们到达金秀县城后，充分感受了大瑶山世纪巨变的整体风貌。调查期间，先后与县委、县政府相关职能部门开展专题座谈会，邀请长期在当地工作的主要领导和熟悉地方乡土文化的民间文化工作者座谈。为了更为真实认识瑶山新貌，还实地考察了六段、郎旁、屯西屯、帮家以及下古陈瑶族等十多个村寨，从更加全面的角度调查了解当地经济社会发展情况。

全球化背景下，金秀大瑶山传统封闭的经济格局被打破，山区农业劳动力大量外流，即便是金秀大瑶山腹地的瑶族村寨，也不再容许单位村庄意义上的封闭发展。其实，大瑶山封闭发展的传统经济早在 20 世纪 80 年代就开始被打破。1981 年，费孝通先生第三次访问大瑶山，在指导学生进行村庄调查时就明确指出，从封闭到开放是金秀大瑶山经济社会发展变迁的主线。及至当下，金秀大瑶山早已完全步入自主开放发展的新时代。

新时期的金秀大瑶山，劳动力外流成为最普遍形式。从久远的历史看，金秀大瑶山拥有丰富的自然森林资源，林业经济在相当长一段时期内都是当地经济社会发展的主导因素。其实，即使当下，金秀大瑶山出于生态资源环境压力而归由地方政府强制推行的生态经济发展模式，仍然根本建立在绿色森林资源这个前提基础之上。所以，在生态底线不容任何颠覆和人口自由流动成为大瑶山普遍社会现实的情况下，外向型发展成为金秀大瑶山瑶族生计变迁的主要推动力便必然会成为客观事实。从具体的村寨来看，这个发展逻辑也可以得到非常充分的证明。2008 年之前，下古陈屯尽管已有相当多的一部分青年劳动力离开村庄，外出到广东、深圳、福建等沿海经济发达地区打工，但由于中年人群还拥有到当地由外地商人投资经营的规模化林场中采伐林木的机会，加上过去普遍种植的八角树也能创造一定的家庭经济收入，因此他们中的绝大多数人都没有离开家乡。尽管这部分人不再像过去那样把时间都用在山地农作物种植之上，但至少没有离开长期生活的大山区。

二　滞后的坳瑶山地经济

但这种现象自从 2008 年之后却发生了根本性的改变。2007 年，迫于全球生态环境的压力，国家把"生态文明"上升到治国理政的一项重要意志，制定和实施了许多更加严格有效的生态环保政策。顺从生态环保的世纪时潮，广西金秀大瑶山政府积极转型县域经济发展模式，直接把保护自然生态环境作为重要任务来抓紧落实。配合国家自然生态保护相关法律法规，金秀大瑶山也制定了许多相关山区森林资源保护措施，并动用多家政府管理部门，依法保护山区自然生态环境。这些政府行为彻底改变了大瑶山瑶民传统的生计方式。更为严重的是，和金秀大瑶山其他村寨一样，下古陈人过去广泛种植的八角树，近两年因病虫害影响出现大面积枯死的现象，八角产果量大大下降。这两方面的客观因素，遗失了下古陈中青年群体山区劳作的机会，大大降低了瑶民家庭经济收入。2014 年 8 月，我们在下古陈屯走访的时日，已经看不到七八年前村民进林场采伐林木的忙劲，中年人群远离家乡又成为山区普遍现象。

然而，外向型发展并没有使山区经济步上有序发展的健康道路。整体上看，十多年的发展，尽管与山外平坝地区还存在一定差距，但金秀大瑶山县域经济还是取得了突出成就。距离笔者第一次到金秀调查，短短八年时间，大瑶山的经济和道路交通环境得到了明显改变，尤其是金秀县城，现在早已经是旧貌换新容。金秀大瑶山拥有丰富的自然资源和文化资源，当地政府以"生态立县"作为山区致富的科学发展观，把发展绿色生态产业作为县域经济发展的基础原则，借助山区独有的森林和民族文化资源，朝着集风光、休闲、养身、娱乐为一体的国家 4A 级景区打造，周边县市的人到金秀县城购房或休闲度假已成为当地普遍现象，瑶山发展已取得显著成效。

相比之下，金秀六巷乡下古陈屯的发展就显得不尽如人意，基本上一直徘徊在八九年前的水平。无论是进村的乡村道路，还是村寨房屋民居建筑，都与过去没有多少差异。村寨里唯一可作为符号性标榜的变化内容就是新建了一个坳瑶生态博物馆和平整出一块供村民集体议事、娱乐的公共场地。从某种意义上说，坳瑶生态博物馆落户下古陈，也正是由于该村寨经济发展滞后，有效保留了瑶族传统文化和相关仪式习俗。据村民讲，生态博物馆从 2004 年就开始进行选址定点，直到 2008 年 10 月 20 日才正式动工建设。2011 年 5 月 26 日，博物馆正式建成开馆，占地总面积 800 平方米，其中建筑面积 467 平方米。博物馆的外墙，全部用黄泥、稻草混合土进行了装饰，充分凸显了当地瑶族的传统文化特色。具体的楼层和展区功能分布是：一楼为展示厅，分为服饰、秘境生活、歌舞人生、信仰绝技及心系金秀大瑶山五个单元；二楼分资料室、文物库房、办公室、接待室。为了增添村寨历史文化要素，村民还在村前旧址上，重新修建了过去因调查而献出宝贵生命的王同惠纪念亭，起名留芳亭。外人进村，通常都会到这里观摩瞻仰。除了这两个标志性的文化实体之外，村寨并没有任何明显变化，房屋民居、村寨道路依旧延续着曾经的旧貌。

根据乡政府提供的最新数据，下古陈全屯 40 户 155 人，是一个历史悠久、民风淳朴、民族文化保留完好的坳瑶居住村屯。村民小组长 2 人，党员 13 人，60 岁以上党员 3 人，党代表 3 人，人大代表 1 人，五保户 2 人，残疾人 1 人；现有摩托车 26 辆，微型车 2 辆；常年外出务工 5 人。经济来源以八角、杉树为主，其次是竹子、竹笋、茶叶、木耳、香菇等；人均纯收入 2800 元。耕地面积 8511.62 亩，其中水田 105.62 亩，旱地

8406 亩。下古陈屯每年都举办还盘王愿等庆祝活动，在这些节庆中，村民们都会表演令坳瑶引以为荣的神奇绝技——舔火，跳古朴优美的黄泥鼓舞、盘王舞、师公舞、钓鱼舞、蝴蝶舞、盘王收兵出兵舞、团结舞等具有独特代表性的瑶族舞蹈。至今依然保留着浓郁而神秘的民族风情和灿烂的民族传统文化。

外向型经济发展模式使山区瑶族的传统身份发生了实质性改变。过去，大瑶山瑶族由于生计资源占有差别而出现"长毛瑶"和"过山瑶"两个身份格局。"长毛瑶"占有生计资源，"过山瑶"不占有生计资源，为了满足正常的家庭生活，他们不得不向"长毛瑶"租种贫瘠的土地。这样，本是一个拥有共同遭遇困境的瑶族群体，进入金秀大瑶山之后便分化出两种不同的身份层级。占有资源的"长毛瑶"（茶山瑶、坳瑶和花篮瑶），山中的特殊地理环境为他们提供了相对安全的生存避所，很多人逐渐产生满足、不思上进的思想，一些村寨只种植少量的肥沃土地，把其他贫瘠土地租让给没有资源的"过山瑶"（盘瑶、山子瑶）。由于生产生活劳作时间少，他们有更多的休闲娱乐时间，民俗文化相对丰富。但缺失资源的过山瑶，便不得不付出更多劳力维持家庭生计。与他们生活伴随而行的是日复一日的生产劳作。作为大山里的"长毛瑶"，金秀六巷乡下古陈人，过去除正常生产劳作外，在祭祀盘王、游神、祭社王以及"串情人"方面的文化习俗也较为丰富。但随着社会发展，尤其是新中国建立后大瑶山进行了民主改革之后，满足山区瑶民的生产生活资源条件发生了根本性变化，瑶族传统的依靠资源占有的不同而获得高位格的身份差序被彻底打破。

现代化背景下，经济迅速发展使瑶族身份差序转移到单位个体所拥有的经济财富这个标准上来，瑶族的社会身份也从传统的"过山瑶—长毛瑶"二元身份模式转型到多元身份模式。"过山瑶"曾经历的多种不幸使其培养了勤劳吃苦的生活资质，过去没有高身份位置的经历奠基了群体快速发展的基础。告别完全依靠山区资源和封闭生活的年代，在完全自由开放和各民族自在平等发展的当代社会，瑶族群体内部因土地家庭联产承包责任制和国家各项民族政策制度的颁布实施而彻底告别传统的身份阶级和阶层差别。相对来讲，习惯于四处流动的"过山瑶"，在现实社会发展中更具外向型开放进行性格，所以金秀盘瑶、山子瑶现在外出打工的人群占相当大的比重。

这些外出跨省区打工的劳动群体，不仅积累了经济财富，而且还学习和接受了新的思想观念，当他们再回到金秀大瑶山乡村的时候，就比较容易能够成为引领地方社会发展的代表。山外现代思想观念被他们带进瑶山并被山里的瑶族吸收，开始还不清晰的经济意识随着他们的影响逐渐清晰化，传统身份等级差异弱化，工具理性意识逐渐占据主要位置。物质财富成为人们衡量身份地位成为大家普遍共识，这些人逐渐拥有较高的身份地位。过去拥有林地和森林资源的"长毛瑶"则相对缺乏内生性自主发展能力，渐而成为金秀大瑶山滞后发展的民族群体。金秀县六巷乡守旧如旧的下古陈坳瑶村，与长垌乡巨变发展的屯西屯盘瑶村就是最为充分的时代明证。

第四节 再访山子瑶寨帮家屯

山子瑶简称山子，以佃耕山地为生得名。山子瑶的名称由来有两层意思：一是山子瑶多耕山地种黍（穄子），"山"与"穄"两字发音相近；二是山子瑶属于"过山瑶"，绝大多数人是没有土地的佃农，靠佃耕"长毛瑶"的山地为生，佃人之地者被称为"山丁"，故又被称为"山子"。

一 地理位置与居住环境

山子瑶是金秀瑶族自治县5个瑶族支系中的一支，主要聚居区域分布在长垌、罗香、六巷、大樟、三角、三江以及桐木等7个乡镇。山子瑶居住较为集中的村寨（自然屯）共有30个①（详见下表）。

表 11－1 金秀县山子瑶分布

乡镇	行政村	自然村寨
长垌乡	长垌	三角
	平道	古占
	平孟	青山、同王、古友
	滴水	王峦、新安、田盘、芝俄一队、芝俄二队

① 金秀瑶族自治县人民政府编：《山子瑶》，德宏民族出版社2012年版，第2页。

续表

乡镇	行政村	自然村寨
三角乡	三角	大口屯
	小冲	六眼一队、六眼二队、六眼三队
	甲江	旧村、甲江、新村、谭喃
罗香乡	罗运	上（旧）大四、中大四、下大四
	罗丹	水湾
六巷乡	六巷	帮家、翁江
	门头	文凤
	大岭	大岭
大樟乡	玲马	平阳
三江乡	古范	古范一队、古范二队
桐木镇	那安	岸村
合计	15 个	30 个

历史上，山子瑶、盘瑶以佃耕山地为主，经常变更耕地，三五年便要搬家一次，故又被称为"山丁"、"过山瑶"。茶山瑶、花篮瑶、坳瑶占有大瑶山绝大部分土地、山林，且三支系男女皆留发结髻，故又被称为"山主"、"长毛瑶"。新中国成立后，金秀大瑶山通过贯彻《大瑶山团结公约》落实了各民族一律平等的民族政策，五个支系瑶族和睦相处。经党和政府领导的土地改革，山子瑶也分得了部分土地和山林，结束了几百年的"游耕"历史，过上了定居的生活。

金秀县的山子瑶村屯一般建在地势较高的山腰上，大多数村屯的海拔在 500 米以上。关于山子瑶迁徙进山的情况，传说不一，但大都肯定先祖曾在广东珠讥巷居住。山子瑶流传的一首歌谣，记载了山子瑶经广东迁徙进入金秀大瑶山的经过：

　　　　山子瑶，从前由在龙湾来，到达琼州，集体共走到广东各分开；从前住在琼州县，走到广东佛山街；皇帝分出无地种，分散兄弟各走行。①

————————

① 金秀瑶族自治县人民政府编：《山子瑶》，德宏民族出版社 2012 年版，第 24 页。

在我们开展实地调查的六巷乡六巷村帮家屯，根据保存的族谱及祖先葬地等资料，可以计算出当地山子瑶进山居住已有500年的历史。大约于明朝后期迁入大瑶山腹地，经过多次搬迁最终定居于帮家屯。最早在帮家屯定居的山子瑶仅有3户人家。初到帮家屯的山子瑶，房屋均以竹木、茅草搭建，十分简陋。"山子住房三个叉，顶盖茅草围篱笆，老天连下二日雨，堂屋里面捞得虾"。后随着经济条件的逐渐改善，帮家屯的山子瑶逐渐建起泥墙木架瓦盖结构的住房。2006年春我们进村调查时，村民大多住的都是这类泥夯为墙的房屋。经过2005年"6·21"山洪的冲刷，全村屯房屋均成为危房，不再适合居住。在当地党委、政府的帮助下，经过全村群众的共同努力、通力协作，2006年8月帮家屯完成灾后重建，整体搬迁至距旧村1公里的新村。新建住房全是火砖混凝土结构的2—3层平顶楼房，每户建房占地面积85平方米，居住条件大为改善。

目前，帮家屯总户数43户216人，劳动力为123人，是目前六巷村民委最大的村屯。现有大学生3名，高中、中专生14名，初中生42名，有文化人已占全屯人口的27%。帮家屯管理有序，有组长2名，人大代表1名，党代表2名，党员10名，60岁以上老党员3名，残疾人2名，五保户1名，常年外出务工有5名。本屯现有摩托车33辆，农用车1辆，微型车1辆。全屯耕地总面积为5102.99亩，其中耕地面积为4968亩，水田134.99亩，公路占地面积27亩左右，新旧村场地占用土地面积为450亩，处于人口多、耕地少的状况。主要粮食作物为耕种稻谷、玉米、番薯等，主要经济作物为八角、生姜、甜茶叶、杉木等。冬季可采野生香菇，以火烘干，品正味纯。帮家屯属山子瑶民族聚居地，有本民族语言，但无民族文字，服饰为手工绣花图案，黑布红花。日常娱乐以唱山歌为主，男女对唱，歌词即兴而作，押韵而成，多为谦虚、感谢之言，内涵丰富。

二　农业生产与经济发展

新中国成立前，山子瑶没有土地，以佃租"长毛瑶"的土地或为其打工谋生。据帮家屯的老人讲，原来他们都是租种附近花篮瑶的土地。一般来说，地势平坦、灌溉方便的水田，花篮瑶是不出租的，山子瑶只能租到未开垦的山地烧荒后进行耕种。胡起望先生和范宏贵先生在《盘村瑶族》一书中将这种生产方式定义为"游耕"。这样的生产方式效率很低，一大片山坡只能养活一两家人，所以他们没有形成大的村落。费孝通先生在《盘村瑶族·序》中认为"游耕不只是指'刀耕火种'的农业技术，也不只是指几年一迁移的不定居的生活。它是一个从生产力到生产关系，意识形态综合性的概念，一种社会经济模式"。

佃租山地后，山子瑶要以实物地租和劳务地租的形式向花篮瑶缴纳地租。实物地租即"种树还山"，山子瑶需要在租种的土地上种植杉树等林木，在树木间隙种植玉米、红薯、木薯等比较耐旱的作物用以自食，待树木成才后作为地租还给花篮瑶，再迁徙别处。劳役地租即为花篮瑶做工，一般每亩地要缴 8—10 个工。由于海拔的差异，种植在地势较低、灌溉便利的水田里的稻谷先行成熟，这时花篮瑶就需要山子瑶来帮工收稻谷。由于不掌握土地所有权，加之生产条件差，新中国成立前帮家屯山子瑶村民的生活水平一直很低。有时甚至一个月都没有盐吃，只能靠辣椒来下饭。

大瑶山地区盛产杉树，农闲时山子瑶的男性可帮"买山"的外地木材商伐木。树木砍倒后运到山下的河边，用竹篾（竹子从中割开可用于捆绑）将木头每 2—3 根绑在一起编成木排，再将若干木排首尾相连（有 30—40 根木头），利用河水将木排放到山外的中坪镇进行交易，一般人们把这种活动称为"放排"。放排时一人在排头撑一支长篙掌握方向，另一人同样用一支长篙控制排尾，避免木头碰到水底的岩石造成搁浅。通常情况下，从山内运到中坪镇要用 5—7 天时间，途中夜晚则在水流较为平缓的水潭停靠休息。待交易完成后，每人可得 40—50 斤米，另可买点油盐及针头线脑等生活必需品，或可买一头猪崽儿回来饲养。当时粮食产量很低，一般人家的粮食只够吃 7 个月，放排就成了帮家屯山子瑶贴补家庭经济收入的最主要方式。但放排受季节影响很大，春末夏初雨水较多，河里水流湍急，放排的危险性很高，很容易造成人员伤亡；而冬季雨水较少，河里水位较低也不便放排。因此一般每年的 7—8 月份是放排比较集中的时段。

1952 年 5 月，大瑶山瑶族自治区正式成立。在中国共产党的领导下，大瑶山各族人民订立了《大瑶山团结公约》，废除了特权阶层，加强了民族团结。1954 年 2 月大瑶山开始土地改革，帮家屯的山子瑶人第一次获得了土地所有权，终于结束了山子瑶人几百年甚至上千年的游耕岁月，他们的生产积极性被大大地激发出来。除了把灌溉较方便的地方开垦出来种水田，山子瑶还在周围大片的山地上种植了杉树。1980 年帮家屯开始

"包产到户"，按照当时的人口，每人分得5分水田，山林若干。由于山地面积难以丈量，大多是几家人共同经营一片山林，分配方法类似于生产队时期的工分制。责任制初期，稻谷的产量依然不够一家人一年食用，直到种植杂交水稻后，才完全不需要用粗粮来填饱肚子。

20世纪80年代初，帮家屯开始种植八角。八角即北方人俗称的"大茴香"，是很有价值的经济树种。最初，一株八角苗要8分钱，因为现金匮乏，帮家屯并没有广泛种植。直到1984—1986年期间，才开始大面积种植八角。八角的生长期也比较长，一般要8—10年挂果。此时，杉树依然是除粮食作物外最主要的经济收入来源。由于公路的修建，大部分木材可利用公路运往山外，而且不像从前只卖原木，有的已加工成方条或木板。大瑶山的杉木质量很好，很多外地木材商都进山收购，用瑶山杉木制成的木地板在泰国等东南亚国家非常畅销。随着家庭收入的逐步提高，收音机、自行车、钟表、小型水力发电机、黑白电视机等很多耐用消费品开始进入山子瑶的家庭，有的人家还购置了耕田用的手扶拖拉机。

20世纪90年代中后期，八角大多已开始挂果，并逐步代替杉树成为帮家屯最主要的经济收入来源。特别是2000—2002年，八角的价格比较高，最贵时每市斤干八角可卖到30多元，价格较低时每市斤也可卖到10多元。当时，每户每年都可收获1000—2000市斤干八角。可以说，这一时期是帮家屯历史上经济收入增长最快的时期，很多家庭添置了摩托车、农用车等交通运输工具。伴随着国家"西部大开发"的步伐，村里先后通上了高压电、电话、手机信号，彩色电视机、洗衣机、电话、手机等现代化家用电器和通信设备也开始在这个比较偏僻的村寨出现，并逐步普及开来。

在经济收入增加的同时，一些不良风气也传入了这个山子瑶村寨。在八角价格较高的几年中，赌博活动开始出现并迅速地蔓延。在调查中我们了解到，一些外乡人在村口搭建的简易房中开设地下赌场，参赌的人很多，有人出手之阔绰甚至招来了外省的人来到这个交通不便的山村参与赌钱。当然，十赌九输，村里的部分人也因此再度返贫。

市场经济使帮家屯的山子瑶增加了收入，但他们还不了解市场。初级农产品的市场价格是不稳定的，随着种植面积的扩大和产量的提高，自2003年起，八角的市场收购价下跌得很快。加之受霜冻和病害的影响，近几年八角大面积减产。其中，2005年全村户均种植八角收入还不到200

元。八角价格的跌落，促使这里的山子瑶开始寻找其他增加收入的途径。村里 18—28 岁的年轻人大多去广东打工，但由于受文化水平所限，他们大多从事制衣、制鞋、玩具制造、保安等职业，收入比较低，一般只够维持个人在外生活，很少有钱能寄回家里。年长的则在当地的工地打一些临时性短工来贴补家用。

农产品的市场价格往往是一年看涨，一年看跌。八角价格不景气，但村民种植的生姜价格却逐年看涨。生姜一般和经济林间作或套种，种植程序相对简单，技术要求不高，且极少得病虫害。套种的每亩地的产量在 600 公斤左右，单独种植的亩产可达 1000 公斤。但由于大瑶山腹地交通仍不算便利，加之近几年运输费用上涨，有时收获的生姜也会出现滞销现象。山里的农民增产不增收，收获的农产品找不到销路。关键是不能准确、及时地了解市场需求信息，生产经营往往有盲目的从众心理，尤其以单个家庭作为生产经营单位，在市场竞争环境中更显势单力孤。

三　社会生活与村民组织

历史上山子瑶没有自己的土地，过着居山游耕的生活。由于没有相对固定的居住地，山子瑶不可能像"长毛瑶"那样拥有自己的石牌，同样也没有参与石牌会议的权利，他们只能接受"长毛瑶"的领导，但凡重大事务都要由属地"长毛瑶"的石牌头人来裁决。但这并不意味着山子瑶没有自己的组织。在大瑶山的每个山子瑶村寨都有一套完备的村老制度，通过村老组织来进行社区管理、维护社区利益，并且这种制度一直传承至今。

村老，山子瑶语称"央谷"，是村寨的最高领导，既掌管行政事务，又管生产、生活等诸多方面。在帮家屯，每一届村老任期三年。村老的推选方式既不是"一人一票"的民主选举，也不是花篮瑶石牌头人"师父带徒弟"式的代际传承。而是通过特定的仪式，将每家户主的名字写于纸条上，包上米抟成纸团放入师公手持的圆形竹筶箩内，旋转筶箩，筶扬纸团，谁的名字最先被连续扬落地三次，谁就当选村老。当地人认为凡当选者皆是鬼神的旨意，人不可有异议。由于村老的职责与宗教仪式有关，所以只有度过戒并会主持宗教仪式的人才能参选。选村老的日子一般是上届村老届满后的农历二月初一。村老在任期内如都是风调雨顺，五谷丰登，人畜安康，就可以连任；如在任期内生产不顺，人丁不安，或是办事不公，村民可认"神不信任他"而将其罢免，重新另选。

村老的职责范围很广。凡砍山、播种、防治病虫害及鸟兽对庄稼的破坏、收割、狩猎等事务都由他组织、指挥或指定领头人；村里集体生产的产品和集体捕获的猎物由他来主持分配；迁村建寨、架桥筑路、架笕（横安在屋檐或田间引水的长竹管）引水，由他统一指挥；婚丧大事，当事人要向村老报告，办事要征得他的同意，迁入、迁出，出生、死亡等，本家家长要报告村老，由他烧香祭告祖先，并在香碗中放入或取出米粒，以表示其人的灵魂的到来或离去；村里发生了偷盗、通奸、牲畜糟蹋庄稼等，由村老出面调解处置；村寨之间的纠纷，由他出面与对方谈判，或代表村民到官府告状；遇到土匪劫村时，则号令并指挥村民与土匪作战。

村老没有特权。为村民办事一般不计报酬，其本人也要参加生产，自食其力。在参加村寨的共耕或伙耕时，因故误工也要补工。每年村老都要主持召开几次村民会议，在帮家屯，这种村民会议叫作"众人节"。众人节每年举行六次，分别是在农历的二月初一、四月初九、五月初一、六月初六、八月十五和腊月十五。山子瑶依靠这种传统的组织方式，管理自己的生产、生活等各项活动。村老制度不带有强权色彩，虽然不符合现代民主选举的特征，但一样是民意的代表。这种带有原始民主色彩的组织形式伴随着山子瑶人从一座山头迁徙到另一座山头，从一个时代走入下一个新的时代。

1950年冬帮家屯迎来了一个崭新的时期，但此时，国民党的残余匪帮也窜入了大瑶山。党和政府为了解除各族人民的疾苦，开始在大瑶山剿匪，边剿匪边建立基层政权。解放军在宣传剿匪的同时，积极宣传民族政策，解除了当地群众的各种疑虑。山子瑶非常欢迎解放军的到来，他们有的给解放军报告匪情，有的帮助送信和带路。经过三个多月的时间，匪患基本消除，从此社会秩序日趋安定，人民得以安居乐业。

1951年8月，在党和政府的领导下，大瑶山各族人民订立了《大瑶山团结公约》。"长毛瑶"愿意放弃过去的各种特权，"过山瑶"开始真正当家做主。帮家屯山子瑶的政治觉悟也有了很大的提高，很多人不会写字，就自己口述请别人代写，向党组织递交入党申请书，帮家屯也成立了基层党支部。

基层人民民主政权的建立，标志着帮家屯正式纳入了党和政府的领导体系，正式的社会组织开始进入山子瑶的生活。我们在调查中发现，这里的山子瑶村老组织并没有因为正式组织的进入而消失，而是积极配合党支部和村民小组的工作，形成了一种国家正式组织与传统村民组织的良性合作。特别是 1998 年 11 月，国家颁布并实施《村民自治法》以来，村里的重大事务一般要经村民小组组长、支部书记、村老等人商定。在帮家屯调研期间，我们能够明显地感觉到在这个山子瑶村寨里村民之间的关系非常和谐，村民很信任村老组织和村民小组。2005 年夏，大瑶山地区发生了"6·21"洪灾，在山洪来临之前，群众被迅速地组织起来并转移到安全的地方。虽然帮家屯是全乡受灾最严重的村庄，大部分房屋严重受损，却没有人员伤亡。

正式组织（村民小组和党支部）与传统组织虽然都在发挥作用，但分工明晰、相互协作。一般说来，对外联络事务都由村民小组和村党支部负责，如抢险救灾期间，上级领导来视察、走访由村民小组和村党支部负责接待，向上级反映灾情、汇报工程进度，并安排驻村干部吃住等。而村老组织则主要负责组织传统的村民会议——"众人节"。每次众人节，村老在"料话"中都要告诫村民，眼下应当注意的事情，如开春灌田时不要争抢水源，不要乱动别人放在田场里的农具；冬季不能随便砍伐老山里的树木，不能乱动别人捆好在路边的木柴；平时不要议论别人家的是非，不要挑起家庭矛盾；等等。如果有人违反，就由村老依据情节进行处罚，罚没款项归村集体所有并设有账簿，账簿由村民小组长保管，与村里的公共收支一并定期向村民公布。

这种传统村民自治与现代村民自治的结合，是帮家屯山子瑶极具智慧的创造，非常符合这个山子瑶村寨公共治理的需要。对于促进村寨经济生产、维护村寨社会秩序、保持和传承淳朴民风发挥着不可替代的重要作用。

第五节　走访盘瑶郎傍屯

1981 年，胡起望、范宏贵和刘玉莲三人跟随费孝通先生到大瑶山调查，1983 年写成《盘村瑶族》。在前言中胡启望教授提到"要全部研究和论述大瑶山地区的情况及其变化，不是短期内所能完成的。因此我们决定除了进行一系列专题研究外，准备具体而细微的剖析一个村庄。通过解剖一个'麻雀'，来了解这一地区盘瑶社会及其历史的基本情况，探索'过山瑶'从游耕到定居的数十年来的深刻变化，为研究我国近代少数民需发展过程中的诸问题，提供一些资料"。①

那么胡起望等学者为什么选择盘瑶和盘村作为这只"麻雀"来解剖呢？费孝通先生在《盘村瑶族》的"前言"中提到："这次从盘瑶入手进行具体的微型调查是本书的作者决定的。除了考虑到具体的条件外，他们认为在这五个集团中有三个是说瑶语的，其中又以盘瑶人数最多。如果着眼于整个瑶族联系到广西大瑶山之外的瑶族来看，在这山里的盘瑶可能作为研究整个瑶族的一个突破口"。②

2015 年是费孝通先生从事民族调查研究 80 周年。费先生从 1935 年开始到广西大瑶山进行民族调查研究，之后五上大瑶山，虽然历经八十年的时间，先生开创的瑶山调查研究非但没有终止，反而在先生的鼓励和引导下更为全面、深入和系统。2005 年夏天和 2006 年春天，费先生弟子徐平教授带领的课题组两次赴大瑶山调查，出版了《大瑶山七十年变迁》。本书围绕花篮瑶、坳瑶、山子瑶、茶山瑶、盘瑶社会文化变迁，详细论述了大瑶山瑶族 70 年的发展变化③。其中李海峰独自奔赴三角乡的盘瑶村寨郎傍屯，即盘村，开展追踪调查，完成了《盘村瑶族的追踪调查》，从生计方式、传统社会结构、社会文化三个维度呈现盘瑶村寨的社会变迁。2014 年 8 月，在徐平教授带领下，笔者有幸参与大瑶山八十年变迁课题调研，重走费老当年路，继续大瑶山的民族调查研究。因为李海峰未能参与这次调查，由笔者来续写郎傍屯新篇。

一 郎傍屯概况

郎傍屯，因胡起望《盘村瑶族》一书的影响，也被学界称为盘村，是金秀瑶族自治县三角乡甲江村行政管辖下的一个盘瑶自然村落。它位于大瑶山的中心地区，海拔在 650—700 米之间。大瑶山中心高山丛簇，一般的山岭都在千米以上，流向四邻各县的河流都在此分流。郎傍屯位于中心地区的西北侧，村前山脚下的郎傍河就是盘王河的最上游。盘王河在象州县仁里附近注入水晶河，到运江村汇入柳江，过石龙以后，与红水河合

---

① 胡起望、范宏贵：《盘村瑶族：从游耕到定居的研究》，民族出版社 1982 年版，"前言"，第 11 页。

② 同上书，序言，第 10 页。

③ 徐平：《大瑶山七十年的变迁》，中央民族大学出版社 2006 年版，第 1 页。

流，以后称黔江、西江，直通广州。盘村郎傍屯就位于这条河流的支流之一的源头上。

郎傍屯位于牛塘岭西麓的半山腰，左侧是郎傍冲，对面是高耸的古岗岭和古治岭，旁边有古栏岭、古辣岭等大小山岭。郎傍屯过去只有两条小路通往金秀镇，另外还有一条路可以通到甲江大队的旧村，由此可到三角乡政府所在地和象州县的七建圩。从旧村西行，可到同是盘瑶村落的古少、金秀乡的长二和忠良乡的十八家等村。2001 年，郎傍到金秀县城的其中一条小路改建为乡村公路，这条乡村公路的修通给郎傍发展带来巨大的变化。

二　盘瑶的人口变迁

关于瑶族最早的人口统计是 1937 年。唐兆民在上海《申报》发表的《广西大藤山瑶民之经济生活》，估计瑶族约 17000 人，其中盘瑶 9000 人、茶山瑶 5600 人、花篮瑶 800 人、坳瑶 1000 人、山子瑶 600 人。新中国成立前，盘瑶因开垦广阔的山地，需要劳力较多，故他们一般不控制人口增长。而茶山瑶、花篮瑶、坳瑶则因耕地的限制，多采用服草药、堕胎等方法控制人口的增长。

瑶族自古以来都严厉禁止瑶人与汉人、壮人通婚，但是一些学者的调查也表明某些瑶族支系与汉、壮的通婚是存在的。例如，1934—1939 年间曾在大瑶山从事调查作的广西地方学者唐兆民认为，除了某些"长毛瑶"集团仍较少与汉、壮通婚外，占人口多数的"板瑶"（盘瑶）实际上与汉、壮的通婚已经非常普遍。

新中国成立前，"长毛瑶"不与汉人和隶属于佃户阶层的"过山瑶"通婚。"山主"之间的族系外通婚并不禁止，但是与"山丁"——盘瑶和山子瑶之间的通婚却是不允许的。在地方历史文献、前人研究成果以及笔者访谈调查所得到的有关资料中，都未能找到两者通婚的事例。"长毛瑶"和"过山瑶"之间经济和政治上的不平等是他们之间不通婚的主要原因，而且，不与"过山瑶"通婚也是"长毛瑶"保护自身田产不外流、巩固族系之间地位差别的一种手段。①

---

① 金秀大瑶山瑶族史编纂委员会编著：《金秀大瑶山瑶族史》，广西民族出版社 2002 年版，第 17 页。

表 11 - 2　　　　　1950—2010 年部分年份各县乡镇盘瑶人口统计①　　　单位：人

乡镇/年份	1952	1960	1970	1980	1990	2000	2010
金秀			1648	2237	3619	4006	3336
三角			3085	3714	3509	3528	3675
三江				3089	2693	2768	2495
忠良			4458	5255	5761	5876	5923
罗香			123	146	289	295	151
长峒			1624	1993	2234	2343	2460
大樟			2731	3520	4376	4510	4958
六巷			761	878	1065	1119	1289
其他					363	403	1203
合计	10035	10807	14430	17745	23909	24848	25483

注：1952 年、1960 年无法查实分乡镇数；1980 年以前的人数是全县所有盘瑶人数；1990 年、2000 年的"其他"为桐木、头排杂居的盘瑶人数；2010 年各乡镇统计的仅是盘瑶村寨的人口数，所以"其他"项包括乡镇直属单位和县直属单位以及桐木、头排杂居的盘瑶人口数。

　　盘瑶在金秀大瑶山五支瑶族支系中人数最多。从表 11 - 2 看出，1950—2010 年近 60 年，人口逐步上升。中间除去"以自治县的花篮瑶历来人口增长较缓慢，容县人民政府报经上级批准，在一定时期内允许花篮瑶多生一孩。为此，其他支系人口虽有所控制，而花篮瑶人口却有一定增长，故瑶族人口仍有逐年上升之时……"以及"……其他支系人口虽然有所允许民族成分变更，愿意同化为汉壮族的大多数人又恢复了瑶族成分，因此瑶族人口仍有逐年增长的趋势……"② 等因素之外，还有一个重要的因素就是新中国成立以后，实行了土地改革，广大盘瑶和山子瑶作为曾经的"过山瑶"分得田地和山林，可以定居下来扩大生产。盘瑶的生育传统与花篮瑶不同，没有限制生育控制人口增长的做法。

　　盘瑶在获得土地这一基本生产要素定居下来之后，生活得以改善。出于生育观念，仍然维持较高的生育率，这也与 20 世纪六七十年代"人多力量大"社会观念相重合。在"文化大革命"期间，受无政府思潮影响，金秀县内人口仍增长迅速，再加上盘瑶的人口基数本来就比较大，所以瑶

----

① 金秀瑶族自治县人民政府编：《盘瑶》，德宏民族出版社 2012 年版，第 18 页。
② 金秀大瑶山瑶族史编纂委员会编著：《金秀大瑶山瑶族史》，广西民族出版社 2002 年版，第 17 页。

族人口增长也很迅速。即使是 20 世纪 80 年代后，中央提出计划生育的基本国策，金秀县与全国各地一样，大力宣传和提倡计划生育，有如此众多的 60—70 年代的青壮年进入结婚生育年龄，虽然每对夫妇只能生育两个孩子，但盘瑶总人口仍是不断增长的。

1981 年，胡起望与范宏贵等对郎傍屯进行调查的时候，郎傍屯一共有 18 户居民，全村人口为 125 人，民族均为盘瑶。到 2005 年，郎傍屯有 30 户 140 人，2010 年郎傍屯有 37 户 140 人。根据乡政府提供的最新数据，三角乡甲江村郎傍屯现有土地面积 6625.43 亩，共有 33 户 141 人，人口变动不大。瑶族占人口 90%，以盘瑶为主，已加入其他民族和支系成分。

三　生计方式：从游耕到定居

在新中国成立前，盘瑶和山子瑶是没有土地的，以租种茶山瑶、花篮瑶和坳瑶的土地或为其打工谋生。由于没有固定的耕种地和居住地，盘瑶和山子瑶被称为"过山瑶"，而拥有土地的茶山瑶、花篮瑶、坳瑶则被称为"山主"或"长毛瑶"。在大瑶山曾发生"过山瑶"与"长毛瑶"争夺山林、土地、河流的矛盾，有时也表现得十分尖锐。先后爆发甲申、乙酉（1884—1885）盘瑶农民抗租运动和黄元明领导的盘瑶抗租斗争，斗争坚持了 18 年，大瑶山社会极其不稳定。[1] 这一时期，大瑶山不但出现了全瑶山的石牌大会，订立多个村寨联合的石牌条约。各个村寨还根据各自面临的问题，制定了管辖局部范围的中等规模石牌，《滕构石牌》就是这个时期的产物。

郎傍屯盘瑶的生计方式在定居前后有着较大的变化，它表现为在从事游耕时以刀耕火种的农业为主，采集与狩猎还占着相当大的比重。虽然在租来的山地上植树造林，但是山地所有权属于山主。盘瑶所种的树，在"种树还山"的剥削方式下归山主所有，他们只能长期过着每若干年就要进行迁徙的漂泊不定的生活。新中国成立后，盘瑶告别了游耕生活，开始定居。不仅水田的开发有所增加，而且随着山地买卖的出现，部分盘瑶也开始拥有土地，栽培经济林的生产有了发展。由于野兽的减少，狩猎在生产中的比例下降。随着商品交换的发达，一些副业生产开展起来。盘瑶由

---

① 莫金山：《瑶族石牌制》，广西民族出版社 2000 年版，第 28 页。

过去项目不多的单一性生产，逐渐转向多种经营，以期更好地开发和利用山区的优越条件与资源。在职业构成方面，郎傍屯盘瑶在新中国成立前后有了明显的变化，在过去几乎全部是农民的村寨中，出现了干部、林业工人、解放军战士与小学教员等，仅三角乡甲江村委有盘瑶公职人员 16 人①。这种职业构成上的变化，对于当地居民的物质生活与精神生活都带来一定的影响。

在改革开放以后，郎傍屯盘瑶的生计方式更是发生了翻天覆地的变化。盘瑶的职业种类更加多元化，他们同时也走出大瑶山去经商、做工等。以国家西部大开发为契机，凭借"兴边富民行动"的专项资金，实现了安全饮水、高压电的架设，乡村公路的修通，这些都给盘瑶的生产生活带来了前所未有的变化。对郎傍屯盘瑶而言，除了农业和林业以外，木工、编织、采集、运输都是其副业。手工艺品是在自给自足的家庭经济条件制作的，而且利用的大都是空闲时间。除了妇女的挑花刺绣是普遍的工作以外，木工、编织、运输往往是少数人的事情。而在这些少数人的活动中，这些手工业部门业与以前相比已经发生了巨大的变化。即使是从事编织的瑶民中，编织已不再是主业，而只是成为家庭生产生活的补充，以及传统老年瑶族传承传统生产方式的一种惯性的表现。

从 20 世纪 60 年代末 70 年代初开始，郎傍屯的盘瑶几乎家家都置办了木工器械，青壮年都学会了一些木工手艺。在生产队时期木工业已经在盘村瑶民的生活里占有重要的地位，②但是在 2006 年年初的调查中发现，手工业由于受到改革开放后商品经济的冲击，已经遭到摧枯拉朽般的破坏。现在郎傍屯盘瑶中已经很少有从事手工业的，即使有个别案例也只是因补充家庭生活偶尔出现的现象。

郎傍屯地处大瑶山深处，距三角乡政府所在地 28 公里，距离金秀县城 6 公里。过去由于各项建设缺乏资金投入，基础设施较为滞后，"十二五"规划期间被列为整村推进贫困村自然屯之一。在地方政府的大力支持下，2011 年完成郎傍屯人饮工程，解决了全屯的饮水问题。同时作为新农村建设的重点完成村镇集中整体规划项目编制，2012 年年底，甲江水泥路建设完成，水泥路经郎傍屯旁通过，大大改善了出行问题。2013 年完成郎傍屯 294 米主巷道硬化，共 1032 平方米。通过大力扶持种植茶

---

① 金秀瑶族自治县人民政府编：《盘瑶》，德宏民族出版社 2012 年版，第 271 页。
② 胡起望、范宏贵：《盘村瑶族》，民族出版社 1982 年版，第 140 页。

叶，对八角、油茶进行改造，加大外出务工力度，使郎傍屯盘瑶的经济水平和生活环境得到了很大的改观。

此次调查中我们发现，市场经济给郎傍屯的手工业和打工经济带来前所未有的机遇，传统木工做得好，也可以成为一种高收入的职业。伴随金秀县新农村建设和县城城镇化的进程，瑶族传统木工从简单的桌椅、水桶、衣柜、门窗等家具制作走向专业化道路。郎傍屯的盘瑶庞贵甫，是金秀县城颇有名气的木匠，他经营的已不是板凳桌椅，也不是一般的门窗，而是木式结构建筑，比如门楼、凉亭，小山庄等。金秀县城大门、莲花山风景区的大门和景区的亭台楼阁基本上都是他的作品。只有小学文化程度的他在实践中不断学习，到全国各地取经，将瑶族传统文化和现代旅游文化的理念融为一体，推陈出新。庞贵甫的子女已经完成高等学府建筑专业的学习，开始运用计算机技术进一步提高设计水平。他们一家已经成为瑶族当代建筑中的领军人物，成为金秀大瑶山瑶族从适应到引领市场经济的典型代表。庞贵甫新建的五层别墅耗资 160 万元，是一座集瑶族传统与现代的特色建筑。门前停放着一辆 SUV 和三辆轿车，彰显传统手工艺与市场经济完美结合的成功典范。回顾八年前的郎傍屯几乎都是传统的泥石建筑，今天漫山遍野的现代别墅式建筑，掩映在夏日的雨雾中。过去贫穷的"过山瑶"盘瑶已经跨入了现代化的生活，引领着金秀大瑶山瑶族的发展步伐。

第十二章

金秀"瑶变"：中华民族多元一体
格局的新篇章

金秀瑶族自治县位于桂中崇山峻岭之中，以大瑶山而著称于世。著名社会学、人类学、民族学家费孝通，于 1935 年偕妻王同惠入山调查，以一伤一死遭遇震惊学界。费孝通面对王同惠牺牲的巨大打击，化悲痛为力量，决心"以一人之力完成两人之功"，造就了不平凡的费孝通。他在《花篮瑶社会组织》一书"偏后记"里写道："本来，任何事业不能不以勇敢者的生命来作基础的。传说烧一窑瓷器，也得抛一个小孩在里面。我妻的死，在我私人的立场之外来看，并不能作为一件太悲惨的事。人孰无死，尼采所谓，只怕死不以其时。同惠可以无愧此一生，我只是羡慕她。我在此也得附带声明，瑶山并不都是陷阱，更不是可怕的地狱。瑶山是充满着友爱的桃源！我们的不幸，是我们自己的失误，所以希望我们这次不幸并不成为他人的'前车之鉴'，使大家裹足不前。我们只希望同情于我们的朋友能不住地在这道路上走，使中国文化能得到一个正确的研究路径。"[①]

费孝通这么说，也这么做。如果算上 1951 年他到广西龙胜瑶族地区访问，他一生六上瑶山，一直为瑶山的发展尽心尽力。通过历时半个多世纪的前后五次金秀大瑶山调查，费孝通提出了边区开发、中华民族多元一体格局、和而不同、文化自觉等理论，使金秀大瑶山成为观察中国文化和民族关系的重要学术平台。徐平作为费孝通的学生，于 2005 年、2006 年两度带研究生到大瑶山调查，出版了《大瑶山七十年变迁》、《费孝通民族研究文集新编》（上、下）、《六上瑶山》等四本一套丛书。2014 年为纪念即将到来的费孝通大瑶山调查 80 周年，反映金秀巨大的社会经济发

---

① 费孝通、王同惠：《花篮瑶社会组织编后记》，江苏人民出版社 1988 年版，第 67 页。

展，受中国社会科学院民族学与人类学研究所的委托，课题组再次到金秀大瑶山进行调查研究。

第一节　金秀"瑶变"的三层含义

费孝通从 1935 年第一次上大瑶山，到 1988 年最后一次到大瑶山调查，历时半个多世纪；我们从 2005 年大瑶山 70 周年的追踪调查，再到 2014 年的又一个 10 年的追踪调查，前后几代人 80 年的大瑶山不懈调查研究，就是要在费孝通、王同惠开拓的"从实求知、志在富民"道路上薪火相承，根本的目的是要"不住地在这道路上走，使中国文化能得到一个正确的路径"。我们作为后代学人，首先要继承的就是"传说烧一窑瓷器，也得抛一个小孩在里面"的自我牺牲精神，甘当中国社会前进的铺路石，这是本书"瑶变"的第一个含义。"瑶"—"窑"相通，"变"就需要烈火来锻炼。今天的中国正面临前所未有的社会转型和文化变迁，需要大批的学人将自己变成投入窑中的小孩，以换取我们的国家在现代化道路上顺畅前行。新一代中国知识分子如果没有很好继承这种自我磨炼、甚至自我牺牲的精神，中华民族的伟大复兴就缺少内在的能量。

金秀瑶族自治县成立于 1952 年，是中国建立最早的瑶族自治县，总面积 2518 平方公里，总人口 15.46 万人。金秀县境内居住着茶山瑶、盘瑶、坳瑶、山子瑶、花篮瑶五个支系，是世界瑶族支系最多、瑶族文化保存最完整的瑶族自治县。因其自然资源丰富，山水风光奇特秀丽而得名"金秀"，意为"金山秀水"。根据 2011 年年底的统计，全县完成地区生产总值 22.06 亿元，是 1978 年的 91 倍；工业总产值 13.35 亿元，是 1952 年的 12132 倍。财政收入 1.616 亿元，是 1952 年的 161599 倍；全社会固定资产投资 17.88 亿元，是 1952 年的 59592 倍；社会消费品零售总额 5.07 亿元，是 1952 年的 3620 倍；农民人均纯收入 3708 元，是 1952 年的 1853 倍。新中国成立后，金秀经济社会发生了翻天覆地的变化，是中国少数民族地区发展进步的典型代表。"瑶变"在历史上指的是瑶民对专制统治和强行汉化的反抗，社会主义制度的建立以及改革开放以来中国特色社会主义的伟大实践，在大瑶山有着充分的体现。本书"瑶变"的第二个含义，就是指瑶山的变化、瑶族的变化，旨在总结大瑶山 80 年翻天覆地的巨大进步。

经过新中国成立后 60 多年的发展，如今的金秀已发展成闻名全国的生态旅游县，可用"风清气正"来形容：一方面全县森林覆盖率83.58%，比全国平均水平20.36%高出63.22个百分点，是珠江流域重要的水源林区、珠江流域防护林源头示范县，也是广西最大的水源林保护区和保留最完整的天然林区，境内有"大瑶山国家级自然保护区"、"大瑶山国家森林公园"、"金秀老山自治区级自然保护区"，空气干净清洁，沁人心脾；另一方面，金秀人口构成中瑶、壮、汉民族大致各占三分之一，瑶族内部分为五个支系，其他民族自称为第六个支系——"进山瑶"，各民族亲如一家，民族文化绚丽多彩，真正体现了和而不同、团结进步的社会主义新型民族关系。特别是面对市场经济的全面挑战，金秀人富不骄、穷不馁，没有出现严重的民族矛盾、宗教矛盾和社会矛盾，在社会风气上也表现为平静吉祥，安定有序。大瑶山确实是"充满着友爱的桃源"！人文与自然的双重和谐，大瑶山为我们提供了构建社会主义新型民族关系以及可持续发展的难得样本。同时金秀作为国家级贫困县，面对从"林业立县"到"生态立县"的巨大变化，全球化背景下市场经济的强大冲击，传统农业社会的转型和文化的碰撞都特别迅猛。正如烧一窑好瓷器，最关键也最难以把握的就是"窑变"，我们相信未来的大瑶山前程似锦，但也要防止和预判可能出现的问题。这是本书"瑶变"的第三层含义。

第二节　金秀巨变的历史文化背景

瑶族是在长期迁徙流变中逐渐形成的南方民族，主要分布在广西、云南、广东、湖南四省。这个古老的民族，其历史可追溯到几千年前的远古。瑶族最早生活在黄河流域，根据《盘瓠》等神话传说推断，瑶族先民曾是一支比较强盛的氏族，生活在中原一带。秦始皇建立统一的多民族的中央集权制国家后，瑶族进入长沙、武陵蛮地区。西汉时，瑶族先民已分布到"东连寿春（今安徽寿县），西通上洛（今陕西商县一带），北接汝颍（今河南东部及安徽西北部）"的广大地区。宋王朝对瑶族地区采取"以夷制夷"的政策加以控制，部分瑶族地区在土官或土酋的统治下，加速了封建化的进程。

一　分布广泛、支系众多的瑶族

元、明、清时期，瑶族的分布已遍及广西、广东以及湖南西南部和云南、贵州的部分山区。由于封建王朝剥削压迫、征剿屠杀，明末清初，部分瑶族逃至越南、老挝、泰国等国边境。至 20 世纪 70 年代，在越南、老挝、泰国等国的部分瑶族分别迁徙到美国、法国、加拿大等国居住。由于居住分散和其他民族的影响，瑶族可分为 30 多个支系。据有关资料记载，目前全世界有瑶族人口 350 多万，其中有 280 万居住在中国，约占世界瑶族人口的 80%；国外瑶族人口主要分布在越南（80 万）、老挝（2.5 万）、泰国（5 万）、缅甸（千余人）。有 5 万多瑶人作为战争难民，从东南亚移居在美国的俄勒冈州、华盛顿州、加利福尼亚州以及法国的杜鲁兹地区（千余人）和加拿大北部（百余人）。

虽然瑶族人口分布广阔，支系众多，但是瑶族人的生活习性基本相同。金秀瑶族，从元末明初开始，陆续从湖南、广东、贵州等地迁徙进入大瑶山，至今至少已有 600 多年历史。瑶族进入金秀大瑶山后，一直没有停止与迁徙其他地方的瑶族的联系，一些瑶族家庭还保留着清朝、民国期间、新中国成立后与广东、海南、湖南、贵州及越南、老挝、美国等地瑶族联系的"信歌"。而金秀盘瑶，完整保留了自己支系的语言，到现在仍能使用本支系语言与越南、老挝、美国的瑶族交流。

二　无山不成瑶

从唐宋时期的"莫徭"记载始，瑶族的历史就充满了阶级压迫和民族斗争。元朝中后期，金秀及大藤峡一带已经成为广西瑶族的集中居住区域。明朝建立全国政权后，沿用宋、元"录用酋长，以统其民"的土司制度，采取"广西土官人等，有能召集士兵、狼兵杀败蛮贼，平定一村一寨者，既给予冠带，具奏量与官职"（王阳明《两方剿贼安民疏》，见《明经世文编》卷四十三），在广西设置了 33 个土州和 4 个土司县，前后加封土司 200 多人。[①] 这种"以夷制夷"的策略，以靠近朝廷的"熟夷"对付尚未归附的"生夷"，而且给予其生杀予夺的权利。流官和土官沆瀣一气，对"生夷"进行残酷的统治，以至"以人皮着褥、人头作佳肴"，使得大藤峡地区"十八里之民，三不存一"。[②]

面对封建统治者的政治压迫和经济剥削，激起了著名的大藤峡瑶民起义，从 1370 年到 1442 年间就有数十次大规模的暴乱。明正统四年

---

① 金秀瑶族自治县县委县政府编：《烽火大瑶山》，广西人民出版社 2014 年版，第 4 页。
② 同上。

（1439）到成化元年（1465），以侯大苟、蓝受贰为领袖的瑶民起义，前仆后继不断斗争，采取"官有万兵，我有万山，兵来我去，兵去我来"的游击战术，沉重打击官军的多路围攻，甚至攻破梧州城，占领周边各县，影响深远。明政府动员全国的军事力量，实施重兵进剿围困，起义瑶民屡败屡战、且战且退，不断退到以今金秀县域为中心的大瑶山区，凭借山高路险生存自保。这种拉锯式的斗争，在瑶族近 600 年历史上持续不断，起义—镇压—迁徙不断重复上演，使得迁徙不定的各支瑶人逐渐退守大山艰难求生，形成"无山不成瑶"的分布格局。

三　分而治之的统治

明朝以后官府开始了对金秀县境内的统治，采取分而治之的手段，更多只是名义上的管辖。将今县境东北部属平乐府永安州（今蒙山县），南部属浔州府桂平县、平南县，西部属柳州府象州，北部属平乐府修仁县、荔浦县。清代基本沿袭明时的归属不变，但划界更为明确。今金秀镇大部、三角乡、桐木镇（仁里、古院、那马、泰山等村除外）、头排镇、三江乡属平乐府修仁县，长垌乡（原名东北乡）、六巷乡（原名东南乡）大部及大樟乡的大樟、花炉、三古村，桐木镇仁里、古院、那马、泰山等村，属柳州府象州，大樟乡西南部（原名翁祥村）属柳州府武宣县，大樟乡东南部（今瓦厂、双化、玲马、新村各一部，六巷乡东南部）属浔州府桂平县，罗香乡（另含今金秀镇罗孟村、忠良乡六干村）属浔州府平南县，忠良乡大部属平乐府永安州。宣统元年（1909），官府将金秀县境内中心山区划分为金秀、罗香、滴水、六巷 4 个团，总团设在罗香乡罗运村。金秀团辖今金秀镇大部和三角乡全部、忠良乡大部及长垌乡小部，罗香团辖罗香乡全部及金秀镇罗孟村，滴水团辖长垌乡大部，六巷团辖六巷乡和大樟乡大部。团，为军政合一的组织，偏重于军事，清朝政府还分别委任 4 名瑶族团总，并分授五品军功。

民国时期，各县分管大瑶山的地域不变，但更加强了对今金秀县境内的统治。民国二十二年（1933），大樟、长垌、六巷、罗香等地先后成立乡组织。民国三十一年（1942），国民党政权设立金秀设治局。设治局下辖永宁（今金秀镇）、崇义（今三角乡及三江乡一部分）、东北（今长垌乡）、东南（今六巷乡）、木山（今大樟乡大部及桂平市木山村）、罗香、罗运、平竹（以上三地今属罗香乡）、古朴（今金秀镇共和村、忠良乡双合村一部和六干村)、岭祖(今忠良乡三合村岭祖一带)、三合(今忠良乡三合、双合一部、永和、高源及车田、中山、林秀等瑶族村寨)、贵山(今金秀镇和三江乡与荔浦县三河乡交界一带)、翁祥(今大樟乡新村及花炉村大部)等 13 个乡,各乡接受金秀设治局及周围各县双重管辖。1947 年冬,设治局复改为警备区署,周围各县恢复对大瑶山区各地的管辖;1948 年秋,又改为警察局;1949 年 11 月 1 日,再改为警察中队。

四　大瑶山剿匪

1949 年 11 月,中国人民解放军桂中支队挺进队进军金秀大瑶山,12 月全歼国民党金秀警察中队,陆续建立各乡镇人民政府,组建民兵武装。随着广西各地陆续解放,不甘心失败的国民党各路人马四万多人,纷纷退据大瑶山,企图凭险自守,等待反攻。他们组织武装暴乱,破坏新生政权,对瑶族山寨烧杀抢掠,为非作歹。剿匪成为广西人民政府压倒性任务,李天佑司令员亲率 14 个团的兵力,开始轰轰烈烈的"瑶山会剿"。解放军充分发动各民族群众,实行军事进攻和政治进攻同时并举,不断缩小包围圈。到 1951 年 3 月生擒和击毙匪首甘竞生、林秀山、韩蒙轩等,全歼盘踞大瑶山的各路土匪。[①]

原金秀县委书记、广西电影制片厂党委书记莫义明,退休后撰写了《追杀千里——大瑶山剿匪侧记》,形象地再现了大瑶山的两次大剿匪。第一次是 1933 年"瑶王"李荣保在李宗仁的全力支持下,带领瑶民将盘踞在金秀西南面的十八山长达 10 余年近 2000 名职业匪盗赶出瑶山,配合屯兵山下的李宗仁部队及地方民团将其消灭。这是瑶族上层与广西地方政府配合对破产沦落为"匪"的汉壮农民的联合围剿,加快了瑶山和汉族地区的"一体化"进程。第二次就是 1951 年解放瑶山的大会剿,解放军于 1 月 8 日开始对大小瑶山千里封江封路,铁壁合围,分割聚歼,"党政军民财五管齐下",迫使敌人退守深山,分散逃窜。我军以 32 个连组建若干"飞行队"跟踪追击,仅用 40 多天的时间,于 3 月中旬就全歼残匪 47846 名,27 名军级匪首无一漏网。[②] 这是新生政权发动各族人民对旧势

---

① 金秀大瑶山瑶族史编纂委员会编著:《金秀大瑶山瑶族史》,广西民族出版社 2002 年版,第 298 页。

② 莫义明:《追杀千里——大瑶山剿匪侧记》,中国文联出版社 2012 年版。

力的彻底扫荡，从而结束了历史上长期的朝瑶分治，大瑶山从此进入一个新时代。

1949 年 12 月大瑶山区陆续得到解放。1952 年 5 月 28 日，大瑶山瑶族自治区（金秀瑶族自治县前身）成立，属平乐专区管辖。1955 年 8 月 26 日，大瑶山瑶族自治区改称大瑶山瑶族自治县，1958 年改属柳州专区。1966 年 4 月 8 日，县名又改称金秀瑶族自治县。2002 年 11 月柳州地区撤销后，金秀县划入新成立的来宾市管辖至今。

第三节　从朝瑶对立到民族区域自治

先后进入大瑶山的各路瑶族，既不同源，也不同根，其中也包含大量的汉、壮、苗、侗等民族成分。金秀瑶族分为茶山瑶、盘瑶、坳瑶、花篮瑶、山子瑶等 5 个支系，各支系瑶族族源、语言不同，服饰、习俗各异。

一　"瑶还瑶，朝还朝"

金秀瑶族自治县，是世界瑶族支系最多的县份和瑶族主要聚居区，这些来自不同地区、有着不同文化传统的族群，因为残酷的阶级压迫和民族矛盾而走在一起。他们面对历代封建统治者的巨大政治军事压力，喊出了"先有瑶，后有朝"、"瑶还瑶，朝还朝"的政治口号，坚决不屈从武力压迫和军事进剿，顽强地在大瑶山的深山密林中生存下来。他们积极参与了清末的金田村太平天国农民起义，不断反抗民国时期的"化瑶政策"。1935 年费孝通、王同惠的大瑶山调查，就是应当时的广西省政府邀请，专题研究所谓的"特种民族问题"。在费孝通和王同惠一路发出的《桂行通讯》里，就记述了广西北部特种民族杂居区在 1932 年 2 月 19 日至 3 月 25 日发生的变乱，"经驻军全力扑平，死亡土人达一千多"。费孝通当时就评价道："若是多用武力镇压，在剿匪的名义下大规模地减少他们的人口，既和政府所采取的优待同化政策相背，而且反而增强他们与汉人相对立的民族心理"。[①] 他们敏锐地发现核心的问题是民族和阶级矛盾，这不是在旧制度下能够根本解决的问题。

石牌制度是金秀瑶族在长期封闭自保中建立的特有的社会组织。人类

---

① 费孝通：《桂行通讯》，载《费孝通文集》第一卷，群言出版社 1999 年版，第311 页。

社会要生存繁衍，必须依靠社会制度的维系和支持。从不同地区、不同支系的瑶族在不同时间先后进入大瑶山地区，是以家庭或小家族的形式拓荒开田，为了维护集体生活和公共事务的需要，他们首先在本村范围内并逐渐扩展到附近同一支系的村庄，开始民主议政，以维护生产生活秩序，共同订立规约，并镌刻在石碑上或抄写在纸上、木板上，供大家共同遵行，这是人类普遍实施过的原始政治制度。瑶族石牌制度最晚在明朝就已经形成。目前发现的石牌共有 34 块，最早的是在明朝崇祯四年（1631）成立的《成二、下故都石牌》，最晚的是民国二十八年（1939）订立的《六眼、六椅等村石牌》。石牌可分为总石牌和地域石牌，总石牌以 1918 年订立的《三十六瑶七十二村大石牌》最为典型，统管整个大瑶山。地域石牌，由一村或数村瑶族订立。

二　国民政府武力"开化"

1933 年以后，国民政府首先在大瑶山周边建立起乡村机构，在腹地仍旧沿用传统的石牌制度。面对外来力量的步步紧逼，瑶族内部的整合不断加强。从 1913 年到 1930 年新立了七块石牌，民国三年立《六十村石牌》，民国七年立《三十六瑶七十二村大石牌》，民国二十五年立《金秀白沙五十一村石牌》，规模和地域都超过了明清石牌。《三十六瑶七十二村大石牌》跨越支系成为地域性社会组织，成为大瑶山的根本大法，接管了清末李国治划分的四个团总，其地位高于其他石牌组织，具有最高的法律权威。各村寨支系又陆续制定了地方性石牌，如 1930 年的《六巷石牌》，形成更为完整的石牌制度。大石牌先后召开了两次大会，一次是 1918 年的成立大会，二是 1940 年元月面对国民政府的"开化"，各寨瑶老商量如何应对。

1940 年 2 月广西省政府强行在金秀设立警备区署，直接受省政府领导。当署长潘耀武率 3 个中队 300 多人进驻金秀时，遭到当地人民的强烈反对，只好先寄居在修仁县城办公。半年后才在周边政府武装的支持下武力进驻金秀，仍遭到瑶族人民的拼死反抗，斗争最强烈的田村几乎整村被消灭夷平。1941 年 3 月，刘延年接任金秀警备区署署长，设立乡镇办公所及村保甲机构，发展国民党党员 80 多人，开办"化瑶小学"和成人识字班。1942 年 7 月改称为金秀设治局，国民政府对大瑶山的直接统治大致完成，金秀也开始成为独立的县级行政单位，但仍维持过去的归属，实行双重领导。政府武力"开化"瑶山的行为，激起瑶民越来越强烈的对抗。1943 年 3 月 31 日，在王金标、苏道升等人的领导下，金秀沿河十村及周边的村庄，集中 130 多人枪对设治局和警察驻地发起进攻，取得很大的胜利。刘延年固守最后的炮台，采用缓兵之计，稳住瑶民，通过电台求救，附近各县团练武装四面开进瑶山，进行残酷的镇压，起义领袖和骨干惨遭杀害。残害瑶民的刘延年，于 1955 年 8 月被人民政府押回金秀枪决。① 直到大瑶山解放之前，国民党政府和瑶民的斗争一直持续不断。

三　新政权的建立

1949 年 12 月 1 日，随着大瑶山剿匪反霸斗争的深入，金秀村获得解放。这时今天的金秀县域各乡镇仍分属修仁县（1951 年 8 月划入荔浦县）、蒙山县、平南县、象县、桂平市、武宣县。1950 年 10 月，修仁县设立第四区人民政府，驻地定于永宁乡六拉村。但因当时大股土匪麇集大瑶山中心山区，1951 年 1 月 27 日在第四区基础上组建金秀瑶民自治区时，区人民政府均暂设于崇义乡六定村。瑶山剿匪基本结束后，金秀瑶民自治区人民政府才正式迁到永宁乡六拉村办公。1951 年 8 月修仁县并入荔浦县后，金秀瑶民自治区为荔浦县第十一区。1951 年 1 月，蒙山县成立岭祖瑶民自治区，为蒙山县第六区，区人民政府驻岭祖村。剿匪结束后，区人民政府移驻中山村（即忠良村）。

剿匪反霸的过程，也是新生人民政权建立的过程。各区乡党组织和政权机构派出工作队，走村串户宣传动员，很快使中国共产党、毛泽东主席的形象深入人心。1951 年 8 月，中央访问团到达瑶山，又分赴各区乡慰问，他们向瑶民赠送了毛泽东主席画像以及食盐 1.27 万斤，毛巾 1640条、棉布 88 丈和大批药品等礼物，并帮助订立了《大瑶山团结公约》。8月 25—29 日，在金秀召开大瑶山各族代表会议，解决"长毛瑶"和"过山瑶"的林田占有不公的问题，由 11 位代表起草各族人民团结公约，拟出放弃特权、荒地自由开垦、森林自由种植土特产、保护森林以及水田租赁和处理纠纷等草案 6 条。经大会通过后沿用石牌制度的做法，镌刻为

---

① 　金秀大瑶山瑶族史编纂委员会编著：《金秀大瑶山瑶族史》，广西民族出版社 2002 年版，第 258 页。

《大瑶山团结公约》石碑，增进了民族团结，促进了生产的发展。[①]

1951 年 11 月，中共广西省委、省政府发出《关于开展大瑶山区域自治工作的指示》，派出省民族工作大队进驻瑶山，召开首届民族工作干部大会。会后到六段乡开展民族区域自治试点工作，工作队与当地群众同吃、同住、同劳动，访贫问苦、召开各种会议宣传动员。通过比历史清白、比立场坚定、比革命坚决、比大公无私、比能团结各族人民群众的"五比"，选出乡人民代表大会代表，再由代表以"选好人、当好家"为标准，选出乡人民政府委员、乡长和副乡长。总结试点经验后在全大瑶山地区逐步推开。到 1952 年 2 月共选出人民代表 1315 人，其中瑶族 953 人，占 72.5%；培养区乡干部 149 人，瑶族 130 人，占 87.2%。使得大瑶山的民族区域自治制度，从一开始就建立在坚定的政治标准、充分的民族权益和牢固的群众基础之上。

1952 年 5 月 28 日，广西省人民政府决定成立大瑶山瑶族自治区（县级），属平乐专区，下辖 6 区 40 乡。全国第一个瑶族自治地方的诞生，正式结束了历代封建王朝和国民党政府对大瑶山区和瑶族人民实施的"分而治之"政策，也彻底结束了"朝瑶对立"的政治局面。以瑶族为主体的各族人民，真正得到了当家做主、自己管理自己的权力，大瑶山进入全新的历史时代。2000 多名群众会聚金秀，召开了盛大的庆祝活动。他们欢天喜地地唱道："共产党恩海洋深，帮助瑶民大翻身；正副县长选得好，大家团结一条心。"[②] 1955 年 8 月 26 日，大瑶山瑶族自治区（县级）改名为大瑶山瑶族自治县，下辖 7 区 43 乡 1 镇。1958 年 7 月，改属柳州专区管辖。至此，大瑶山的新政治秩序建设大致完成，通过民族区域自治，永久解决了历代王朝"分瑶"、"化瑶"遗留下来的民族、地区间的严重对立以及难以调和的阶级民族矛盾。

1951 年 11 月，费孝通担任中央访问团副团长、广西分团团长时，参加了广西龙胜的建政工作。当时所写的《广西龙胜民族民主建政工作》一文，给我们呈现了当时广西民族地区民主建政、推行民族区域自治的具体做法："民族民主建政加强了民族干部与群众的联系。起初有人以为龙胜已有很多民族干部，民族民主建政不过是'补块牌子'。其实有了少数

---

① 金秀瑶族自治县党史办编：《中国共产党金秀历史》，中共党史出版社 2009 年版，第 34 页。

② 同上书，第 38 页。

民族干部并不就等于少数民族群众得到了政权。有的地方群众说得很爽直，'他们是大军带来的，替政府办事的'。事实确是如此，上级选拔的少数民族干部缺乏群众基础，容易脱离群众。经过群众推选就不同了，如果脱离群众，群众就会不再要他，因此处处得想到群众，倾听群众意见，和群众商量办事。……原来，干部思想上对民族民主建政有顾虑，怕少数民族闹独立，不好领导。事实则相反，满足了少数民族群众的政治要求，他们就会更相信和更依靠共产党和人民政府。……相反的，我们知道有个别地方，因为怕少数民族闹独立，不敢提区域自治，结果群众要求更激烈，自己去开会，怀疑政府，反而助长了狭隘民族主义的思想"[1]。回顾广西以至全国 60 多年的民族关系，我们不能不感慨当时民族区域自治制度的英明、政府民族工作的深入细致以及党的民族政策所产生的长远效应。其关键就是全心全意代表各民族人民的根本利益，并充分尊重少数民族的文化传统和充分信任他们的自我管理能力。这对我们推进新时期的社会主义民族关系不无启示。

四　历次政治运动

1953 年下半年大瑶山开始"土地改革运动"，根据当地普遍贫穷、贫富分化不明显、地主富农少的特点，有别于汉族地区暴风骤雨式的阶级斗争形式，提出了"慎重的、温和的、区别的、曲折的"方针。确定了七条原则：一是团结上层和宗教人士，先争取其支持再发动群众；二是尽量缩小打击面；三是限制捕人，不杀人；四是依靠本民族干部做工作而防止包办代替；五是公共土地不动；六是各民族自主进行，注重民族团结和平衡；七是半农半牧区不进行土改。"坚决依靠贫雇农、巩固地团结中农、孤立富农和有步骤有计划地消灭地主阶级"的路线，使得大瑶山避免了如火如荼的阶级斗争风暴，按照三种类型因地制宜完成了土地改革这一历史性任务，从根本上废除了封建地主阶级的剥削制度，实现了"耕者有其田"，极大地促进了生产力发展。到 1954 年人均有粮达 232.5 公斤，比上一年增加了 50 公斤。同时党的领导和人民当家做主的新政治体系进一步稳固。[2]

---

① 金秀瑶族自治县党史办编：《中国共产党金秀历史》，中共党史出版社 2009 年版，第 44 页。

② 费孝通：《六上瑶山》，中央民族大学出版社 2006 年版，第 134 页。

　　1952 年春大瑶山就开始出现互助组，年底共组织起季节性互助组 870 个。按照"党的领导、典型示范、积极引导"的方针，推进农业社会主义改造。1954 年常年互助组发展到 278 个。通过"积极领导、稳步前进"，帮助互助组转化为合作社，1955 年全县建立生产合作社 223 个，1956 年春建立起高级合作社 87 个，几乎所有农户都被纳入其中。党的基层组织也普遍而有力地建立起来，各乡都建立了党支部。审干、"肃反"、社教、整风、"反右"、"大跃进"等相继开展，金秀大瑶山经历了全国统一的历次政治运动。1958 年 8 月，自治县实行人民公社体制，各区均改为人民公社（后又被称为大公社），原区属乡村改为大队、生产队，并新增部分大队。自治县下辖 7 个公社 49 个大队 224 个生产队，各人民公社设立管理委员会。1962 年 8 月，撤销大公社，恢复区的体制，原大队改为公社（称小公社），公社下设生产队，自治县下辖 7 区、46 个公社和 1 个镇。

　　1966 年 4 月，大瑶山瑶族自治县改名为金秀瑶族自治县。"文化大革命"运动波及自治县的各个角落，但没有发生大小武斗。只是唇枪舌剑地互相谩骂攻击，也破坏了大瑶山的平和宁静。1968 年 12 月撤区，恢复政社合一的人民公社体制，自治县下辖 7 个公社 56 个大队和 1 个镇（金秀镇）691 个生产队。"农业学大寨"、"知识青年上山下乡"运动也吹来了改天换地的"新风"，在金秀公社土县村插队的知青吴朝阳，坚决"反潮流"同走资本主义当权派斗争的事迹，曾在《广西日报》、《光明日报》上报道。

　　改革开放以后的拨乱反正，金秀大瑶山又和全国一样迎来了大发展的机遇。1984 年 7 月 17 日，国务院批准原属象州县的桐木公社、鹿寨县头排区划入自治县。解决了历史上长期的平原山区分割、民族区域自治在经济上"画地为牢"的问题。金秀县辖 8 个公社及头排区、金秀镇，70 个大队 7 个乡 1192 个生产队。1984 年 10 月，撤销公社体制，建立乡镇、村体制。原大队改为行政村，生产队改为自然村（屯）。行政村设村民委员会。1987 年乡镇以下村民委员会改称村公所，以自然村为主设立村民委员会（较大自然村设多个村民委员会，较小的多个自然村共同成立村民委员会）。金秀县下辖 2 镇 9 乡；乡镇以下共设 77 个村公所、486 个村民委员会。1996 年 7 月，村公所改为村民委员会，原自然村村民委员会改为村民小组。2011 年底，金秀县辖金秀、桐木、头排等 3 镇，三角、忠良、罗香、长垌、大樟、六巷、三江等 7 个乡；乡镇共下设 77 个行政村及 4 个居民社区，1103 个自然村（屯），1103 个村民小组。2002 年 11 月柳州地区撤销后，金秀县划归新成立的来宾市管辖。

第四节　从族群矛盾到和谐共荣

神奇而美丽的大瑶山，居住着瑶族、壮族、汉族等多民族人民。1952 年自治县成立时，瑶族人口占自治县总人口的 67.79%。1984 年随着金秀县行政区划的扩大，瑶族人口比例下降，2013 年底瑶族约有 5.2 万人，占全县总人口的 34%。在漫长的“朝瑶分治”时代，面对历代封建王朝和国民党政府的军事进剿和强制同化政策，不仅瑶山内外的汉瑶之间存在深刻的民族矛盾，山内的各个支系和民族之间也存在着不同程度的阶级对立。

大瑶山长期实行石牌制度，它的形成和强化一方面是世代因袭的原始习惯法的不断扩充发展，另一方面也与外部政治军事压力不断增大、外来文化的传播和影响加深有关。几百年来，石牌制对内维护社会治安和生产生活秩序、保护公共利益和私人利益，对外则共同防御敌对势力侵扰。费孝通先生对石牌制度总结道：“金秀瑶山里现在的瑶族居民是不同时期从山外迁入的。这些从不同地区迁入这个山区的人，都是在山外站不住足的土著民族，进山之后这许多人凭险恶的山势，得以生存下来。他们为了生存不得不团结起来，建立起一个共同遵守的秩序，既维持至解放时的石碑组织。对内和平合作，对外同仇敌忾，形成了一体。山外的人称他们为瑶人，他们也自称是瑶人，成为一个具有民族认同意识的共同体。”[1] 20 世纪 30 年代的大瑶山调查，再到 50 年代参加少数民族慰问团以及少数民族社会历史大调查，特别在长期任教和调查研究中，费孝通先生将各民族的历史文化变迁综合在一起，促使中华民族“多元一体格局”思想的诞生。

一　石牌制度的维系

石牌制度是金秀瑶族在长期社会生活中自然形成的。石牌条规形成后，辖区内的所有人必须遵守，违规者会受到处罚，轻则倾家荡产，重则

---

① 费孝通：《论人类学与文化自觉》，华夏出版社 2004 年版，第 164 页。

被活埋杀头。石牌制度对瑶族社会运转发挥着重要作用，对每一位社会成员都有着深刻的影响，历来有"石牌大过天"之说。处理石牌内的纠纷，具有明显的原始民主色彩。在日常生活中那些办事公正公平又能说会道热心公务的人，不断累积经验和威望，自然自发地赢得大家信任，众望所归就成为了石牌头人，由他负责石牌条规的监督和执行。一旦威信丧失，无人再找，也就不了了之，风水轮流权威更换。在具体处理纠纷矛盾时，石牌头人常召集众人，既是群众监督也是旁听受教育，传承民族文化传统，先从开天辟地的道理和祖训族规说起，唤起良心自省和再现道德规范，方由当事双方各自举出道理，然后根据各方理由当场判决。本着息事宁人、以和为贵的原则，一般都是"大事化小、小事化了"。如有不服从判决，双方可以发动亲友，袭击对方家庭甚至村寨，以武力决胜负，但不能针对妇女、儿童、老人。作为大瑶山瑶族社会组织形式的石牌制度，虽然历经清末和国民党的渗透和制度替换，但它在瑶族社会中沿袭了几百年，从未完全从瑶民心目中消失，每个人都自觉以石牌条规制约自己的行为。

石牌制度从范围上讲有一个从小到大的过程，从家规扩大为村规民约，进而扩大到区域性法规。清末开始特别是民国时期外来的政治压力增大，才基本扩大到大瑶山的各个支系。但没有经济地位的"过山瑶"从未有过相应的社会地位和议政权力。从内容上看，石牌制度有一个由简到繁的过程，从最简单的生活秩序，扩展到生产秩序，再到区域性社会秩序，最后是各支瑶族共同面对外来的压力。从形式上看，石牌制度从最早的口口相传、约定俗成，到立石为盟、砍石为誓，再引进汉文记录当地汉语方言内容，虽有字为证，但错字别字甚至讹字甚多，今人读起来不免有些句不通、文不顺。

费孝通对金秀瑶族各支系之间的阶级关系有过精练的总结：这许多瑶族集团之间的关系过去也是相当复杂的。在大瑶山里上述的五种瑶民中，前三种分别占有一部分山岭，包括土地、森林、飞鸟和河水，所以他们又统称为山主瑶，或又因为他们的男子过去都留着长发在头顶打一个髻，所以又被称为长毛瑶。他们住在沿河较平的坝子里，以耕种水稻为主。因此他们可以世世代代定居在一个地方，用土木结构建筑经久的房屋，聚居成比较密集的村寨。每个村寨大多有几十户人家。后两种不占有瑶山里的土地，他们只能向早已定居在这山区里的山主瑶，讨山地经营以刀耕火种为主的原始农业。他们每年要向山主瑶交租和服劳役。他们过几年又得抛荒另开新地，不能定居，必须经常迁移，只能居住在简陋的竹棚里。他们被称为山子瑶或过山瑶，表示他们既没有土地又是居处不定的瑶民。过山瑶在严重的剥削下，生活贫困。我初访瑶山时曾住过他们的竹棚，晚上墙缝里寒风袭人。他们吃的是苞米和野菜，全家很少有一床完整的棉被，成人连衣裤都不全。同是被称为瑶族的不同集团间存在着这种不平等的情况，不免使人推想到这种现象是出于入山先后的原因。后来陆续入山的人们只能在荒山上进行原始的农业生产，受到已经占有较好土地、聚众成寨的集团的排挤和歧视。天上的飞鸟、水里的游鱼都属于山主瑶，过山瑶不准打捕。甚至在山主瑶的村寨的路上，过山瑶都不敢昂首阔步而过。

瑶族集团间的这种不平等，也促使山主瑶本身发生了阶级分化。山主瑶原本有一种传统的石牌制度。一个或几个村寨组织成一个集团，树立一块石牌。石牌上用汉字刻上一些要成员共同遵守的规定，其内容是保卫本集团的利益和特权，维持集团内部的社会秩序和风俗习惯，和对违背这些规定应受的处罚等等——看来这是一种社会公约。每个石牌集团公推一个头人来执行公约上规定的纪律，最初也具有原始民主的性质。在这些小集团的基础上，一层层构成较大的集团，称大石牌和总石牌。总石牌包括了整个大瑶山的瑶族。总石牌集团的头人，过去就被称为"瑶王"。至于这些较大的集团怎样联合起来的问题，还是值得进一步研究的。从长期的历史上看去，这种组织在保卫瑶族的生存上起过积极的作用。但是这个石牌制度却也固定了瑶族的内部山主集团和山子集团之间不平等的关系和许多落后的风俗习惯。而且，名义上由群众推选的头人，取得了征收山子瑶地租和徭役的权力，大多把特权据为私有，用以自肥，在山主瑶中间出现了少数剥削别人的人。这些人掌握了比其他瑶人更多的财富，使山主瑶中间也发生了贫富分化。在贫富分化的过程中，山主瑶集团本身发生了有一些贫穷的山主瑶向富有者租田耕种的情况，在瑶族中产生了封建制度。这些头人也成了本集团的封建地主阶级。旧瑶山里民族关系和阶级关系就是这样错综复杂地交织在一起。山内外存在着瑶族和汉、壮的民族矛盾，山内存在着山主瑶和过山瑶之间的矛盾；虽然共实质都存在着阶级矛盾，而这里的阶级矛盾却都通过民族矛盾的形式起着作用。这错综复杂的社会关系却落实在一个简单的历史事实上，就是几万个瑶族人民被围困在这个高寒的大瑶山里过贫困落后的生活。[1]

二　《大瑶山团结公约》的推动

1951 年新生的人民政府沿用石牌形式，订立《大瑶山团结公约》，得到各族各支系人民的拥护支持。瑶族群众在山歌里唱道："月亮圆圆望十五，全瑶团结在今天。"六拉乡茶山瑶头人陶玄天放弃荒山，交由盘瑶开荒种植，被树为团结典型，当选副县长。1953 年 5 月 23—27 日，大瑶山自治区（县级）党委邀请茶山瑶 32 人、花篮瑶 6 人、坳瑶 5 人的"瑶老"座谈会，着重讨论"特权是什么东西"、"特权存在什么危害"两个问题，鼓励"长毛瑶"放弃占有山林荒地的特权，争做民族团结的模范。明确"凡天然生成的老山、树木、鱼、鸟等号为自己所有，自己不用劳动获得的就是特权，应当放弃，让大家去开荒、自由培植"。[2] 一系列举措消除了"长毛瑶"和"过山瑶"的差距，和平解决了瑶族内部支系间和瑶汉之间因生产资源占有不公而产生的阶级和民族矛盾，极大地促进了大瑶山的生产和团结。

发扬优秀的民族文化传统，根除了制度性障碍，从而实现大瑶山各民族各支系之间的大和解大团结。支系之间、村寨之间、民族之间、人与人之间的交往、交流、交融不断增强。在以后的各种社会变革和政治运动中，大瑶山土改时采用的"慎重的、温和的、区别的、曲折的"实事求是的工作方针，虽然多少都会扭曲变形，但基本得到继承和发扬，使得大瑶山的革命、建设、发展都比其他地方少走弯路、少受破坏。改革开放以后，运用石牌制度包含的民主监督和自律精神，各地群众还以石牌形式订立了大量的村规民约，以传统石牌文化来规范居民行为，对促进社会安定和生产发展发挥了积极作用。政府的各项工作，大多尊重群众意见，过去注意征得"瑶老"、"寨老"同意，今天注重取得老党员、老干部、老教师、老军人、老传承人等"五老"的理解支持，经过充分的协商才展开。政府通过创建评选文明城镇、文明单位、文明村、文明户、文明市民，特别是爱国守法光荣户、致富文明户、小康文明户的"新三户"评比，极大地促进了城乡两个文明建设。重点在村干部、知识分子、非公企业主、

---

① 费孝通：《民族与社会》，天津人民出版社 1981 年版，第 85 页。

② 金秀瑶族自治县党史办编：《中国共产党金秀历史》，中共党史出版社 2009 年版，第 35 页。

退伍军人、致富能手中培养党员，使基层党组织具有强大的凝聚力和战斗力。

三　新型社会治理模式

2011年，金秀县实施屯级党支部办公室、村民小组办公室、农村民俗生态旅游开发团体办公室"三室合议共建"机制，巩固了基层党组织的核心领导地位。要求做到"六事必议"：事关协助当地党委政府推进中心工作的必议、事关全屯产业发展规划的必议、事关全屯环境保护和生态建设的必议、事关全屯公益事业的必议、事关全屯民族进步的必议、事关全屯和谐稳定的必议。"合议共建"的主题是服务党的建设、服务民族进步、服务农村经济、服务社会稳定、服务生态建设、服务旅游发展"六项服务"。以此搭建上下联动、横向互动，集党务、政务和社会事务为一体的综合服务平台，为基层、为党员、为群众、为稳定团结和生态旅游发展提供了全方位、多层次、宽领域的服务。全县所有的屯级党组织基本实现了有人管事、有钱办事、有处办公的"三有"目标。2014年，又在屯级党组织中深入开展了支部"比好争创"红色团队、支书比会争当红色旗手、党员比星争做红色基石的"三比三争"活动，在推动屯级组织"合议共建"机制的基础上，加快全县农村屯级党建工作的规范化进程。切实加强农村小组长队伍建设，着力打造向心型、实干型、服务型"三型"农村小组长队伍，使"三个五"争创活动得到了深化和拓展。全县共培育出"五好"支部65个、"五会"支书70名、"五星"党员1200余名，党在农村基层的根基进一步夯实。

为了发挥党员的先锋模范作用，健全和改进党内民主，金秀县以探索发挥代表作用的途径和形式为重点，从健全运行机制、搭建党代表建言平台和监督平台等方面入手，全面推行乡镇党代表联名质询制度。进一步健全完善县乡（镇）党代会常任职配套制度，增强党的工作透明度，切实保障党代表的知情权、监督权，密切党组织和党员群众的联系，扩大党内民主，稳步提升党委决策的民主化、科学化水平。在开展党的群众路线教育活动中，实行县四家班子领导分别联系一所学校、两个贫困生、一个贫困村、一户困难户、一个基建项目、一个产业项目的"六个联系"制度，着力打造"忠诚型、创新型、学习型、团结型、务实型、廉洁型"领导班子。按照民主集中制原则，抓好班子团结。建立健全各项规章制度，以规章制度和工作规范管人、管事、管基础，着力提升全县干部职工的执行力，确保每项工作有章可循、有规可依，构建干部工作作风建设的长效机制。全面实行干部职工工作绩效考评制度，重点考察各级领导班子和干部引领科学发展的能力和推动工作落实的成效，将之作为正确评价和使用干部的重要依据。完善公示制、推行票决制，提高干部提拔任用的透明度，主动接受党内外监督。针对车子、房子、筷子、孩子、票子、裙子、位子、面子等"八子"进行"十摆十纠"。以保持党同人民群众血肉联系为重点，深入开展"清廉务实，执政为民"等主题活动，反对形式主义、官僚主义，大力弘扬党的光荣传统和优良作风，加大治庸、治懒、治散力度。

以优良的党风带政风促民风，推动了金秀经济社会又快又好发展。党的领导、政府运转与尊重民主传统、群众广泛参与的良好结合，使得金秀党风、政风、民风相互促进，为社会主义民主政治建设提供了新的实践范例。不仅保持了传统的世外桃源的美丽宁静，也融入了当代社会治理的时代要求。一个经济发展、社会进步、文化繁荣、民族和谐、生态优美、人民幸福、充满活力的金秀大瑶山展示在世人面前。近年来金秀先后获得"全国县市科技进步考核科技进步先进县"、"全国法制宣传教育先进县"、"国家计划生育优质服务先进单位"、"全国法治先进县"、"广西西部大开发突出贡献集体"、"全区农村党风廉政建设工作先进单位"、"全区村务公开民主管理示范县"、"全区集体林权制度改革工作质量标兵县"、"全区职业教育攻坚工作进步县"、"自治区人口计生工作进步单位奖"、"中国民间文化艺术之乡"和"中国长寿之乡"、"广西优秀旅游县"等荣誉。全县社会和谐稳定，2005 年至 2013 年连续九年获得自治区"平安县"称号，群众安全感和满意度排名一直在广西壮族自治区名列前茅。

第五节　从自然经济到市场经济

山高林密的大瑶山，瑶族先民主要采取刀耕火种的耕作技术，广种薄收种植旱地作物。早期到来的"长毛瑶"经过若干代人的辛苦劳作，日出而作，日落而息，用自己勤劳的双手开山劈田，开发出层层梯田，引来山溪水灌溉，开发出山地稻作农业。

一　传统的山地经济

瑶族生产力长期低下，生产工具主要有锄头、刮子、刀、木耙、竹制工具等，生产方式基本停留在锄耕阶段，耕作技术比较粗糙。一般一亩田产 40 禾把，一禾把大约 10 斤稻谷，平均亩产在 400 斤左右。"长毛瑶"因为占有较多田地，粮食基本够吃，但也需要控制人口来维持人地的均衡。个别富裕户能囤积 3—4 个谷仓，一个谷仓约装一万斤稻谷。

后期进山的"过山瑶"和因为各种原因逃亡大瑶山的汉、壮等民族，则只能租种"长毛瑶"的山地开荒耕种旱地作物，靠天吃饭，生产生活水平都极其低下。费孝通在《桂行通讯》里对六巷地区冷冲的板瑶（即盘瑶）有这样的记载："板瑶在瑶山中是被称为'弱小民族'的，因为他们入山的时期较长毛为迟，所有的地已经都被长毛占据了，所以他们只能以佃户资格租长毛的地来耕。长毛是瑶山的地主，包括花篮、坳瑶和茶山三种。凡是有水道可以灌溉的地方，长毛都开了水田，由自己耕种，余下租给板瑶的是旱的山地，种着稻和其他杂粮。旱地的土薄，所以种了五六年就不能再种了。有的地方就种树，有的地方就荒着，每年放火烧一次，要等 10 多年才能恢复地力，因之板瑶不能在一地方作永长之计，五六年就搬一次家。而且旱地收成少，一家所占的地要大，不能聚居成较大的村落。板瑶的房屋都两三家四五家分散在山谷里，这一种村落的组织在自卫上很少力量，受人家进攻时，是很难抵抗的。……租金也很高，1000 斤谷子的收入要给 6 块到 4 块钱的租，1000 斤谷值 30 元左右，所以租金抵收入的 1/5。给钱给谷子之外，板瑶可以以人工来代租，每天一工算两毫钱，1000 斤谷子就得二三十工"。①

金秀大瑶山提供了得天独厚的林业资源，出产大量经济价值很高的土特产，像油桐、罗汉果、茶叶、香草、桂皮、木耳、天花粉、千金草、竹笋、药材等。山林里的野兽虫鸟和河流的鱼虾成为瑶族的重要生活来源，采集和渔猎在他们的经济生活中占有相当重要的地位。瑶族在劳动之余，利用山里现成的木材、竹子编制竹器、制作木制工具、纺纱织布染靛，主要是为了满足自家的生产和生活需要。用兽皮、香菌、木材与行脚商人交换油、盐、铁器等用品。手工业作为家庭副业而存在，还没有脱离农业，

---

① 费孝通：《桂行通讯》，载《费孝通文集》第一卷，群言出版社 1999 年版，第 342 页。

种类不多，生产产品较少，质量低劣，只为供应自己及家人的需求。瑶民中没有专职的铁工和木工，所需的农具和用具都依赖山外汉人的供给或雇请汉、壮工匠入山制造。商品交换大多停留在初级阶段。瑶族的消费基本能够自给自足，一些货物像盐、油、日用品和其他瑶人不能自制的铁器才依赖山外汉人的供给。经济交换采用汉人的货币计量单位——银毫，更多的是以物易物，主要用土特产和兽皮、木材等进行交换。瑶族经营以个体私有制为主，集体所有占有一定的比例。集体占有的公山、公林叫"社老林"，一般是集体经营或出租，平均分配或分享，带有浓厚的原始公社性质，传统习惯和石牌制度在生产生活中发挥重大作用。地处深山，交通闭塞，和谐相处，靠山吃山，种山护山，瑶族形成自己独具特色的山地文化体系，即便是民国政府强制开化，也未能打破和瓦解这一传统文化体系。

新中国成立前金秀大瑶山已经产生贫富分化，但比之汉族地区尚不严重。据1944年金秀设治局统计，其所辖10个乡镇，66个村街委，甲数443，户数5190，总人口24777人，其中男13406人，女11671人[①]。占总人口1.16%的大富户占有总土地面积的22.20%，人均占有耕地7.6亩；占总人口1.31%的富户占有总土地面积的21.39%，人均占有耕地5.5亩；而占总人口66.8%的贫穷户有占土地面积的18.80%，人均耕地仅有1.06亩。山林几乎被大富户和富户（称为山主）占有，贫穷户（称为山丁）靠租种山地为生。山内经营的手工业、工业主要有编织竹器、制作木器、铁器、纺纱织布染色、刺绣等。其中编织竹器最为普遍，竹器的编织包括竹筐、竹篓、竹篾、雨具，等等。刺绣是瑶族妇女的手工活，成年妇女人人都擅长。木制的制作主要是扁担、木瓢、竹编的制作最为普遍，几乎男女老少都会一项手工业。妇女编织竹筐、竹篓、竹箩，男人制扁担、剜木瓢。多余的生产品，就拿到圩场出售，以交换外来商品。县内手工业还有车缝业、理发业、银器业、打铁业、纺织业等；大多为山外来的汉、壮人担任。商业户主要经营瑶山土特产，品种有香草、木耳、香菇、木材、桐油和日用商品。金秀设治局于1942年在金秀设立圩场，圩场内设杂货摊经营糖茶、煤油、火柴、纸蜡、烟酒等品种，同时收购香菇、木耳、竹笋、灵香草等销往外地。经营规模较大的是木材商行，把收购的木

---

① 广西档案馆藏 L15-1-46《广西省各县饥民人数统计》，L15-1-10《广西统计季刊》之《各县市户口统计》，L15-1-51《广西省各县市人口年龄分组统计》，L15-1-22《各县市户口统计》，L15-1-13《广西统计季刊·本省各县市户口统计》。

材请人顺河运至境外，每年约有十万棵木材出售。

二　从"画地为牢"到改革开放

新中国成立后大瑶山经历了互助组、合作社、人民公社等社会经济组织的变革和震荡。土地制度的变革实现了各瑶族支系在政治和经济上的平等地位，政府在计划经济体制下成为大瑶山社会经济转型的主导力量。民族区域自治政策一方面带来瑶族前所未有的政治大翻身，却在经济发展上出现了"画地为牢"现象，大瑶山与周围平原汉区的经济互补关系被隔离了。政府主导的商业贸易虽然发展迅速，但民间传统的林农交换受到阻碍，以至出现山外汉族进山偷伐木材、山内粮食增产了农民却口粮减少的现象。1961年整风运动、整社运动，确立了"三级所有、队为基础"，人民公社集体劳动，生产产品按劳分配，"大集体，大锅饭"严重影响瑶族的生产积极性。"文化大革命"期间政治运动不断，使经济发展停滞不前，生产力遭到较大的破坏。农业和林业发展失去平衡，盲目毁林，开田造地，扩大粮食作物种植，水田一造改二造，在陡山林区推行"以粮为纲"。一系列脱离高寒山区实际和民族生产习惯的盲目指挥，导致林粮矛盾加剧，生态环境被破坏。特别是"大跃进"时期的大炼钢铁和公社后期的伐木厂，使金秀大片原始森林惨遭破坏，长期人与自然和谐的大瑶山，变得面目全非。

1979年以后金秀大瑶山和全国一样走上了拨乱反正的道路。实行改革开放政策和推行承包责任制，促进了金秀县经济社会的快速发展。1988—2005年间，再次在农村延长土地承包期，完善林业承包责任制，进行农村税费改革，减轻农民负担，促进了农业经济的快速发展。对工业企业，进行以实行股份制为主要内容的企业改制，增强了企业的活力。实行宏观调控体制改革和商贸流通、财政体制改革，社会主义市场经济逐步建立。县委县政府大力营造良好的投资环境，加强发展非公有制经济，推进社会主义市场经济体系进一步完善，县域经济得到长足进步。2005年金秀县地区生产总值72531万元，比1988年的9591万元增长6.61倍，年平均增长11.93%；财政收入4278万元，比1988年的926万元增长3.61倍，年平均增长8.86%；农业人均收入1779元，比1988年的250元增加6.12倍，年平均增长11.52%；城镇人口平均可支配收入8347元，比 1988 年的 3898 元增长 1. 14 倍，年平均增长 4. 32%。[①]

三　生态立县绿色发展

2008 年 10 月，来宾市党委、人民政府经过多次的调研论证，决定对金秀县实行"差别考核"，以生态环境保护、旅游产业发展、城镇化建设等差别考核指标取代了 GDP、财政收入和工业化建设等传统考核指标。这一决策给金秀县解除了发展束缚，让金秀县拥有了更强劲的发展内生动力。能够专心致志护环境、优生态，集中精力发展金秀特色优势产业，将"林业立县"上升为"生态立县"战略，使金秀县走上了科学发展、和谐发展、跨越发展的绿色发展的快车道。紧紧围绕"生态立县、旅游强县、农业稳县、工业富县、科教兴县、依法治县"的总体工作思路，以及"打基础、兴产业，发展特色经济"的工作方针，坚持"一个中心，两个基本点"（"一个中心"指以特色经济为中心；"两个基本点"一是充分利用生态优势来建立特色产业，二是充分挖掘和利用原生态的瑶族文化来推动社会经济发展）的工作方针不动摇，切实抓好生态保护，依托生态资源以及各方面资源优势，突出特色，夯实基础，加快特色产业发展，不断发展壮大县域经济。地区生产总值（GDP）由 2005 年的 7. 25 亿元增加到 2010 年的 17. 75 亿元，增加 10. 5 亿元，年均增长 13. 9%。财政收入由 2005 年的 0. 43 亿元增加到 2010 年的 1. 38 亿元，增加 0. 95 亿元，年均增长 26. 5%。社会消费品零售总额由 2005 年的 1. 93 亿元增加到 2010 年的 4. 27 亿元，增加 2. 34 亿元，年均增长 17. 2%。

经过产业结构调整，金秀县三次产业比例不断优化。从 2005 年的 40. 8：24. 2：35 调整为 2010 年的 30. 3：29. 5：40. 2，其中一产比重下降，二产、三产比重提高。特别是以旅游业为龙头，全面带动第三产业的发展，"旅游强县"的战略目标进一步推进。第一产业增加值由 2005 年的 2. 96 亿元增加到 2010 年的 5. 37 亿元，增加 2. 41 亿元，年均增长 6. 1%。粮食种植面积保持 15 万亩以上，粮食产量基本稳定，农业产业化经营水平不断提高。第二产业增加值由 2005 年的 1. 76 亿元增加到 2010 年的 5. 24 亿元，增加 3. 48 亿元，年均增长 17. 9%。第三产业增加值由 2005 年的 2. 54 亿元增加到 2010 年的 7. 14 亿元，增加 4. 6 亿元，年均增

---

① 近 10 年经济社会发展数据，均由金秀县相关部门提供。

长 18.5%。"十一五"期间，全县接待国内外游客人数 140 万人次以上，旅游收入突破 3.9 亿元。莲花山风景区通过国家 4A 级景区评定，圣堂山风景区直接按 5A 级景区建设。交通、商贸、餐饮等传统服务行业不断壮大，物流、金融、信息等现代服务行业加快发展。县城新城区开发和旧城区改造与民族化改造相结合，县城"民族化、山城化、公园化"建设步伐加快，城镇化建设取得新突破，2010 年全县城镇化水平达 31.89%。

"十二五"期间，金秀县进一步围绕生态农业、特色工业和生命健康现代服务三个领域的八大优势特色产业发力。一是发展以生态观光旅游、休闲度假旅行、民族文化体验、养生保健服务为主的生命健康产业；二是发展以中草药材、茶叶、冷水鱼、山鸡等为主的林下特色种养产业；三是发展竹木加工业；四是发展绿色食品加工产业；五是发展以瑶医、瑶药、瑶酒开发利用为主的生物制药和保健品开发产业；六是发展电力清洁能源产业；七是发展采矿产业；八是发展冶金化工产业。八大产业的核心产业是生命健康产业。至 2012 年，全县地区生产总值达 23.06 亿元，同比增长 8.8%。其中第一、二、三产业增加值分别完成 7.12 亿元、6.60 亿元和 9.34 亿元，同比分别增长 8.9%、7.0% 和 10.2%；完成财政收入 2.0013 亿元，同比增长 23.8%；完成全社会固定资产投资 22.16 亿元，同比增长 23.94%；全县社会消费品零售总额 5.89 亿元，同比增长 16.10%；农民人均纯收入 4399 元，同比增长 18.65%；城镇居民人均可支配收入 21336 元，同比增长 11.72%；金融机构人民币存款余额 25.34 亿元，同比增长 16.92%，其中居民储蓄存款余额 15.57 亿元，同比增长 19.69%；贷款余额 13.88 亿元，同比增长 24.93%。

根据金秀县"十二五发展规划"的主要目标，金秀经济社会发展继续保持经济稳定较快增长，经济结构不断优化，经济发展方式转变取得重大进展，主要经济指标基本接近全区平均水平。到 2015 年全县生产总值力争达到 34 亿元，年均增长 13%，进入西部地区中等水平；三次产业结构调整为 23.5：31.8：44.7；财政总收入突破 2.77 亿元，年均增长 15%；社会消费品零售总额年均增长 15%；全社会固定资产投资年均增长 20%，五年累计突破 125 亿元；力争到 2015 年接待游客人数累计达到 500 万人次，其中入境游客 4 万人次，旅游总收入达到 18 亿元，其中国际旅游收入达到 350 万美元，增长 22% 左右，旅游收入达到全县 GDP 的 12% 左右。

社会事业更加繁荣，基本公共服务更加均等化，城乡面貌明显改观，城镇化水平逐步提高，农村劳动力转移和农民工市民化加快。到 2015 年，城镇化水平达到 38%，中心城镇服务功能进一步提升；科技进步对经济增长的贡献率明显上升；教育水平明显提升，初中入学率达到 96% 以上，高中教育毛入学率 75%；医疗卫生服务体系进一步健全，人民健康水平得到提高。城乡居民收入稳步增长，人民生活更加殷实体面。到 2015 年，城镇居民人均可支配收入达 27745 元、农民人均纯收入达 5313 元，年均分别增长 10%；累计新增城镇就业 0.5 万人，城镇登记失业率控制在4.2% 以内，贫困人口减少 65% 以上。人口、资源和环境与经济发展日趋协调，可持续发展能力进一步增强。期末总人口控制在 16.1 万人以内，人口自然增长率控制在 9‰以内。城镇污水集中处理率和生活垃圾无害化处理率分别达到 75%。森林覆盖率达到 83.61%。节能减排力度进一步加大，县城区环境空气质量状况达一级标准，城乡饮用水源有效保护，农村面源污染有效控制，生态文明示范区建设取得新进展。

第六节　从封闭落后走向文明开放

金秀大瑶山瑶族数百年的历史，就是依托崇山峻岭生存自保的历史。朝瑶隔离源于朝瑶对立，根子在旧制度的阶级剥削和民族压迫。历代封建专制王朝和国民党政府的灭瑶、限瑶、化瑶政策，都促使其借助自然环境自我保护。封闭带来安全，也带来社会的停滞不前。大瑶山落后的生产力水平，使其长期停留在山地农耕阶段，农林相辅、手工相助、采集狩猎为补充。生活水平稍高的"长毛瑶"尚需通过节制生育来平衡自然有限的供给，缺少生产资料的"过山瑶"只能在极低的生活水平上苟且度日。社会制度在血缘和地缘基础上由大小石牌给予有限的维系，绝大多数人是文盲。汉区传入的现代教育障碍重重，疾病灾难除了原始的民族医药外，基本只能听天由命或依赖师公道公的慰藉。

一　从"十步九折"到交通便捷

大瑶山的封闭，首先表现在道路崎岖、坎坷难行之上。进出大瑶山，自古就有"悬蹬绝壁"、"手挽足移"、"十步九折"之称。金秀解放之前没有一条像样的大路，就连骡马也难以在大瑶山行走。王同惠以女人类学家特有的细腻，为我们留下了 1935 年 10 月 23 日从王桑到门头村的记录："因为总是下着毛毛细雨，所以路上逢到黏土、青石处便滑得难受。村长送我们到村外，又替我们拔了一根竹竿做拐杖后，才分手回去。从王桑到门头的山势虽不及进王桑时来得险，但也够难走了，加上前次脚上的伤口还没有长上，所以异常辛苦。……山是陡得站不住人，下面是十几丈的山谷。山水从山顶上泻下来挡着去路。四下里听不到半点人声，只有永远响不住的水声。这时我简直累晕了，想来想去，身到此境，前进既不易，后退也不行，抱怨别人更无济于事，只好坐在山石上停一会儿再说，约莫有 10 分钟光景，才气呼呼地把两只手抓住了块怪石，像狗一般的爬了过去。经过这一次打击，此后气更不壮了，每隔 10 分钟就得休息一下"。他们走村串寨的调查路上，经常摔跤，"于是前跌后滑，张科员在后面同我数，数到 50 次也数累了"。①

　　2005 年夏天我们课题组在六巷调查时，遇到暴雨冲毁乡村公路，只能雇摩托车下乡调查。为了体会费、王当年的感受，我们在去参加祭祀甘王的活动时，专门选一段费、王二人走过的老路体验。村民也给我们每人准备了一根竹竿，在路上一步一滑，一滑一跟斗，让人感觉他们的身影就在不远处。1988 年六巷修通公路，使费孝通重返故地瞻仰了王同惠纪念亭。2014 年夏天我们再去六巷调查，进山的公路已经铺上了柏油，比过去好走多了，但深山峡谷中曲折蜿蜒的公路，特别是会车时看到下面的万丈深渊，仍让人头晕目眩。瑶族乡亲给我们谈得最多的愿望，就是进一步改善交通条件。直到 1956 年 10 月开通的金秀至桐木公路，才揭开了金秀公路建设的序幕。特别是改革开放 30 多年来，全县有步骤、有重点地新建、改扩建公路建设项目 100 多个。

　　截至 2013 年底，全县公路总里程达到了 838.7659 公里，比 1978 年的 168.3 公里增加了 670.4659 公里，增长 398.37%。其中国道二级公路 22.69 公里，省道二级公路 26.07 公里，县道二级公路 70.9362 公里，县道三级公路 24.7607 公里，县道四级公路 178.916 公里，乡村道四级公路 515.393 公里。全县二级公路里程达到 119.6962 公里，占公路总里程的 14.27%。全县 10 个乡（镇）全部实现通油路目标；77 个行政村实现通等级路，有 61 个行政村通沥青或水泥路，实现 79.22% 的行政村路面硬

---

① 费孝通：《桂行通讯》，载《费孝通文集》第一卷，群言出版社 1999 年版，第 325 页。

化。目前金秀县正在积极协助配合实施梧州至柳州高速公路（金秀段）和贺州至巴马高速公路（金秀段）项目建设工作。这两个项目的实施，将结束金秀县没有高速公路的历史，并为打造金秀县"一小时经济圈"和"一小时旅游圈"提供快速便捷的交通保障，未来的金秀离世界会越来越近。

二　从民族对立到共生共荣

历史上的交通阻碍，使得汉瑶之间空间距离变大，心理距离更加遥远。在大汉族主义盛行的年代，民族歧视和偏见无所不在。包括陪同费、王调查的广西地方官员，也不时吓唬瑶民："哼，飞机来下一个蛋，你们一村就完了。"[①] 民族间的不信任必然带来隔阂和对立，自古以来大瑶山都严禁瑶人与汉人、壮人通婚。瑶族文献《评皇券牒》中的"平王律条"规定："准令汉民不许取瑶女为妻，棉不许与百姓为婚，盘王之女，嫁国汉为妻者□□□□□倘若不遵律令，处备蚊子作酢三瓮，开通铜钱三百贯，无节竹三百枝，狗出角作梳三百付，老糠纺索三百丈，枯木作船一只，宽八尺，厚十二寸，深长十二丈。若有百姓成亲者，无此六件，定言入官究治，依律除之，山田拔归王瑶。准令施行"。[②] 该"律条"所规定的处罚措施：蚊子酢、开通钱、无节竹、狗角梳、老糠索、枯木船等都是事实上办不到或世界上没有之物，以此作罚，表明的是对瑶人与汉壮通婚的严格限制。在《金秀大瑶山全瑶石牌律法》（又称为《三十六瑶石牌法律》）中也有相似的规定："谁家生姑娘，不许嫁到大地方（指汉、壮地区）。我们是鸡嫁鸡，他们是鸭嫁鸭，自古鸡不拢鸭，自古狼不与狗睡。把女嫁出山，犯十二条，犯十三款。"

事实上民族间的交流交往是不可能隔绝的。著名瑶族研究专家唐兆民在 1934—1939 年间几乎走遍了大瑶山，在《瑶山散记》一书中就对婚姻问题有着生动的记载。除"长毛瑶"较少与汉、壮通婚外，占人口多数的"板瑶"（盘瑶）实际上与汉、壮的通婚已经非常普遍。梁茂春博士曾于 2002 年对金秀族际通婚专项调查，他指出："在民国时期，瑶族各族系对汉瑶禁婚的实际把握宽严不一，具体说来，茶山瑶在执行有关汉瑶、汉壮不得通婚的规定时较为严格，而其他族系则相对宽松"。同时他认为这

---

① 费孝通：《桂行通讯》，载《费孝通文集》第一卷，群言出版社 1999 年版，第 345 页。
② 黄钰辑注：《皇券牒集编》，广西人民出版社 1990 年版，第 244 页。

种"鸭不配鸡"的通婚禁忌更主要是发生在瑶族内部，也就是说通婚的壁垒更多存在于瑶族的"山主"与"山丁"之间。[①] "自古鸡不拢鸭，自古狼不与狗睡"的婚姻态度，表达的既是民族间的严重对立，也包含族群间的阶级矛盾。

根据我们在六巷村的调查，民国时期就来到六巷的两家汉族后代，经过两三代人的定居后，新中国成立后被当地人融进婚姻圈。而花篮瑶与"过山瑶"的通婚也有两家，但都是再婚中娶"过山瑶"的妇女为妻，花篮瑶仍基本保持只在"长毛瑶"内部进行通婚的习惯。改革开放以后农村家庭联产承包责任制和社会主义市场经济的深入，推动各民族、各族系之间的交流和融合更加频繁。大瑶山在文化多元的同时，婚姻也出现多样性选择。20世纪80年代以后，六巷村与汉、壮及"过山瑶"之间的通婚明显增长。据随机统计的已婚31人中，有17名花篮瑶与汉、壮族及"过山瑶"通婚，14名花篮瑶与"长毛瑶"通婚。

历史上瑶族嫁男嫁女随意，以嫁女为主，没有明显的性别歧视。随着计划生育政策的普及，瑶族更加自觉有效地节制生育。"两头顶"的居住和财产继承形式增多，婚后在双方家庭中轮流居住，所生孩子一个随父姓、一个随母姓。男女双方在家中地位平等，财产为夫妻共有。六巷的年轻人明确表示，未来伴侣的民族和族群情况对他们来说并不重要。我们十年大瑶山追踪调查中认识的一位坳瑶姑娘，先嫁花篮瑶，再嫁汉族，又嫁山子瑶，生动表明民族和支系在婚姻选择中的逐渐淡化。据县有关部门给我们提供的材料，瑶族不仅支系间的阶层内婚已被打破，甚至本民族内部通婚的也只占20%左右，大部分人采取更广泛的婚姻选择。随着金秀大瑶山与世界联系越来越紧密，我们2014年重访时经常听到远嫁上海、广东、四川、新疆、东北的案例，这与大瑶山外出打工、经商、工作、参军的人日益增多而且越走越远有很大的关系。

三　从口口相传到教育攻坚

瑶族没有本民族文字，支系间也存在较大的语言差异，民族文化传承主要依靠口口相传，历史上绝大多数人是文盲，连懂桂中地区汉语方言桂柳话的人也寥若晨星。1935年费、王在六巷调查时，全村只有去过桂林

---

① 梁茂春：《民国时期大瑶山的族际通婚》，载《民族研究》2004年第4期，第48—55页。

的副乡长蓝济君会说桂柳话，语言天赋极高的王同惠（她学法语半年后即能翻译法文原著）很快学会桂柳话与之交谈。后来费孝通在陷落虎阱受伤，瑶民以为他是从飞机上掉下来的。恰逢长期在大瑶山走村串户做小生意的汉人张献南，也因方言原因而不能通话，只好勉强用笔谈。即使瑶族传统文化传承人的师公、道公，除了博闻强记、言传身教外，也多少要依赖半通不通的汉语文记录。

　　大约在清朝乾隆时期，靠近汉区的瑶人开始学习汉语文，有的村庄兴办私塾教育。清末为了开化瑶人，清政府在金秀等地开办"化瑶小学"，由政府拨款，瑶民子女免费入学，民国初年因经费困难使这些小学停办。广西梧州福音堂美国传教士陈华年进瑶山传教，民国九年在罗香村买房做福音堂兼学校，三年后学校停办，罗香村民遂请汉人先生办起私塾。民国十八年有感于瑶民斗争日增，广西国民党省党部成立苗瑶教育委员会，派黄云焕等人到大瑶山的大障乡、横冲开办"化瑶小学"。民国二十二年扩大到长垌、六巷，第二年又扩大到金秀、罗香、门头等村。黄云焕长年坚持瑶山教育，并娶"瑶王"李荣保之女为妻，其故事被拍摄成电影《瑶山艳史》轰动一时。其他人很难坚守贫困的瑶山，教育经费也困难，如费、王所记六巷小学校是建在庙里，学生就在神像旁上课，经费每年200元[①]，因而大多数学校都不稳定。"长毛瑶"担心汉化会威胁到自身的优势地位，"过山瑶"汉化积极却因贫穷而难以上学。民国二十四年省政府建立特种教育师资训练所，培养了一批"以瑶化瑶"的瑶族知识分子，山里的"化瑶小学"也和全省一样改名为国民基础学校。1940 年金秀成立警备区署后，学校进一步普及到规模较大的村寨，各校所属县府派出师资，并给予建筑设备费 80 元、经常费 50 元，其他由乡村自筹。[②]

　　1951 年春大瑶山解放后，新政权立即接管了国民政府遗留下来的 34 所小学校。1952 年大瑶山民族自治区一成立，人民政府立即设文教科，大力发展民族教育。全县小学当年发展到 66 所，学生 2764 人，学生人数占当时总人口的 10%。1954 年金秀建立第一所中学。1958 年教育也"大跃进"，实现队队有小学，全县有小学生 5338 人。1961 年进行教育调整，加之三年困难时期，1962 年全县仅有小学生 3497 人。"文化大革命"使

---

　　① 费孝通：《桂行通讯》，载《费孝通文集》第一卷，群言出版社 1999 年版，第 331 页。
　　② 金秀大瑶山瑶族史编纂委员会编著：《金秀大瑶山瑶族史》，广西民族出版社 2002 年版，第 270 页。

全县中小学教育受到严重破坏。改革开放后金秀教育重新走上正轨，到1987 年全县有小学 80 所，教学点 357 个，在校小学生 20396 人；中学 13 所，其中完中 2 所，在校中学生 5087 人，适龄青少年入学率、巩固率均达到 95% 以上。[①]

1995 年金秀县实现基本普及初等义务教育目标；1998 年基本扫除青少年文盲并通过国家级验收；2006 年"普实"工作通过自治区评估验收；2007 年实现"两基"工作目标，并荣获全区"两基"工作先进单位。2009 年金秀县顺利通过"义务教育常规管理合格学校"区级验收。2011年"两基"复查工作也顺利通过区级验收。目前全县共有小学 68 所，教学点 30 个（其中一师一校教学点 26 个），初级中学 5 所。在校中小学生14953 人，其中小学生 9490 人，初中生 3793 人。义务教育阶段小学适龄儿童入学率为 99.5%，辍学率为 0.02%；初中阶段入学率为 96.7%，辍学率为 2.63%；九年义务教育巩固率达 86%。金秀的高中教育水平一直很低，在 1998 年以前，全县每万人口中普通高中在校生仅为 39 人，比全区每万人口中普通高中在校生 79 人还少 40 人。目前仅有一所高级中学——金秀县民族高中，在校生 1507 人。全县每万人口中普通高中生已达到 324 人。县民族高中每年考上三本以上院校学生数占毕业生数 40% 左右，2010 年通过自治区级示范性高中的评估验收。

2002 年金秀县作出了《深化基础教育及职业教育改革和发展的决定》，加大对基础教育的支持力度和做强做大职业教育。2012 年出台五个发展金秀教育的方案：《自治县四家班子领导成员及县直单位联系学校、扶持贫困学生工作方案》、《自治县中小学教师培训工作方案》、《自治县实施寄宿制学校"温暖工程"工作方案》、《自治县高考、中考、小学毕业水平测试和职校成绩测评奖励工作方案》、《自治县每年定期慰问退休教师、困难教师、优秀教师及边远山区学校教师工作制度》，更加坚定了全县人民对发展教育的信心。金秀的普通教育、学前教育和职业教育都驶入了发展的快车道。

2002 年以前，金秀县仅有幼儿园 12 所，通过实施《学前教育三年行动计划》、《学前教育推进工程》、《学前教育十二五规划》以及市人民政府为民办实事之学前教育项目等，学前教育有了飞速发展。目前有 47 所

① 金秀瑶族自治县志编纂委员会：《金秀瑶族自治县志》，中央民族学院出版社 1992 年版，第 450 页。

幼儿园，学前一年入园（班）率达 93.6%，3—5 岁适龄儿童入园率达 49.9%。金秀县职业技术学校创办于 1983 年，进入 21 世纪以来得到飞跃性发展，现在拥有南北两个校区，在校生达由 1998 年的 200 多人发展到 2300 多人，学校资产由 1998 年的 148.2 万元增加到 2258.6 万元，学生就业率达 98% 以上。学校先后被评为广西壮族自治区、市级招生就业先进单位、全国职业技术学校职业指导工作先进学校。2011 年 6 月顺利通过"职业教育攻坚工作"自治区级验收并荣获"职业教育攻坚进步县"荣誉称号。2011 年，金秀县还被自治区列为"县级政府推进职业教育综合改革"试点县。

四　从缺医少药到振兴瑶医瑶药

缺医少药的大瑶山，在 1952 年 5 月自治县成立时，由平乐专署派来几名医务人员，借用民房 12 间组建起全县第一所卫生院，1956 年发展为县人民医院。1953 年自治县成立卫生科（1972 年改为卫生局），主管全县医疗卫生事业。按照"面向工农兵，预防为主，团结中西医，卫生工作与群众运动相结合"的卫生工作方针，全县卫生工作发展迅速。特别是改革开放后，党和国家高度重视卫生事业，大幅度提高了对卫生的投入。功能与机构的完善、基础建设、医疗设备、人员配备、医疗服务质量等方面面都得到了跨越式发展，全民健康水平不断改善，人均期望寿命值大幅度提高。至 2011 年底，全县共有医疗卫生单位 16 个，新型农村合作医疗办事机构 12 个，新型农村合作医疗农民参合率稳定在 90% 以上。卫生技术人员 789 人，病床 575 张，总业务用房面积达 44629 平方米。标准村级卫生室 77 个，村级医疗卫生保健人员 102 人。个体诊所 85 个，从业人员 85 人。人口计划工作成绩显著，2009 年获自治区"创新奖"奖项，人口自然增长率控制在 8‰ 以下。

特别值得一提的是，金秀充分发挥瑶医药在治疗疑难顽症及康复保健方面的优势，先后在各医院开设了瑶医特色门诊部。申请自治区"振兴壮瑶医药计划"扶持资金 300 多万元，大力实施瑶药房建设。2008 年在县城香草湖旁开设占地 36 亩的瑶医药康复疗养中心，投资 350 万元建设瑶医院业务综合楼，投入 102 万元建设瑶医堂，投入经费 455 万元购进彩超、煎药机等医疗设备，为瑶医药传统医疗与现代医疗有机结合打下了良好的基础。并与广西药用植物园联合开发"瑶王风湿骨痛膏（1—3）"、

"瑶药烧伤膏"及"庞桶药浴"，与桂林市中医院联合开发"庞桶药浴产后三泡浓缩液"和"瑶王风湿骨痛外擦酒"等科研合作项目；完成了"瑶王酒""庞桶药浴"的内外包装，实现向外销售保健药浴包和瑶王酒等瑶医自制产品。为了加大对瑶医瑶药的宣传推介工作，2008年金秀县成功举办"首届广西瑶医药发展高层论坛"；2010年自治区卫生厅在金秀举办"第三届中国民族医药卫生发展论坛"、"全国瑶医药首届高层发展论坛"及"瑶医瑶药一条街"展示工作，金秀瑶医医院获准增挂"广西民族医药研究院（金秀）瑶医医院"、"广西民族医药研究院（金秀）瑶医医药分院"两块牌子。瑶医瑶药开始向全区、全国推介，知名度逐步提高。

第七节　金山秀水话"瑶变"

2011年以来，金秀县围绕"生态立县、旅游强县、农业稳县、工业富县、科教兴县、依法治县"总体工作思路，以及"打基础、兴产业，发展特色经济"工作方针，充分挖掘和利用"生态、民族、长寿"三大品牌优势，不断根据新形势新情况充实完善工作思路和工作重点，加快经济社会转型发展，走出了一条金秀特色的科学发展之路。

2011—2013年全县地区生产总值分别完成22.06亿元、23.057亿元和23.25亿元，分别增长9.8%、8.8%、1.2%；财政收入分别完成1.616亿元、2.0013亿元和2.16亿元，分别增长16.74%、23.8%、7.96%；全社会固定资产投资分别完成17.88亿元、22.1589亿元和18.04亿元（重新调整计算后），分别增长26.5%、23.94%、20.7%；城镇居民可支配收入分别完成19100元、21336元、23320元，分别增长10.85%、11.72%、9.3%；农民人均纯收入分别达3708元、4399元、5019元，分别增长12.4%、18.65%、14.1%。

2014年上半年，全县完成地区生产总值9.89亿元，同比增长11.2%；财政收入完成12724万元，同比增长10%；全社会固定资产投资完成8.35亿元，同比增长16.6%；社会消费品零售总额完成3.29亿元，同比增长10.21%；城镇居民人均可支配收入12253元，同比增长8.6%；农民人均现金收入3041元，同比增长10.5%。金融机构存款余额32.00亿元，同比增长17.09%；贷款余额17.65亿元，同比增长 18.17%。

一 "生态立县"战略，保护绿水青山

坚持"在保护中开发，在开发中保护，保护是为了更好地开发"的原则，以"大规划促大发展"，加强生态保护与建设。精心组织编制和实施《金秀瑶族自治县生态保护、建设与发展总体规划》、《金秀瑶族自治县生态县建设规划》，深入挖掘、论证金秀大瑶山"碳库"、"氧库"、"水库"、"生物基因库"的"四库"生态价值内涵，为树立"生态立县"的品牌地位和长远发展提供了科学依据。以高压态势打击捕杀野生动物和滥伐、偷盗珍贵植物等违法犯罪行为，物种多样性得到更好的保护。开展"绿满八桂造林绿化工程"、"千万珍贵树种送农家"、"幸福家园·绿色金秀——全国志愿者生态扶贫植树交流"等活动，2013 年底全县森林覆盖率增长到 84.21%。

严格环境管理，大力推进节能减排工作。2011 年关闭 6 家铜矿选矿企业，对 3 家冶炼企业进行严格整治，全县重点污染源工业废水排放达标率为 100%；完成城镇污水生活垃圾处理设施建设工程，在全县 10 个乡镇 23 贫困村 34 个自然屯完成 1000 台太阳能热水器扶贫项目，生态环境质量更加优良。为解决生态保护与林农"捧着金饭碗讨饭吃"之间的矛盾，积极向上级争取生态建设项目和资金，切实提高林农生态保护的积极性和主动性。2013 年国家对金秀生态功能区生态财政转移支付资金增加到 3461 万元，获得均衡性转移支付补助 1.89 亿元。

大力发展生态经济，发展绿色 GDP。以结构调整为主线，极力发展生态特色效益产业。《广西养生长寿健康产业金秀发展规划（2012—2020）》获自治区发改委批准印发。全县已有景区景点 8 个，建立有大鲵繁育养殖场 6 个，茶叶加工厂 24 家，建成山泉水项目 1 个等。全县实现林业产值达 1.67 亿元，逐步实现生态资源向生态效益转变，使得金秀走上了科学发展的绿色快车道，加快了全县经济社会发展转型步伐。

二 "旅游强县"战略，促进第三产业全面发展

金秀县坚持把旅游发展作为金秀经济腾飞的重要抓手，重点打好"圣堂仙境"、"生态瑶都"、"长寿养生"这"三张牌"。成立了旅游产业发展指导委员会和旅游产业发展指挥部，县四家班子主要领导亲自挂帅，

将创建特色旅游名县作为县域经济跨越发展的突破口。2012 年,金秀成功创建了"中国长寿之乡"和 2012 广西优秀旅游县。

按照"高标准、精品化"的旅游项目开发理念,突出特色,积极推进"11123"工程。一个自驾车营地建设正稳步推进;一个莲花山至圣堂山沿途大瑶山瑶族风情旅游带建设顺利;一个游客服务中心建设已经动工;"二星"的四星级以上酒店评定一家,三星级以上酒店评定一家创建已完成;"3A"中圣堂湖景区创建国家 4A 级景区工作,金秀县城创建开放式国家 4A 级景区工作,银杉公园创建国家 3A 级景区工作创建工作顺利推进。

金秀已经开发出圣堂山等 8 个旅游景区、景点,其中国家 4A 级、3A 级景区各一家,各类旅游企业 63 家,县城宾馆床位 3295 个。2013 年,全县接待游客 180.19 万人次,旅游总收入 8.2 亿元,分别同比增长19.51%和 20.23%。2014 年 1—6 月份,接待国内外游客人次 121.03 万人次,旅游总收入 6.32 亿元,同比分别增长 20.9%、38.29%。2013 年 7月 3 日在桂林召开的全区旅游产业发展大会,金秀县作典型发言。2014年全区创建特色旅游名县工作推进会也在金秀召开。

三 "农业稳县"战略,大力发展特色农业

加快发展特色优势农业,优化农业产业布局,农村经济稳步发展。2011 年、2012 年和 2013 年全县农业总产值分别完成 10.2 亿元、11.4 亿元和 11.9 亿元,分别同比增长 6.3%、9.35%和 5.33%。每年全县粮食种植面积保持在 15 万亩以上,粮食产量稳定在 4.5 万吨以上,生猪、家禽等传统养殖稳定发展。无公害、有机农业发展取得重大突破,累计推广新品种 146 个,打响生态、有机、长寿农业品牌。山外甘蔗、香芋、马蹄、鲜食甜糯玉米、辣椒、水果种植逐渐形成规模,山内茶叶、八角、中草药、生姜及食用菌等特色产业总面积突破 50 万亩,逐渐形成了"一乡一品"格局。

金秀野生茶品牌受到广泛赞誉。2013 年第十届"中茶杯"全国名优茶评比,金秀产品获红茶特等奖 1 个、一等奖 1 个、乌龙茶一等奖 2 个,获第九届"桂茶杯"创新奖 1 个。大瑶山香鸡、俄罗斯鲟鱼、娃娃鱼、蜜蜂等特色生态养殖规模不断扩大,大鲵(娃娃鱼)养殖技术和规模全区领先。全县已建立有大鲵繁育养殖场 6 个,2 个养殖协会,带动 500 户

农户养殖娃娃鱼，实现了繁育养殖保护向逐步经营利用的良性循环。培育起 4 家市级农业产业化重点龙头企业、成立农民专业合作社 40 多个。有茶叶加工厂 12 家，其中 7 家顺利通过"QS"认证（其中有 2 家通过有机茶认证）。农业机械化水平不断提高，目前农机总动力达 10.8 万千瓦，比 2010 年增长 13.5%。2011 年以来完成农机购置补贴资金 712.925 万元，有力地促进农业现代化发展。

四　"工业富县"战略，发展壮大特色工业

金秀县以优化工业结构，发展特色工业，促进工业经济提速增效为中心，2011 年以来成立了特色产业发展及重点工作推进七大指挥部，重点发展农林产品加工、瑶医瑶药、民族旅游工艺品、天然饮用水、矿业等特色工业。围绕桐木工业园区加大招商引资力度，通过规范林化产业加工，力争集中在桐木工业园区重点扶持培育规模以上林化加工企业，实现工业园区的聚集发展、专业化发展。投入 3000 多万元建设桐木工业集中区基础设施，建成了 2.4 万平方米的标准厂房、配套用房及配套设施。成功引进了松源林产有限责任公司、金秀鑫瑞木业有限公司、华瑶混凝土公司等一批企业。新培育规模以上企业 2 家，全县规模以上企业达 11 家。初步形成了以水电、矿产、冶炼、化工、制药、制糖、建材、农林土特产加工为主的工业体系。积极推进天然饮用水加工企业的引进与建设，全县已批准立项 5 家天然饮用水加工企业。

加快民族旅游工艺品设计，民族工艺品加工厂有望在 2015 年建成。大力推进瑶医瑶药产业行业标准化建设，瑶药"口腔溃疡瑶药散"、"瑶王蛇药酒"、"产后三泡颗粒剂"、"产后三泡外洗浓缩液"陆续研制完成，正在走向国内外市场。2011 年、2012 年，全县分别完成工业总产值 13.35 亿元、14.08 亿元，同比分别增长 30.9%、9.1%。

五　"世界瑶都"建设，推动新型城镇化发展

2012 年，金秀县成立城镇化发展指挥部，创新性地开展"美丽县城、美丽乡镇、美丽村屯、美丽通道"活动，使得全县城乡面貌发生了巨大的变化。2013 年 5 月，自治区在金秀召开全区城乡风貌改造四期工程总结暨五期工程启动会，推介金秀的成功经验。

实施县城"三化"工程，建设"美丽县城"。2011 年以来，金秀县

先后实施了瑶族文化艺术中心、瑶族博物馆扩建、田村特色文化名村等一批民族化标志性项目建设，以及城北新区基础设施、县城主街道路面沥青改造、金秀河道净化美化试点工程、县城主街道景观亮化、县城水上公园等一大批市政项目建设。力争 2014 年完成县城国家 4A 级景区的创建工作。

实施乡镇政府所在地综合整治工程，建设"美丽乡镇"。县政府 2012 年提出抓好小城镇的规划建设，大力推进桐木镇、头排镇和三江乡、三角乡（镇）政府所在地的环境综合整治工作。把桐木镇城镇建设纳入县级管理，加快培育和发展重点城镇，形成城乡大建设大发展的新局面，预计在 2015 年全面完成所有乡镇的综合整治工作。

有机结合乡村旅游开发工作，建设"美丽村屯"。2011 年金秀县成立民族风格建筑保护工作组，深度挖掘民族文化内涵，结合旅游、危房改造等工作全面推进民族特色村寨、特色建筑保护工程。金秀镇田村屯、长垌乡古占屯分别创建成全区特色文化名村和特色旅游名村。大力推进农村电网改造、饮水安全、乡村公路、巷道硬化等公共服务设施建设，全面改善农村生产生活条件，共完成 3910 户农村危房改造工程任务，累计完成投资 2.73 亿元。

整体推进公路沿线环境综合治理工作，建设"美丽通道"。持续加大投入力度，使通往县城的公路形成一道亮丽的风景线。按照"统一领导，依法治理，分步实施，标本兼治"的要求，组织交通、安监、交警、运管等单位联动推进公路沿线环境综合治理工作，全面美化全县范围内公路沿线环境。

六　深入扶贫开发，打好新一轮攻坚战

作为国家级重点扶贫县，金秀的扶贫开发工作长抓不懈。我们熟悉的原六巷乡党委书记赵文强，后调任县扶贫办主任后，清正廉洁勤奋工作，因心脏病突发牺牲在工作岗位上，被授为"全国扶贫工作模范"称号。

2011 年以来金秀县共争取到 5000 多万元用于扶贫项目建设、产业开发。2012 年实施 3 年的"县为单位、整合资金、整村推进、连片开发"试点项目顺利通过了自治区验收，被评定为优秀。大力实施产业扶贫"十百千"项目，确保每个贫困村得到帮扶资金不少于 300 万元。县行业部门投入贫困村的资金，从 2011 年的 2336.10 万元增加到了 2012 年的

5284.27 万元，增幅达到 126.2%；动员社会扶贫资金投入贫困村，2011年 204.09 万元，2012 年 1546.708 万元，增幅达到 658%。

以发展地方特色优势产业促进农民脱贫致富，发展大瑶山野生茶、石崖茶种植，将发展茶叶等特色种植作为山区农民脱贫致富的重要手段。建立 4 个育苗示范基地进行野生茶叶种苗繁育，国家级茶叶栽培标准化示范区项目通过考核验收，全力申请"金秀圣堂山野生茶"地理标志；积极培育和引进龙头企业，加快发展农产品精深加工，全县共有 7 家茶叶加工企业获得 QS 认证，全县茶叶面积由 2011 年的 2.66 万亩增加到目前的3.48 万亩。2012 年来宾市扶贫开发工作现场会、2013 年全区扶贫工作现场会相继在金秀顺利召开，充分肯定金秀在扶贫开发上的成功做法。

实施教育扶贫、旅游扶贫、精准扶贫。近年来，金秀县获得乡村幼儿园建设、营养改善计划食堂建设、校舍维修改造等一批扶贫教育项目资金3538 万元，有效改善了教育教学条件。把旅游开发和扶贫开发相结合，促进旅游和扶贫开发双赢。如长垌乡的古占瑶寨，2012 年被列为广西特色旅游名村加以建设，共整合投入资金 1600 多万元进行旅游扶贫。2011年扶贫办将全县年人均纯收入 2300 元以下的贫困人口进行识别和建档立卡，摸清贫困人口的具体情况、贫困原因、发展方向，做到精准定位、精准扶贫。全县贫困人口由 2010 年年末的 74694 人，下降到 2013 年年末的51416 人，年均减少 7700 人；全县农民人均纯收入由 2010 年的 3298 元提高到 2013 年的 5019 元，年均增长 17.39%；贫困村农民人均纯收入由2010 年的 2730 元提高到 2013 年的 4340 元，年均增长 14.7%。

七　以人为本，促进社会和谐

金秀县高度重视发展社会事业，着力改善民生，维护社会公平正义，不断推进和谐社会建设。优先发展教育，制定出《自治县深入实施"科教兴县"战略加快教育事业发展工作方案》等 5 个制度，重奖高考、中考中取得优异成绩的学生及其教师。帮扶联系学校和困难学生，定期慰问边远山区教师。实施寄宿制学校"温暖工程"和教师培训计划，真正下大力气把教育工作抓好，形成全县上下关心、支持和重视教育的良好格局。

大力推进科技文化体育工作的发展，在科技进步考核中获"全国科技进步工作先进县"荣誉称号。文化体育事业快速发展，完成了《金秀瑶族文化发展总体规划》，出版了《瑶族文化丛书》，非物质文化遗产传承保护工作扎实有效。县、乡、村三级公共文化设施网络建设日趋完善，不断满足群众文化生活需求。2013 年全年农村公益电影放映 973 场，年组织开展各种文艺演出上千场次、各类体育赛事 700 多场。推动公共文化设施免费开放，瑶族博物馆扩建后馆藏文物达 1731 件。推进县文化市场综合执法改革和县瑶族艺术团改革，成立县瑶族文化艺术研究展示中心。金秀县也被文化部评为"中国民间文化艺术之乡"。

　　积极完善县、乡、村三级医疗服务网络，群众就医难问题得到初步改善；全面推行层级动态管理工作机制，人口自然增长率控制在 8‰ 以下，获"自治区人口计生工作进步单位奖"等奖励。就业和社会保障体系不断完善。失业率始终控制在 3.6% 以下，实现了社会养老保险制度全覆盖。成功申报"中国长寿之乡"，成为广西第 6 个、全国第 32 个长寿之乡。

　　金秀县从 2013 年 4 月开始，积极开展综治和平安建设活动。整合宣传、法制、教育等资源，以"一个活动、两个内容、三个层面"为载体，在全县范围内开展一次上下联动的思想道德法制教育活动。围绕进机关、进校园、进乡村（社区）、进企业的"四进"活动，以践行社会主义核心价值体系为抓手，不断提高党员、干部、群众的道德素质和法律意识，在全县形成了学法用法的浓厚氛围，连续 9 年被自治区评为"平安县"。县财政加大对"天网工程"建设投入力度，在全县建成了 216 个视频监控点，覆盖全县 10 个乡镇主要街道与路口。同时利用社会资源安装摄像头898 个，进一步完善了全县治安防控体系。2013 年 9 月，金秀获"全国法制宣传教育先进县"称号。

结　语

在 2014 年 9 月召开的中央民族工作会议上，习近平同志指出："多民族是我国的一大特色，也是我国发展的一大有利因素。各民族共同开发了祖国的锦绣河山、广袤疆域，共同创造了悠久的中国历史、灿烂的中华文化。我国历史演进的这个特点，造就了我国各民族在分布上的交错杂居、文化上的兼收并蓄、经济上的相互依存、情感上的相互亲近，形成了你中有我、我中有你，谁也离不开谁的多元一体格局。中华民族和各民族的关系，是一个大家庭和家庭成员的关系，各民族的关系，是一个大家庭里不同成员的关系。处理好民族问题、做好民族工作，是关系祖国统一和边疆巩固的大事，是关系民族团结和社会稳定的大事，是关系国家长治久安和中华民族繁荣昌盛的大事。"

通过对金秀大瑶山八十年变迁，特别是 21 世纪以来跨越式发展的调查研究，让我们对这段话有了更加深刻的理解。金秀大瑶山瑶族 600 多年的历史，生动展现了中华民族多元一体格局形成的规律。费孝通先生正是经过五上瑶山的不懈探索，总结出这一中华民族关系的基本特征。大瑶山 80 年的历史也证明，社会主义制度是各民族平等、团结、互助、和谐的新型民族关系的根本保障，特别是中国共产党实施的民族区域自治制度，不仅改变了历史上的民族和阶级对立，更为各民族共同发展繁荣奠定了坚实的制度基础。金秀在改革开放以后，尤其是 21 世纪以来的飞速发展，进一步展现出中国特色社会主义的强大制度优势。金秀大瑶山的社会发展和文化变迁被纳入中国整体发展和区域经济的大格局中，迅速从自然经济走向市场经济、从封闭落后走向开放文明，社会主义民主政治、社会主义市场经济、社会主义先进文化、社会主义和谐社会、社会主义生态文明等各方面的建设都取得巨大的成就。

　　面对传统农业文明向现代工业文明的文化转型、乡土熟人社会向城镇陌生人社会的社会转型、自然经济向市场经济的生产生活方式转型，在现代化强烈洗礼中的中国人都多少有一些文化晕眩。金秀大瑶山人民的可贵，就是他们不仅同样在经历这一巨大考验，而且更加深刻和直接，却努力保持着风清气正的世外桃源。他们承受着"靠山吃山"到"养山护山"的变化，为了整体的生态利益默默牺牲着眼前的经济利益。当我们惊呼"大瑶山太美了，一草一木都不能动"时，更要想到是当地的政府和百姓承担着生态文明建设的沉重代价。他们努力突破"绿色围城"，既要绿水青山，更要实现秀水金山，围绕"生态立县、旅游强县、农业稳县、工业富县、科教兴县、依法治县"总体工作思路和"打基础、兴产业，发展特色经济"工作方针，充分挖掘和利用"生态、民族、长寿"三大品牌优势，不断开拓进取，脚踏实地地走出了一条新型城乡一体化道路，给世界呈现了一个美丽而富有内涵的金秀大瑶山。

　　1935 年由费孝通、王同惠以青春和生命开拓的金秀大瑶山调查，记录了金秀大瑶山 80 年的变迁，也提供了一个认识中国社会和中国文化的平台。费孝通先生当时就指出"我们只希望同情于我们的朋友们，能不住的在这道路上走，使中国文化能得到一个正确的路径"。我们作为后辈学子有幸沿着费孝通、王同惠开创的学术道路，在 2005 年、2006 年、2014 年三次到金秀大瑶山追踪调查，大瑶山也为我们提供了成长的机会。我们在这里认识了金秀勤劳善良的各族人民，在这里看到了飞速发展的中国，在这里真切体会到和而不同、共同繁荣的新型民族关系。我们坚信，随着中国两个"百年目标"的接近，金秀大瑶山还会给世界呈现更多的惊喜。

参考文献

1. 唐兆民：《瑶山散记》，上海（桂林）文化供应社 1948 年版。

2. 中央访问团编写：《大瑶山调查》，内部稿，1952 年。

3. 广西金秀瑶族自治县政协：《金秀文史资料辑》，第 1—7 册，内部印行。

4. 费孝通：《四十三年后重访大瑶山》，《中国建设》（中文版）1980 年第 1 期。

5. 费孝通：《中国的现代化与少数民族的发展》，《民族与社会》，人民出版社 1981 年版。

6. 费孝通、王同惠：《花篮瑶社会组织》，江苏人民出版社 1988 年版。

7. 费孝通：《乡土中国 生育制度》，北京大学出版社 1998 年版。

8. 费孝通：《桂行通讯》，《费孝通文集》第 1 卷，群言出版社 1999 年版。

9. 费孝通：《论人类学与文化自觉》，华夏出版社 2004 年版。

10. 费孝通《六上瑶山》，中央民族大学出版社 2006 年版。

11. 费孝通：《费孝通民族研究文集新编》（上下卷），中央民族大学出版社 2006 年版。

12. 胡起望、范宏贵：《盘村瑶族》，民族出版社 1983 年版。

13. 广西瑶族研究学会：《瑶族研究论文集》，广西民族出版社 1987 年版。

14. 黄钰、黄方平：《瑶族》，民族出版社 1990 年版。

15. 胡德才、苏胜兴：《大瑶山风情》，广西民族出版社 1990 年版。

16. 金秀瑶族自治县编委会：《金秀瑶族自治县县志》，中央民族学院出版社 1992 年版。

17. 苏德富、刘玉莲：《茶山瑶研究文集》，中央民族学院出版社 1992 年版。

18. 徐杰舜：《金秀村民委员会与传统社会组织》，《广西民族学院学报》1997 年第 6 期。

19. 谢明学、玉时阶：《瑶族传统文化》，广西民族出版社 2000 年版。

20. 毛殊凡：《瑶族历史文化与现代化》，中国戏剧出版社 2000 年版。

21. 李远龙：《传统与变迁：大瑶山瑶族历史人类学考察》，广西民族出版社 2001 年版。

22. 莫金山：《瑶族石牌制》，广西民族出版社 2001 年版。

23. 莫金山：《瑶案沉思录》，香港展望出版社 2005 年版。

24. 莫金山主编：《金秀大瑶山——瑶族文化的中心》，广西民族出版社 2006 年版。

25. 莫金山：《金秀瑶族村规民约》，民族出版社 2012 年版。

26. 张有隽：《人类学与瑶族》，广西民族出版社 2002 年版。

27. 刘保元、莫义明：《茶山瑶文化》，广西人民出版社 2002 年版。

28. 赵廷光：《瑶族祖先崇拜与瑶族文化》，中央民族大学出版社 2002 年版。

29. 金秀大瑶山瑶族史编纂委员会：《金秀大瑶山瑶族史》，广西民族出版社 2002 年版。

30. 梁茂春：《民国时期大瑶山的族际通婚》，《民族研究》2004 年第 4 期。

31. 玉时阶：《瑶族文化变迁》，民族出版社 2005 年版。

32. 苏胜兴：《瑰丽的金秀瑶都文化》，中国文史出版社 2005 年版。

33. 金秀瑶族自治县史志办公室编：《金秀年鉴（1988—2002）》，广西民族出版社 2005 年版。

34. 徐平等：《大瑶山七十年变迁》，中央民族大学出版社 2006 年版。

35. 李远龙：《走进大瑶山》，广西人民出版社 2006 年版。

36. 《金秀瑶族自治县概况》修订本编写组：《金秀瑶族自治县概况》（修订本），民族出版社 2008 年版。

37. 《瑶族简史》修订本编写组：《瑶族简史》（修订本），民族出版社 2008 年版。

38. 高其才等：《瑶族经济社会发展的法律问题研究》，中央民族大学出版社 2008 年版。

39. 金秀瑶族自治县史志办公室编：《金秀历史文献资料汇编》，2008

年版。

40. 金秀瑶族自治县党史办编：《中国共产党金秀历史》，中共党史出版社 2009 年版。

41. 中共金秀瑶族自治县委员会、金秀瑶族自治县人民政府编：《花篮瑶》，德宏民族出版社 2012 年版。

42. 中共金秀瑶族自治县委员会、金秀瑶族自治县人民政府编：《坳瑶》，德宏民族出版社 2012 年版。

43. 中共金秀瑶族自治县委员会、金秀瑶族自治县人民政府编：《茶山瑶》，德宏民族出版社 2012 年版。

44. 中共金秀瑶族自治县委员会、金秀瑶族自治县人民政府编：《山子瑶》，德宏民族出版社 2012 年版。

45. 中共金秀瑶族自治县委员会、金秀瑶族自治县人民政府编：《盘瑶》，德宏民族出版社 2012 年版。

46. 韦佑江、赵贵坤主编：《广西民族区域自治集成——金秀瑶族自治县卷》，广西民族出版社 2013 年版。

关键词索引

金秀瑶族自治县，1，3，5，6，9，
11，12，13，14，20，23，29，
30，32，38—43，45—48，61，
65，69，79，80，82—85，87—
90，92，93，97，98，100，
101，103，109，110，111，
113，114，115，118—122，
124，125，127，128—130，
132，133，135，137—139，
141—143，145，147，149，
156，160—164，166，169—
172，174，175，181，182，
186，190，191，193，195，
200，201，203，204，208—
212，216，218，220，221，
222，224，225，227，237，
238，245，247，249，251，
252，254，257，259，261，
262，266，279，282

大瑶山，1—5，7—11，13，14，
16—20，22，24—27，30，31，
35—37，47，49—58，61—64，
66—81，83—89，92—95，97，
98，100—104，106—124，143，
145，158，160，161，163，
167，168—172，177，181—
196，198，199，201—224，
226—228，231—266，268—
271，274，276—278，280，
282，283，286，288，289

盘瑶，1，4，5，7，8，82，97，
109，110，112，118，120，
181，182，186，187，188，
189，191，194，197，198，
199，204，208，217，220，
227，228，229，236，237，
238，244—250，252，254，
257，266，269，276

茶山瑶，1，5，7，52，82，97，
109，110，112，118，181，
182，186—191，193—195，
197—199，204，205，208，
220—226，228，232，236，
238，245，246，248，252，
257，266，276

花篮瑶，1，5，7，52，82，97，

106，109，110，113，118，172，181，182，186，187，188，190，191，194，198，203，204，205，208，209，212，214，215，217，220，227，228—232，236，238，239，240，242，245—248，251，252，257，266，277

山子瑶，1，4，5，7，8，82，97，109，110，113，118，120，123，181，182，186，187，188，190，191，194，197，199，203，204，208，220，227，228，229，236—248，252，257，265，277

坳瑶，1，5，7，52，82，97，109，110，113，118，181，182，186，187，188，190，191，194，198，199，204，205，208，220，227，228，230—232，234—238，245，246，248，252，257，266，269，277

"无山不成瑶"，50，51，255

国家级自然保护区，2，27，47，62，85，92，122，253

世界瑶都，1，2，3，16，35，88，89，91，93，181，211，284

生态瑶都，2，90，218，282

石牌制度，3，103，104，107，108，109，123，186，191，215，223，257，258，259，263—266，270

金秀瑶变，4，219

"过山瑶"，4，5，7，52，53，109，110，111，120，228—230，236，237，238，243，246，247，248，250，259，264，266，269，274，277，278

"长毛瑶"，5，7，52，53，109，110，111，228，229，236，237，238，239，242，243，246，248，259，266，268，269，274，276，277，278

"山主"，5，7，109，111，182，183，228，229，238，246，248，277

"山丁"，5，7，109，182，183，237，238，246，277

费孝通，4，10，31，36，75，113，172，184，185，185，186，193，194，202—218，220，221，227，228，231，232，233，240，244，245，251，252，257，260，261，263，264，265，269，275，276，278，288，289

王同惠，92，172，194，195，196，202—206，209—211，216，217，220，221，227，228，230，231，232，235，251，252，257，274，275，278，289

《花篮瑶社会组织》，172，204，

205，206，211，214，220，227，228，251

唐兆民，160，203，204，221，246，276

生态立县，18，30，32，33，34，49，58，61，63，69，71，83，84，87，89，91，122，218，219，228，232，235，253，272，281，282，289

旅游强县，32，33，45，79，83，87，91，93，122，218，272，281，282，289

农业稳县，7，17，32，33，87，122，218，272，281，283，289

工业富县，30，32，33，87，122，218，272，281，284，289

科教兴县，32，33，44，122，132，155，218，272，281，286，289

依法治县，32，33，87，122，126，218，272，281，289

六巷村，65，135，210，217，220，227，228，229，230，231，232，239，277

六段村，92，97，98，133，220，221，224，226

帮家村，220

下古陈村，92，97，194，197，220，232

盘村，4，208，209，217，220，239，240，244，245，246，249

郎傍村，220

胡启望，244

以粮为纲，10，53，54，113，119，120，207，209，271

水源林，2，11，13，25，26，27，29，31，36，55，56，61，64，71—76，80，81，84，85，93，114，121，124，126，209，219，226，229，253

公益林，2，25，26，29，56，60，61，62，64，65，66，67，68，80，219

八角，2，11，13，14，15，16，22，24，30，34，35，37，46，56，57，80，81，121，122，145，152，154，178，209，210，219，225，229，230，234，235，239，241，242，250，283

生态补偿，25，27，29，64，66，67，71，223

生态农业，16—20，22，25，27，28，46，47，58，273

差别考核，2，32，61，69，89，272

城镇化，23，27，33，40，41，46，6，89，98—100，102，156，218，250，272，273，274，284

养生，2，35，82，91，93，95，96，97，99，101，160，208，273，282，282

长寿，2，33，24，35，81，82，

97，160，219，268，281，282，
　283，287，289
生态文化旅游，79，83，88，91，
　101，226，230，231
瑶族博物馆，82，85，91，95，
　97，193，194，195，211，217，
　285，287
生态博物馆，97，194，195，198，
　199，230，231，235
非物质文化遗产，91，92，168，
　192，196，197，198，231，287
《大瑶山团结公约》，110，111，
　112，115，183，223，238，
　240，243，259，266
《金秀瑶族自治县自治条例》，85，
　114，115
民族教育，129，130，132，153，
　155，156，157，278
瑶医瑶药，35，48，64，95，96，
　167，168，169，170，171，
　190，197，209，211，280，
　281，284
师公，160，167，190，199，236，
　242，274，278
道公，160，167，190，199，274，

278
新型农村合作医疗，160—166，
　280
扶贫，29，31，62，65，148，
　149，153，154，158，160，
　176，177，178，179，180，
　219，228，282，285，286
黄泥鼓舞，92，291，188，189，
　197，198，200，231，236
大藤峡，4，50，52，197，254
朝瑶分治，257，263
剿匪，93，194，231，243，256，
　257，259
美丽县城，99，218，284，284
美丽乡镇，218，284，285
美丽村屯，100，101，218，284，
　285
美丽通道，101，102，218，284，
　285
和而不同，181，184，185，191，
　192，202，212，215，216，
　251，253，289
中华民族多元一体格局，202，
　207，212，213，216，251，288

后　记

　　认识费孝通先生和金秀大瑶山是在 1982 年冬天。我当时是中央民族学院历史系三年级学生，在阴冷的地下教室听费孝通先生作《四上瑶山》的学术报告。时年 72 岁的费先生穿着黑色的棉袄，戴着厚重的眼镜，操着带有浓厚乡音的普通话，不紧不慢地谈着广西金秀瑶族自治县近半个世纪的变化。作为生长在少数民族地区的学生，对民族地区发展和民族关系有着天然的兴趣，从那一天起，费先生和金秀大瑶山就在我心里生了根。1987 年我即将从中国社会科学院研究生院民族系硕士毕业，从报上获知费先生计划在有生之年培养 15 个博士生，立即辗转找到住在民族学院家属院的费家，被告知在北京大学社会学系报考。经过笔试、外语口试、面试等一系列程序，当年夏天我幸运地成为费孝通先生的学生，而且是第一个也是最后一个"边区开发"研究方向的博士生，在费孝通先生的指导下开始了民族社会学的调查研究。

　　2001 年我被中央民族大学社会学系聘为首批硕士生导师，2003 年又被聘为首批博士生导师，费孝通与王同惠的《花篮瑶社会组织》和《江村经济》、《禄村农田》、《乡土中国》、《生育制度》成为本专业学生必读的经典著作。我甚至逐章逐节地和学生们共同探讨《花篮瑶社会组织》，这本书记录了金秀大瑶山瑶族特有的婚姻家庭制度、风俗文化和生活方式，沿着家庭、亲属、村落、族团及族团间的关系层层深入，以简短的六章数万字的篇幅，展现了一个完整的花篮瑶社会结构和文化结构。正如吴文藻先生的评价："我们看过这本花篮瑶的社会组织以后，就不能不承认该族社会组织的严密，文化配搭的细致。"我认为要真正理解什么是文化、什么是社会，这本书就是经典范例。由此，金秀大瑶山进一步映入我和学生们的心灵深处。

2005 年 4 月 24 日费孝通先生逝世，终年 95 岁。这一年也是费孝通和王同惠大瑶山调查七十周年，在这样一个特殊的背景下，受费孝通先生家人委托，我率领我门下的研究生于当年暑假开展第一次大瑶山追踪调查。费孝通和王同惠 1935 年的调查，起初是计划对大瑶山的五个瑶族支系进行对比研究，可惜因为意外而不得不半途中止。改革开放以后费孝通又四上大瑶山，引发了他更多的思考，特别是对中华民族多元一体理论的构想有了进一步的深化，他一直认为金秀大瑶山是非常值得深入研究的地方。在他的支持和指导下，中央民族学院的胡起望先生和广西民族学院范宏贵先生选择了一个盘瑶村寨展开调查，于 1983 年出版了《盘村瑶族》一书，但仍旧没有完成对五个支系都进行调查的设想。因而，在第一次对六巷花篮瑶调查的基础上，课题组的第二次大瑶山之行，就决定对五个支系同时展开调查研究。2006 年元月，费孝通的女儿费宗惠和女婿张荣华亲自率领课题组第二次到大瑶山调查。研究生们被分散到五个典型村庄调研 40 多天，和瑶族同胞过了一个终生难忘的春节。这次调查相继出版了《大瑶山七十年变迁》、《费孝通民族研究文集新编》、《六上瑶山》、《费孝通评传》等成果。

中国社会科学院民族学与人类学研究所从 2013 年起，组织实施国家社会科学基金特别委托项目、中国社会科学院"创新工程"重大专项课题《21 世纪初中国少数民族地区经济社会发展综合调查》，计划选择 60—70 个民族区域自治地方开展多学科综合调查。全面展示改革开放尤其是 21 世纪以来民族地区经济社会发展的辉煌成就，准确把握未来发展面临的困难与挑战，为全面建成小康社会，实现中华民族伟大复兴建言献策。而 2015 年恰好将迎来费孝通先生大瑶山调查 80 周年纪念，中国社会科学院民族学与人类学研究所特意将广西金秀瑶族自治县纳入了 2014 年第二批课题调查点。课题组由我担任负责人，课题组成员大部分是大瑶山七十年调查的人马，他们大多已经是高校教师，同时也加入了新成员。课题组于 2014 年 7 月底再次来到金秀瑶族自治县开展调查，中国社会科学院民族学人类学所的王延中所长亲临指导，蓝庆元研究员、庞涛副研究员参与调研工作，费孝通女婿张荣华及外孙张喆也专程前往考察，费宗惠女士因病未能成行。

课题组在金秀县先后召开了 10 多场专题座谈会，县委县政府以及各部门的主要领导都给予热情接待。我们遍访相关机构和部门，尽可能多地收集材料，我还应邀给全县副科以上干部做了一场《建设美丽富饶新瑶山》的学术报告。课题组不仅回访了曾经调查过的五个瑶族村庄，和熟悉的乡亲重叙情谊，又走访了七八个典型村庄，耳闻目睹大瑶山近十年来的新变化，分享他们的喜忧故事。我们走村串户，亲身感受大瑶山的"瑶变"，近距离观察旅游设施、城镇建设、瑶族歌舞、开发区建设、生姜茶叶等特色种植、野猪竹鼠等特色养殖，品尝到农民开发的第三代娃娃鱼、野生茶叶、生态鸡，度过了紧张充实的大瑶山之夏。特别是再见当年房东和老友的深情场面，让每一个人都感受到瑶山人善良纯朴的品性。

根据"21世纪初中国少数民族地区经济社会发展综合调查"的统一要求，结合纪念费孝通先生大瑶山调查80周年的特殊意义，对比上一次的研究成果和最新的调研感想，课题组成员几乎每晚都召开课题讨论会，大家畅所欲言，群策群力，根据各自专长和兴趣做了大致分工。返回工作岗位后按照分工消化材料，不断升华思路。在总结梳理材料一个多月后，于2014年10月中旬拿出了详细的写作提纲。全书由北京市社会科学院社会学所副研究员包路芳撰写第一章和第十章，阐述金秀大瑶山概况及八十年追踪调查的缘由和意义；由山东中医药大学人文学院讲师田丽霞撰写第二章农业稳县和第三章工业富县的写作，重点进行经济发展研究；由云南师范大学边疆社会研究所所长谷家荣博士撰写第四章，研究生态立县的发展模式以及如何突破绿色围城；由北华大学社会学系张巍博士撰写第五章金秀生态文化旅游的转型与发展，又和蓝庆元研究员共同完成第九章民族关系与民族文化；由中央民族大学研究生院闫力博士撰写第六章社会制度和社会治理体系的变迁；由中央财经大学社会学系林存银博士撰写第七章金秀县教育事业的发展；由北京理工大学人文学院刘颖博士撰写第八章医疗卫生及社会事业进步；在横向介绍金秀各方面成绩后，第十章引出费孝通与大瑶山的特殊关系，再根据对五个瑶族支系典型村庄的回访，分别完成了第十一章瑶族五个支系典型村庄的追踪调查，以提供深度和感性的纵向材料；第十二章由我对全书进行总结，以瑶族历史文化为背景，对比费孝通1935年开拓的大瑶山调查以来的社会文化变迁，接续70周年及本次调研成果，将主题落在21世纪以来翻天覆地的"瑶变"上，阐明金秀在四大转型下是如何构建社会主义新型民族关系、推进五大文明建设。

课题组成员都肩负着繁重的本职工作，当金秀大瑶山调研的激动退却后，归纳总结材料和梳理升华思路都需要科研耐力。大家努力写作，大致在 2015 年春节前后完成了初稿，我阅读后提出初步意见，各章节又进行了修改补充。在我完成了第一遍统稿后，又由包路芳博士进行了第二遍统稿，但仍然存在着许多难以令人满意的地方。按照评审专家的意见和中国社会科学出版社的审稿意见，我们又做了认真修改，在此对他们的辛勤劳动表示感谢。

最后，我们要感谢中国社会科学院民族学与人类学研究所提供这次调研机会，感谢金秀县委、县政府及各部门给予的无私帮助，更感谢纯朴善良的金秀大瑶山人民的信任与厚爱！

徐　平

2015 年 7 月 23 日